ANTHOLOGY OF ADVANCED PLACEMENT FRENCH LITERATURE

D1330727

Plays, Novels, and Poetry for the 2008 Exam

Wayside Publishing
Suite # 5
11 Jan Sebastian Dr.
Sandwich MA 02563

Toll-free telephone: (888) 302-2519
E-mail: wayside@sprintmail.com
Web site: waysidepublishing.com

Credits

ISBN 1-877653-92-6

TABLE DES MATIÈRES

PLAYS

NOVELS

POETRY

To The Teacher

All selections in this *Anthology* are from the 2008 required reading list for the Advanced Placement literature examination in French. The sole purpose of this text is to offer the teacher and student, within the covers of a single volume, selections of poetry and prose that would otherwise have to be culled from a number of sources. With the exceptions of *Moderato cantabile,* and *Une tempête*, this anthology contains all of the required readings for the May 2008 exam.

In keeping with the strictly functional purpose of this group of readings, no explanatory or editorial notes of any kind have been included, in part on the assumption that teachers of AP courses prefer to rely on their own presentations, and accustom their students to deal independently with a literary text. The emphasis that AP exams place on close reading rather than literary history limits the usefulness to American high school students of much of the detailed biographical data and critical apparatus contained in the individual French editions. By making the preparation for the exam more convenient and less costly, it is our goal to both sustain and enhance the participation in the AP French literature program.

As in the past, we do publish *Study Guides* by Stephen C. Clem and Lison Baselis-Bitoun for each of the authors on the reading list for those students and teachers who do desire further study aids. These *Study Guides* stress the importance of thematic and stylistic analysis, the two skills so necessary both to an appreciation of the readings and to success on the AP exam. Encouraging an active approach to the reading, the *Guides* provide questions geared to American students, clarifications of important points, links to other texts, and paper and review topics.

LE CID

Pierre CORNEILLE

(1637)

LES PERSONNAGES

DON FERNAND	premier roi de Castille
DOÑA URRAQUE	infante de Castille
DON DIÈGUE	père de don Rodrigue
DON GOMÈS	comte de Gormas, père de Chimène
DON RODRIGUE	amant de Chimène
DON SANCHE	amoureux de Chimène
DON ARIAS	
	gentilshommes castillans
DON ALONSE	
CHIMÈNE	fille de don Gomès
LÈONOR	gouvernante de l'Infante
ELVIRE	gouvernante de Chimène

UN PAGE de l'Infante

Infante . *Fille du roi.*

La scène est à Séville

Chimène > même rang.
Rodrigue

Infante organise des rencontres entre les deux
parce qu'elle sait ne jamais être avec Rodrigue Elle même.

LE CID

ACTE PREMIER

SCÈNE PREMIÈRE
CHIMÈNE, ELVIRE

CHIMÈNE

Elvire, m'as-tu fait un rapport bien sincère?
Ne déguises-tu rien de ce qu'a dit mon père?

ELVIRE

Tous mes sens à moi-même en sont encor charmés :
Il estime Rodrigue autant que vous l'aimez :
Et, si je ne m'abuse à lire dans son âme, 5
Il vous commandera de répondre à sa flamme.

CHIMÈNE

Dis-moi donc, je te prie, une seconde fois,
Ce qui te fait juger qu'il approuve mon choix :
Apprends-moi de nouveau quel espoir j'en dois prendre,
Un si charmant discours ne se peut trop entendre; 10
Tu ne peux trop promettre aux feux de notre amour
La douce liberté de se montrer au jour.
Que t'a-t-il répondu sur la secrète brigue
Que font auprès de toi don Sanche et don Rodrigue?
N'as-tu point trop fait voir quelle inégalité 15
Entre ces deux amants me penche d'un côté?

ELVIRE

Non; j'ai peint votre cœur dans une indifférence
Qui n'enfle d'aucun d'eux ni détruit l'espérance,

Et sans les voir d'un œil trop sévère ou trop doux,
Attend l'ordre d'un père à choisir un époux. 20
Ce respect l'a ravi, sa bouche et son visage
M'en ont donné sur l'heure un digne témoignage,
Et puisqu'il nous en faut encor faire un récit,
Voici d'eux et de vous ce qu'en hâte il m'a dit :
« Elle est dans le devoir; tous deux sont dignes d'elle, 25
Tous deux formés d'un sang noble, vaillant, fidèle,
Jeunes, mais qui font lire aisément dans leurs yeux
L'éclatante vertu de leurs braves aïeux.
Don Rodrigue surtout n'a trait en son visage
Qui d'un homme de cœur ne soit la haute image, 30
Et sort d'une maison si féconde en guerriers
Qu'ils y prennent naissance au milieu des lauriers.
La valeur de son père, en son temps sans pareille,
Tant qu'a duré sa force, a passé pour merveille;
Ses rides sur son front ont gravé ses exploits, 35
Et nous disent encor ce qu'il fut autrefois.
Je me promets du fils ce que j'ai vu du père;
Et ma fille, en un mot, peut l'aimer et me plaire.»
Il allait au conseil, dont l'heure qui pressait
A tranché ce discours qu'à peine il commençait; 40
Mais à ce peu de mots je crois que sa pensée
Entre vos deux amants n'est pas fort balancée.
Le roi doit à son fils élire un gouverneur,
Et c'est lui que regarde un tel degré d'honneur;
Ce choix n'est pas douteux, et sa rare vaillance 45
Ne peut souffrir qu'on craigne aucune concurrence.
Comme ses hauts exploits le rendent sans égal,
Dans un espoir si juste il sera sans rival;
Et puisque don Rodrigue a résolu son père
Au sortir du conseil à proposer l'affaire, 50
Je vous laisse à juger s'il prendra bien son temps,
Et si tous vos désirs seront bientôt contents.

CHIMÈNE
Il semble toutefois que mon âme troublée

Refuse cette joie et s'en trouve accablée.
Un moment donne au sort des visages divers, 55
Et dans ce grand bonheur je crains un grand revers.

ELVIRE

Vous verrez cette crainte heureusement déçue.

CHIMÈNE

Allons, quoi qu'il en soit, en attendre l'issue.

SCÈNE II
L'INFANTE, LÉONOR, LE PAGE

L'INFANTE

Page, allez avertir Chimène de ma part
Qu'aujourd'hui pour me voir elle attend un peu tard 60
Et que mon amitié se plaint de sa paresse.
 (Le page rentre.)

LÉONOR

Madame, chaque jour même désir vous presse;
Et dans son entretien je vous vois chaque jour.
Demander en quel point se trouve son amour.

L'INFANTE

Ce n'est pas sans sujet : je l'ai presque forcée 65
A recevoir les traits dont son âme est blessée.
Elle aime don Rodrique et le tient de ma main,
Et par moi don Rodrique a vaincu son dédain;
Ainsi de ces amants ayant formé les chaînes,
Je dois prendre intérêt à voir finir leurs peines. 70

LÉONOR

Madame, toutefois parmi leurs bons succès
Vous montrez un chagrin qui va jusqu'à l'excès.

Cet amour, qui tous deux les comble d'allégresse,
Fait-il de ce grand cœur la profonde tristesse,
Et ce grand intérêt que vous prenez pour eux 75
Vous rend-il malheureuse alors qu'ils sont heureux?
Mais je vais trop avant, et deviens indiscrète.

L'INFANTE

Ma tristesse redouble à la tenir secrète.
Écoute, écoute enfin comme j'ai combattu,
Écoute quels assauts brave encor ma vertu. 80
L'amour est un tyran qui n'épargne personne :
Ce jeune cavalier, cet amant que je donne,
Je l'aime.

bataille entre amour et vertu.
son devoir (le pays en dépend)

LÉONOR

 Vous l'aimez!

L'INFANTE

 Mets la main sur mon cœur,
Et vois comme il se trouble au nom de son vainqueur,
Comme il le reconnaît. 85

LÉONOR

 Pardonnez-moi, madame,
Si je sors du respect pour blâmer cette flamme.
Une grande princesse à ce point s'oublier
Que d'admettre en son cœur un simple cavalier!
Et que dirait le roi, que dirait la Castille?
Vous souvient-il encor de qui vous êtes fille? 90

L'INFANTE

Il m'en souvient si bien que j'épandrai mon sang
Avant que je m'abaisse à démentir mon rang.
Je te répondrais bien que dans les belles âmes
Le seul mérite a droit de produire des flammes;
Et, si ma passion cherchait à s'excuser, 95
Mille exemples fameux pourraient l'autoriser;

Mais je n'en veux point suivre où ma gloire s'engage;
La surprise des sens n'abat point mon courage;
Et je me dis toujours qu'étant fille de roi,
Tout autre qu'un monargue est indigne de moi. 100
Quand je vis que mon cœur ne se pouvait défendre,
Moi-même je donnai ce que je n'osais prendre.
Je mis, au lieu de moi, Chimène en ses liens,
Et j'allumai leurs feux pour éteindre les miens.
Ne t'étonne donc plus si mon âme gênée 105
Avec impatience attend leur hyménée :
Tu vois que mon repos en dépend aujourd'hui.
Si l'amour vit d'espoir, il périt avec lui :
C'est un feu qui s'éteint, faute de nourriture;
Et malgré la rigueur de ma triste aventure, 110
Si Chimène a jamais Rodrique pour mari,
Mon espérance est morte, et mon esprit guéri.
Je souffre cependant un tourment incroyable :
Jusques à cet hymen Rodrique m'est aimable;
Je travaille à le perdre, et le perds à regret; 115
Et de là prend son cours mon déplaisir secret.
Je vois avec chagrin que l'amour me contraigne
A pousser des soupirs pour ce que je dédaigne;
Je sens en deux partis mon esprit divisé :
Si mon courage est haut, mon cœur est embrasé. 120
Cet hymen m'est fatal, je le crains, et souhaite :
Je n'ose en espérer qu'une joie imparfaite.
Ma gloire et mon amour ont pour moi tant d'appas
Que je meurs s'il s'achève ou ne s'achève pas.

LÉONOR

Madame, après cela je n'ai rien à vous dire, 125
Sinon que de vos maux avec vous je : soupire
Je vous blâmais tantôt, je vous plains à présent;
Mais puisque dans un mal si doux et si cuisant
Votre vertu combat et son charme et sa force,
En repousse l'assaut, en rejette l'amorce, 130
Elle rendra le calme à vos esprits flottants.

Espérez donc tout d'elle, et du secours du temps;
Espérez tout du ciel : il a trop de justice
Pour laisser la vertu dans un si long supplice.

L'INFANTE
Ma plus douce espérance est de perdre l'espoir. 135

LE PAGE
Par vos commandements Chimène vous vient voir.

L'INFANTE, *à Léonor.*
Allez l'entretenir en cette galerie.

LÉONOR
Voulez-vous demeurer dedans la rêverie?

L'INFANTE
Non, je veux seulement, malgré mon déplaisir,
Remettre mon visage un peu plus à loisir. 140
Je vous suis.
 (L'Infante seule.)
 Juste ciel, d'où j'attends mon remède,
Mets enfin quelque borne au mal qui me possède;
Assure mon repos, assure mon honneur.
Dans le bonheur d'autrui je cherche mon bonheur :
Cet hyménée à trois également importe : 145
Rends son effet plus prompt, ou mon âme plus forte.
D'un lien conjugal joindre ces deux amants,
C'est briser tous mes fers et finir mes tourments.
Mais je tarde un peu trop; allons trouver Chimène
Et par son entretien soulager notre peine. 150

SCÈNE III
LE COMTE, DON DIÈGUE

LE COMTE

 Enfin vous l'emportez, et la faveur du roi
 Vous élève en un rang qui n'était dû qu'à moi :
 Il vous fait gouverneur du prince de Castille.

DON DIÈGUE

 Cette marque d'honneur qu'il met dans ma famille
 Montre à tous qu'il est juste, et fait connaître assez
 Qu'il sait récompenser les services passés.

LE COMTE

 Pour grands que soient les rois, ils sont ce que nous sommes :
 Ils peuvent se tromper comme les autres hommes;
 Et ce choix sert de preuve à tous les courtisans
 Qu'ils savent mal payer les services présents. 160

DON DIÈGUE

 Ne parlons plus d'un choix dont votre esprit s'irrite :
 La faveur l'a pu faire autant que le mérite,
 Mais on doit ce respect au pouvoir absolu
 De n'examiner rien quand un roi l'a voulu.
 A l'honneur qu'il m'a fait ajoutez-en un autre, 165
 Joignons d'un sacré nœud ma maison à la vôtre :
 Vous n'avez qu'une fille, et moi je n'ai qu'un fils;
 Leur hymen nous peut rendre à jamais plus qu'amis ;
 Faites-nous cette grâce, et l'acceptez pour gendre.

LE COMTE

 A des partis plus hauts ce beau fils doit prétendre; 170
 Et le nouvel éclat de votre dignité
 Lui doit enfler le cœur d'une autre vanité.
 Exercez-la, monsieur, et gouvernez le prince;
 Montrez-lui comme il faut régir une province,
 Faire trembler partout les peuples sous sa loi,

Remplir les bons d'amour, et les méchants d'effroi.
Joignez à ces vertus celles d'un capitaine :
Montrez-lui comme il faut s'endurcir à la peine,
Dans le métier de Mars se rendre sans égal, *Représente la guerre*
Passer les jours entiers et les nuits à cheval, 180
Reposer tout armé, forcer une muraille,
Et ne devoir qu'à soi le gain d'une bataille.
Instruisez-le d'exemple, et rendez-le parfait,
Expliquant à ses yeux vos leçons par l'effet.

DON DIÈGUE
Pour s'instruire d'exemple, en dépit de l'envie, 185
Il lira seulement l'histoire de ma vie.
Là, dans un long tissu de belles actions,
Il verra comme il faut dompter les nations,
Attaquer une place, ordonner une armée,
Et sur de grands exploits bâtir sa renommée. 190

LECOMTE
Les exemples vivants sont d'un autre pouvoir;
Un prince dans un livre apprend mal son devoir.
Et qu'a fait après tout ce grand nombre d'années
Que ne puisse égaler une de mes journées?
Si vous fûtes vaillant, je le suis aujourd'hui, 195
Et ce bras du royaume est le plus ferme appui.
Grenade et l'Aragon tremblent quand ce fer brille;
Mon nom sert de rempart à toute la Castille :
Sans moi, vous passeriez bientôt sous d'autres lois,
Et vous auriez bientôt vos ennemis pour rois. 200
Chaque jour, chaque instant, pour rehausser ma gloire,
Met lauriers sur lauriers, victoire sur victoire.
Le prince, à mes côtés, ferait dans les combats
L'essai de son courage à l'ombre de mon bras;
Il apprendrait à vaincre en me regardant faire, 205
Et pour répondre en hâte à son grand caractère,
Il verrait...

DON DIÈGUE

 Je le sais; vous servez bien le roi :
Je vous ai vu combattre et commander sous moi.
Quand l'âge dans mes nerfs a fait couler sa glace,
Votre rare valeur a bien rempli ma place. 210
Enfin, pour épargner les discours superflus,
Vous êtes aujourd'hui ce qu'autrefois je fus.
Vous voyez toutefois qu'en cette concurrence
Un monarque entre nous met quelque différence.

LE COMTE

 Ce que je méritais, vous l'avez emporté. 215

DON DIÈGUE

 Qui l'a gagné sur vous l'avait mieux mérité.

LE COMTE

 Qui peut mieux l'exercer en est bien le plus digne.

DON DIÈGUE

 En être refusé n'en est pas un bon signe.

LE COMTE

 Vous l'avez eu par brigue, étant vieux courtisan.

DON DIÈGUE

 L'éclat de mes hauts faits fut mon seul partisan. 220

LE COMTE

 Parlons-en mieux, le roi fait honneur à votre âge.

DON DIÈGUE

 Le roi quand il en fait, le mesure au courage.

LE COMTE

 Et par là cet honneur n'était dû qu'à mon bras.

DON DIÈGUE
Qui n'a pu l'obtenir ne le méritait pas.

LE COMTE
Ne le méritait pas! Moi?

DON DIÈGUE

Vous.

LE COMTE

Ton impudence, 225
Téméraire vieillard, aura sa récompense.

(Il lui donne un soufflet.)

DON DIÈGUE, *mettant la main à l'épée.*
Achève, et prends ma vie après un tel affront,
Le premier dont ma race ait vu rougir son front.

LE COMTE
Et que penses-tu faire avec tant de faiblesse?

DON DIÈGUE
O Dieu! ma force usée en ce besoin me laisse! 230

LE COMTE
Ton épée est à moi; mais tu serais trop vain
Si ce honteux trophée avait chargé ma main.
Adieu : fais lire au prince, en dépit de l'envie,
Pour son instruction, l'histoire de ta vie :
D'un insolent discours ce juste châtiment 235
Ne lui servira pas d'un petit ornement.

SCÈNE IV
DON DIÈGUE

O rage! ô désespoir! ô vieillesse ennemie!
N'ai-je donc tant vécu que pour cette infamie?
Et ne suis-je blanchi dans les travaux guerriers
Que pour voir en un jour flétrir tant de lauriers? 240
Mon bras, qu'avec respect toute l'Espagne admire,
Mon bras, qui tant de fois a sauvé cet empire,
Tant de fois affermi le trône de son roi,
Trahit donc ma querelle et ne fait rien pour moi?
O cruel souvenir de ma gloire passée! 245
Œuvre de tant de jours en un jour effacée!
Nouvelle dignité fatale à mon bonheur!
Précipice élevé d'où tombe mon honneur!
Faut-il de votre éclat voir triompher le comte,
Et mourir sans vengeance, ou vivre dans la honte? 250
Comte, sois de mon prince à présent gouverneur :
Ce haut rang n'admet point un homme sans honneur,
Et ton jaloux orgueil, par cet affront insigne,
Malgré le choix du roi, m'en a su rendre indigne.
Et toi, de mes exploits glorieux instrument, 255
Mais d'un corps tout de glace inutile ornement,
Fer jadis tant à craindre et qui, dans cette offense,
M'as servi de parade, et non pas de défense,
Va, quitte désormais le dernier des humains,
Passe, pour me venger, en de meilleures mains. 260

SCÈNE V
DON DIÈGUE, DON RODRIGUE

DON DIÈGUE
Rodrique, as-tu du cœur?

DON RODRIGUE

 Tout autre que mon père
L'éprouverait sur l'heure.

DON DIÈGUE

 Agréble colère!
Digne ressentiment à ma douleur bien doux!
Je reconnais mon sang à ce noble courroux;
Ma jeunesse revit en cette ardeur si prompte. 265
Viens, mon fils, viens, mon sang, viens réparer ma honte;
Viens me venger.

DON RODRIGUE

 De quoi?

DON DIÈGUE

 D'un affront si cruel,
Qu'à l'honneur de tous deux il porte un coup mortel :
D'un soufflet. L'insolent en eût perdu la vie;
Mais mon âge a trompé ma généreuse envie; 270
Et ce fer que mon bras ne peut plus soutenir,
Je le remets au tien pour venger et punir.
Va contre un arrogant éprouver ton courage :
Ce n'est que dans le sang qu'on lave un tel outrage :
Meurs ou tue. Au surplus, pour ne te point flatter, 275
Je te donne à combattre un homme à redouter :
Je l'ai vu, tout couvert de sang et de poussière.
Porter partout l'effroi dans une armée entière.
J'ai vu, par sa valeur, cent escadrons rompus;
Et, pour t'en dire encor quelque chose de plus, 280
Plus que brave soldat, plus que grand capitaine,
C'est...

DON RODRIGUE

De grâce, achevez.

DON DIÈGUE

Le père de Chimène.

DON RODRIGUE
Le...

DON DIÈGUE
Ne réplique point, je connai ton amour;
Mais qui peut vivre infâme est indigne du jour.
Plus l'offenseur est cher, et plus grande est l'offense. 285
Enfin tu sais l'affront, et tu tiens la vengeance :
Je ne te dis plus rien. Venge-moi, venge-toi;
Montre-toi digne fils d'un père tel que moi.
Accablé des malheurs où le destin me range,
Je vais les déplorer. Va, cours, vole it nous venge. 290

SCÈNE VI
DON RODRIGUE

Percé jusques au fond du cœur
D'une atteinte imprévue aussi bien que mortelle,
Misérable vengeur d'une juste querelle,
Et malheureux objet d'une injuste rigueur,
Je demeure immobile, et mon âme abattue 295
Cède au coup qui me tue.
Si près de voir mon feu récompensé,
O Dieu, l'étrange peine!
En cet affront mon père est l'offensé,
Et l'offenseur le père de Chimène! 300
Que je sens de rudes combats!
Contre mon propre honneur mon amour s'intéresse :
Il faut venger un père et perdre une maîtresse.
L'un m'anime le cœur, l'autre retient mon bras.
Réduit au triste choix ou de trahir ma flamme, 305
Ou de vivre en infâme,

Des deux côtés mon mal est infini.
 O Dieu! l'étrange peine!
Faut-il laisser un affront impuni?
Faut-il punir le père de Chimène? 310

 Père, maîtresse, honneur, amour,
Noble et dure contrainte, aimable tyrannie,
Tous mes plaisirs sont morts, ou ma gloire ternie;
L'un me rend malheureux, l'autre indigne du jour.
Cher et cruel espoir d'une âme généreuse, 315
 Mais ensemble amoureuse,
Digne ennemi de mon plus grand bonheur,
 Fer qui causes ma peine,
M'es-tu donné pour venger mon honneur?
M'es-tu donné pour perdre ma Chimène? 320

 Il vaut mieux courir au trépas;
Je dois à ma maîtresse ausse bien qu'à mon père :
J'attire en me vengeant sa haine et sa colère,
J'attire ses mépris en ne me vengeant pas.
A mon plus doux espoir l'un me rend infidèle, 325
 Et l'autre indigne d'elle.
Mon mal augmente à le vouloir guérir;
 Tout redouble ma peine.
Allons, mon âme; et puisqu'il faut mourir,
Mourons, du moins, sans offenser Chimène. 330

 Mourir sans tirer ma raison!
Rechercher un trépas si mortel à ma gloire!
Endurer qui l'Espagne impute à ma mémoire
D'avoir mal soutenu l'honneur de ma maison!
Respecter un amour dont mon âme égarée 335
 Voit la perte assurée!
N'écoutons plus ce penser suborneur,
 Qui ne sert qu'à ma peine.
Allons, mon bras, sauvons du moins l'honneur,
Puisque après tout il faut perdre Chimène. 340

Oui, mon esprit s'était déçu.
Je dois tout à mon père avant qu'à ma maîtresse.
Que je meure au combat, ou meure de tristesse,
Je rendrai mon sang pur comme je l'ai reçu.
Je m'accuse déjà de trop de négligence : 345
 Courons à la vengeance;
 Et, tout honteux d'avoir cant balancé,
 Ne soyons plus en peine,
 Puisque aujourd'hui mon père est l'offensé,
Si l'offenseur est père de Chimène. 350

ACTE II

SCÈNE PREMIÈRE
DON ARIAS, LE COMTE

LE COMTE

Je l'avoue entre nous, mon sang un peu trop chaud
S'est trop ému d'un mot, et l'a porté trop haut;
Mais puisque c'en est fait, le coup est sans remède.

DON ARIAS

Qu'aux volontés du roi ce grand courage cède :
Il y prend grande part; et son cœur irrité 355
Agira contre vous de pleine autorité.
Aussi vous n'avez point de valable défense :
Le rang de l'offensé, la grandeur de l'offense,
Demandent des devoirs et des submissions
Qui passent le commun des satisfactions. 360

LE COMTE

Le roi peut à son gré disposer de ma vie.

DON ARIAS

De trop d'emportement votre faute est suivie.
Le roi vous aime encore, apaisez son courroux,
Il a dit : Je le veux; désobéirez-vous?

LE COMTE

Monsieur, pour conserver tout ce que j'ai d'estime, 365
Désobéir un peu n'est pas un si grand crime;
Et, quelque grand qu'il soit, mes services présents
Pour le faire abolir sont plus que suffisants.

DON ARIAS

Quoi qu'on fasse d'illustre et de considérable,
Jamais à son sujet un roi n'est redevable. 370
Vous vous flattez beaucoup, et vous devez savoir
Que qui sert bien son roi ne fait que son devoir.
Vous vous perdrez, monsieur, sur cette confiance.

LE COMTE

Je ne vous en croirai qu'après l'expérience.

DON ARIAS

Vous devez redouter la puissance d'un roi. 375

LE COMTE

Un jour seul ne perd pas un homme tel que moi.
Que toute sa grandeur s'arme pour mon supplice.
Tout l'État périra, s'il faut qui je périsse.

DON ARIAS

Quoi! vous craignez si peu le pouvoir souverain...

LE COMTE

D'un sceptre qui sans moi tomberait de sa main 380

Il a trop d'intérêt lui-même en ma personne,
Et ma tête en tombant ferait choir sa couronne.

DON ARIAS

Souffrez que la raison remette vos esprits.
Prenez un bon conseil.

LE COMTE

Le conseil en est pris.

DON ARIAS

Que lui dirai-je enfin? Je lui dois rendre compte. 385

LE COMTE

Que je ne puis du tout consentir à ma honte.

DON ARIAS

Mais songez que les rois veulent être absolus.

LE COMTE

Le sort en est jeté, monsieur, n'en parlons plus.

DON ARIAS

Adieu donc, puisqu'en vain je tâche à vous résoudre;
Avec tous vos lauriers, craignez encor le foudre. 390

LE COMTE

Je l'attendrai sans peur.

DON ARIAS

Mais non pas sans effet.

LE COMTE

Nous verrons donc par là don Diègue satisfait.
 (il est seul.)
Qui ne craint point la mort ne craint point les menaces.
J'ai le cœur au-dessus des plus fières disgrâces;

Et l'on peut me réduire à vivre sans bonheur, 395
Mais non pas me résoudre à vivre sans honneur.

SCÈNE II
LE COMTE, DON RODRIGUE

DON RODRIGUE
 A moi, comte, deux mots.

LE COMTE
 Parle.

DON RODRIGUE
 Ote-moi d'un doute.
 Connais-tu bien don Diègue?

LE COMTE
 Oui.

DON RODRIGUE
 Parlons bas; écoute.
 Sais-tu que ce vieillard fut la même vertu,
 La vaillance et l'honneur de son temps? le sais-tu? 400

LE COMTE
 Peut-être.

DON RODRIGUE
 Cette ardeur que dans les yeux je porte,
 Sais-tu que c'est son sang? le sais-tu?

LE COMTE
 Que m'importe!

DON RODRIGUE

A quatre pas d'ici je te le fais savoir.

LE COMTE

Jeune présomptueux!

DON RODRIGUE

Parle sans t'émouvoir.
Je suis jeune, il est vrai; mais aux âmes bien nées 405
La valeur n'attend point le nombre des années.

LE COMTE

Te mesurer à moi! qui t'a rendu si vain,
Toi qu'on n'a jamais vu les armes à la main?

DON RODRIGUE

Mes pareils à deux fois ne se font point connaître,
Et pour leurs coups d'essai veulent des coups de maître. 410

LE COMTE

Sais-tu bien qui je suis?

DON RODRIGUE

Oui; tout autre que moi
Au seul bruit de ton nom pourrait trembler d'effroi.
Les palmes dont je vois ta tête si couverte
Semblent porter écrit le destin de ma perte.
J'attaque en téméraire un bras toujours vainqueur; 415
Mais j'aurai trop de force, ayant assez de cœur.
A qui venge son père il n'est rien impossible.
Ton bras est invaincu, mais non pas invincible.

LE COMTE

Ce grand cœur qui paraît aux discours que tu tiens,
Par tes yeux, chaque jour, se découvrait aux miens; 420
Et, croyant voir en toi l'honneur de la Castille,
Mon âme avec plaisir te destinait ma fille.

Je sais ta passion, et suis ravi de voir
Que tous ses mouvements cèdent à ton devoir,
Qu'ils n'ont point affaibli cette ardeur magnanime, 425
Que ta haute vertu répond à mon estime;
Et que, voulant pour gendre un cavalier parfait,
Je ne me trompais point au choix que j'avais fait;
Mais je sens que pour toi ma pitié s'intéresse;
J'admire ton courage, et je plains ta jeunesse. 430
Ne cherche point à faire un coup d'essai fatal;
Dispense ma valeur d'un combat inégal;
Trop peu d'honneur pour moi suivrait cette victoire :
A vaincre sans péril, on triomphe sans gloire.
On te croirait toujours abattu sans effort; 435
Et j'aurais seulement le regret de ta mort.

DON RODRIGUE
 D'une indigne pitié ton audace est suivie :
 Qui m'ose ôter l'honneur craint de m'ôter la vie!

LE COMTE
 Retire-toi d'ici.

DON RODRIGUE
 Marchons sans discourir.

LE COMTE
 Es-tu si las de vivre? 440

DON RODRIGUE
 As-tu peur de mourir?

LE COMTE
 Viens, tu fais ton devoir, et le fils dégénère
 Qui survit un moment à l'honneur de son père.

SCÈNE III
L'INFANTE, CHIMÈNE, LÉONOR

L'INFANTE

Apaise, ma Chimène, apaise ta douleur :
Fais agir ta constance en ce coup de malheur.
Tu reverras le calme après ce faible orage; 445
Ton bonheur n'est couvert que d'un peu de nuage,
Et tu n'as rien perdu pour le voir différer.

CHIMÈNE

Mon cœur, outré d'ennuis, n'ose rien espérer.
Un orage si prompt qui trouble une bonace
D'un naufrage certain nous porte la menace; 450
Je n'en saurais douter, je péris dans le port.
J'aimais, j'étais aimée, et nos pères d'accord;
Et je vous en contais la charmante nouvelle,
Au malheureux moment que naissait leur querelle,
Dont le récit fatal, sitôt qu'on vous l'a fait, 455
D'une si douce attente a ruiné l'effet.
Maudite ambition, détestable manie,
Dont les plus généreux souffrent la tyrannie!
Honneur impitoyable à mes plus chers désirs,
Que tu me vas coûter de pleurs et de soupirs! 460

L'INFANTE

Tu n'as dans leur querelle aucun sujet de craindre :
Un moment l'a fait naître, un moment va l'éteindre.
Elle a fait trop de bruit pour ne pas s'accorder.
Puisque déjà le roi les veut accommoder;
Et tu sais que mon âme, à tes ennuis sensible, 465
Pour en tarir la source y fera l'impossible.

CHIMÈNE

Les accommodements ne font rien en ce point;
De si mortels affronts ne se réparent point.
En vain on fait agir la force ou la prudence :

Si l'on guérit le mal, ce n'est qu'en apparence. 470
La haine que les cœurs conservent au dedans
Nourrit des feux cachés, mais d'autant plus ardents.

L'INFANTE

Le saint nœud qui joindra don Rodrigue et Chimène
Des pères ennemis dissipera la haine;
Et nous verrons bientôt votre amour le plus fort 475
Par un heureux hymen étouffer ce discord.

CHIMÈNE

Je le souhaite ainsi plus que je ne l'espère :
Don Diègue est trop altier, et je connais mon père.
Je sens couler des pleurs que je veux retenir;
Le passé me tourmente, et je crains l'avenir. 480

L'INFANTE

Que crains-tu? D'un vieillard l'impuissante faiblesse?

CHIMÈNE

Rodrigue a du courage.

L'INFANTE

Il a trop de jeunesse.

CHIMÈNE

Les hommes valeureux le sont du premier coup.

L'INFANTE

Tu ne dois pas pourtant le redouter beaucoup :
Il est trop amoureux pour te vouloir déplaire, 485
Et deux mots de ta bouche arrêtent sa colère.

CHIMÈNE

S'il ne m'obéit point, quel comble à mon ennui!
Et s'il peut m'obéir, que dira-t-on de lui?
Etant né ce qu'il est, souffrir un tel outrage!

Soit qu'il cède ou résiste au feu qui me l'engage, 490
Mon esprit ne peut qu'être ou honteux ou confus
De son trop de respect, ou d'un juste refus.

L'INFANTE

Chimène a l'âme haute, et, quoique intéressée,
Elle ne peut souffrir une basse pensée;
Mais si jusques au jour de l'accommodement 495
Je fais mon prisonnier de ce parfait amant,
Et que j'empêche ainsi l'effet de son courage,
Ton esprit amoureux n'aura-t-il point d'ombrage?

CHIMÈNE

Ah! madame, en ce cas je n'ai plus de souci.

SCÈNE IV
L'INFANTE, CHIMÈNE, LÉONOR, LE PAGE

L'INFANTE

Page, cherchez Rodrigue, et l'amenez ici. 500

LE PAGE

Le comte de Gormas et lui...

CHIMÈNE

 Bon Dieu! je tremble.

L'INFANTE

Parlez.

LE PAGE

 De ce palais, ils sont sortis ensemble.

CHIMÈNE

Seuls?

LE PAGE

> Seuls, et qui semblaient tout bas se quereller.

CHIMÈNE

> Sans doute ils sont aux mains, il n'en faut plus parler.
> Madame, pardonnez à cette promptitude. 505

SCÈNE V
L'INFANTE, LÉONOR

L'INFANTE

> Hélas! que dans l'esprit je sens d'inquiétude!
> Je pleure ses malheurs, son amant me ravit;
> Mon repos m'abandonne, et ma flamme revit.
> Ce qui va séparer Rodrigue de Chimène
> Fait renaître à la fois mon espoir et ma peine; 510
> Et leur division, que je vois à regret,
> Dans mon esprit charmé jette un plaisir secret.

LÉONOR

> Cette haute vertu qui règne dans votre âme
> Se rend-elle sitôt à cette lâche flamme?

L'INFANTE

> Ne la nomme point lâche, à présent que chez moi, 515
> Pompeuse et triomphante, elle me fait la loi;
> Porte-lui du respect, puisqu'elle m'est si chère.
> Ma vertu la combat, mais malgré moi j'espère;
> Et d'un si fol espoir mon cœur mal défendu
> Vole après un amant que Chimène a perdu. 520

LÉONOR

> Vous laissez choir ainsi ce glorieux courage,
> Et la raison chez vous perd ainsi son usage?

L'INFANTE

Ah! qu'avec peu d'effet on entend la raison
Quand le cœur est atteint d'un si charmant poison!
Et lorsque le malade aime sa maladie, 525
Qu'il a peine à souffrir que l'on y remédie!

LÉONOR

Votre espoir vous séduit, votre mal vous est doux;
Mais enfin ce Rodrigue est indigne de vous.

L'INFANTE

Je ne le sais que trop; mais, si ma vertu cède,
Apprends comme l'amour flatte un cœur qu'il possède. 530
Si Rodrigue une fois sort vainqueur du combat,
Si dessous sa valeur ce grand guerrier s'abat,
Je puis en faire cas, je puis l'aimer sans honte.
Que ne fera-t-il point, s'il peut vaincre le comte?
J'ose m'imaginer qu'à ses moindres exploits 535
Les royaumes entiers tomberont sous ses lois;
Et mon amour flatteur déjà me persuade
Que je le vois assis au trône de Grenade,
Les Maures subjugués trembler en l'adorant,
L'Aragon recevoir ce nouveau conquérant, 540
Le Portugal se rendre, et ses nobles journées
Porter delà les mers ses hautes destinées,
Du sang des Africains arroser ses lauriers;
Enfin tout ce qu'on dit des plus fameux guerriers,
Je l'attends de Rodrigue après cette victoire, 545
Et fais de son amour un sujet de ma gloire.

LÉONOR

Mais, madame, voyez où vous portez son bras,
Ensuite d'un combat qui peut-être n'est pas.

L'INFANTE

Rodrigue est offensé; le comte a fait l'outrage;
Ils sont sortis ensemble : en faut-il davantage? 550

LÉONOR

Eh bien! ils se battront, puisque vous le voulez;
Mais Rodrigue ira-t-il si loin que vous allez?

L'INFANTE

Que veux-tu? je suis folle, et mon esprit s'égare :
Tu vois par là quels maux cet amour me prépare.
Viens dans mon cabinet consoler mes ennuis, 555
Et ne me quitte point dans le trouble où je suis.

SCÈNE VI
DON FERNAND, DON ARIAS, DON SANCHE

DON FERNAND

Le comte est donc si vain et si peu raisonnable!
Ose-t-il croire encor son crime pardonnable?

DON ARIAS

Je l'ai de votre part longtemps entretenu;
J'ai fait mon pouvoir, sire, et n'ai rien obtenu. 560

DON FERNAND

Justes cieux! ainsi donc un sujet téméraire
A si peu de respect et de soin de me plaire!
Il offense don Diègue et méprise son roi!
Au milieu de ma cour il me donne la loi!
Qu'il soit brave guerrier, qu'il soit grand capitaine, 565
Je saurai bien rabattre une humeur si hautaine.
Fût-il la valeur même, et le dieu des combats,
Il verra ce que c'est que de n'obéir pas.
Quoi qu'ait pu mériter une telle insolence,
Je l'ai voulu d'abord traiter sans violence; 570
Mais, puisqu'il en abuse, allez dès aujourd'hui,
Soit qu'il résiste ou non, vous assurer de lui.

DON SANCHE

> Peut-être un peu de temps le rendrait moins rebelle :
> On l'a pris tout bouillant encor de sa querelle;
> Sire, dans la chaleur d'un premier mouvement, 575
> Un cœur si généreux se rend malaisément.
> Il voit bien qu'il a tort, mais une âme si haute
> N'est pas sitôt réduite à confesser sa faute.

DON FERNAND

> Don Sanche, taisez-vous, et soyez averti
> Qu'on se rend criminel à prendre son parti. 580

DON SANCHE

> J'obéis, et me tais; mais, de grâce encor, sire,
> Deux mots en sa défense.

DON FERNAND

> Et que pourrez-vous dire?

DON SANCHE

> Qu'une âme accoutumée aux grandes actions
> Ne se peut abaisser à des submissions.
> Elle n'en conçoit point qui s'expliquent sans honte; 585
> Et c'est à ce mot seul qu'a résisté le comte.
> Il trouve en son devoir un peu trop de rigueur,
> Et vous obéirait, s'il avait moins de cœur.
> Commandez que son bras, nourri dans les alarmes,
> Répare cette injure à la pointe des armes; 590
> Il satisfera, sire; et vienne qui voudra,
> Attendant qu'il l'ait su, voici qui répondra.

DON FERNAND

> Vous perdez le respect; mais je pardonne à l'âge,
> Et j'excuse l'ardeur en un jeune courage.
> Un roi, dont la prudence a de meilleurs objets, 595
> Est meilleur ménager du sang de ses sujets :
> Je veille pour les miens, mes soucis les conservent,

Comme le chef a soin des membres qui le servent.
Ainsi votre raison n'est pas raison pour moi :
Vous parlez en soldat, je dois agir en roi; 600
Et, quoi qu'on veuille dire et quoi qu'il ose croire,
Le comte à m'obéir ne peut perdre sa gloire.
D'ailleurs l'affont me touche; il a perdu d'honneur
Celui que de mon fils j'ai fait le gouverneur;
S'attaquer à mon choix, c'est se prendre à moi-même. 605
Et faire un attentat sur le pouvoir suprême,
N'en parlons plus. Au reste, on a vu dix vaisseaux
De nos vieux ennemis arborer les drapeaux;
Vers la bouche du fleuve ils ont osé paraître.

DON ARIAS

Les Maures ont appris par force à vous connaître, 610
Et, tant de fois vaincus, ils ont perdu le cœur
De se plus hasarder contre un si grand vainqueur.

DON FERNAND

Ils ne verront jamais sans quelque jalousie
Mon sceptre, en dépit d'eux, régir l'Andalousie;
Et ce pays si beau, qu'ils ont trop possédé, 615
Avec un œil d'envie est toujours regardé.
C'est l'unique raison qui m'a fait dans Séville
Placer depuis dix ans le trône de Castille,
Pour les voir de plus près, et d'un ordre plus prompt
Renverser aussitôt ce qu'ils entreprendront. 620

DON ARIAS

Ils savent aux dépens de leurs plus dignes têtes
Combien votre présence assure vos conquêtes :
Vous n'avez rien à craindre.

DON FERNAND

 Et rien à négliger :
Le trop de confiance attire le danger;
Et vous n'ignorez pas qu'avec fort peu de peine 625

Un flux de pleine mer jusqu'ici les amène.
Toutefois j'aurais tort de jeter dans les cœurs,
L'avis étant mal sûr, de paniques terreurs.
L'effroi que produirait cette alarme inutile,
Dans la nuit qui survient, troublerait trop la ville : 630
Faites doubler la garde aux murs et sur le port.
C'est assez pour ce soir.

SCÈNE VII
DON FERNAND, DON ALONSE, DON SANCHE, DON ARIAS

DON ALONSE

 Sire, le comte est mort :
Don Diègue, par son fils, a vengé son offense.

DON FERNAND

Dès que j'ai su l'affront, j'ai prévu la vengeance;
Et j'ai voulu dès lors prévenir ce malheur. 635

DON ALONSE

Chimène à vos genoux apporte sa douleur;
Elle vient tout en pleurs vous demander justice.

DON FERNAND

Bien qu'à ses déplaisirs mon âme compatisse,
Ce que le comte a fait semble avoir mérité
Ce digne châtiment de sa témérité. 640
Quelque juste pourtant que puisse être sa peine,
Je ne puis sans regret perdre un tel capitaine.
Après un long service à mon État rendu,
Après son sang pour moi mille fois répandu,
A quelques sentiments que son orgueil m'oblige, 645
Sa perte m'affaiblit, et son trépas m'afflige.

SCÈNE VIII
DON FERNAND, DON DIÈGUE, CHIMÈNE, DON SANCHE, DON ARIAS, DON ALONSE

CHIMÈNE
>Sire, sire, justice!

DON DIÈGUE
>>>>Ah! Sire, écoutez-nous.

CHIMÈNE
>Je me jette à vos pieds.

DON DIÈGUE
>>>>J'embrasse vos genoux.

CHIMÈNE
>Je demande justice.

DON DIÈGUE
>>>>Entendez ma défense.

CHIMÈNE
>D'un jeune audacieux punissez l'insolence : 650
>Il a de votre sceptre abattu le soutien,
>Il a tué mon père.

DON DIÈGUE
>>>Il a vengé le sien.

CHIMÈNE
>Au sang de ces sujets un roi doit la justice.

DON DIÈGUE
>Pour la juste vengeance il n'est point de supplice.

DON FERNAND
>Levez-vous l'un et l'autre, et parlez à loisir. 655

Chimène, je prends part à votre déplaisir;
D'un égale douleur je sens mon âme atteinte.
 (A don Diègue.)
Vous parlerez après; ne troublez pas sa plainte.

CHIMÈNE

Sire, mon père est mort; mes yeux ont vu son sang
Couler à gros bouillons de son généreux flanc; 660
Ce sang qui tant de fois garantit vos murailles,
Ce sang qui tant de fois vous gagna des batailles,
Ce sang qui tout sorti fume encor de courroux
De se voir répandu pour d'autres que pour vous,
Qu'au milieu des hasards n'osait verser la guerre, 665
Rodrigue en votre cour vient d'en couvrir la terre.
J'ai couru sur le lieu, sans force et sans couleur :
Je l'ai trouvé sans vie. Excusez ma douleur,
Sire, la voix me manque à ce récit funeste;
Mes pleurs et mes soupirs vous diront mieux le reste. 670

DON FERNAND

Prends courage, ma fille, et sache qu'aujourd'hui
Ton roi te veut servir de père au lieu de lui.

CHIMÈNE

Sire, de trop d'honneur ma misère est suivie.
Je vous l'ai déjà dit, je l'ai trouvé sans vie;
Son flanc était ouvert; et, pour mieux m'émouvoir, 675
Son sang sur la poussière écrivait mon devoir;
Ou plutôt sa valeur, en cet état réduite,
Me parlait par sa plaie et hâtait ma poursuite;
Et, pour se faire entendre au plus juste des rois,
Par cette triste bouche elle empruntait ma voix. 680
Sire, ne souffrez pas que sous votre puissance
Règne devant vos yeux une telle licence;
Que les plus valeureux, avec impunité,
Soient exposés aux coups de la témérité;
Qu'un jeune audacieux triomphe de leur gloire, 685

Se baigne dans leur sang, et brave leur mémoire.
Un si vaillant guerrier qu'on vient de vous ravir
Eteint, s'il n'est vengé, l'ardeur de vous servir.
Enfin, mon père est mort, j'en demande vengeance,
Plus pour votre intérêt que pour mon allégeance. 690
Vous perdez en la mort d'un homme de son rang;
Vengez-la par une autre, et le sang par le sang,
Immolez, non à moi, mais à votre couronne,
Mais à votre grandeur, mais à votre personne;
Immolez, dis-je, sire, au bien de tout l'État 695
Tout ce qu'enorgueillit un si haut attentat.

DON FERNAND
Don Diègue, répondez.

DON DIÈGUE
 Qu'on est digne d'envie
Lorsqu'en perdant la force on perd aussi la vie,
Et qu'un long âge apprête aux hommes généreux,
Au bout de leur carrière, un destin malheureux! 700
Moi, dont les longs travaux ont acquis tant de gloire,
Moi, que jadis partout a suivi la victoire,
Je me vois aujourd'hui, pour avoir trop vécu,
Recevoir un affront et demeurer vaincu.
Ce que n'a pu jamais combat, siège, embuscade, 705
Ce que n'a pu jamais Aragon ni Grenade,
Ni tous vos ennemis, ni tous mes envieux,
Le comte en votre cour l'a fait presque à vos yeux,
Jaloux de votre choix, et fier de l'avantage
Que lui donnait sur moi l'impuissance de l'âge. 710
Sire, ainsi ces cheveux blanchis sous le harnois,
Ce sang pour vous servir prodigué tant de fois,
Ce bras, jadis l'effroi d'une armée ennemie,
Descendaient au tombeau tout chargés d'infamie,
Si je n'eusse produit un fils digne de moi, 715
Digne de son pays et digne de son roi.
Il m'a prêté sa main, il a tué le comte;

Il m'a rendu l'honneur, il a lavé ma honte.
Si montrer du courage et du ressentiment,
Si venger un soufflet mérite en châtiment, 720
Sur moi seul doit tomber l'éclat de la tempête :
Quand le bras a failli, l'on en punit la tête.
Qu'on nomme crime ou non ce qui fait nos débats,
Sire, j'en suis la tête, il n'en est que le bras.
Si Chimène se plaint qu'il a tué son père, 725
Il ne l'eût jamais fait si je l'eusse pu faire.
Immolez donc ce chef que les ans vont ravir,
Et conservez pour vous le bras qui peut servir.
Aux dépens de mon sang satisfaites Chimène :
Je n'y résiste point, je consens à ma peine; 730
Et, loin de murmurer d'un rigoureux décret,
Mourant sans déshonneur, je mourrai sans regret.

DON FERNAND

L'affaire est d'importance, et, bien considérée,
Mérite en plein conseil d'etre délibérée.
Don Sanche, remettez Chimène en sa maison. 735
Don Diègue aura ma cour et sa foi pour prison.
Qu'on me cherche son fils. Je vous ferai justice.

CHIMÈNE

Il est juste, grand roi, qu'un meurtrier périsse.

DON FERNAND

Prends du repos, ma fille, et calme tes douleurs.

CHIMÈNE

M'ordonner du repos, c'est croître mes malheurs. 740

ACTE III

SCÈNE PREMIÈRE
DON RODRIGUE, ELVIRE

ELVIRE
Rodrigue, qu'as-tu fait? où viens-tu, misérable?

DON RODRIGUE
Suivre le triste cours de mon sort déplorable.

ELVIRE
Où prends-tu cette audace et ce nouvel orgueil,
De paraître en des lieux que tu remplis de deuil?
Quoi! viens-tu jusqu'ici braver l'ombre du comte? 745
Ne l'as-tu pas tué?

DON RODRIGUE
 Sa vie était ma honte;
Mon honneur, de ma main, a voulu cet effort.

ELVIRE
Mais chercher ton asile en la maison du mort!
Jamais un meutrier en fit-il son refuge?

DON RODRIGUE
Et je n'y viens aussi que m'offrir à mon juge. 750
Ne me regarde plus d'un visage étonné;
Je cherche le trépas après l'avoir donné.
Mon juge est mon amour, mon juge est ma Chimène :
Je mérite la mort de mériter sa haine,
Et j'en viens recevoir, comme un bien souverain, 755
Et l'arrêt de sa bouche et le coup de sa main.

ELVIRE

Fuis plutôt de ses yeux, fuis de sa violence;
A ses premiers transports dérobe ta présence :
Va, ne t'expose point aux premiers mouvements
Que poussera l'ardeur de ses ressentiments. 760

DON RODRIGUE

Non, non, ce cher objet à qui j'ai pu déplaire
Ne peut pour mon supplice avoir trop de colère;
Et j'évite cent morts qui me vont accabler,
Si pour mourir plus tôt je la puis redoubler.

ELVIRE

Chimène est qu palais, de pleurs toute baignée, 765
Et n'en reviendra point que bien accompagnée
Rodrigue, fuis, de grâce, ôte-moi de souci
Que ne dira-t-on point si l'on te voit ici?
Veux-tu qu'un médisant, pour comble à sa misère,
L'accuse d'y souffrir l'assassin de son père? 770
Elle va revenir; elle vient, je la voi :
Du moins, pour son honneur, Rodrigue, cache-toi.

SCÈNE II
DON SANCHE, CHIMÈNE, ELVIRE

DON SANCHE

Oui, madame, il vous faut de sanglantes victimes
Votre colère est juste, et vos pleurs légitimes;
Et je n'entreprends pas, à force de parler, 775
Ni de vous adoucir, ni de vous consoler.
Mais, si de vous servir je puis être capable,
Employez mon épée à punir le coupable;
Employez mon amour à venger cette mort;
Sous vos commandements mon bras sera trop fort. 780

CHIMÈNE

Malheureuse!

DON SANCHE

De grâce, acceptez mon service.

CHIMÈNE

J'offenserais le roi, qui m'a promis justice.

DON SANCHE

Vous savez qu'elle marche avec tant de langueur
Que bien souvent le crime échappe à sa longueur;
Son cours lent et douteux fait trop perdre de larmes. 785
Souffrez qu'un cavalier vous venge par les armes :
La voie en est plus sûre, et plus prompte à punir.

CHIMÈNE

C'est le dernier remède; et, s'il y faut venir,
Et que de mes malheurs cette pitié vous dure,
Vous serez libre alors de venger mon injure. 790

DON SANCHE

C'est l'unique bonheur où mon âme prétend;
Et, pouvant l'espérer, je m'en vais trop content.

SCÈNE III
CHIMÈNE, ELVIRE

CHIMÈNE

Enfin je me vois libre, et je puis, sans contrainte,
De mes vives douleurs te faire voir l'atteinte;
Je puis donner passage à mes tristes soupirs, 795
Je puis t'ouvrir mon âme et tous mes déplaisirs.
Mon père est mort, Elvire; et la première épée
Dont s'est armé Rodrigue a sa trame coupée.

Pleurez, pleurez, mes yeux, et fondez-vous en eau!
La moitié de ma vie a mis l'autre au tombeau **800**
Et m'oblige à venger, après ce coup funeste,
Celle que je n'ai plus sur celle qui me reste.

[handwritten: moitié de sa vie est Rodrigue et l'autre c'est son père.]

ELVIRE

Reposez-vous, madame.

CHIMÈNE

 Ah! que mal à propos
Dans un malheur si grand tu parles de repos!
Par où sera jamais ma douleur apaisée, 805
Si je ne puis haïr la main qui l'a causée?
Et que dois-je espérer qu'un tourment éternel,
Si je poursuis un crime, aimant le criminel?

ELVIRE

Il vous prive d'un père, et vous l'aimez encore!

CHIMÈNE

C'est peu de dire aimer, Elvire : je l'adore. 810
Ma passion s'oppose à mon ressentiment;
Dedans mon ennemi, je trouve mon amant;
Et je sens qu'en dépit de toute ma colère,
Rodrigue dans mon cœur combat encor mon père :
Il l'attaque, il le presse, il cède, il se défend, 815
Tantôt fort, tantôt faible, et tantôt triomphant;
Mais, en ce dur combat de colère et de flamme,
Il déchire mon cœur sans partager mon âme;
Et, quoi que mon amour ait sur moi de pouvoir,
Je ne consulte point pour suivre mon devoir : 820
Je cours sans balancer où mon honneur m'oblige.
Rodrigue m'est bien cher, son intérêt m'afflige;
Mon cœur prend son parti; mais, malgré son effort,
Je sais ce que je suis, et que mon père est mort.

ELVIRE

Pensez-vous le poursuivre?

CHIMÈNE

 Ah! cruelle pensée! 825
Et cruelle poursuite où je me vois forcée!
Je demande sa tête, et crains de l'obtenir;
Ma mort suivra la sienne, et je le veux punir!

ELVIRE

Quittez, quittez, madame, un dessein si tragique;
Ne vous imposez point de loi si tyrannique. 830

CHIMÈNE

Quoi! mon père étant mort, et presque entre mes bras,
Son sang criera vengeance, et je ne l'orrai pas!
Mon coeur, honteusement surpris par d'autres charmes,
Croira ne lui devoir que d'impuissantes larmes!
Et je pourrai souffrir qu'un amour suborneur 835
Sous un lâche silence étouffe mon honneur!

ELVIRE

Madame, croyez-moi, vous serez excusable
D'avoir moins de chaleur contre un objet aimable,
Contre un amant si cher : vous avez assez fait
Vous avez vu le roi; n'en pressez point l'effet, 840
Ne vous obstinez point en cette humeur étrange.

CHIMÈNE

Il y va de ma gloire, il faut que je me venge;
Et de quoi que nous flatte un désir amoureux,
Toute excuse est honteuse aux esprits généreux.

ELVIRE

Mais vous aimez Rodrigue, il ne vous peut déplaire. 845

CHIMÈNE

Je l'avoue.

ELVIRE

Après tout, que pensez-vous donc faire?

CHIMÈNE

Pour conserver ma gloire et finir mon ennui,
Le poursuivre, le perdre, et mourir après lui.

SCÈNE IV
DON RODRIGUE, CHIMÈNE, ELVIRE

DON RODRIGUE

Eh bien! sans vous donner la peine de poursuivre,
Assurez-vous l'honneur de m'empêcher de vivre. 850

CHIMÈNE

Elvire, où sommes-nous, et qu'est-ce que je voi ?
Rodrigue en ma maison! Rodrigue devant moi!

DON RODRIGUE

N'épargnez point mon sang : goûtez sans résistance
La douceur de ma perte et de votre vengeance.

CHIMÈNE

Hélas!

DON RODRIGUE

Ècoute-moi.

CHIMÈNE

Je me meurs. 855

DON RODRIGUE

Un moment.

CHIMÈNE

Va, laisse-moi mourir.

DON RODRIGUE

Quatre mots seulement;
Après ne me réponds qu'avecque cette épée.

CHIMÈNE

Quoi! du sang de mon père encor toute trempée!

DON RODRIGUE

Ma Chimène...

CHIMÈNE

Ote-moi cet objet odieux,
Qui reproche ton crime et ta vie à mes yeux. 860

DON RODRIGUE

Regarde-le plutôt pour exciter ta haine,
Pour croître ta colère, et pour hâter ma peine.

CHIMÈNE

Il est teint de mon sang.

DON RODRIGUE

Plonge-le dans le mien
Et fais-lui perdre ainsi la teinture du tien.

CHIMÈNE

Ah! quelle cruauté, qui tout en un jour tue 865
Le père par le fer, la fille par la vue!
Ote-moi cet objet, je ne le puis souffrir;
Tu veux que je t'écoute, et tu me fais mourir!

DON RODRIGUE

Je fais ce que tu veux, mais sans quitter l'envie
De finir par tes mains ma déplorable vie; 870
Car enfin n'attends pas de mon affection
Un lâche repentir d'une bonne action.
L'irréparable effet d'une chaleur trop prompte
Déshonorait mon père et me couvrait de honte.
Tu sais comme un soufflet touche un homme de cœur; 875
J'avais part à l'affront, j'en ai cherché l'auteur :
Je l'ai vu, j'ai venge mon honneur et mon père;
Je le ferais encor, si j'avais à le faire.
Ce n'est pas qu'en effet, contre mon père et moi,
Ma flamme assez longtemps n'ait combattu pour toi. 880
Juge de son pouvoir : dans une telle offense
J'ai pu délibérer si j'en prendrais vengeance.
Réduit à te déplaire, ou souffrir un affront,
J'ai pensé qu'à son tour mon bras était trop prompt;
Je me suis accusé de trop de violence; 885
Et ta beauté, sans doute, emportait la balance,
A moins que d'opposer à tes plus forts appas
Qu'un homme sans honneur ne te méritait pas,
Que malgré cette part que j'avais en ton âme,
Qui m'aima généreux me haïrait infâme; 890
Qu'écouter ton amour, obéir à sa voix,
C'était m'en rendre indigne et diffamer ton choix.
Je te le dis encore, et, quoique j'en soupire,
Jusqu'au dernier soupir je veux bien le redire :
Je t'ai fait une offense, et j'ai dû m'y porter 895
Pour effacer ma honte et pour te mériter;
Mais, quitte envers l'honneur et quitte envers mon père,
C'est maintenant à toi que je viens satisfaire.
C'est pour t'offrir mon sang qu'en ce lieu tu me vois.
J'ai fait ce que j'ai dû, je fais ce que je dois. 900
Je sais qu'un père mort t'arme contre mon crime;
Je ne t'ai pas voulu dérober ta victime.
Immole avec courage au sang qu'il a perdu
Celui qui met sa gloire à l'avoir répandu.

CHIMÈNE

Ah! Rodrigue, il est vrai, quoique ton ennemie, 905
Je ne puis te blâmer d'avoir fui l'infamie;
Et, de quelque façon qu'éclatent mes douleurs,
Je ne t'accuse point, je pleure mes malheurs.
Je sais ce que l'honneur, après un tel outrage,
Demandait à l'ardeur d'un généreux courage : 910
Tu n'as fait le devoir que d'un homme de bien;
Mais aussi, le faisant, tu m'as appris le mien.
Ta funeste valeur m'instruit par ta victoire;
Elle a vengé ton père et soutenu ta gloire :
Même soin me regarde, et j'ai, pour m'affliger, 915
Ma gloire à soutenir et mon père à venger.
Hélas! ton intérêt ici me désespère :
Si quelque autre malheur m'avait ravi mon père,
Mon âme aurait trouvé dans le bien de te voir
L'unique allégement qu'elle eût pu recevoir, 920
Et contre ma douleur j'aurais senti des charmes,
Quand une main si chère eût essuyé mes larmes.
Mais il me faut te perdre après l'avoir perdu;
Cet effort sur ma flamme à mon honneur est dû;
Et cet affreux devoir, dont l'ordre m'assassine, 925
Me force à travailler moi-même à ta ruine.
Car enfin n'attends pas de mon affection
De lâches sentiments pour ta punition
De quoi qu'en ta faveur notre amour m'entretienne,
Ma générosité doit répondre à la tienne : 930
Tu t'es, en m'offensant, montré digne de moi :
Je me dois par ta mort, montrer digne de toi.

DON RODRIGUE

Ne diffère donc plus ce que l'honneur t'ordonne :
Il demande ma tête, et je te l'abandonne;
Fais-en un sacrifice à ce noble intérêt; 935
Le coup m'en sera doux, aussi bien que l'arrêt.
Attendre après mon crime une lente justice,
C'est reculer ta gloire autant que mon supplice.

Je mourrai trop heureux, mourant d'un coup si beau.

CHIMÈNE

Va, je suis ta partie, et non pas ton bourreau. 940
Si tu m'offres ta tête, est-ce à moi de la prendre?
Je la dois attaquer, mais tu dois la défendre;
C'est d'un autre que toi qu'il me faut l'obtenir,
Et je dois te poursuivre, et non pas te punir.

DON RODRIGUE

De quoi qu'en ma faveur notre amour t'entretienne, 945
Ta générosité doit répondre à la mienne;
Et pour venger un père emprunter d'autres bras,
Ma Chimène, crois-moi, c'est n'y répondre pas.
Ma main seule du mien a su venger l'offense,
Ta main seule du tien doit prendre la vengeance. 950

CHIMÈNE

Cruel! à quel propos sur ce point t'obstiner?
Tu t'es vengé sans aide, et tu m'en veux donner!
Je suivrai ton exemple, et j'ai trop de courage
Pour souffrir qu'avec toi ma gloire se partage.
Mon père et mon honneur ne veulent rien devoir 955
Aux traits de ton amour ni de ton désespoir.

DON RODRIGUE

Rigoureux point d'honneur! hélas! quoi que je fasse,
Ne pourrai-je à la fin obtenir cette grâce?
Au nom d'un père mort, ou de notre amitié,
Punis-moi par vengeance, ou du moins par pitié. 960
Ton malheureux amant aura bien moins de peine
A mourir par ta main qu'à vivre avec ta haine.

CHIMÈNE

Va, je ne te hais point.

DON RODRIGUE

Tu le dois.

CHIMÈNE

Je ne puis.

DON RODRIGUE

Crains-tu si peu le blâme, et si peu les faux bruits?
Quand on saura mon crime, et que ta flamme dure, 965
Que ne publieront point l'envie et l'imposture!
Force-les au silence, et, sans plus discourir,
Sauve ta renommée en me faisant mourir.

CHIMÈNE

Elle éclate bien mieux en te laissant la vie;
Et je veux que la voix de la plus noire envie 970
Elève au ciel ma gloire et plaigne mes ennuis,
Sachant que je t'adore et que je te poursuis.
Va-t'en, ne montre plus à ma douleur extrême
Ce qu'il faut que je perde, encore que je l'aime.
Dans l'ombre de la nuit cache bien ton départ; 975
Si l'on te voit sortir, mon honneur court hasard.
La seule occasion qu'aura la médisance,
C'est de savoir qu'ici j'ai souffert ta présence :
Ne lui donne point lieu d'attaquer ma vertu.

DON RODRIGUE

Que je meure... 980

CHIMÈNE

Va-t'en.

DON RODRIGUE

A quoi te résous-tu?

CHIMÈNE

Malgré des feux si beaux, qui troublent ma colère,
Je ferai mon possible à bien venger mon père;

Mais, malgré la rigueur d'un si cruel devoir,
Mon unique souhait est de ne rien pouvoir.

DON RODRIGUE

O miracle d'amour! 985

CHIMÈNE

O comble de misères!

DON RODRIGUE

Que de maux et de pleurs nous coûteront nos pères

CHIMÈNE

Rodrigue, qui l'eût cru ?...

DON RODRIGUE

Chimène, qui l'eût dit ?...

CHIMÈNE

Que notre heur fût si proche, et sitôt se perdît ?

DON RODRIGUE

Et que, si près du port, contre toute apparence,
Un orage si prompt brisât notre espérance? 990

CHIMÈNE

Ah! mortelles douleurs!

DON RODRIGUE

Ah! regrets superflus!

CHIMÈNE

Va-t'en, encore un coup, je ne t'écoute plus.

DON RODRIGUE

Adieu : je vais traîner une mourante vie,
Tant que par ta poursuite elle me soit ravie.

CHIMÈNE

Si j'en obtiens l'effet, je t'engage ma foi 995
De ne respirer pas un moment après toi.
Adieu : sors, et surtout garde bien qu'on te voie.

ELVIRE

Madame, quelques maux que le ciel nous envoie...

CHIMÈNE

Ne m'importune plus, laisse-moi soupirer,
Je cherche le silence et la nuit pour pleurer. 1000

SCÈNE V
DON DIÈGUE

Jamais nous ne goûtons de parfaite allégresse :
Nos plus heureux succès sont mêlés de tristesse;
Toujours quelques soucis, en ces événements,
Troublent la pureté de nos contentements.
Au milieu du bonheur mon âme en sent l'atteinte; 1005
Je nage dans la joie, et je tremble de crainte.
J'ai vu mort l'ennemi qui m'avait outragé
Et je ne saurais voir la main qui m'a vengé.
En vain je m'y travaille, et, d'un soin inutile,
Tout cassé que je suis, je cours toute la ville : 1010
Ce peu que mes vieux ans m'ont laissé de vigueur
Se consume sans fruit à chercher ce vainqueur.
A toute heure, en tous lieux, dans une nuit si sombre,
Je pense l'embrasser et n'embrasse qu'une ombre;
Et mon amour, déçu par cet objet trompeur, 1015
Se forme des soupçons qui redoublent ma peur.
Je ne découvre point de marques de sa fuite;
Je crains du comte mort les amis et la suite;
Leur nombre m'épouvante et confond ma raison.
Rodrigue ne vit plus, ou respire en prison, 1020

Justes cieux! me trompé-je encore à l'apparence,
Ou si je vois enfin mon unique espérance?
C'est lui, n'en doutons plus; mes vœux sont exaucés,
Ma crainte est dissipée, et mes ennuis cessés.

SCÈNE VI
DON DIÈGUE, DON RODRIGUE

DON DIÈGUE
 Rodrigue, enfin le ciel permet que je te voie! 1025

DON RODRIGUE
 Hélas!

DON DIÈGUE
 Ne mêle point de soupirs à ma joie;
 Laisse-moi prendre haleine afin de te louer.
 Ma valeur n'a point lieu de te désavouer;
 Tu l'as bien imitée, et ton illustre audace
 Fait bien revivre en toi les héros de ma race : 1030
 C'est d'eux que tu descends, c'est de moi que tu viens :
 Ton premier coup d'épée égale tous les miens;
 Et d'une belle ardeur ta jeunesse animée
 Par cette grande épreuve atteint ma renommée.
 Appui de ma vieillesse, et comble de mon heur, 1035
 Touche ces cheveux blancs à qui tu rends l'honneur,
 Viens baiser cette joue, et reconnais la place.
 Où fut empreint l'affront que ton courage efface.

DON RODRIGUE
 L'honneur vous en est dû, je ne pouvais pas moins,
 Etant sorti de vous, et nourri par vos soins. 1040
 Je m'en tiens trop heureux, et mon âme est ravie
 Que mon coup d'essai plaise à qui je dois la vie;
 Mais parmi vos plaisirs ne soyez point jaloux

Si je m'ose à mon tour satisfaire après vous.
Souffrez qu'en liberté mon désespoir éclate 1045
Assez et trop longtemps votre discours le flatte.
Je ne me repens point de vous avoir servi;
Mais rendez-moi le bien que ce coup m'a ravi.
Mon bras, pour vous venger, armé contre ma flamme,
Par ce coup glorieux m'a privé de mon âme; 1050
Ne me dites plus rien; pour vous j'ai tout perdu;
Ce que je vous devais, je vous l'ai bien rendu.

DON DIÈGUE

Porte, porte plus haut le fruit de ta victoire.
Je t'ai donné la vie, et tu me rends ma gloire;
Et d'autant que l'honneur m'est plus cher que le jour. 1055
D'autant plus maintenant je te dois de retour.
Mais d'un cœur magnanime éloigne ces faiblesses;
Nous n'avons qu'un honneur, il est tant de maîtresses,
L'amour n'est qu'un plaisir, l'honneur est un devoir.

DON RODRIGUE

Ah! que me dites-vous ? 1060

DON DIÈGUE

 Ce que tu dois savoir.

DON RODRIGUE

Mon honneur offensé sur moi-même se venge;
Et vous m'osez pousser à la honte du change!
L'infamie est pareille, et suit également
Le guerrier sans courage et le perfide amant.
A ma fidélité ne faites point d'injure; 1065
Souffrez-moi généreux sans me rendre parjure;
Mes liens sont trop forts pour être ainsi rompus,
Ma foi m'engage encor si je n'espère plus;
Et, ne pouvant quitter ni posséder Chimène,
Le trépas que je cherche est ma plus douce peine. 1070

DON DIÈGUE

Il n'est pas temps encor de chercher le trépas;
Ton prince et ton pays ont besoin de ton bras.
La flotte qu'on craignait, dans ce grand fleuve entrée
Croit surprendre la ville et piller la contrée.
Les Maures vont descendre; et le flux et la nuit 1075
Dans une heure, à nos murs, les amène sans bruit.
La cour est en désordre, et le peuple en alarmes :
On n'entend que des cris, on ne voit que des larmes.
Dans ce malheur public mon bonheur a permis
Que j'ai trouvé chez moi cinq cents de mes amis, 1080
Qui, sachant mon affront, poussés d'un même zèle,
Se venaient tous offrir à venger ma querelle;
Tu les as prévenus; mais leurs vaillantes mains
Se tremperont bien mieux au sang des Africains.
Va marcher à leur tête où l'honneur te demande : 1085
C'est toi que veut pour chef leur généreuse bande.
De ces vieux ennemis va soutenir l'abord :
Là, si tu veux mourir, trouve une belle mort;
Prends-en l'occasion, puisqu'elle t'est offerte;
Fais devoir à ton roi son salut à ta perte; 1090
Mais reviens-en plutôt les palmes sur le front;
Ne borne pas ta gloire à venger un affront;
Porte-la plus avant, force par ta vaillance
Ce monarque au pardon, et Chimène au silence.
Si tu l'aimes, apprends que revenir vainqueur, 1095
C'est l'unique moyen de regagner son cœur.
Mais le temps est trop cher pour le perdre en paroles;
Je t'arrête en discours, et je veux que tu voles!
Viens, suis-moi, va combattre, et montrer à ton roi
Que ce qu'il perd au comte il le recouvre en toi. 1100

ACTE IV

SCÈNE PREMIÈRE
CHIMÈNE, ELVIRE

CHIMÈNE
>N'est-ce point un faux bruit ? le sais-tu bien, Elvire?

ELVIRE
>Vous ne croiriez jamais comme chacun l'admire,
>Et porte jusqu'au ciel, d'une commune voix,
>De ce jeune héros les glorieux exploits.
>Les Maures devant lui n'ont paru qu'à leur honte;　　　1105
>Leur abord fut bien prompt, leur fuite encor plus prompte.
>Trois heures de combat laissent à nos guerriers
>Une victoire entière et deux rois prisonniers.
>La valeur de leur chef ne trouvait point d'obstacles.

CHIMÈNE
>Et la main de Rodrigue a fait tous ces miracles?　　　1110

ELVI RE
>De ses nobles efforts ces deux rois sont le prix :
>Sa main les a vaincus, et sa main les a pris.

CHIMÈNE
>De qui peux-tu savoir ces nouvelles étranges?

ELVIRE
>Du peuple, qui partout fait sonner ses louanges,
>Le nomme de sa joie et l'objet et l'auteur,　　　1115
>Son ange tutélaire, et son libérateur.

CHIMÈNE
>Et le roi, de quel œil voit-il tant de vaillance?

ELVIRE

 Rodrigue n'ose encor paraître en sa présence;
 Mais don Diègue ravi lui présente, enchaînés,
 Au nom de ce vainqueur, ces captifs couronnés, 1120
 Et demande pour grâce à ce généreux prince
 Qu'il daigne voir la main qui sauve la province.

CHIMÈNE

 Mais n'est-il point blessé?

ELVIRE

 Je n'en ai rien appris.
 Vous changez de couleur! Reprenez vos esprits.

CHIMÈNE

 Reprenons donc aussi ma colère affaiblie : 1125
 Pour avoir soin de lui faut-il que je m'oublie?
 On le vante, on le loue, et mon cœur y consent!
 Mon honneur est muet, mon devoir impuissant!
 Silence, mon amour, laisse agir ma colère
 S'il a vaincu deux rois, il a tué mon père; 1130
 Ces tristes vêtements, où je lis mon malheur,
 Sont les premiers effets qu'ait produits sa valeur;
 Et, quoi qu'on die ailleurs d'un cœur si magnanime,
 Ici tous les objets me parlent de son crime.
 Vous qui rendez la force à mes ressentiments, 1135
 Voiles, crêpes, habits, lugubres ornements,
 Pompe que me prescrit sa première victoire,
 Contre ma passion soutenez bien ma gloire;
 Et, lorsque mon amour prendra trop de pouvoir,
 Parlez à mon esprit de mon triste devoir, 1140
 Attaquez sans rien craindre une main triomphante.

ELVIRE

 Modérez ces transports, voici venir l'infante.

SCÈNE II
L'INFANTE, CHIMÈNE, LÉONOR, ELVIRE

L'INFANTE

Je ne viens pas ici consoler tes douleurs;
Je viens plutôt mêler mes soupirs à tes pleurs.

CHIMÈNE

Prenez bien plutôt part à la commune joie, 1145
Et goûtez le bonheur que le ciel vous envoie,
Madame : autre que moi n'a droit de soupirer.
Le péril dont Rodrigue a su nous retirer,
Et le salut public que vous rendent ses armes,
A moi seule aujourd'hui souffrent encor les larmes : 1150
Il a sauvé la ville, il a servi son roi;
Et son bras valeureux n'est funeste qu'à moi.

L'INFANTE

Ma Chimène, il est vrai qu'il a fait des merveilles.

CHIMÈNE

Déjà ce bruit fâcheux a frappé mes oreilles;
Et je l'entends partout publier hautement 1155
Aussi brave guerrier que malheureux amant.

L'INFANTE

Qu'a de fâcheux pour toi ce discours populaire?
Ce jeune Mars qu'il loue a su jadis te plaire :
Il possédait ton âme, il vivait sous tes lois;
Et vanter sa valeur, c'est honorer ton choix. 1160

CHIMÈNE

Chacun peut la vanter avec quelque justice,
Mais pour moi sa louange est un nouveau supplice.
On aigrit ma douleur en l'élevant si haut :
Je vois ce que je perds quand je vois ce qu'il vaut.
Ah! cruels déplaisirs à l'esprit d'une amante! 1165

Plus j'apprends son mérite, et plus mon feu s'augmente :
Cependant mon devoir est toujours le plus fort,
Et, malgré mon amour, va poursuivre sa mort.

L'INFANTE

Hier ce devoir te mit en une haute estime;
L'effort que tu te fis parut si magnanime, 1170
Si digne d'un grand cœur, que chacun à la cour
Admirait ton courage et plaignait ton amour;
Mais croirais-tu l'avis d'une amitié fidèle?

CHIMÈNE

Ne vous obéir pas me rendrait criminelle.

L'INFANTE

Ce qui fut juste alors ne l'est plus aujourd'hui. 1175
Rodrigue maintenant est notre unique appui,
L'espérance et l'amour d'un peuple qui l'adore,
Le soutien de Castille, et la terreur du Maure.
Le roi même est d'accord de cette vérité,
Que ton père en lui seul se voit ressuscité; 1180
Et, si tu veux enfin qu'en deux mots je m'explique,
Tu poursuis en sa mort la ruine publique.
Quoi! pour venger un père est-il jamais permis
De livrer sa patrie aux mains des ennemis?
Contre nous ta poursuite est-elle légitime, 1185
Et pour être punis avons-nous part au crime?
Ce n'est pas qu'après tout tu doives épouser
Celui qu'un père mort t'obligeait d'accuser :
Je te voudrais moi-même en arracher l'envie;
Ote-lui ton amour, mais laisse-nous sa vie. 1190

CHIMÈNE

Ah! ce n'est pas à moi d'avoir tant de bonté;
Le devoir qui m'aigrit n'a rien de limité.
Quoique pour ce vainqueur mon amour s'intéresse,
Quoiqu'un peuple l'adore et qu'un roi le caresse,

Qu'il soit environné des plus vaillants guerriers, 1195
J'irai sous mes cyprès accabler ses lauriers.

L'INFANTE

C'est générosité quand, pour venger un père,
Notre devoir attaque une tête si chère;
Mais c'en est une encor d'un plus illustre rang,
Quand on donne au public les intérêts du sang. 1200
Non, crois-moi, c'est assez que d'éteindre ta flamme;
Il sera trop puni s'il n'est plus dans ton âme.
Que le bien du pays t'impose cette loi :
Aussi bien, que crois-tu que t'accorde le roi?

CHIMÈNE

Il peut me refuser, mais je ne puis me taire. 1205

L'INFANTE

Pense bien, ma Chimène, à ce que tu veux faire.
Adieu : tu pourras seule y penser à loisir.

CHIMÈNE

Après mon père mort, je n'ai point à choisir.

SCÈNE III

DON FERNAND, DON DIÈGUE, DON ARIAS, DON RODRIGUE, DON SANCHE

DON FERNAND

Généreux héritier d'une illustre famille
Qui fut toujours la gloire et l'appui de Castille, 1210
Race de tant d'aïeux en valeur signalés,
Que l'essai de la tienne a sitôt égalés,
Pour te récompenser ma force est trop petite,
Et j'ai moins de pouvoir que tu n'as de mérite.
Le pays délivré d'un si rude ennemi, 1215

Mon sceptre dans ma main par la tienne affermi,
Et les Maures défaits avant qu'en ces alarmes
J'eusse pu donner ordre à repousser leurs armes,
Ne sont point des exploits qui laissent à ton roi
Le moyen ni l'espoir de s'acquitter vers toi. 1220
Mais deux rois, tes captifs, feront ta récompense :
Ils t'ont nommé tous deux leur Cid en ma présence;
Puisque Cid en leur langue est autant que seigneur,
Je ne t'envierai pas ce beau titre d'honneur.
Sois désormais le Cid; qu'à ce grand nom tout cède; 1225
Qu'il comble d'épouvante et Grenade et Tolède,
Et qu'il marque à tous ceux qui vivent sous mes lois
Et ce que tu me vaux, et ce que je te dois.

DON RODRIGUE
Que votre Majesté, sire, épargne ma honte;
D'un si faible service elle fait trop de compte, 1230
Et me force à rougir devant un si grand roi
De mériter si peu l'honneur que j'en reçoi.
Je sais trop que je dois au bien de votre empire
Et le sang qui m'anime, et l'air que je respire;
Et quand je les perdrai pour un si digne objet, 1235
Je ferai seulement le devoir d'un sujet.

DON FERNAND
Tous ceux que ce devoir à mon service engage
Ne s'en acquittent pas avec meme courage;
Et lorsque la valeur ne va point dans l'excès,
Elle ne produit point de si rares succès. 1240
Souffre donc qu'on te loue, et de cette victoire
Apprends-moi plus au long la véritable histoire.

DON RODRIGUE
Sire, vous avez su qu'en ce danger pressant,
Qui jeta dans la ville un effroi si puissant,
Une troupe d'amis chez mon père assemblée 1245
Sollicita mon âme encor toute troublée...

Mais, sire, pardonnez à ma témérité,
Si j'osai l'employer sans votre autorité :
Le péril approchait; leur brigade était prête;
Me montrant à la cour, je hasardais ma tête; 1250
Et, s'il fallait la perdre, il m'était bien plus doux
De sortir de la vie en combattant pour vous.

DON FERNAND

J'excuse ta chaleur à venger ton offense;
Et l'État défendu me parle en ta défense :
Crois que dorénavant Chimène a beau parler, 1255
Je ne l'écoute plus que pour la consoler.
Mais poursuis.

DON RODRIGUE

 Sous moi donc cette troupe s'avance,
Et porte sur le front une mâle assurance.
Nous partîmes cinq cents; mais, par un prompt renfort,
Nous nous vîmes trois mille en arrivant au port, 1260
Tant, à nous voir marcher avec un tel visage,
Les plus épouvantés reprenaient de courage!
J'en cache les deux tiers, aussitôt qu'arrivés,
Dans le fond des vaisseaux qui lors furent trouvés.
Le reste, dont le nombre augmentait à toute heure, 1265
Brûlant d'impatience, autour de moi demeure,
Se couche contre terre, et, sans faire aucun bruit,
Passe une bonne part d'une si belle nuit.
Par mon commandement, la garde en fait de même,
Et, se tenant cachée, aide à mon stratagème; 1270
Et je feins hardiment d'avoir reçu de vous
L'ordre qu'on me voit suivre et que je donne à tous.
Cette obscure clarté qui tombe des étoiles
Enfin avec le flux nous fait voir trente voiles;
L'onde s'enfle dessous, et d'un commun effort 1275
Les Maures et la mer montent jusques au port.
On les laisse passer; tout leur paraît tranquille :
Point de soldats au port, point aux murs de la ville.

Notre profond silence abusant leurs esprits,
Ils n'osent plus douter de nous avoir surpris; 1280
Ils abordent sans peur, ils ancrent, ils descendent,
Et courent se livrer aux mains qui les attendent.
Nous nous levons alors, et tous en même temps
Poussons jusques au ciel mille cris éclatants.
Les nôtres, à ces cris, de nos vaisseaux répondent; 1285
Ils paraissent armés, les Maures se confondent,
L'épouvante les prend à demi descendus;
Avant que de combattre, ils s'estiment perdus.
Ils couraient au pillage, et rencontrent la guerre.
Nous les pressons sur l'eau, nous les pressons sur terre, 1290
Et nous faisons courir des ruisseaux de leur sang,
Avant qu'aucun résiste ou reprenne son rang.
Mais bientôt, malgré nous, leurs princes les rallient,
Leur courage renaît, et leurs terreurs s'oublient.
La honte de mourir sans avoir combattu 1295
Arrête leur désordre et leur rend leur vertu.
Contre nous de pied ferme ils tirent leurs alfanges,
De notre sang au leur font d'horribles mélanges,
Et la terre, et 1e fleuve, et leur flotte, et le port,
Sont des champs de carnage où triomphe la mort. 1300
O combien d'actions, combien d'exploits célèbres
Sont demeurés sans gloire au milieu des ténèbres,
Où chacun, seul témoin des grands coups qu'il donnait,
Ne pouvait discerner où le sort inclinait!
J'allais de tous côtés encourager les nôtres, 1305
Faire avancer les uns et soutenir les autres,
Ranger ceux qui venaient, les pousser à leur tour,
Et ne l'ai pu savoir jusques au point du jour.
Mais enfin sa clarté montre notre avantage;
Le Maure voit sa perte, et perd soudain courage, 1310
Et, voyant un renfort qui nous vient secourir,
L'ardeur de vaincre cède à la peur de mourir.
Ils gagnent leurs vaisseaux, ils en coupent les câbles,
Poussent jusques aux cieux des cris épouvantables,
Font retraite en tumulte et sans considérer 1315

Si leurs rois avec eux peuvent se retirer.
Pour souffrir ce devoir leur frayeur est trop forte :
Le flux les apporta, le reflux les remporte,
Cependant que leurs rois, engagés parmi nous,
Et quelque peu des leurs, tous percés de nos coups, 1320
Disputent vaillamment et vendent bien leur vie.
A se rendre moi-même en vain je les convie :
Le cimeterre au poing, ils ne m'écoutent pas;
Mais voyant à leurs pieds tomber tous leurs soldats,
Et que seuls désormais en vain ils se défendent, 1325
Ils demandent le chef : je me nomme, ils se rendent
Je vous les envoyai tous deux en même temps;
Et le combat cessa faute de combattants.
C'est de cette façon que, pour votre service...

SCÈNE IV

DON FERNAND, DON DIÈGUE, DON RODRIGUE, DON ARIAS, DON ALONSE, DON SANCHE

DON ALONSE

Sire, Chimène vient vous demander justice. 1330

DON FERNAND

La fâcheuse nouvelle, et l'importun devoir!
Va, je ne la veux pas obliger à te voir.
Pour tous remercîments, il faut que je te chasse;
Mais, avant que sortir, viens, que ton roi t'embrasse.
 (Don Rodrigue rentre.)

DON DIÈGUE

Chimène le poursuit, et voudrait le sauver. 1335

DON FERNAND

On m'a dit qu'elle l'aime, et je vais l'éprouver.
Montrez un œil plus triste.

SCÈNE V

DON FERNAND, DON DIÈGUE, DON ARIAS, DON SANCHE, DON ALONSE, CHIMÈNE, ELVIRE

DON FERNAND

 Enfin, soyez contente,
Chimène, le succès répond à votre attente :
Si de nos ennemis Rodrigue a le dessus,
Il est mort à nos yeux des coups qu'il a reçus; 1340
Rendez grâces au ciel qui vous en a vengée.
 (A don Diègue.)
Voyez comme déjà sa couleur est changée.

DON DIÈGUE

 Mais voyez qu'elle pâme, et d'un amour parfait,
Dans cette pâmoison, sire, admirez l'effet.
Sa douleur a trahi les secrets de son âme 1345
Et ne vous permet plus de douter de sa flamme.

CHIMÈNE

 Quoi! Rodrigue est donc mort?

DON FERNAND

 Non, non, il voit le jour,
Et te conserve encore un immuable amour.
Calme cette douleur qui pour lui s'intéresse.

CHIMÈNE

 Sire, on pâme de joie ainsi que de tristesse : 1350
Un excès de plaisir nous rend tout languissants,
Et, quand il surprend l'âme, il accable les sens.

DON FERNAND

 Tu veux qu'en ta faveur nous croyions l'impossible?
Chimène, ta douleur a paru trop visible.

CHIMÈNE

Eh bien! sire, ajoutez ce comble à mon malheur, 1355
Nommez ma pâmoison l'effet de ma douleur.
Un juste déplaisir à ce point m'a réduite;
Son trépas dérobait sa tête à ma poursuite;
S'il meurt des coups reçus pour le bien du pays,
Ma vengeance est perdue, et mes desseins trahis, 1360
Une si belle fin m'est trop injurieuse.
Je demande sa mort, mais non pas glorieuse,
Non pas dans un éclat qui l'élève si haut,
Non pas au lit d'honneur, mais sur un échafaud;
Qu'il meure pour mon père, et non pour la patrie; 1365
Que son nom soit taché, sa mémoire flétrie.
Mourir pour le pays n'est pas un triste sort;
C'est s'immortaliser par une belle mort.
J'aime donc sa victoire, et je le puis sans crime;
Elle assure l'État et me rend ma victime, 1370
Mais noble, mais fameuse entre tous les guerriers,
Le chef, au lieu de fleurs, couronné de lauriers,
Et, pour dire en un mot ce que j'en considère,
Digne d'être immolée aux mânes de mon père...
Hélas! à quel espoir me laissé-je emporter! 1375
Rodrigue de ma part n'a rien à redouter;
Que pourraient contre lui des larmes qu'on méprise?
Pour lui tout votre empire est un lieu de franchise;
Là, sous votre pouvoir, tout lui devient permis;
Il triomphe de moi comme des ennemis. 1380
Dans leur sang répandu la justice étouffée
Au crime du vainqueur sert d'un nouveau trophée;
Nous en croissons la pompe, et le mépris des lois
Nous fait suivre son char au milieu de deux rois.

DON FERNAND

Ma fille, ces transports ont trop de violence. 1385
Quand on rend la justice, on met tout en balance.
On a tué ton père, il était l'agresseur;
Et la même équité m'ordonne la douceur.

Avant que d'accuser ce que j'en fais paraître,
Consulte bien ton cœur : Rodrigue en est le maître, 1390
Et ta flamme en secret rend grâces à ton roi,
Dont la faveur conserve un tel amant pour toi.

CHIMÈNE

Pour moi! mon ennemi! l'objet de ma colère!
L'auteur de mes malheurs! l'assassin de mon père!
De ma juste poursuite on fait si peu de cas 1395
Qu'on me croit obliger en ne m'écoutant pas!
Puisque vous refusez la justice à mes larmes,
Sire, permettez-moi de recourir aux armes;
C'est par là seulement qu'il a su m'outrager,
Et c'est aussi par là que je me dois venger. 1400
A tous vos cavaliers je demande sa tête.
Oui, qu'un d'eux me l'apporte, et je suis sa conquête;
Qu'ils le combattent, Sire, et, le combat fini,
J'épouse le vainqueur, si Rodrigue est puni.
Sous votre autorité souffrez qu'on le publie. 1405

DON FERNAND

Cette vieille coutume en ces lieux établie,
Sous couleur de punir un injuste attentat,
Des meilleurs combattants affaiblit un État.
Souvent de cet abus le succès déplorable
Opprime l'innocent et soutient le coupable. 1410
J'en dispense Rodrigue; il m'est trop précieux
Pour l'exposer aux coups d'un sort capricieux;
Et quoi qu'ait pu commettre un cœur si magnanime,
Les Maures en fuyant ont emporté son crime.

DON DIÈGUE

Quoi! sire, pour lui seul vous renversez des lois 1415
Qu'a vu toute la cour observer tant de fois!
Que croira votre peuple, et que dira l'envie,
Si sous votre défense il ménage sa vie,
Et s'en fait un prétexte à ne paraître pas

Où tous les gens d'honneur cherchent un beau trépas? 1420
De pareilles faveurs terniraient trop sa gloire :
Qu'il goûte sans rougir les fruits de sa victoire.
Le comte eut de l'audace, il l'en a su punir;
Il l'a fait en brave homme, et le doit maintenir.

DON FERNAND

Puisque vous le voulez, j'accorde qu'il le fasse; 1425
Mais d'un guerrier vaincu mille prendraient la place,
Et le prix que Chimène au vainqueur a promis
De tous mes cavaliers ferait ses ennemis.
L'opposer seul à tous serait trop d'injustice;
Il suffit qu'une fois il entre dans la lice. 1430
Choisis qui tu voudras, Chimène, et choisis bien;
Mais après ce combat ne demande plus rien.

DON DIÈGUE

N'excusez point par là ceux que son bras étonne.
Laissez un champ ouvert, où n'entrera personne.
Après ce que Rodrigue a fait voir aujourd'hui, 1435
Quel courage assez vain s'oserait prendre à lui?
Qui se hasarderait contre un tel adversaire?
Qui serait ce vaillant, ou bien ce téméraire?

DON SANCHE

Faites ouvrir le champ : vous voyez l'assaillant;
Je suis ce téméraire, ou plutôt ce vaillant. 1440
Accordez cette grâce à l'ardeur qui me presse,
Madame : vous savez quelle est votre promesse.

DON FERNAND

Chimène, remets-tu ta querelle en sa main?

CHIMÈNE

Sire, je l'ai promis.

DON FERNAND
 Soyez prêt à demain.

DON DIÈGUE
 Non, Sire, il ne faut pas différer davantage 1445
 On est toujours trop prêt quand on a du courage.

DON FERNAND
 Sortir d'une bataille, et combattre à l'instant!

DON DIÈGUE
 Rodrigue a pris haleine en vous la racontant.

DON FERNAND
 Du moins une heure ou deux je veux qu'il se délasse.
 Mais, de peur qu'en exemple un tel combat ne passe, 1450
 Pour témoigner à tous qu'à regret je permets
 Un sanglant procédé qui ne me plut jamais,
 De moi ni de ma cour il n'aura la présence.
 (A don Arias.)
 Vous seul des combattants jugerez la vaillance.
 Ayez soin que tous deux fassent en gens de cœur, 1455
 Et, le combat fini, m'amenez le vainqueur.
 Qui qu'il soit, même prix est acquis à sa peine
 Je le veux de ma main présenter à Chimène,
 Et que pour récompense il reçoive sa foi.

CHIMÈNE
 Quoi! Sire, m'imposer une si dure loi! 1460

DON FERNAND
 Tu t'en plains; mais ton feu, loin d'avouer ta plainte,
 Si Rodrigue est vainqueur, l'accepte sans contrainte.
 Cesse de murmurer contre un arrêt si doux :
 Qui que ce soit des deux, j'en ferai ton époux.

ACTE V

SCÈNE PREMIÈRE
DON RODRIGUE, CHIMÈNE

CHIMÈNE

 Quoi! Rodrigue, en plein jour! d'où te vient cette audace? 1465
 Va, tu me perds d'honneur; retire-toi, de grâce.

DON RODRIGUE

 Je vais mourir, madame, et vous viens en ce lieu,
 Avant le coup mortel, dire un dernier adieu.
 Cet immuable amour qui sous vos lois m'engage
 N'ose accepter ma mort sans vous en faire hommage. 1470

CHIMÈNE

 Tu vas mourir!

DON RODRIGUE

 Je cours à ces heureux moments
 Qui vont livrer ma vie à vos ressentiments.

CHIMÈNE

 Tu vas mourir! Don Sanche est-il si redoutable
 Qu'il donne l'épouvante à ce cœur indomptable?
 Qui t'a rendu si faible, ou qui le rend si fort? 1475
 Rodrigue va combattre et se croit déjà mort!
 Celui qui n'a pas craint les Maures ni mon père
 Va combattre don Sanche, et déjà désespère!
 Ainsi donc au besoin ton courage s'abat!

DON RODRIGUE

 Je cours à mon supplice, et non pas au combat; 1480
 Et ma fidèle ardeur sait bien m'ôter l'envie,
 Quand vous cherchez ma mort, de défendre ma vie.

J'ai toujours même cœur; mais je n'ai point de bras
Quand il faut conserver ce qui ne vous plaît pas;
Et déjà cette nuit m'aurait été mortelle 1485
Si j'eusse combattu pour ma seule querelle;
Mais, défendant mon roi, son peuple et mon pays,
A me défendre mal, je les aurais trahis.
Mon esprit généreux ne hait pas tant la vie
Qu'il en veuille sortir par une perfidie. 1490
Maintenant qu'il s'agit de mon seul intérêt,
Vous demandez ma mort, j'en accepte l'arrêt.
Votre ressentiment choisit la main d'un autre
(Je ne méritais pas de mourir de la vôtre) :
On ne me verra point en repousser les coups; 1495
Je dois plus de respect à qui combat pour vous;
Et ravi de penser que c'est de vous qu'ils viennent,
Puisque c'est votre honneur que ses armes soutiennent,
Je lui vais présenter mon estomac ouvert, 1500
Adorant en sa main la vôtre qui me perd.

CHIMÈNE

Si d'un triste devoir la juste violence,
Qui me fait malgré moi poursuivre ta vaillance,
Prescrit à ton amour une si forte loi
Qu'il te rend sans défense à qui combat pour moi,
En cet aveuglement ne perds pas la mémoire 1505
Qu'ainsi que de ta vie il y va de ta gloire,
Et que, dans quelque éclat que Rodrigue ait vécu,
Quand on le saura mort, on le croira vaincu.
Ton honneur t'est plus cher que je ne te suis chère.
Puisqu'il trempe tes mains dans le sang de mon père, 1510
Et te fait renoncer, malgré ta passion,
A l'espoir le plus doux de ma possession.
Je t'en vois cependant faire si peu de compte
Que, sans rendre combat, tu veux qu'on te surmonte.
Quelle inégalité ravale ta vertu? 1515
Pourquoi ne l'as-tu plus? ou pourquoi l'avais-tu?
Quoi! n'es-tu généreux que pour me faire outrage?

S'il ne faut m'offenser, n'as-tu point de courage?
Et traites-tu mon père avec tant de rigueur
Qu'après l'avoir vaincu tu souffres un vainqueur?
Va, sans vouloir mourir, laisse-moi te poursuivre 1520
Et défends ton honneur, si tu ne veux plus vivre

DON RODRIGUE

Après la mort du comte et les Maures défaits.
Faudrait-il à ma gloire encor d'autres effets?
Elle peut dédaigner le soin de me défendre : 1525
On sait que mon courage ose tout entreprendre,
Que ma valeur peut tout, et que dessous les cieux,
Auprès de mon honneur, rien ne m'est précieux.
Non, non, en ce combat, quoi que vous veuilliez croire,
Rodrigue peut mourir sans hasarder sa gloire, 1530
Sans qu'on l'ose accuser d'avoir manqué de cœur,
Sans passer pour vaincu, sans souffrir un vainqueur.
On dira seulement : « Il adorait Chimène :
Il n'a pas voulu vivre et mériter sa haine;
Il a cédé lui-même à la rigueur du sort 1535
Qui forçait sa maîtresse à poursuivre sa mort.
Elle voulait sa tête; et son cœur magnanime,
S'il l'en eût refusée, eût pensé faire un crime.
Pour venger son honneur, il perdit son amour;
Pour venger sa maîtresse, il a quitté le jour, 1540
Préférant, quelque espoir qu'eût son âme asservie,
Son honneur à Chimène, et Chimène à sa vie. »
Ainsi donc vous verrez ma mort, en ce combat,
Loin d'obscurcir ma gloire, en rehausser l'éclat;
Et cet honneur suivra mon trépas volontaire, 1545
Que tout autre que moi n'eût pu vous satisfaire.

CHIMÈNE

Puisque, pour t'empêcher de courir au trépas,
Ta vie et ton honneur sont de faibles appas,
Si jamais je t'aimai, cher Rodrigue, en revanche,
Défends-toi maintenant pour m'ôter à don Sanche; 1550

Combats pour m'affranchir d'une condition
Qui me donne à l'objet de mon aversion.
Te dirai-je encor plus? va, songe à ta défense,
Pour forcer mon devoir, pour m'imposer silence,
Et si tu sens pour moi ton cœur encore épris, 1555
Sors vainqueur d'un combat dont Chimène est le prix.
Adieu : ce mot lâché me fait rougir de honte.

DON RODRIGUE, *seul*.
Est-il quelque ennemi qu'à présent je ne dompte?
Paraissez, Navarrois, Maures et Castillans,
Et tout ce que l'Espagne a nourri de vaillants; 1560
Unissez-vous ensemble, et faites une armée
Pour combattre une main de la sorte animée;
Joignez tous vos efforts contre un espoir si doux;
Pour en venir à bout, c'est trop peu que de vous.

SCÈNE II
L'INFANTE

T'écouterai-je encor, respect de ma naissance, 1565
 Qui fais un crime de mes feux?
T'écouterai-je, amour, dont la douce puissance
Contre ce fier tyran fait révolter mes vœux ?
 Pauvre princesse, auquel des deux
 Dois-tu préter obéissance? 1570
Rodrigue, ta valeur te rend digne de moi;
Mais, pour être vaillant, tu n'es pas fils de roi.

Impitoyable sort, dont la rigueur sépare
 Ma gloire d'avec mes désirs!
Est-il dit que le choix d'une vertu si rare 1575
Coûte à ma passion de si grands déplaisirs?
 O cieux! à combien de soupirs
 Faut-il que mon cœur se prépare,

Si jamais il n'obtient sur un si long tourment
Ni d'éteindre l'amour, ni d'accepter l'amant! 1580

Mais c'est trop de scrupule, et ma raison s'étonne
 Du mépris d'un si digne choix;
Bien qu'aux monarques seuls ma naissance me donne,
Rodrigue, avec honneur je vivrai sous tes lois.
 Après avoir vaincu deux rois, 1585
 Pourrais-tu manquer de couronne?
Et ce grand nom de Cid que tu viens de gagner
Ne fait-il pas trop voir sur qui tu dois régner?

Il est digne de moi, mais il est à Chimène;
 Le don que j'en ai fait me nuit. 1590
Entre eux la mort d'un père a si peu mis de haine
Que le devoir du sang à regret le poursuit :
 Ainsi n'espérons aucun fruit
 De son crime, ni de ma peine,
Puisque pour me punir le destin a permis 1595
Que l'amour dure même entre deux ennemis.

SCÈNE III
L'INFANTE, LÉONOR

L'INFANTE
 Où viens-tu, Léonor?

LÉONOR
 Vous applaudir, madame,
Sur le repos qu'enfin a retrouvé votre âme.

L'INFANTE
 D'où viendrait ce repos dans un comble d'ennui?

LÉONOR

 Si l'amour vit d'espoir, et s'il meurt avec lui, 1600
 Rodrigue ne peut plus charmer votre courage;
 Vous savez le combat où Chimène l'engage :
 Puisqu'il faut qu'il y meure, ou qu'il soit son mari.
 Votre espérance est morte, et votre esprit guéri.

L'INFANTE

 Ah! qu'il s'en faut encor! 1605

LÉONOR

 Que pouvez-vous pretendre?

L'INFANTE

 Mais plutôt quel espoir me pourrais-tu défendre?
 Si Rodrigue combat sous ces conditions,
 Pour en rompre l'effet, j'ai trop d'inventions.
 L'amour, ce doux auteur de mes cruels supplices,
 Aux esprits des amants apprend trop d'artifices. 1610

LÉONOR

 Pourrez-vous quelque chose, après qu'un père mort
 N'a pu dans leurs esprits allumer de discord?
 Car Chimène aisément montre par sa conduite
 Que la haine aujourd'hui ne fait pas sa poursuite.
 Elle obtient un combat, et pour son combattant 1615
 C'est le premier offert qu'elle accepte à l'instant :
 Elle n'a point recours à ces mains généreuses
 Que tant d'exploits fameux rendent si glorieuses;
 Don Sanche lui suffit, et mérite son choix
 Parce qu'il va s'armer pour la première fois. 1620
 Elle aime en ce duel son peu d'experience :
 Comme il est sans renom, elle est sans défiance;
 Et sa facilité vous doit bien faire voir
 Qu'elle cherche un combat qui force son devoir.
 Qui livre à son Rodrigue une victoire aisée, 1625
 Et l'autorise enfin à paraître apaisée.

L'INFANTE

Je le remarque assez, et toutefois mon cœur
A l'envi de Chimène adore ce vainqueur.
A quoi me résoudrai-je, amante infortunée?

LÉONOR

A vous mieux souvenir de qui vous êtes née : 1630
Le ciel vous doit un roi, vous aimez un sujet!

L'INFANTE

Mon inclination a bien changé d'objet.
Je n'aime plus Rodrigue, un simple gentilhomme;
Non, ce n'est plus ainsi que mon amour le nomme :
Si j'aime, c'est l'auteur de tant de beaux exploits. 1635
C'est le valeureux Cid, le maître de deux rois.
Je me vaincrai pourtant, non de peur d'aucun blàme,
Mais pour ne troubler pas une si belle flamme,
Et, quand pour m'obliger on l'aurait couronné,
Je ne veux point reprendre un bien que j'ai donné. 1640
Puisqu'en un tel combat sa victoire est certaine,
Allons encore un coup le donner à Chimène.
Et toi, qui vois les traits dont mon cœur est percé,
Viens me voir achever comme j'ai commencé.

SCÈNE IV
CHIMÈNE, ELVIRE

CHIMÈNE

Elvire, que je souffre, et que je suis à plaindre! 1645
Je ne sais qu'espérer, et je vois tout à craindre;
Aucun vœu ne m'échappe où j'ose consentir;
Je ne souhaite rien sans un prompt repentir.
A deux rivaux pour moi je fais prendre les armes :
Le plus heureux succès me coûtera des larmes; 1650
Et quoi qu'en ma faveur en ordonne le sort,

Mon père est sans vengeance, ou mon amant est mort.

ELVIRE

D'un et d'autre côté je vous vois soulagée :
Ou vous avez Rodrigue, ou vous êtes vengée;
Et quoi que le destin puisse ordonner de vous, 1655
Il soutient votre gloire et vous donne un époux.

CHIMÈNE

Quoi! l'objet de ma haine ou de tant de colère
L'assassin de Rodrigue ou celui de mon père!
De tous les deux côtés on me donne un mari
Encor tout teint du sang que j'ai le plus chéri. 1660
De tous les deux côtés mon âme se rebelle.
Je crains plus que la mort la fin de ma querelle.
Allez, vengeance, amour, qui troublez mes esprits,
Vous n'avez point pour moi de douceurs à ce prix.
Et toi, puissant moteur du destin qui m'outrage, 1665
Termine ce combat sans aucun avantage,
Sons faire aucun des deux ni vaincu ni vainqueur.

ELVIRE

Ce serait vous traiter avec trop de rigueur.
Ce combat pour votre âme est un nouveau supplice
S'il vous laisse obligée à demander justice, 1670
A témoigner toujours ce haut ressentiment,
Et poursuivre toujours la mort de votre amant.
Madame, il vaut bien mieux que sa rare vaillance,
Lui couronnant le front, vous impose silence;
Que la loi du combat étouffe vos soupirs, 1675
Et que le roi vous force à suivre vos désirs.

CHIMÈNE

Quand il sera vainqueur, crois-tu que je me rende?
Mon devoir est trop fort, et ma perte trop grande;
Et ce n'est pas assez, pour leur faire la loi,
Que celle du combat et le vouloir du roi. 1680

Il peut vaincre don Sanche avec fort peu de peine,
Mais non pas avec lui la gloire de Chimène;
Et, quoi qu'à sa victoire un monarque ait promis,
Mon honneur lui fera mille autres ennemis.

ELVIRE

Gardez, pour vous punir de cet orgueil étrange, 1685
Que le ciel à la fin ne souffre qu'on vous venge.
Quoi! vous voulez encor refuser le bonheur
De pouvoir maintenant vous taire avec honneur?
Que prétend ce devoir, et qu'est-ce qu'il espère?
La mort de votre amant vous rendra-t-elle un père? 1690
Est-ce trop peu pour vous que d'un coup de malheur?
Faut-il perte sur perte, et douleur sur douleur ?
Allez, dans le caprice où votre humeur s'obstine,
Vous ne méritez pas l'amant qu'on vous destine;
Et nous verrons du ciel l'équitable courroux 1695
Vous laisser, par sa mort, don Sanche pour époux.

CHIMÈNE

Elvire, c'est assez des peines que j'endure,
Ne les redouble point par ce funeste augure.
Je veux, si je le puis, les éviter tous deux;
Sinon en ce combat Rodrigue a tous mes vœux : 1700
Non qu'une folle ardeur de son côté me penche;
Mais, s'il était vaincu, je serais à don Sanche;
Cette appréhension fait naître mon souhait.
Que vois-je, malheureuse? Elvire, c'en est fait!

SCÈNE V
DON SANCHE, CHIMÈNE, ELVIRE

DON SANCHE

Obligé d'apporter à vos pieds cette épée... 1705

CHIMÈNE

Quoi! du sang de Rodrigue encor toute trempée?
Perfide, oses-tu bien te montrer à mes yeux,
Après m'avoir ôté ce que j'aimais le mieux?
Eclate, mon amour, tu n'as plus rien à craindre;
Mon père est satisfait, cesse de te contraindre. 1710
Un même coup a mis ma gloire en sûreté,
Mon âme au désespoir, ma flamme en liberté.

DON SANCHE

D'un esprit plus rassis...

CHIMÈNE

 Tu me parles encore,
Exécrable assassin d'un héros que j'adore!
Va, tu l'as pris en traître; un guerrier si vaillant 1715
N'eût jamais succombé sous un tel assaillant.
N'espère rien de moi, tu ne m'as point servie!
En croyant me venger, tu m'as ôté la vie.

DON SANCHE

Ètrange impression, qui, loin de m'écouter...

CHIMÈNE

Veux-tu que de sa mort je t'écoute vanter, 1720
Que j'entende à loisir avec quelle insolence
Tu peindras son malheur, mon crime et ta vaillance?

SCÈNE VI

DON FERNAND, DON DIÈGUE, DON ARIAS, DON SANCHE, DON ALONSE, CHIMÈNE, ELVIRE

CHIMÈNE

Sire, il n'est plus besoin de vous dissimuler
Ce que tous mes efforts ne vous ont pu celer.

J'aimais, vous l'avez su; mais pour venger mon père, 1725
J'ai bien voulu proscrire une tête si chère;
Votre Majesté, sire, elle-même a pu voir
Comme j'ai fait céder mon amour au devoir.
Enfin, Rodrigue est mort, et sa mort m'a changée
D'implacable ennemie en amante affligée. 1730
J'ai dû cette vengeance à qui m'a mise au jour,
Et je dois maintenant ces pleurs à mon amour.
Don Sanche m'a perdue en prenant ma défense,
Et du bras qui me perd je suis la récompense;
Sire, si la pitié peut émouvoir un roi, 1735
De grâce, révoquez une si dure loi;
Pour prix d'une victoire où je perds ce que j'aime
Je lui laisse mon bien; qu'il me laisse à moi-même :
Qu'en un cloître sacré je pleure incessamment,
Jusqu'au dernier soupir, mon père et mon amant. 1740

DON DIÈGUE

Enfin elle aime, sire, et ne croit plus un crime
D'avouer par sa bouche un amour légitime.

DON FERNAND

Chimène, sors d'erreur, ton amant n'est pas mort,
Et don Sanche vaincu t'a fait un faux rapport.

DON SANCHE

Sire, un peu trop d'ardeur malgré moi l'a déçue; 1745
Je venais du combat lui raconter l'issue.
Ce généreux guerrier, dont son cœur est charmé :
« Ne crains rien, m'a-t-il dit, quand il m'a désarmé;
Je laisserais plutôt la victoire incertaine
Que de répandre un sang hasardé pour Chimène; 1750
Mais, puisque mon devoir m'appelle auprès du roi,
Va de notre combat l'entretenir pour moi,
De la part du vainqueur lui porter ton épée. »
Sire, j'y suis venu : cet objet l'a trompée;
Elle m'a cru vainqueur, me voyant de retour, 1755

Et soudain sa colère a trahi son amour
Avec tant de transport et tant d'impatience
Que je n'ai pu gagner un moment d'audience.
Pour moi, bien que vaincu, je me répute heureux;
Et, malgré l'intérêt de mon cœur amoureux, 1760
Perdant infiniment, j'aime encor ma défaite
Qui fait le beau succès d'une amour si parfaite.

DON FERNAND

Ma fille, il ne faut point rougir d'un si beau feu,
Ni chercher les moyens d'en faire un désaveu;
Une louable honte en vain t'en sollicite : 1765
Ta gloire est dégagée et ton devoir est quitte;
Ton père est satisfait, et c'était le venger
Que mettre tant de fois ton Rodrigue en danger.
Tu vois comme le ciel autrement en dispose.
Ayant tant fait pour lui, fais pour toi quelque chose, 1770
Et ne sois point rebelle à mon commandement
Qui te donne un époux aimé si chèrement.

SCÈNE VII

DON FERNAND, DON DIÈGUE, DON ARIAS, DON RODRIGUE, DON ALONSE, DON SANCHE, L'INFANTE, CHIMÈNE, LÉONOR, ELVIRE

L'INFANTE

Sèche tes pleurs, Chimène, et reçois sans tristesse,
Ce généreux vainqueur des mains de ta princesse.

DON RODRIGUE

Ne vous offensez point, sire, si devant vous 1775
Un respect amoureux me jette à ses genoux.
Je ne viens point ici demander ma conquête;
Je viens tout de nouveau vous apporter ma tête,
Madame; mon amour n'emploiera point pour moi

Ni la loi du combat ni le vouloir du roi. 1780
Si tout ce qui s'est fait est trop peu pour un père,
Dites par quels moyens il vous faut satisfaire.
Faut-il combattre encor mille et mille rivaux,
Aux deux bouts de la terre étendre mes travaux,
Forcer moi seul un camp, mettre en fuite une armée, 1785
Des héros fabuleux passer la renommée?
Si mon crime par là se peut enfin laver,
J'ose tout entreprendre, et puis tout achever;
Mais si ce fier honneur, toujours inexorable,
Ne se peut apaiser sans la mort du coupable, 1790
N'armez plus contre moi le pouvoir des humains :
Ma tête est à vos pieds, vengez-vous par vos mains.
Vos mains seules ont droit de vaincre un invincible;
Prenez une vengeance à tout autre impossible.
Mais du moins que ma mort suffise à me punir, 1795
Ne me bannissez point de votre souvenir;
Et, puisque mon trépas conserve votre gloire,
Pour vous en revancher conservez ma mémoire,
Et dites quelquefois, en déplorant mon sort :
« S'il ne m'avait aimée, il ne serait pas mort. » 1800

CHIMÈNE

Relève-toi, Rodrigue. Il faut l'avouer, sire,
Je vous en ai trop dit pour m'en pouvoir dédire;
Rodrigue a des vertus que je ne puis haïr;
Et quand un roi commande, on lui doit obéir.
Mais à quoi que déjà vous m'ayez condamnée, 1805
Pourrez-vous à vos yeux souffrir cet hyménée?
Et, quand de mon devoir vous voulez cet effort,
Toute votre justice en est-elle d'accord?
Si Rodrigue à l'État devient si nécessaire,
De ce qu'il fait pour vous dois-je être le salaire, 1810
Et me livrer moi-même au reproche éternel
D'avoir trempé mes mains dans le sang paternel?

DON FERNAND

 Le temps assez souvent a rendu légitime
 Ce qui semblait d'abord ne se pouvoir sans crime.
 Rodrigue t'a gagnée, et tu dois être à lui. 1815
 Mais quoique sa valeur t'ait conquise aujourd'hui,
 Il faudrait que je fusse ennemi de ta gloire
 Pour lui donner sitôt le prix de sa victoire.
 Cet hymen différé ne rompt point une loi
 Qui, sans marquer de temps, lui destine ta foi. 1820
 Prends un an, si tu veux, pour essuyer tes larmes.
 Rodrigue, cependant, il faut prendre les armes.
 Après avoir vaincu les Maures sur nos bords,
 Renversé leurs desseins, repoussé leurs efforts,
 Va jusqu'en leur pays leur reporter la guerre, 1825
 Commander mon armée et ravager leur terre.
 A ce nom seul de Cid ils trembleront d'effroi;
 Ils t'ont nommé seigneur et te voudront pour roi.
 Mais parmi tes hauts faits sois-lui toujours fidèle :
 Reviens-en, s'il se peut, encor plus digne d'elle, 1830
 Et, par tes grands exploits, fais-toi si bien priser
 Qu'il lui soit glorieux alors de t'épouser.

DON RODRIGUE

 Pour posséder Chimène, et pour votre service,
 Que peut-on m'ordonner que mon bras n'accomplisse?
 Quoi qu'absent de ses yeux il me faille endurer, 1835
 Sire, ce m'est trop d'heur de pouvoir espérer.

DON FERNAND

 Espère en ton courage, espère en ma promesse;
 Et, possédant déjà le cœur de ta maîtresse,
 Pour vaincre un point d'honneur qui combat contre toi,
 Laisse faire le temps, ta vaillance et ton roi. 1840

L'ÉCOLE DES FEMMES

Jean-Baptiste MOLIÈRE

(1662)

LES PERSONNAGES

ARNOLPHE *autrement* M. de la Souche

AGNÈS *jeune fille innocente élevée par Arnolphe*

HORACE *amant d'Agnès*

ALAIN *paysan, valet d'Arnolphe*

GEORGETTE *paysanne, servante d'Arnolphe*

CHRYSALDE *ami d'Arnolphe*

ENRIQUE *beau-frère de Chrysalde*

ORONTE *père d'Horace et grand ami d'Arnolphe*

LE NOTAIRE

La scène est dans une place de ville.

L'ÉCOLE DES FEMMES

ACTE I

SCÈNE I. — CHRYSALDE, ARNOLPHE

CHRYSALDE.
>Vous venez, dites-vous, pour lui donner la main?

ARNOLPHE.
>Oui, je veux terminer la chose dans demain.

CHRYSALDE
>Nous sommes ici seuls, et l'on peut, ce me semble,
>Sans crainte d'être ouïs, y discourir ensemble.
>Voulez-vous qu'en ami je vous ouvre mon cœur? 5
>Votre dessein pour vous me fait trembler de peur;
>Et, de quelque façon que vous tourniez l'affaire,
>Prendre femme est à vous un coup bien téméraire.

ARNOLPHE
>Il est vrai, notre ami, peut-être que chez vous
>Vous trouvez des sujets de crainte pour chez nous; 10
>Et votre front, je crois, veut que du mariage
>Les cornes soient partout l'infaillible apanage.

CHRYSALDE
>Ce sont coups du hasard, dont on n'est point garant
>Et bien sot, ce me semble, est le soin qu'on en prend.
>Mais, quand je crains pour vous, c'est cette raillerie 15
>Dont cent pauvres maris ont souffert la furie;
>Car enfin vous savez qu'il n'est grands ni petits
>Que de votre critique on ait vus garantis;
>Car vos plus grands plaisirs sont, partout où vous êtes,
>De faire cent éclats des intrigues secrètes. . . 20

ARNOLPHE

 Fort bien: est-il au monde une autre ville aussi
 Où l'on ait des maris si patients qu'ici?
 Est-ce qu'on n'en voit pas de toutes les espèces,
 Qui sont accommodés chez eux de toutes pièces?
 L'un amasse du bien, dont sa femme fait part 25
 A ceux qui prennent soin de le faire cornard;
 L'autre, un peu plus heureux, mais non pas moins infâme,
 Voit faire tous les jours des présents à sa femme,
 Et d'aucun soin jaloux n'a l'esprit combattu
 Parce qu'elle lui dit que c'est pour sa vertu. 30
 L'un fait beaucoup de bruit, qui ne lui sert de guères;
 L'autre en toute douceur laisse aller les affaires,
 Et, voyant arriver chez lui le damoiseau,
 Prend fort honnêtement ses gants et son manteau.
 L'une de son galant, en adroite femelle, 35
 Fait fausse confidence à son époux fidèle,
 Qui dort en sûreté sur un pareil appas,
 Et le plaint, ce galant, des soins qu'il ne perd pas;
 L'autre, pour se purger de sa magnificence,
 Dit qu'elle gagne au jeu l'argent qu'elle dépense, 40
 Et le mari benêt, sans songer à quel jeu,
 Sur les gains qu'elle fait rend des grâces à Dieu.
 Enfin ce sont partout des sujets de satire;
 Et, comme spectateur, ne puis-je pas en rire?
 Puis-je pas de nos sots. . .? 45

CHRYSALDE

 Oui; mais qui rit d'autrui
 Doit craindre qu'en revanche on rie aussi de lui.
 J'entends parler le monde, et des gens se délassent
 A venir débiter les choses qui se passent;
 Mais, quoi que l'on divulgue aux endroits où je suis,
 Jamais on ne m'a vu triompher de ces bruits; 50
 J'y suis assez modeste; et, bien qu'aux occurrences
 Je puisse condamner certaines tolérances,
 Que mon dessein ne soit de souffrir nullement
 Ce que d'aucuns maris souffrent paisiblement,
 Pourtant je n'ai jamais affecté de le dire: 55
 Car enfin il faut craindre un revers de satire
 Et l'on ne doit jamais jurer, sur de tels cas,
 De ce qu'on pourra faire ou bien ne faire pas.
 Ainsi, quand à mon front, par un sort qui tout mène,
 Il serait arrivé quelque disgrâce humaine, 60

Après mon procédé, je suis presque certain
Qu'on se contentera de s'en rire sous main;
Et peut-être qu'encor j'aurai cet avantage
Que quelques bonnes gens diront que c'est dommage.
Mais de vous, cher compère, il en est autrement: 65
Je vous le dis encor, vous risquez diablement.
Comme sur les maris accusés de souffrance
De tout temps votre langue a daubé d'importance,
Qu'on vous a vu contre eux un diable déchaîné,
Vous devez marcher droit pour n'être point berné; 70
Et, s'il faut que sur vous on ait la moindre prise,
Gare qu'aux carrefours on ne vous tympanise,
Et . . .

ARNOLPHE

Mon Dieu, notre ami, ne vous tourmentez point;
Bien huppé qui pourra m'attraper sur ce point.
Je sais les tours rusés et les subtiles trames 75
Dont, pour nous en planter, savent user les femmes,
Et comme on est dupé par leurs dextérités;
Contre cet accident j'ai pris mes sûretés,
Et celle que j'épouse a toute l'innocence
Qui peut sauver mon front de maligne influence. 80

CHRYSALDE

Et que prétendez-vous qu'une sotte, en un mot. . .

ARNOLPHE

Épouser une sotte est pour n'être point sot.
Je crois, en bon chrétien, votre moitié fort sage;
Mais une femme habile est un mauvais présage,
Et je sais ce qu'il coûte à de certaines gens 85
Pour avoir pris les leurs avec trop de talents.
Moi, j'irais me charger d'une spirituelle
Qui ne parlerait rien que cercle et que ruelle,
Qui de prose et de vers ferait de doux écrits,
Et que visiteraient marquis et beaux esprits, 90
Tandis que, sous le nom du mari de Madame,
Je serais comme un saint que pas un ne réclame?
Non, non, je ne veux point d'un esprit qui soit haut,
Et femme qui compose en sait plus qu'il ne faut.
Je prétends que la mienne, en clartés peu sublime, 95
Même ne sache pas ce que c'est qu'une rime,
Et s'il faut qu'avec elle on joue au corbillon,

Et qu'on vienne à lui dire à son tour: « Qu'y met-on? »
Je veux qu'elle réponde: « Une tarte à la crème »;
En un mot qu'elle soit d'une ignorance extrême; 100
Et c'est assez pour elle, à vous en bien parler,
De savoir prier Dieu, m'aimer, coudre et filer.

CHRYSALDE
Une femme stupide est donc votre marotte?

ARNOLPHE
Tant, que j'aimerais mieux une laide bien sotte
Qu'une femme fort belle avec beaucoup d'esprit. 105

CHRYSALDE
L'esprit et la beauté. . .

ARNOLPHE
 L'honnêteté suffit.

CHRYSALDE
Mais comment voulez-vous, après tout, qu'une bête
Puisse jamais savoir ce que c'est qu'être honnête?
Outre qu'il est assez ennuyeux, que je croi,
D'avoir toute sa vie une bête avec soi, 110
Pensez-vous le bien prendre, et que sur votre idée
La sûreté d'un front puisse être bien fondée?
Une femme d'esprit peut trahir son devoir;
Mais il faut, pour le moins, qu'elle ose le vouloir;
Et la stupide au sien peut manquer d'ordinaire 115
Sans en avoir l'envie, et sans penser le faire.

ARNOLPHE
A ce bel argument, à ce discours profond,
Ce que Pantagruel à Panurge répond:
Pressez-moi de me joindre à femme autre que sotte;
Prêchez, patrocinez jusqu'à la Pentecôte, 120
Vous serez ébahi, quand vous serez au bout,
Que vous ne m'aurez rien persuadé du tout.

CHRYSALDE
Je ne vous dis plus mot.

ARNOLPHE
 Chacun a sa méthode.

En femme, comme en tout, je veux suivre ma mode.
Je me vois riche assez pour pouvoir, que je croi, 125
Choisir une moitié qui tienne tout de moi
Et de qui la soumise et pleine dépendance
N'ait à me reprocher aucun bien ni naissance.
Un air doux et posé, parmi d'autres enfants,
M'inspira de l'amour pour elle dès quatre ans: 130
Sa mère se trouvant de pauvreté pressée,
De la lui demander il me vint la pensée,
Et la bonne paysanne, apprenant mon désir,
A s'ôter cette charge eut beaucoup de plaisir.
Dans un petit couvent, loin de toute pratique, 135
Je la fis élever selon ma politique,
C'est-à-dire ordonnant quels soins on emploierait
Pour la rendre idiote autant qu'il se pourrait.
Dieu merci, le succès a suivi mon attente.
Et, grande, je l'ai vue à tel point innocente 140
Que j'ai béni le Ciel d'avoir trouvé mon fait,
Pour me faire une femme au gré de mon souhait.
Je l'ai donc retirée, et, comme ma demeure
A cent sortes de monde est ouverte à toute heure,
Je l'ai mise à l'écart, comme il faut tout prévoir, 145
Dans cette autre maison, où nul ne me vient voir;
Et, pour ne point gâter sa bonté naturelle,
Je n'y tiens que des gens tout aussi simples qu'elle.
Vous me direz: « Pourquoi cette narration? »
C'est pour vous rendre instruit de ma précaution. 150
Le résultat de tout est qu'en ami fidèle,
Ce soir, je vous invite à souper avec elle:
Je veux que vous puissiez un peu l'examiner,
Et voir si de mon choix on me doit condamner.

CHRYSALDE

J'y consens. 155

ARNOLPHE

 Vous pourrez, dans cette conférence,
Juger de sa personne et de son innocence.

CHRYSALDE

Pour cet article-là, ce que vous m'avez dit
Ne peut. . .

ARNOLPHE
 La vérité passe encor mon récit.
Dans ses simplicités à tous coups je l'admire,
Et parfois elle en dit dont je pâme de rire. 160
L'autre jour (pourrait-on se le persuader?)
Elle était fort en peine, et me vint demander
Avec une innocence à nulle autre pareille,
Si les enfants qu'on fait se faisaient par l'oreille.

CHRYSALDE
Je me réjouis fort, Seigneur Arnolphe. . . 165

ARNOLPHE
 Bon!
Me voulez-vous toujours appeler de ce nom?

CHRYSALDE
Ah! malgré que j'en aie, il me vient à la bouche,
Et jamais je ne songe à Monsieur de la Souche.
Qui diable vous a fait aussi vous aviser,
A quarante et deux ans, de vous débaptiser, 170
Et d'un vieux tronc pourri de votre métairie
Vous faire dans le monde un nom de seigneurie?

ARNOLPHE
Outre que la maison par ce nom se connaît,
La Souche plus qu'Arnolphe à mes oreilles plaît.

CHRYSALDE
Quel abus de quitter le vrai nom de ses pères 175
Pour en vouloir prendre un bâti sur des chimères!
De la plupart des gens c'est la démangeaison;
Et, sans vous embrasser dans la comparaison,
Je sais un paysan qu'on appelait Gros-Pierre,
Qui, n'ayant pour tout bien qu'un seul quartier de terre, 180
Y fit tout à l'entour faire un fossé bourbeux,
Et de Monsieur de l'Isle en prit le nom pompeux.

ARNOLPHE
Vous pourriez vous passer d'exemples de la sorte;
Mais enfin de la Souche est le nom que je porte,
J'y vois de la raison, j'y trouve des appas, 185
Et m'appeler de l'autre est ne m'obliger pas.

CHRYSALDE

 Cependant la plupart ont peine à s'y soumettre
 Et je vois même encor des adresses de lettre. . .

ARNOLPHE

 Je le souffre aisément de qui n'est pas instruit:
 Mais vous. . . 190

CHRYSALDE

 Soit. Là-dessus nous n'aurons point de bruit,
 Et je prendrai le soin d'accoutumer ma bouche
 A ne plus vous nommer que Monsieur de la Souche.

ARNOLPHE

 Adieu. Je frappe ici pour donner le bonjour
 Et dire seulement que je suis de retour.

CHRYSALDE, *s'en allant*

 Ma foi, je le tiens fou de toutes les manières. 195

ARNOLPHE

 Il est un peu blessé sur certaines matières.
 Chose étrange de voir comme avec passion
 Un chacun est chaussé de son opinion!
 Holà! . . .

SCÈNE II. —*ALAIN, GEORGETTE, ARNOLPHE*

ALAIN

 Qui heurte?

ARNOLPHE

 Ouvrez. On aura, que je pense,
 Grande joie à me voir après dix jours d'absence. 200

ALAIN

 Qui va là?

ARNOLPHE

 Moi.

ALAIN

Georgette?

GEORGETTE

Hé bien?

ALAIN

Ouvre là-bas.

GEORGETTE

Vas-y, toi.

ALAIN

Vas-y, toi.

GEORGETTE

Ma foi, je n'irai pas.

ALAIN

Je n'irai pas aussi.

ARNOLPHE

Belle cérémonie,
Pour me laisser dehors! Holà ho! je vous prie.

GEORGETTE

Qui frappe? 205

ARNOLPHE

Votre maître.

GEORGETTE

Alain?

ALAIN

Quoi?

GEORGETTE

C'est Monsieur.
Ouvre vite.

ALAIN

Ouvre, toi.

GEORGETTE

Je souffle notre feu.

ALAIN

J'empêche, peur du chat, que mon moineau ne sorte.

ARNOLPHE

Quiconque de vous deux n'ouvrira pas la porte
N'aura point à manger de plus de quatre jours.
Ah! 210

GEORGETTE

Par quelle raison y venir quand j'y cours?

ALAIN

Pourquoi plutôt que moi? le plaisant strodagème!

GEORGETTE

Ôte-toi donc de là.

ALAIN

Non, ôte-toi toi-même.

GEORGETTE

Je veux ouvrir la porte.

ALAIN

Et je veux l'ouvrir, moi.

GEORGETTE

Tu ne l'ouvriras pas.

ALAIN

Ni toi non plus.

GEORGETTE

Ni toi.

ARNOLPHE

Il faut que j'aie ici l'âme bien patiente! 215

ALAIN

Au moins, c'est moi, Monsieur.

GEORGETTE

Je suis votre servante;
C'est moi.

ALAIN

Sans le respect de Monsieur que voilà,
Je te. . .

ARNOLPHE, *recevant un coup d'Alain*
Peste!

ALAIN

Pardon.

ARNOLPHE

Voyez ce lourdaud-la!

ALAIN

C'est elle aussi, Monsieur. . .

ARNOLPHE

Que tous deux on se taise.
Songez à me répondre et laissons la fadaise. 220
Hé bien! Alain, comment se porte-t-on ici?

ALAIN

Monsieur, nous nous. . . Monsieur, nous nous por. . . Dieu merci!
Nous nous. . .

> *Arnolphe ôte par trois fois le chapeau de dessus la tête*
> *d'Alain.*

ARNOLPHE

Qui vous apprend, impertinente bête,
A parler devant moi le chapeau sur la tête?

ALAIN

Vous faites bien, j'ai tort. 225

ARNOLPHE, *à Alain*

Faites descendre Agnès.
A Georgette.
Lorsque je m'en allai, fut-elle triste après?

GEORGETTE
 Triste? Non.

ARNOLPHE
 Non?

GEORGETTE
 Si fait!

ARNOLPHE
 Pourquoi donc?. . .

GEORGETTE
 Oui, je meure,
Elle vous croyait voir de retour à toute heure.
Et nous n'oyions jamais passer devant chez nous
Cheval, âne ou mulet, qu'elle ne prît pour vous. 230

SCÈNE III. — AGNÈS, ALAIN, GEORGETTE, ARNOLPHE

ARNOLPHE
La besogne à la main! c'est un bon témoignage.
Hé bien! Agnès, je suis de retour du voyage;
En êtes-vous bien aise?

AGNÈS
 Oui, Monsieur, Dieu merci.

ARNOLPHE
Et moi, de vous revoir je suis bien aise aussi.
Vous vous êtes toujours, comme on voit, bien portée? 235

AGNÈS
Hors les puces, qui m'ont la nuit inquiétée.

ARNOLPHE
Ah! vous aurez dans peu quelqu'un pour les chasser.

AGNÈS
Vous me ferez plaisir.

ARNOLPHE

 Je le puis bien penser.
Que faites-vous donc là?

AGNÈS

 Je me fais des cornettes:
Vos chemises de nuit et vos coiffes sont faites. 240

ARNOLPHE

Ah! voilà qui va bien. Allez, montez là-haut:
Ne vous ennuyez point, je reviendrai tantôt,
Et je vous parlerai d'affaires importantes.
 Tous étant rentrés
Héroïnes du temps, Mesdames les savantes,
Pousseuses de tendresse et de beaux sentiments, 245
Je défie à la fois tous vos vers, vos romans,
Vos lettres, billets doux, toute votre science,
De valoir cette honnête et pudique ignorance.

SCÈNE IV. — *HORACE, ARNOLPHE*

ARNOLPHE

Ce n'est point par le bien qu'il faut être ébloui,
Et, pourvu que l'honneur soit. . . Que vois-je? Est-ce. . . Oui. 250
Je me trompe. Nenni. Si fait. Non, c'est lui-même,
Hor. . .

HORACE

 Seigneur Ar. . .

ARNOLPHE

 Horace.

HORACE

 Arnolphe.

ARNOLPHE

 Ah! joie extrême!
Et depuis quand ici?

HORACE

 Depuis neuf jours.

ARNOLPHE

 Vraiment?

HORACE

Je fus d'abord chez vous, mais inutilement.

ARNOLPHE

J'étais à la campagne. 255

HORACE

 Oui, depuis deux journées.

ARNOLPHE

Oh! comme les enfants croissent en peu d'années!
J'admire de le voir au point où le voilà,
Après que je l'ai vu pas plus grand que cela.

HORACE

Vous voyez.

ARNOLPHE

 Mais, de grâce. Oronte votre père,
Mon bon et cher ami, que j'estime et révère, 260
Que fait-il? que dit-il? est-il toujours gaillard?
A tout ce qui le touche il sait que je prends part.
Nous ne nous sommes vus depuis quatre ans ensemble,
Ni, qui plus est, écrit l'un à l'autre, me semble.

HORACE

Il est, Seigneur Arnolphe, encor plus gai que nous, 265
Et j'avais de sa part une lettre pour vous;
Mais, depuis, par une autre il m'apprend sa venue,
Et la raison encor ne m'en est pas connue.
Savez-vous qui peut être un de vos citoyens
Qui retourne en ces lieux avec beaucoup de biens 270
Qu'il s'est en quatorze ans acquis dans l'Amérique?

ARNOLPHE

Non. Vous a-t-on point dit comme on le nomme?

HORACE

 Enrique.

ARNOLPHE
>Non.

HORACE
>Mon père m'en parle, et qu'il est revenu,
>Comme s'il devait m'être entièrement connu,
>Et m'écrit qu'en chemin ensemble ils se vont mettre 275
>Pour un fait important que ne dit point sa lettre.

ARNOLPHE
>J'aurai certainement grande joie à le voir,
>Et pour le régaler je ferai mon pouvoir.
>>*Après avoir lu la lettre.*
>Il faut, pour des amis, des lettres moins civiles,
>Et tous ces compliments sont choses inutiles; 280
>Sans qu'il prît le souci de m'en écrire rien,
>Vous pouvez librement disposer de mon bien.

HORACE
>Je suis homme à saisir les gens par leurs paroles,
>Et j'ai présentement besoin de cent pistoles.

ARNOLPHE
>Ma foi, c'est m'obliger que d'en user ainsi, 285
>Et je me réjouis de les avoir ici.
>Gardez aussi la bourse.

HORACE
>>Il faut. . .

ARNOLPHE
>>>Laissons ce style.
>Eh bien! comment encor trouvez-vous cette ville?

HORACE
>Nombreuse en citoyens, superbe en bâtiments,
>Et j'en crois merveilleux les divertissements. 290

ARNOLPHE
>Chacun a ses plaisirs, qu'il se fait à sa guise;
>Mais, pour ceux que du nom de galants on baptise,
>Ils ont en ce pays de quoi se contenter,
>Car les femmes y sont faites à coqueter.
>On trouve d'humeur douce et la brune et la blonde, 295

Et les maris aussi les plus bénins du monde:
C'est un plaisir de prince, et des tours que je voi
Je me donne souvent la comédie à moi.
Peut-être en avez-vous déjà féru quelqu'une.
Vous est-il point encore arrivé de fortune? 300
Les gens faits comme vous font plus que les écus,
Et vous êtes de taille à faire des cocus.

HORACE

A ne vous rien cacher de la vérité pure,
J'ai d'amour en ces lieux eu certaine aventure,
Et l'amitié m'oblige à vous en faire part. 305

ARNOLPHE

Bon! voici de nouveau quelque conte gaillard,
Et ce sera de quoi mettre sur mes tablettes.

HORACE

Mais, de grâce, qu'au moins ces choses soient secrètes.

ARNOLPHE

Oh!

HORACE

Vous n'ignorez pas qu'en ces occasions
Un secret éventé rompt nos précautions. 310
Je vous avouerai donc avec pleine franchise
Qu'ici d'une beauté mon âme s'est éprise.
Mes petits soins d'abord ont eu tant de succès
Que je me suis chez elle ouvert un doux accès;
Et, sans trop me vanter, ni lui faire une injure, 315
Mes affaires y sont en fort bonne posture.

ARNOLPHE, *riant*

Et c'est?

HORACE, *lui montrant le logis d'Agnès*

Un jeune objet qui loge en ce logis
Dont vous voyez d'ici que les murs sont rougis:
Simple, à la vérité, par l'erreur sans seconde
D'un homme qui la cache au commerce du monde, 320
Mais qui, dans l'ignorance où l'on veut l'asservir,
Fait briller des attraits capables de ravir;
Un air tout engageant, je ne sais quoi de tendre

Dont il n'est point de cœur qui se puisse défendre.
Mais peut-être il n'est pas que vous n'ayez bien vu 325
Ce jeune astre d'amour de tant d'attraits pourvu:
C'est Agnès qu'on l'appelle.

ARNOLPHE, *à part*

 Ah! je crève!

HORACE

 Pour l'homme,
C'est, je crois, de la Zousse, ou Source, qu'on le nomme;
Je ne me suis pas fort arrêté sur le nom;
Riche, à ce qu'on m'a dit, mais des plus sensés, non, 330
Et l'on m'en a parlé comme d'un ridicule.
Le connaissez-vous point?

ARNOLPHE, *à part*

 La fâcheuse pilule!

HORACE

 Eh! vous ne dites mot?

ARNOLPHE

 Eh! oui, je le connoi.

HORACE

 C'est un fou, n'est-ce pas?

ARNOLPHE

 Eh! . . .

HORACE

 Qu'en dites-vous? quoi?
Eh! c'est-à-dire oui. Jaloux à faire rire? 335
Sot? je vois qu'il en est ce que l'on m'a pu dire.
Enfin l'aimable Agnès a su m'assujettir.
C'est un joli bijou, pour ne vous point mentir,
Et ce serait péché qu'une beauté si rare
Fût laissée au pouvoir de cet homme bizarre. 340
Pour moi, tous mes efforts, tous mes vœux les plus doux,
Vont à m'en rendre maître en dépit du jaloux,
Et l'argent que de vous j'emprunte avec franchise
N'est que pour mettre à bout cette juste entreprise.
Vous savez mieux que moi, quels que soient nos efforts, 345

Que l'argent est la clef de tous les grands ressorts,
Et que ce doux métal, qui frappe tant de têtes,
En amour, comme en guerre, avance les conquêtes.
Vous me semblez chagrin; serait-ce qu'en effet
Vous désapprouveriez le dessein que j'ai fait? 350

ARNOLPHE
Non, c'est que je songeais. . .

HORACE
 Cet entretien vous lasse.
Adieu; j'irai chez vous tantôt vous rendre grâce.

ARNOLPHE
Ah! faut-il. . .

HORACE, *revenant*
 Derechef, veuillez être discret,
Et n'allez pas, de grâce, éventer mon secret.
 Il s'en va.

ARNOLPHE
Que je sens dans mon âme. . . 355

HORACE, *revenant*
 Et surtout à mon père,
Qui s'en ferait peut-être un sujet de colère.

ARNOLPHE, *croyant qu'il revient encore*
Oh! . . . Oh! que j'ai souffert durant cet entretien!
Jamais trouble d'esprit ne fut égal au mien.
Avec quelle imprudence et quelle hâte extrême
Il m'est venu conter cette affaire à moi-même! 360
Bien que mon autre nom le tienne dans l'erreur,
Étourdi montra-t-il jamais tant de fureur?
Mais, ayant tant souffert, je devais me contraindre
Jusques à m'éclaircir de ce que je dois craindre,
A pousser jusqu'au bout son caquet indiscret, 365
Et savoir pleinement leur commerce secret.
Tâchons à le rejoindre, il n'est pas loin, je pense;
Tirons-en de ce fait l'entière confidence.
Je tremble du malheur qui m'en peut arriver,
Et l'on cherche souvent plus qu'on ne veut trouver. 370

ACTE II

SCÈNE I. — *ARNOLPHE*

Il m'est, lorsque j'y pense, avantageux, sans doute,
D'avoir perdu mes pas et pu manquer sa route:
Car enfin de mon cœur le trouble impérieux
N'eût pu se renfermer tout entier à ses yeux;
Il eût fait éclater l'ennui qui me dévore, 375
Et je ne voudrais pas qu'il sût ce qu'il ignore.
Mais je ne suis pas homme à gober le morceau
Et laisser un champ libre aux vœux du damoiseau,
J'en veux rompre le cours et sans tarder apprendre
Jusqu'où l'intelligence entre eux a pu s'étendre: 380
J'y prends, pour mon honneur, un notable intérêt;
Je la regarde en femme, aux termes qu'elle en est;
Elle n'a pu faillir sans me couvrir de honte,
Et tout ce qu'elle a fait enfin est sur mon compte.
Èloignement fatal! Voyage malheureux! 385
 Frappant à la porte

SCÈNE II. — *ALAIN, GEORGETTE, ARNOLPHE*

ALAIN
 Ah! Monsieur, cette fois. . .

ARNOLPHE
 Paix! venez çà tous deux:
 Passez là, passez là. Venez là, venez, dis-je.

GEORGETTE
 Ah! vous me faites peur, et tout mon sang se fige.

ARNOLPHE
 C'est donc ainsi qu'absent vous m'avez obéi,
 Et tous deux, de concert, vous m'avez donc trahi? 390

GEORGETTE

Eh! ne me mangez pas, Monsieur, je vous conjure.

ALAIN, *à part*

Quelque chien enragé l'a mordu, je m'assure.

ARNOLPHE

Ouf! Je ne puis parler, tant je suis prévenu,
Je suffoque, et voudrais me pouvoir mettre nu.
Vous avez donc souffert, ô canaille maudite! 395
Qu'un homme soit venu. . . Tu veux prendre la fuite?
Il faut que sur-le-champ. . . Si tu bouges!. . . Je veux
Que vous me disiez. . . Euh! Oui, je veux que tous deux. . .
Quiconque remuera, par la mort je l'assomme.
Comme est-ce que chez moi s'est introduit cet homme? 400
Eh! parlez, dépêchez, vite, promptement, tôt,
Sans rêver. Veut-on dire?

ALAIN ET GEORGETTE, *tombant à genoux*
Ah! ah!

GEORGETTE

Le cœur me faut!

ALAIN

Je meurs.

ARNOLPHE

Je suis en eau, prenons un peu d'haleine.
Il faut que je m'évente et que je me promène.
Aurais-je deviné, quand je l'ai vu petit, 405
Qu'il croîtrait pour cela? Ciel! que mon cœur pâtit!
Je pense qu'il vaut mieux que de sa propre bouche
Je tire avec douceur l'affaire qui me touche.
Tâchons de modérer notre ressentiment;
Patience, mon cœur, doucement, doucement! 410
Levez-vous, et, rentrant, faites qu'Agnès descende.
Arrêtez. Sa surprise en deviendrait moins grande;
Du chagrin qui me trouble ils iraient l'avertir,
Et moi-même je veux l'aller faire sortir.
Que l'on m'attende ici. 415

SCÈNE III. — ALAIN, GEORGETTE

GEORGETTE

 Mon Dieu, qu'il est terrible!
 Ses regards m'ont fait peur, mais une peur horrible,
 Et jamais je ne vis un plus hideux chrétien.

ALAIN

 Ce monsieur l'a fâché, je te le disais bien.

GEORGETTE

 Mais que diantre est-ce là qu'avec tant de rudesse
 Il nous fait au logis garder notre maîtresse? 420
 D'où vient qu'à tout le monde il veut tant la cacher.
 Et qu'il ne saurait voir personne en approcher?

ALAIN

 C'est que cette action le met en jalousie.

GEORGETTE

 Mais d'où vient qu'il est pris de cette fantaisie?

ALAIN

 Cela vient. . . cela vient de ce qu'il est jaloux. 425

GEORGETTE

 Oui; mais pourquoi l'est-il, et pourquoi ce courroux?

ALAIN

 C'est que la jalousie. . . entends-tu bien, Georgette,
 Est une chose. . . là. . . qui fait qu'on s'inquiète. . .
 Et qui chasse les gens d'autour d'une maison.
 Je m'en vais te bailler une comparaison, 430
 Afin de concevoir la chose davantage.
 Dis-moi, n'est-il pas vrai, quand tu tiens ton potage,
 Que, si quelque affamé venait pour en manger,
 Tu serais en colère, et voudrais le charger?

GEORGETTE

 Oui, je comprends cela. 435

ALAIN

 C'est justement tout comme.

La femme est en effet le potage de l'homme,
Et, quand un homme voit d'autres hommes parfois
Qui veulent dans sa soupe aller tremper leurs doigts,
Il en montre aussitôt une colère extrême.

GEORGETTE

Oui; mais pourquoi chacun n'en fait-il pas de même, 440
Et que nous en voyons qui paraissent joyeux
Lorsque leurs femmes sont avec les biaux monsieux?

ALAIN

C'est que chacun n'a pas cette amitié goulue
Qui n'en veut que pour soi.

GEORGETTE

 Si je n'ai la berlue,
Je le vois qui revient. 445

ALAIN

 Tes yeux sont bons, c'est lui.

GEORGETTE

Vois comme il est chagrin.

ALAIN

C'est qu'il a de l'ennui.

SCÈNE IV. — *ARNOLPHE, AGNÈS, ALAIN, GEORGETTE*

ARNOLPHE

Un certain Grec disait à l'empereur Auguste
Comme une instruction utile autant que juste,
Que, lorsqu'une aventure en colère nous met,
Nous devons avant tout dire notre alphabet, 450
Afin que dans ce temps la bile se tempère,
Et qu'on ne fasse rien que l'on ne doive faire.
J'ai suivi sa leçon sur le sujet d'Agnès,
Et je la fais venir en ce lieu tout exprès,
Sous prétexte d'y faire un tour de promenade, 455

Afin que les soupçons de mon esprit malade
Puissent sur le discours la mettre adroitement,
Et lui sondant le cœur, s'éclaircir doucement.
Venez, Agnès. Rentrez.

SCÈNE V – ARNOLPH, AGNÈS

ARNOLPHE
> La promenade est belle.

AGNÈS
> Fort belle. 460

ARNOLPHE
>> Le beau jour!

AGNÈS
>>> Fort beau!

ARNOLPHE
>>>> Quelle nouvelle?

AGNÈS
> Le petit chat est mort.

ARNOLPHE
>>> C'est dommage; mais quoi?
> Nous sommes tous mortels, et chacun est pour soi.
> Lorsque j'étais aux champs, n'a-t-il point fait de pluie?

AGNÈS
> Non.

ARNOLPHE
>> Vous ennuyait-il?

AGNÈS
>>> Jamais je ne m'ennuie.

ARNOLPHE

 Qu'avez-vous fait encor ces neuf ou dix jours-ci? 465

AGNÈS

 Six chemises, je pense, et six coiffes aussi.

ARNOLPHE, *ayant un peu rêvé*

 Le monde, chère Agnès, est une étrange chose.
 Voyez la médisance, et comme chacun cause!
 Quelques voisins m'ont dit qu'un jeune homme inconnu
 Était en mon absence à la maison venu, 470
 Que vous aviez souffert sa vue et ses harangues;
 Mais je n'ai point pris foi sur ces méchantes langues,
 Et j'ai voulu gager que c'était faussement. . .

AGNÈS

 Mon Dieu, ne gagez pas, vous perdriez vraiment.

ARNOLPHE

 Quoi! c'est la vérité qu'un homme. . . 475

AGNÈS

 Chose sûre.
 Il n'a presque bougé de chez nous, je vous jure.

ARNOLPHE, *à part*

 Cet aveu qu'elle fait avec sincérité
 Me marque pour le moins son ingénuité.
 Haut.
 Mais il me semble, Agnès, si ma mémoire est bonne,
 Que j'avais défendu que vous vissiez personne. 480

AGNÈS

 Oui, mais, quand je l'ai vu, vous ignorez pourquoi,
 Et vous en auriez fait, sans doute, autant que moi.

ARNOLPHE

 Peut-être; mais enfin contez-moi cette histoire.

AGNÈS

 Elle est fort étonnante et difficile à croire.
 J'étais sur le balcon à travailler au frais, 485
 Lorsque je vis passer sous les arbres d'auprès

Un jeune homme bien fait, qui, rencontrant ma vue,
D'une humble révérence aussitôt me salue:
Moi, pour ne point manquer à la civilité,
Je fis la révérence aussi de mon côté. 490
Soudain, il me refait une autre révérence:
Moi, j'en refais de même une autre en diligence;
Et, lui d'une troisième aussitôt repartant,
D'une troisième aussi j'y repars à l'instant.
Il passe, vient, repasse, et toujours de plus belle 495
Me fait à chaque fois révérence nouvelle;
Et moi, qui tous ces tours fixement regardais,
Nouvelle révérence aussi je lui rendais:
Tant que, si sur ce point la nuit ne fût venue,
Toujours comme cela je me serais tenue, 500
Ne voulant point céder, et recevoir l'ennui
Qu'il me pût estimer moins civile que lui.

ARNOLPHE
 Fort bien.

AGNÈS
 Le lendemain, étant sur notre porte,
Une vieille m'aborde en parlant de la sorte:
« Mon enfant, le bon Dieu puisse-t-il vous bénir, 505
Et dans tous vos attraits longtemps vous maintenir!
Il ne vous a pas faite une belle personne
Afin de mal user des choses qu'il vous donne,
Et vous devez savoir que vous avez blessé
Un cœur qui de s'en plaindre est aujourd'hui forcé. » 510

ARNOLPHE, *à part*
 Ah! suppôt de Satan, exécrable damnée!

AGNÈS
 « Moi, j'ai blessé quelqu'un? fis-je toute étonnée.
—Oui, dit-elle, blessé, mais blessé tout de bon;
Et c'est l'homme qu'hier vous vîtes du balcon.
—Hélas! qui pourrait, dis-je, en avoir été cause? 515
Sur lui, sans y penser, fis-je choir quelque chose?
—Non, dit-elle, vos yeux ont fait ce coup fatal,
Et c'est de leurs regards qu'est venu tout son mal.
—Hé! mon Dieu! ma surprise est, fis-je, sans seconde:
Mes yeux ont-ils du mal pour en donner au monde? 520
—Oui, fit-elle, vos yeux, pour causer le trépas,

Ma fille, ont un venin que vous ne savez pas:
En un mot, il languit, le pauvre misérable;
Et s'il faut, poursuivit la vieille charitable,
Que votre cruauté lui refuse un secours, 525
C'est un homme à porter en terre dans deux jours.
—Mon Dieu! j'en aurais, dis-je, une douleur bien grande.
Mais, pour le secourir, qu'est-ce qu'il me demande?
—Mon enfant, me dit-elle, il ne veut obtenir
Que le bien de vous voir et vous entretenir; 530
Vos yeux peuvent, eux seuls, empêcher sa ruine,
Et du mal qu'ils ont fait être la médecine.
—Hélas! volontiers, dis-je, et puisqu'il est ainsi,
Il peut tant qu'il voudra me venir voir ici. »

ARNOLPHE, *à part*
Ah! sorcière maudite, empoisonneuse d'âmes, 535
Puisse l'enfer payer tes charitables trames!

AGNÈS
Voilà comme il me vit et reçut guérison.
Vous-même à votre avis, n'ai-je pas eu raison,
Et pouvais-je, après tout, avoir la conscience
De le laisser mourir faute d'une assistance,
Moi qui compatis tant aux gens qu'on fait souffrir, 540
Et ne puis sans pleurer voir un poulet mourir?

ARNOLPHE, *bas*
Tout cela n'est parti que d'une âme innocente,
Et j'en dois accuser mon absence imprudente,
Qui sans guide a laissé cette bonté de mœurs 545
Exposée aux aguets des rusés séducteurs.
Je crains que le pendard, dans ses vœux téméraires,
Un peu plus fort que jeu n'ait poussé les affaires.

AGNÈS
Qu'avez-vous? Vous grondez, ce me semble, un petit?
Est-ce que c'est mal fait ce que je vous ai dit? 550

ARNOLPHE
Non. Mais de cette vue apprenez-moi les suites.
Et comme le jeune homme a passé ses visites.

AGNÈS
Hélas! si vous saviez comme il était ravi,

Comme il perdit son mal sitôt que je le vi,
Le présent qu'il m'a fait d'une belle cassette, 555
Et l'argent qu'en ont eu notre Alain et Georgette,
Vous l'aimeriez sans doute, et diriez comme nous. . .

ARNOLPHE
 Oui, mais que faisait-il étant seul avec vous?

AGNÈS
 Il jurait qu'il m'aimait d'une amour sans seconde,
 Et me disait des mots les plus gentils du monde, 560
 Des choses que jamais rien ne peut égaler,
 Et dont, toutes les fois que je l'entends parler,
 La douceur me chatouille et là-dedans remue
 Certain je ne sais quoi dont je suis toute émue.

ARNOLPHE, *à part*
 O fâcheux examen d'un mystère fatal, 565
 Où l'examinateur souffre seul tout le mal!
 A Agnès
 Outre tous ces discours, toutes ces gentillesses,
 Ne vous faisait-il point aussi quelques caresses?

AGNÈS
 Oh tant! il prenait et les mains et les bras,
 Et de me les baiser il n'était jamais las. 570

ARNOLPHE
 Ne vous a-t-il point pris, Agnès, quelqu'autre chose?
 La voyant interdite
 Ouf!

AGNÈS
 Eh! il m'a.

ARNOLPHE
 Quoi?

AGNÈS
 Pris . . .

ARNOLPHE
 Euh!

AGNÈS

Le . . .

ARNOLPHE

Plaît-il?

AGNÈS

Je n'ose,
Et vous vous fâcheriez peut-être contre moi.

ARNOLPHE
Non.

AGNÈS
Si fait.

ARNOLPHE
Mon Dieu! non.

AGNÈS

Jurez donc votre foi.

ARNOLPHE
Ma foi, soit. 575

AGNÈS

Il m'a pris. . . Vous serez en colère.

ARNOLPHE
Non

AGNÈS
Si

ARNOLPHE
Non, non, non, non! Diantre! que de mystère!
Qu'est-ce qu'il vous a pris?

AGNÈS

Il . . .

ARNOLPHE, *à part*

Je souffre en damné.

AGNÈS

Il m'a pris le ruban que vous m'aviez donné.
A vous dire le vrai, je n'ai pu m'en défendre.

ARNOLPHE, *reprenant haleine*

Passe pour le ruban. Mais je voulais apprendre 580
S'il ne vous a rien fait que vous baiser les bras.

AGNÈS

Comment! est-ce qu'on fait d'autres choses?

ARNOLPHE

 Non pas.
Mais, pour guérir du mal qu'il dit qui le possède,
N'a-t-il point exigé de vous d'autre remède?

AGNÈS

Non. Vous pouvez juger, s'il en eût demandé, 585
Que pour le secourir j'aurais tout accordé.

ARNOLPHE, *à part*

Grâce aux bontés du Ciel, j'en suis quitte à bon compte.
Si j'y retombe plus, je veux bien qu'on m'affronte.
Chut! De votre innocence, Agnès, c'est un effet;
Je ne vous en dis mot, ce qui s'est fait est fait. 590
Je sais qu'en vous flattant le galant ne désire
Que de vous abuser, et puis après s'en rire.

AGNÈS

Oh! point. Il me l'a dit plus de vingt fois à moi.

ARNOLPHE

Ah! vous ne savez pas ce que c'est que sa foi.
Mais enfin apprenez qu'accepter des cassettes 595
Et de ces beaux blondins écouter les sornettes,
Que se laisser par eux, à force de langueur,
Baiser ainsi les mains et chatouiller le cœur,
Est un péché mortel des plus gros qu'il se fasse.

AGNÈS

Un péché, dites-vous! et la raison, de grâce? 600

ARNOLPHE

La raison? La raison est l'arrêt prononcé

Que par ces actions le Ciel est courroucé.

AGNÈS

Courroucé? Mais pourquoi faut-il qu'il s'en courrouce?
C'est une chose, hélas! si plaisante et si douce!
J'admire quelle joie on goûte à tout cela, 605
Et je ne savais point encor ces choses-là.

ARNOLPHE

Oui; c'est un grand plaisir que toutes ces tendresses,
Ces propos si gentils et ces douces caresses;
Mais il faut le goûter en toute honnêteté,
Et qu'en se mariant le crime en soit ôté. 610

AGNÈS

N'est-ce plus un péché lorsque l'on se marie?

ARNOLPHE

Non.

AGNÈS

Mariez-moi donc promptement, je vous prie.

ARNOLPHE

Si vous le souhaitez, je le souhaite aussi,
Et pour vous marier on me revoit ici.

AGNÈS

Est-il possible? 615

ARNOLPHE

 Oui.

AGNÈS

 Que vous me ferez aise!

ARNOLPHE

Oui, je ne doute point que l'hymen ne vous plaise.

AGNÈS

Vous nous voulez nous deux. . .

ARNOLPHE

 Rien de plus assuré.

AGNÈS

Que, si cela se fait, je vous caresserai!

ARNOLPHE

Hé! la chose sera de ma part réciproque.

AGNÈS

Je ne reconnais point, pour moi, quand on se moque. 620
Parlez-vous tout de bon?

ARNOLPHE

Oui, vous le pourrez voir.

AGNÈS

Nous serons mariés?

ARNOLPHE

Oui.

AGNÈS

Mais quand?

ARNOLPHE

Dès ce soir.

AGNÈS, *riant*

Dès ce soir?

ARNOLPHE

Dès ce soir, Cela vous fait donc rire?

AGNÈS

Oui.

ARNOLPHE

Vous voir bien contente est ce que je désire.

AGNÈS

Hélas! que je vous ai grande obligation! 625
Et qu'avec lui j'aurai de satisfaction!

ARNOLPHE

Avec qui?

AGNÈS

 Avec. . . Là. . .

ARNOLPHE

 Là. . . là n'est pas mon compte.
A choisir un mari vous êtes un peu prompte.
C'est un autre en un mot, que je vous tiens tout prêt,
Et quant au monsieur, *Là*, je prétends, s'il vous plaît, 630
Dût le mettre au tombeau le mal dont il vous berce,
Qu'avec lui désormais vous rompiez tout commerce;
Que, venant au logis, pour votre compliment
Vous lui fermiez au nez la porte honnêtement,
Et lui jetant, s'il heurte, un grès par la fenêtre, 635
L'obligiez tout de bon à ne plus y paraître.
M'entendez-vous, Agnès? Moi, caché dans un coin,
De votre procédé je serai le témoin.

AGNÈS

 Las! il est si bien fait! C'est. . .

ARNOLPHE

 Ah! que de language!

AGNÈS

 Je n'aurai pas le cœur. . . 640

ARNOLPHE

 Point de bruit davantage.
Montez là-haut.

AGNÈS

 Mais quoi! voulez-vous. . .

ARNOLPHE

 C'est assez.
Je suis maître, je parle: allez, obéissez.

ACTE III

SCÈNE I. — *ARNOLPHE, AGNÈS, ALAIN, GEORGETTE*

ARNOLPHE

 Oui, tout a bien été, ma joie est sans pareille.
 Vous avez là suivi mes ordres à merveille,
 Confondu de tout point le blondin séducteur: 645
 Et voilà de quoi sert un sage directeur.
 Votre innocence, Agnès, avait été surprise:
 Voyez, sans y penser, où vous vous étiez mise.
 Vous enfiliez tout droit, sans mon instruction,
 Le grand chemin d'enfer et de perdition. 650
 De tous ces damoiseaux on sait trop les coutumes:
 Ils ont de beaux canons, force rubans et plumes,
 Grands cheveux, belles dents et des propos fort doux;
 Mais, comme je vous dis, la griffe est là-dessous,
 Et ce sont vrais Satans, dont la gueule altérée 655
 De l'honneur féminin cherche à faire curée.
 Mais, encore une fois, grâce au soin apporté,
 Vous en êtes sortie avec honnêteté.
 L'air dont je vous ai vu lui jeter cette pierre,
 Qui de tous ses desseins a mis l'espoir par terre, 660
 Me confirme encor mieux à ne point différer
 Les noces où je dis qu'il vous faut préparer.
 Mais, avant toute chose, il est bon de vous faire
 Quelque petit discours qui vous soit salutaire.
 Un siège au frais ici. 665
 A Georgette.
 Vous, si jamais en rien. . .

GEORGETTE

 De toutes vos leçons nous nous souviendrons bien.
 Cet autre monsieur-là nous en faisait accroire;
 Mais . . .

ALAIN

 S'il entre jamais, je veux jamais ne boire.
 Aussi bien est-ce un sot: il nous a l'autre fois
 Donné deux écus d'or qui n'étaient pas de poids. 670

ARNOLPHE
>Ayez donc pour souper tout ce que je désire,
>Et pour notre contrat, comme je viens de dire,
>Faites venir ici, l'un ou l'autre au retour,
>Le notaire qui loge au coin de ce carfour.

SCÈNE II. — *ARNOLPHE, AGNÈS*

ARNOLPHE, *assis*
>Agnès, pour m'écouter laissez là votre ouvrage. 675
>Levez un peu la tête et tournez le visage;
>Là, regardez-moi là, durant cet entretien.
>Et jusqu'au moindre mot imprimez-le-vous bien.
>Je vous épouse, Agnès, et cent fois la journée
>Vous devez bénir l'heur de votre destinée, 680
>Contempler la bassesse où vous avez été,
>Et dans le même temps admirer ma bonté
>Qui, de ce vil état de pauvre villageoise,
>Vous fait monter au rang d'honorable bourgeoise,
>Et jouir de la couche et des embrassements 685
>D'un homme qui fuyait tous ces engagements
>Et dont à vingt partis fort capables de plaire
>Le cœur a refusé l'honneur qu'il vous veut faire.
>Vous devez toujours, dis-je, avoir devant les yeux
>Le peu que vous étiez sans ce nœud glorieux, 690
>Afin que cet objet d'autant mieux vous instruise
>A mériter l'état où je vous aurai mise,
>A toujours vous connaître, et faire qu'à jamais
>Je puisse me louer de l'acte que je fais.
>Le mariage, Agnès, n'est pas un badinage. 695
>A d'austères devoirs le rang de femme engage,
>Et vous n'y montez pas, à ce que je prétends,
>Pour être libertine et prendre du bon temps.
>Votre sexe n'est là que pour la dépendance:
>Du côté de la barbe est la toute-puissance. 700
>Bien qu'on soit deux moitiés de la société,
>Ces deux moitiés pourtant n'ont point d'égalité:
>L'une est moitié suprême, et l'autre subalterne;

L'une en tout est soumise à l'autre, qui gouverne;
Et ce que le soldat, dans son devoir instruit, 705
Montre d'obéissance au chef qui le conduit,
Le valet à son maître, un enfant à son père,
A son supérieur le moindre petit frère,
N'approche point encor de la docilité,
Et de l'obéissance, et de l'humilité, 710
Et du profond respect, où la femme doit être
Pour son mari, son chef, son seigneur et son maître.
Lorsqu'il jette sur elle un regard sérieux,
Son devoir aussitôt est de baisser les yeux,
Et de n'oser jamais le regarder en face 715
Que quand d'un doux regard il lui veut faire grâce.
C'est ce qu'entendent mal les femmes d'aujourd'hui.
Mais ne vous gâtez pas sur l'exemple d'autrui.
Gardez-vous d'imiter ces coquettes vilaines
Dont par toute la ville on chante les fredaines, 720
Et de vous laisser prendre aux assauts du malin,
C'est-à-dire d'ouïr aucun jeune blondin.
Songez qu'en vous faisant moitié de ma personne,
C'est mon honneur, Agnès, que je vous abandonne;
Que cet honneur est tendre et se blesse de peu; 725
Que sur un tel sujet il ne faut point de jeu,
Et qu'il est aux enfers des chaudières bouillantes
Où l'on plonge à jamais les femmes mal vivantes,
Ce que je vous dis là ne sont pas des chansons,
Et vous devez du cœur dévorer ces leçons. 730
Si votre âme les suit et fuit d'être coquette,
Elle sera toujours comme un lis blanche et nette;
Mais, s'il faut qu'à l'honneur elle fasse un faux bond,
Elle deviendra lors noire comme un charbon;
Vous paraîtrez à tous un objet effroyable, 735
Et vous irez un jour, vrai partage du diable,
Bouilir dans les enfers à toute éternité,
Dont vous veuille garder la céleste bonté.
Faites la révérence. Ainsi qu'une novice
Par cœur dans le couvent doit savoir son office, 740
Entrant au mariage, il en faut faire autant:
Et voici dans ma poche un écrit important
 Il se lève.
Qui vous enseignera l'office de la femme.
J'en ignore l'auteur, mais c'est quelque bonne âme,
Et je veux que ce soit votre unique entretien. 745
Tenez. Voyons un peu si vous le lirez bien.

AGNÈS, *lit*

LES MAXIMES DU MARIAGE
ou
LES DEVOIRS DE LA FEMME MARIÉE,
Avec son exercice journalier.

Iʳᵉ MAXIME,

Celle qu'un lien honnête
Fait entrer au lit d'autrui
Doit se mettre dans la tête,
Malgré le train d'aujourd'hui, 750
Que l'homme qui la prend ne la prend que pour lui.

ARNOLPHE

Je vous expliquerai ce que cela veut dire;
Mais, pour l'heure présente, il ne faut rien que lire.

AGNÈS, *poursuit*

IIᵉ MAXIME.

Elle ne se doit parer
Qu'autant que peut désirer 755
Le mari qui la possède.
C'est lui que touche seul le soin de sa beauté,
Et pour rien doit être compté
Que les autres la trouvent laide.

IIIᵉ MAXIME.

Loin ces études d'œillades, 760
Ces eaux, ces blancs, ces pommades,
Et mille ingrédients qui font des teints fleuris!
A l'honneur tous les jours ce sont drogues mortelles,
Et les soins de paraître belles
Se prennent peu pour les maris. 765

IVᵉ MAXIME.

Sous sa coiffe, en sortant, comme l'honneur l'ordonne
Il faut que de ses yeux elle étouffe les coups:
Car, pour bien plaire à son époux,
Elle ne doit plaire à personne.

Vᵉ MAXIME.

Hors ceux dont au mari la visite se rend, 770
La bonne règle défend

De recevoir aucune âme.
Ceux qui, de galante humeur,
N'ont affaire qu'à Madame,
N'accommodent pas Monsieur. 775

VI^e MAXIME.

Il faut des présents des hommes
Qu'elle se défende bien:
Car, dans le siècle où nous sommes,
On ne donne rien pour rien.

VII^e MAXIME.

Dans ses meubles, dût-elle en avoir de l'ennui, 780
Il ne faut écritoire, encre, papier ni plumes.
Le mari doit, dans les bonnes coutumes,
Écrire tout ce qui s'écrit chez lui.

VIII^e MAXIME.

Ces sociétés déréglées,
Qu'on nomme belles assemblées, 785
Des femmes, tous les jours, corrompent les esprits.
En bonne politique, on les doit interdire,
Car c'est là que lon conspire
Contre les pauvres maris.

IX^e MAXIME.

Toute femme qui veut à l'honneur se vouer 790
Doit se défendre de jouer,
Comme d'une chose funeste:
Car ce jeu fort décevant,
Pousse une femme souvent.
A jouer de tout son reste. 795

X^e MAXIME.

Des promenades du temps,
Ou repas qu'on donne aux champs,
Il ne faut pas qu'elle essaye;
Selon les prudents cerveaux,
Le mari dans ces cadeaux, 800
Est toujours celui qui paye.

XI^e MAXIME. . .

ARNOLPHE

 Vous achèverez seule, et pas à pas tantôt
 Je vous expliquerai ces choses comme il faut.
 Je me suis souvenu d'une petite affaire;
 Je n'ai qu'un mot à dire et ne tarderai quère. 805
 Rentrez, et conservez ce livre chèrement.
 Si le notaire vient, qu'il m'attende un moment.

SCÈNE III. — ARNOLPHE

 Je ne puis faire mieux que d'en faire ma femme.
 Ainsi que je voudrai je tournerai cette âme:
 Comme un morceau de cire entre mes mains elle est, 810
 Et je lui puis donner la forme qui me plaît.
 Il s'en est peu fallu que, durant mon absence,
 On ne m'ait attrapé par son trop d'innocence;
 Mais il vaut beaucoup mieux, à dire vérité,
 Que la femme qu'on a pèche de ce côté. 815
 De ces sortes d'erreurs le remède est facile:
 Toute personne simple aux leçons est docile,
 Et, si du bon chemin on l'a fait écarter,
 Deux mots incontinent l'y peuvent rejeter.
 Mais une femme habile est bien une autre bête: 820
 Notre sort ne dépend que de sa seule tête,
 De ce qu'elle s'y met rien ne la fait gauchir,
 Et nos enseignements ne font là que blanchir.
 Son bel esprit lui sert à railler nos maximes,
 A se faire souvent des vertus de ses crimes, 825
 Et trouver, pour venir à ses coupables fins,
 Des détours à duper l'adresse des plus fins.
 Pour se parer du coup en vain on se fatigue:
 Une femme d'esprit est un diable en intrigue,
 Et, dès que son caprice a prononcé tout bas 830
 L'arrêt de notre honneur, il faut passer le pas.
 Beaucoup d'honnêtes gens en pourraient bien que dire.
 Enfin mon étourdi n'aura pas lieu d'en rire:
 Par son trop de caquet il a ce qu'il lui faut.
 Voilà de nos Français l'ordinaire défaut. 835
 Dans la possession d'une bonne fortune,

Le secret est toujours ce qui les importune,
Et la vanité sotte a pour eux tant d'appas
Qu'ils se pendraient plutôt que de ne causer pas.
Eh! que les femmes sont du diable bien tentées 840
Lorsqu'elles vont choisir ces têtes éventées,
Et que. . . Mais le voici, cachons-nous toujours bien,
Et découvrons un peu quel chagrin est le sien.

SCÈNE IV. — HORACE, ARNOLPHE

HORACE

Je reviens de chez vous, et le destin me montre
Qu'il n'a pas résolu que je vous y rencontre. 845
Mais j'irai tant de fois qu'enfin quelque moment. . .

ARNOLPHE

Hé! mon Dieu, n'entrons point dans ce vain compliment.
Rien ne me fâche tant que ces cérémonies,
Et, si l'on m'en croyait, elles seraient bannies.
C'est un maudit usage, et la plupart des gens 850
Y perdent sottement les deux tiers de leur temps.
Mettons donc, sans façons. Hé bien! vos amourettes?
Puis-je, Seigneur Horace, apprendre où vous en êtes?
J'étais tantôt distrait par quelque vision;
Mais, depuis, là-dessus, j'ai fait réflexion: 855
De vos premiers progrès j'admire la vitesse,
Et dans l'événement mon âme s'intéresse.

HORACE

Ma foi, depuis qu'à vous s'est découvert mon cœur,
Il est à mon amour arrivé du malheur.

ARNOLPHE

Oh! oh! comment cela? 860

HORACE

 La fortune cruelle
A ramené des champs le patron de la belle.

ARNOLPHE
 Quel malheur!

HORACE
 Et de plus, à mon très grand regret
 Il a su de nous deux le commerce secret.

ARNOLPHE
 D'où, diantre! a-t-il sitôt appris cette aventure?

HORACE
 Je ne sais; mais enfin c'est une chose sûre. 865
 Je pensais aller rendre, à mon heure à peu près,
 Ma petite visite à ses jeunes attraits,
 Lorsque, changeant pour moi de ton et de visage,
 Et servante et valet m'ont bouché le passage,
 Et d'un: *Retirez-vous, vous nous importunez,* 870
 M'ont assez rudement fermé la porte au nez.

ARNOLPHE
 La porte au nez!

HORACE
 Au nez.

ARNOLPHE
 La chose est un peu forte.

HORACE
 J'ai voulu leur parler au travers de la porte;
 Mais à tous mes propos ce qu'ils mont répondu,
 C'est: *Vous n'entrerez point, Monsieur l'a défendu.* 875

ARNOLPHE
 Ils n'ont donc point ouvert?

HORACE
 Non; et de la fenêtre
 Agnès m'a confirmé le retour de ce maître
 En me chassant de là d'un ton plein de fierté,
 Accompagné d'un grès que sa main a jeté.

ARNOLPHE
 Comment, d'un grès? 880

HORACE

D'un grès de taille non petite,
Dont on a par ses mains régalé ma visite.

ARNOLPHE

Diantre! ce ne sont pas des prunes que cela,
Et je trouve fâcheux l'état où vous voilà.

HORACE

Il est vrai, je suis mal par ce retour funeste.

ARNOLPHE

Certes j'en suis fâché pour vous, je vous proteste. 885

HORACE

Cet homme me rompt tout.

ARNOLPHE

Oui, mais cela n'est rien,
Et de vous raccrocher vous trouverez moyen.

HORACE

Il faut bien essayer par quelque intelligence
De vaincre du jaloux l'exacte vigilance.

ARNOLPHE

Cela vous est facile, et la fille, après tout, 890
Vous aime?

HORACE

Assurément.

ARNOLPHE

Vous en viendrez à bout.

HORACE

Je l'espère.

ARNOLPHE

Le grès vous a mis en déroute;
Mais cela ne doit pas vous étonner.

HORACE

Sans doute;

Et j'ai compris d'abord que mon homme était là,
Qui, sans se faire voir, conduisait tout cela. 895
Mais ce qui m'a surpris, et qui va vous surprendre,
C'est un autre incident que vous allez entendre,
Un trait hardi qu'a fait cette jeune beauté,
Et qu'on n'attendrait point de sa simplicité.
Il le faut avouer, l'amour est un grand maître. 900
Ce qu'on ne fut jamais, il nous enseigne à l'être,
Et souvent de nos mœurs l'absolu changement
Devient par ses leçons l'ouvrage d'un moment.
De la nature en nous il force les obstacles,
Et ses effets soudains ont de l'air des miracles: 905
D'un avare à l'instant il fait un libéral,
Un vaillant d'un poltron, un civil d'un brutal;
Il rend agile à tout l'âme la plus pesante,
Et donne de l'esprit à la plus innocente.
Oui, ce dernier miracle éclate dans Agnès, 910
Car, tranchant avec moi par ces termes exprès:
Retirez-vous, mon âme aux visites renonce;
Je sais tous vos discours, et voilà ma réponse,
Cette pierre, ou ce grès, dont vous vous étonniez,
Avec un mot de lettre est tombée à mes pieds; 915
Et j'admire de voir cette lettre ajustée
Avec le sens des mots et la pierre jetée.
D'une telle action n'êtes-vous pas surpris?
L'amour sait-il pas l'art d'aiguiser les esprits?
Et peut-on me nier que ses flammes puissantes 920
Ne fassent dans un cœur des choses étonnantes?
Que dites-vous du tour et de ce mot d'écrit?
Euh! n'admirez-vous point cette adresse d'esprit?
Trouvez-vous pas plaisant de voir quel personnage
A joué mon jaloux dans tout ce badinage? 925
Dites.

ARNOLPHE
 Oui, fort plaisant.

HORACE
 Riez-en donc un peu.
 Arnolphe rit d'un ris forcé.
Cet homme gendarmé d'abord contre mon feu,
Qui chez lui se retranche et de grès fait parade,
Comme si j'y voulais entrer par escalade,
Qui pour me repousser, dans son bizarre effroi, 930

Anime du dedans tous ses gens contre moi,
Et qu'abuse à ses yeux, par sa machine même,
Celle qu'il veut tenir dans l'ignorance extrême!
Pour moi, je vous l'avoue, encor que son retour
En un grand embarras jette ici mon amour, 935
Je tiens cela plaisant autant qu'on saurait dire;
Je ne puis y songer sans de bon cœur en rire;
Et vous n'en riez pas assez, à mon avis.

ARNOLPHE, *avec un ris forcé*
Pardonnez-moi, j'en ris tout autant que je puis.

HORACE
Mais il faut qu'en ami je vous montre la lettre. 940
Tout ce que son cœur sent, sa main a su l'y mettre,
Mais en termes touchants, et tous pleins de bonté,
De tendresse innocente et d'ingénuité;
De la manière enfin que la pure nature
Exprime de l'amour la première blessure. 945

ARNOLPHE, *bas*
Voilà, friponne, à quoi l'écriture te sert,
Et contre mon dessein, l'art t'en fut découvert.

HORACE, *lit*
Je veux vous écrire, et je suis bien en peine par où je m'y prendrai. J'ai des pensées que je désirerais que vous sussiez; mais je ne sais comment faire pour vous les dire, et je me défie de mes paroles. Comme je commence à connaître qu'on m'a toujours tenue dans l'ignorance, j'ai peur de mettre quelque chose qui ne soit pas bien, et d'en dire plus que je ne devrais. En vérité, je ne sais ce que vous m'avez fait, mais je sens que je suis fâchée à mourir de ce qu'on me fait faire contre vous, que j'aurai toutes les peines du monde à me passer de vous, et que je serais bien aise d'être à vous. Peut-être qu'il y a du mal à dire cela; mais enfin je ne puis m'empêcher de le dire, et je voudrais que cela se pût faire sans qu'il y en eût. On me dit fort que tous les jeunes hommes sont des trompeurs, qu'il ne les faut point écouter, et que tout ce que vous me dites n'est que pour m'abuser; mais je vous assure que je n'ai pu encore me figurer cela de vous; et je suis si touchée de vos paroles que je ne saurais croire qu'elles soient menteuses. Dites-moi franchement ce qui en est: car enfin, comme je suis sans malice, vous auriez le plus grand tort du monde si vous me trompiez, et je pense que j'en mourrais de déplaisir.

ARNOLPHE, *à part*
Hon! chienne!

HORACE
 Qu'avez-vous?
ARNOLPHE
 Moi? rien; c'est que je tousse.

HORACE
 Avez-vous jamais vu d'expression plus douce?
 Malgré les soins maudits d'un injuste pouvoir, 950
 Un plus beau naturel peut-il se faire voir?
 Et n'est-ce pas sans doute un crime punissable
 De gâter méchamment ce fonds d'âme admirable,
 D'avoir dans l'ignorance et la stupidité
 Voulu de cet esprit étouffer la clarté?
 L'amour a commencé d'en déchirer le voile,
 Et si, par la faveur de quelque bonne étoile,
 Je puis, comme j'espère, à ce franc animal,
 Ce traître, ce bourreau, ce faquin, ce brutal. . .

ARNOLPHE
 Adieu. 960

HORACE
 Comment! si vite?

ARNOLPHE
 Il m'est dans la pensée
 Venu tout maintenant une affaire pressée.

HORACE
 Mais ne sauriez-vous point, comme on la tient de près,
 Qui dans cette maison pourrait avoir accès?
 J'en use sans scrupule, et ce n'est pas merveille
 Qu'on se puisse entre amis servir à la pareille; 965
 Je n'ai plus là dedans que gens pour m'observer,
 Et servante et valet, que je viens de trouver,
 N'ont jamais, de quelque air que je m'y sois pu prendre,
 Adouci leur rudesse à me vouloir entendre.
 J'avais pour de tels coups certaine vieille en main, 970
 D'un génie, à vrai dire, au-dessus de l'humain.
 Elle m'a dans l'abord servi de bonne sorte,
 Mais depuis quatre jours la pauvre femme est morte.
 Ne me pourriez-vous point ouvrir quelque moyen?

ARNOLPHE
Non vraiment, et sans moi vous en trouverez bien. 975

HORACE
Adieu donc. Vous voyez ce que je vous confie.

SCÈNE V. — ARNOLPHE

Comme il faut devant lui que je me mortifie!
Quelle peine à cacher mon déplaisir cuisant!
Quoi! pour une innocente, un esprit si présent!
Elle a feint d'être telle à mes yeux, la traîtresse, 980
Ou le diable à son âme a soufflé cette adresse.
Enfin me voilà mort par ce funeste écrit.
Je vois qu'il a, le traître, empaumé son esprit,
Qu'à ma suppression il s'est ancré chez elle,
Et c'est mon désespoir et ma peine mortelle. 985
Je souffre doublement dans le vol de son cœur,
Et l'amour y pâtit aussi bien que l'honneur.
J'enrage de trouver cette place usurpée,
Et j'enrage de voir ma prudence trompée.
Je sais que pour punir son amour libertin 990
Je n'ai qu'à laisser faire à son mauvais destin,
Que je serai vengé d'elle par elle-même;
Mais il est bien fâcheux de perdre ce qu'on aime.
Ciel! puisque pour un choix j'ai tant philosophé,
Faut-il de ses appas m'être si fort coiffé!
Elle n'a ni parents, ni support, ni richesse; 995
Elle trahit mes soins, mes bontés, ma tendresse;
Et cependant je l'aime, après ce lâche tour,
Jusqu'à ne me pouvoir passer de cet amour.
Sot, n'as-tu point de honte? Ah! je crève, j'enrage 1000
Et je souffletterais mille fois mon visage.
Je veux entrer un peu, mais seulement pour voir
Quelle est sa contenance après un trait si noir.
Ciel! faites que mon front soit exempt de disgrâce,
Ou bien, s'il est écrit qu'il faille que j'y passe, 1005
Donnez-moi, tout au moins, pour de tels accidents,
La constance qu'on voit à de certaines gens.

ACTE IV

SCÈNE I. – ARNOLPHE

J'ai peine, je l'avoue, à demeurer en place,
Et de mille soucis mon esprit s'embarrasse
Pour pouvoir mettre un ordre et dedans et dehors 1010
Qui du godelureau rompe tous les efforts.
De quel œil la traîtresse a soutenu ma vue!
De tout ce qu'elle à fait elle n'est point émue,
Et, bien qu'elle me mette à deux doigts du trépas,
On dirait, à la voir, qu'elle n'y touche pas. 1015
Plus en la regardant je la voyais tranquille,
Plus je sentais en moi s'échauffer une bile;
Et ces bouillants transports dont s'enflammait mon cœur
Y semblaient redoubler mon amoureuse ardeur.
J'étais aigri, fâché, désespéré contre elle, 1020
Et cependant jamais je ne la vis si belle;
Jamais ses yeux aux miens n'ont paru si perçants,
Jamais je n'eus pour eux des désirs si pressants,
Et je sens là dedans qu'il faudra que je crève
Si de mon triste sort la disgrâce s'achève. 1025
Quoi! j'aurai dirigé son éducation
Avec tant de tendresse et de précaution,
Je l'aurai fait passer chez moi dès son enfance,
Et j'en aurai chéri la plus tendre espérance,
Mon cœur aura bâti sur ses attraits naissants, 1030
Et cru la mitonner pour moi durant treize ans,
Afin qu'un jeune fou dont elle s'amourache
Me la vienne enlever jusque sur la moustache,
Lorsqu'elle est avec moi mariée à demi?
Non, parbleu! non, parbleu! petit sot, mon ami, 1035
Vous aurez beau tourner, ou j'y perdrai mes peines,
Ou je rendrai, ma foi, vos espérances vaines,
Et de moi tout à fait vous ne vous rirez point.

SCÈNE II. — LE NOTAIRE, ARNOLPHE

LE NOTAIRE
Ah! le voilà! Bonjour: me voici tout à point
Pour dresser le contrat que vous souhaitez faire. 1040

ARNOLPHE, *sans le voir*
Comment faire?

LE NOTAIRE
 Il le faut dans la forme ordinaire.

ARNOLPHE, *sans le voir*
A mes précautions je veux songer de près.

LE NOTAIRE
Je ne passerai rien contre vos intérêts.

ARNOLPHE, *sans le voir*
Il se faut garantir de toutes les surprises.

LE NOTAIRE
Suffit qu'entre mes mains vos affaires soient mises. 1045
Il ne vous faudra point, de peur d'être déçu,
Quittancer le contrat que vous n'ayez reçu.

ARNOLPHE, *sans le voir*
J'ai peur, si je vais faire éclater quelque chose,
Que de cet incident par la ville on ne cause.

LE NOTAIRE
Eh bien, il est aisé d'empêcher cet éclat, 1050
Et l'on peut en secret faire votre contrat.

ARNOLPHE, *sans le voir*
Mais comment faudra-t-il qu'avec elle j'en sorte?

LE NOTAIRE
Le douaire se règle au bien qu'on vous apporte.

ARNOLPHE, *sans le voir*
Je l'aime, et cet amour est mon grand embarras.

LE NOTAIRE
 On peut avantager une femme, en ce cas. 1055

ARNOLPHE, *sans le voir*
 Quel traitement lui faire en pareille aventure?

LE NOTAIRE
 L'ordre est que le futur doit douer la future
 Du tiers du dot qu'elle a; mais cet ordre n'est rien,
 Et l'on va plus avant lorsque l'on le veut bien.

ARNOLPHE, *sans le voir*
 Si. . . 1060

LE NOTAIRE, *(Arnolphe l'apercevant)*
 Pour le préciput, il les regarde ensemble.
 Je dis que le futur peut, comme bon lui semble,
 Douer la future.

ARNOLPHE
 Eh!

LE NOTAIRE
 Il peut l'avantager
 Lorsqu'il l'aime beaucoup et qu'il veut l'obliger,
 Et cela par douaire, ou préfix, qu'on appelle,
 Qui demeure perdu par le trépas d'icelle, 1065
 Ou sans retour, qui va de ladite à ses hoirs,
 Ou coutumier, selon les différents vouloirs;
 Ou par donation dans le contrat formelle.
 Qu'on fait ou pure et simple, ou qu'on fait mutuelle.
 Pourquoi hausser le dos? Est-ce qu'on parle en fat, 1070
 Et que l'on ne sait pas les formes d'un contrat?
 Qui me les apprendra? Personne, je présume.
 Sais-je pas qu'étant joints on est par la coutume
 Communs en meubles, biens, immeubles et conquets,
 A moins que par un acte on y renonce exprès? 1075
 Sais-je pas que le tiers du bien de la future
 Entre en communauté, pour. . .

ARNOLPHE
 Oui, c'est chose sûre,
 Vous savez tout cela; mais qui vous en dit mot?

LE NOTAIRE

 Vous, qui me prétendez faire passer pour sot,
 En me haussant l'épaule et faisant la grimace. 1080

ARNOLPHE

 La peste soit fait l'homme, et sa chienne de face!
 Adieu: c'est le moyen de vous faire finir.

LE NOTAIRE

 Pour dresser un contrat m'a-t-on pas fait venir?

ARNOLPHE

 Oui, je vous ai mandé; mais la chose est remise,
 Et l'on vous mandera quand l'heure sera prise. 1085
 Voyez quel diable d'homme avec son entretien!

LE NOTAIRE

 Je pense qu'il en tient, et je crois penser bien.

SCÈNE III. — LE NOTAIRE, ALAIN, GEORGETTE, ARNOLPHE

LE NOTAIRE

 M'êtes-vous pas venu quérir pour votre maître?

ALAIN

 Oui.

LE NOTAIRE

 J'ignore pour qui vous le pouvez connaître,
 Mais allez de ma part lui dire de ce pas 1090
 Que c'est un fou fieffé.

GEORGETTE

 Nous n'y manquerons pas.

SCÈNE IV. — *ALAIN, GEORGETTE, ARNOLPHE*

ALAIN

Monsieur. . .

ARNOLPHE

 Approchez-vous; vous êtes mes fidèles,
Mes bons, mes vrais amis, et j'en sais des nouvelles.

ALAIN

Le notaire.

ARNOLPHE

 Laissons, c'est pour quelqu'autre jour.
On veut à mon honneur jouer d'un mauvais tour; 1095
Et quel affront pour vous, mes enfants, pourrait-ce être,
Si l'on avait ôté l'honneur à votre maître!
Vous n'oseriez après paraître en nul endroit,
Et chacun, vous voyant, vous montrerait au doigt.
Donc, puisqu'autant que moi l'affaire vous regarde, 1100
Il faut de votre part faire une telle garde
Que ce galant ne puisse en aucune façon. . .

GEORGETTE

Vous nous avez tantôt montré notre leçon.

ARNOLPHE

Mais à ces beaux discours gardez bien de vous rendre.

ALAIN

Oh! vraiment. . . 1105

GEORGETTE

 Nous savons comme il faut s'en défendre.

ARNOLPHE, *à Alain*

S'il venait doucement: «Alain, mon pauvre cœur,
Par un peu de secours soulage ma langueur.»

ALAIN

«Vous êtes un sot.»

ARNOLPHE, *à Georgette*

 Bon! « Georgette, ma mignonne,

Tu me parais si douce et si bonne personne. »

GEORGETTE

« Vous êtes un nigaud. » 1110

ARNOLPHE, *à Alain*

 Bon! « Quel mal trouves-tu
Dans un dessein honnête et tout plein de vertu? »

ALAIN

« Vous êtes un fripon. »

ARNOLPHE, *à Georgette*

 Fort bien. « Ma mort est sûre
Si tu ne prends pitié des peines que j'endure. »

GEORGETTE

« Vous êtes un benêt, un impudent. »

ARNOLPHE

 Fort bien.
« Je ne suis pas un homme à vouloir rien pour rien, 1115
Je sais quand on me sert en garder la mémoire:
Cependant par avance, Alain, voilà pour boire,
Et voilà pour t'avoir, Georgette, un cotillon.
 Ils tendent tous deux la main, et prennent l'argent.
Ce n'est de mes bienfaits qu'un simple échantillon.
Toute la courtoisie, enfin, dont je vous presse, 1120
C'est que je puisse voir votre belle maîtresse. »

GEORGETTE, *le poussant*
« A d'autres! »

ARNOLPHE

 Bon, cela!

ALAIN, *le poussant*

 « Hors d'ici! »

ARNOLPHE

 Bon!

GEORGETTE, *le poussant*

 « Mais tôt ! »

ARNOLPHE
 Bon! Holà! c'est assez.

GEORGETTE
 Fais-je pas comme il faut?

ALAIN
 Est-ce de la façon que vous voulez l'entendre?

ARNOLPHE
 Oui, fort bien, hors l'argent, qu'il ne fallait pas prendre. 1125

GEORGETTE
 Nous ne nous sommes pas souvenus de ce point.

ALAIN
 Voulez-vous qu'à l'instant nous recommencions?

ARNOLPHE
 Point.
 Suffit, rentrez tous deux.

ALAIN
 Vous n'avez rien qu'à dire.

ARNOLPHE
 Non, vous dis-je, rentrez, puisque je le désire.
 Je vous laisse l'argent; allez, je vous rejoins. 1130
 Ayez bien l'œil à tout, et secondez mes soins.

SCÈNE V. — ARNOLPHE

 Je veux pour espion qui soit d'exacte vue
 Prendre le savetier du coin de notre rue.
 Dans la maison toujours je prétends la tenir,
 Y faire bonne garde, et surtout en bannir 1135
 Vendeuses de ruban, perruquières, coiffeuses,
 Faiseuses de mouchoirs, gantières, revendeuses,
 Tous ces gens qui sous main travaillent chaque jour
 A faire réussir les mystères d'amour.

Enfin j'ai vu le monde, et j'en sais les finesses. 1140
Il faudra que mon homme ait de grandes adresses
Si message ou poulet de sa part peut entrer.

SCÈNE VI. —HORACE, ARNOLPHE

HORACE
La place m'est heureuse à vous y rencontrer.
Je viens de l'échapper bien belle, je vous jure.
Au sortir d'avec vous, sans prévoir l'aventure, 1145
Seule dans son balcon, j'ai vu paraître Agnès,
Qui des arbres prochains prenait un peu le frais.
Après m'avoir fait signe, elle a su faire en sorte,
Descendant au jardin, de m'en ouvrir la porte;
Mais à peine tous deux dans sa chambre étions-nous 1150
Qu'elle a sur les degrés entendu son jaloux;
Et tout ce qu'elle a pu, dans un tel accessoire,
C'est de me renfermer dans une grande armoire.
Il est entré: d'abord je ne le voyais pas,
Mais je l'oyais marcher, sans rien dire, à grands pas, 1155
Poussant de temps en temps des soupirs pitoyables,
Et donnant quelquefois de grands coups sur les tables;
Frappant un petit chien qui pour lui s'émouvait,
Et jetant brusquement les hardes qu'il trouvait;
Il a même cassé, d'une main mutinée, 1160
Des vases dont la belle ornait sa cheminée.
Et sans doute il faut bien qu'à ce becque cornu
Du trait qu'elle a joué quelque jour soit venu.
Enfin, après cent tours, ayant de la manière
Sur ce qui n'en peut mais déchargé sa colère, 1165
Mon jaloux, inquiet, sans dire son ennui,
Est sorti de la chambre, et moi de mon étui;
Nous n'avons point voulu, de peur du personnage,
Risquer à nous tenir ensemble davantage:
C'était trop hasarder; mais je dois, cette nuit, 1170
Dans sa chambre un peu tard m'introduire sans bruit:
En toussant par trois fois je me ferai connaître,
Et je dois au signal voir ouvrir la fenêtre,
Dont, avec une échelle, et secondé d'Agnès,
Mon amour tâchera de me gagner l'accès. 1175
Comme à mon seul ami je veux bien vous l'apprendre.
L'allégresse du cœur s'augmente à la répandre,
Et, goûtât-on cent fois un bonheur trop parfait,

On n'en est pas content si quelqu'un ne le sait.
Vous prendrez part, je pense, à l'heur de mes affaires. 1180
Adieu, je vais songer aux choses nécessaires.

SCÈNE VII. — ARNOLPHE

Quoi! l'astre qui s'obstine à me désespérer
Ne me donnera pas le temps de respirer!
Coup sur coup je verrai par leur intelligence
De mes soins vigilants confondre la prudence! 1185
Et je serai la dupe, en ma maturité,
D'une jeune innocente et d'un jeune éventé!
En sage philosophe on m'a vu vingt années
Contempler des maris les tristes destinées,
Et m'instruire avec soin de tous les accidents 1190
Qui font dans le malheur tomber les plus prudents;
Des disgrâces d'autrui profitant dans mon âme,
J'ai cherché les moyens, voulant prendre une femme,
De pouvoir garantir mon front de tous affronts,
Et le tirer de pair d'avec les autres fronts: 1195
Pour ce noble dessein j'ai cru mettre en pratique
Tout ce que peut trouver l'humaine politique;
Et, comme si du sort il était arrêté
Que nul homme ici-bas n'en serait exempté,
Après l'expérience et toutes les lumières 1200
Que j'ai pu m'acquérir sur de telles matières,
Après vingt ans et plus de méditation
Pour me conduire en tout avec précaution,
De tant d'autres maris j'aurais quitté la trace,
Pour me trouver après dans la même disgrâce! 1205
Ah! bourreau de destin, vous en aurez menti!
De l'objet qu'on poursuit je suis encor nanti.
Si son cœur m'est volé par ce blondin funeste,
J'empêcherai du moins qu'on s'empare du reste,
Et cette nuit qu'on prend pour ce galant exploit 1210
Ne se passera pas si doucement qu'on croit.
Ce m'est quelque plaisir, parmi tant de tristesse,
Que l'on me donne avis du piège qu'on me dresse,
Et que cet étourdi, qui veut m'être fatal,
Fasse son confident de son propre rival. 1215

SCÈNE VIII. — CHRYSALDE, ARNOLPHE

CHRYSALDE
Eh bien, souperons-nous avant la promenade?

ARNOLPHE
Non, je jeûne ce soir.

CHRYSALDE
D'où vient cette boutade?

ARNOLPHE
De grâce, excusez-moi, j'ai quelqu'autre embarras.

CHRYSALDE
Votre hymen résolu ne se fera-t-il pas?

ARNOLPHE
C'est trop s'inquiéter des affaires des autres. 1220

CHRYSALDE
Oh! oh! si brusquement! Quels chagrins sont les vôtres?
Serait-il point, compère, à votre passion
Arrivé quelque peu de tribulation?
Je le jurerais presque à voir votre visage.

ARNOLPHE
Quoi qu'il m'arrive, au moins aurai-je l'avantage 1225
De ne pas ressembler à de certaines gens
Qui souffrent doucement l'approche des galans.

CHRYSALDE
C'est un étrange fait qu'avec tant de lumières
Vous vous effarouchiez toujours sur ces matières;
Qu'en cela vous mettiez le souverain bonheur, 1230
Et ne conceviez point au monde d'autre honneur.
Etre avare, brutal, fourbe, méchant et lâche,
N'est rien, à votre avis, auprès de cette tâche,
Et, de quelque façon qu'on puisse avoir vécu,
On est homme d'honneur quand on n'est point cocu. 1235
A le bien prendre, au fond, pourquoi voulez-vous croire
Que de ce cas fortuit dépende notre gloire,
Et qu'une âme bien née ait à se reprocher
L'injustice d'un mal qu'on ne peut empêcher?

Pourquoi voulez-vous, dis-je, en prenant une femme, 1240
Qu'on soit digne à son choix de louange ou de blâme,
Et qu'on s'aille former un monstre plein d'effroi
De l'affront que nous fait son manquement de foi?
Mettez-vous dans l'esprit qu'on peut du cocuage
Se faire en galant homme une plus douce image, 1245
Que, des coups du hasard aucun n'étant garant,
Cet accident de soi doit être indifférent,
Et qu'enfin tout le mal, quoi que le monde glose,
N'est que dans la façon de recevoir la chose;
Car, pour se bien conduire en ces difficultés, 1250
Il y faut comme en tout fuir les extrémités.
N'imitez pas ces gens un peu trop débonnaires
Qui tirent vanité de ces sortes d'affaires,
De leurs femmes toujours vont citant les galants,
En font partout l'éloge et prônent leurs talents, 1255
Témoignent avec eux d'étroites sympathies,
Sont de tous leurs cadeaux, de toutes leurs parties
Et font qu'avec raison les gens sont étonnés
De voir leur hardiesse à montrer là leur nez.
Ce procédé sans doute est tout à fait blâmable; 1260
Mais l'autre extrémité n'est pas moins condamnable.
Si je n'approuve pas ces amis des galants,
Je ne suis pas aussi pour ces gens turbulents
Dont l'imprudent chagrin, qui tempête et qui gronde,
Attire au bruit qu'il fait les yeux de tout le monde, 1265
Et qui par cet éclat semblent ne pas vouloir
Qu'aucun puisse ignorer ce qu'ils peuvent avoir.
Entre ces deux partis il en est un honnête
Où, dans l'occasion, l'homme prudent s'arrête,
Et, quand on le sait prendre, on n'a point à rougir 1270
Du pis dont une femme avec nous puisse agir.
Quoi qu'on en puisse dire, enfin, le cocuage
Sous des traits moins affreux aisément s'envisage;
Et, comme je vous dis, toute l'habileté
Ne va qu'à le savoir tourner du bon côté. 1275

ARNOLPHE

Après ce beau discours, toute la confrérie
Doit un remerciement à Votre Seigneurie;
Et quiconque voudra vous entendre parler
Montrera de la joie à s'y voir enrôler.

CHRYSALDE

Je ne dis pas cela, car c'est ce que je blâme; 1280
Mais, comme c'est le sort qui nous donne une femme,
Je dis que l'on doit faire ainsi qu'au jeu de dés,
Où, s'il ne vous vient pas ce que vous demandez,
Il faut jouer d'adresse, et, d'une âme réduite,
Corriger le hasard par la bonne conduite. 1285

ARNOLPHE

C'est-à-dire dormir et manger toujours bien,
Et se persuader que tout cela n'est rien.

CHRYSALDE

Vous pensez vous moquer; mais, à ne vous rien feindre,
Dans le monde je vois cent choses plus à craindre,
Et dont je me ferais un bien plus grand malheur 1290
Que de cet accident qui vous fait tant de peur.
Pensez-vous qu'à choisir de deux choses prescrites,
Je n'aimasse pas mieux être ce que vous dites
Que de me voir mari de ces femmes de bien
Dont la mauvaise humeur fait un procès pour rien, 1295
Ces dragons de vertu, ces honnêtes diablesses,
Se retranchant toujours sur leurs sages prouesses,
Qui, pour un petit tort qu'elles ne nous font pas,
Prennent droit de traiter les gens de haut en bas,
Et veulent, sur le pied de nous être fidèles, 1300
Que nous soyons tenus à tout endurer d'elles?
Encore un coup, compère, apprenez qu'en effet
Le cocuage n'est que ce que l'on le fait,
Qu'on peut le souhaiter pour de certaines causes,
Et qu'il a ses plaisirs comme les autres choses. 1305

ARNOLPHE

Si vous êtes d'humeur à vous en contenter,
Quant à moi, ce n'est pas la mienne d'en tâter
Et, plutôt que subir une telle aventure. . .

CHRYSALDE

Mon Dieu! ne jurez point, de peur d'être parjure.
Si le sort l'a réglé, vos soins sont superflus, 1310
Et l'on ne prendra pas votre avis là-dessus.

ARNOLPHE

Moi! je serais cocu?

CHRYSALDE
<div style="text-align:center">Vous voilà bien malade.</div>

Mille gens le sont bien, sans vous faire bravade,
Qui de mine, de cœur, de biens et de maison,
Ne feraient avec vous nulle comparaison. 1315

ARNOLPHE
Et moi je n'en voudrais avec eux faire aucune.
Mais cette raillerie, en un mot, m'importune:
Brisons là, s'il vous plaît.

CHRYSALDE
<div style="text-align:center">Vous êtes en courroux:</div>

Nous en saurons la cause. Adieu; souvenez-vous,
Quoi que sur ce sujet votre honneur vous inspire, 1320
Que c'est être à demi ce que l'on vient de dire
Que de vouloir jurer qu'on ne le sera pas.

ARNOLPHE
Moi, je le jure encore, et je vais de ce pas
Contre cet accident trouver un bon remède.

SCÈNE IX. — *ALAIN, GEORGETTE, ARNOLPHE*

ARNOLPHE
Mes amis, c'est ici que j'implore votre aide. 1325
Je suis édifié de votre affection;
Mais il faut qu'elle éclate en cette occasion;
Et, si vous m'y servez selon ma confiance,
Vous êtes assurés de votre récompense.
L'homme que vous savez, n'en faites point de bruit, 1330
Veut, comme je l'ai su, m'attraper cette nuit,
Dans la chambre d'Agnès entrer par escalade;
Mais il lui faut, nous trois, dresser une embuscade,
Je veux que vous preniez chacun un bon bâton,
Et, quand il sera près du dernier échelon 1335
(Car dans le temps qu'il faut j'ouvrirai la fenêtre),
Que tous deux à l'envi vous me chargiez ce traître,
Mais d'un air dont son dos garde le souvenir,
Et qui lui puisse apprendre à n'y plus revenir,

Sans me nommer pourtant en aucune manière, 1340
Ni faire aucun semblant que je serai derrière.
Aurez-vous bien l'esprit de servir mon courroux?

ALAIN

S'il ne tient qu'à frapper, monsieur, tout est à nous.
Vous verrez, quand je bats, si j'y vais de main morte.

GEORGETTE

La mienne, quoique aux yeux elle n'est pas si forte, 1345
N'en quitte pas sa part à le bien étriller.

ARNOLPHE

Rentrez donc, et surtout gardez de babiller.
Voilà pour le prochain une leçon utile,
Et, si tous les maris qui sont en cette ville
De leurs femmes ainsi recevaient le galant, 1350
Le nombre des cocus ne serait pas si grand.

ACTE V

SCÈNE I. — ALAIN, GEORGETTE, ARNOLPHE

ARNOLPHE

Traîtres, qu'avez-vous fait par cette violence?

ALAIN

Nous vous avons rendu, Monsieur, obéissance.

ARNOLPHE

De cette excuse en vain vous voulez vous armer.
L'ordre était de le battre, et non de l'assommer, 1355
Et c'était sur le dos, et non pas sur la tête,
Que j'avais commandé qu'on fît choir la tempête.
Ciel! dans quel accident me jette ici le sort!
Et que puis-je résoudre à voir cet homme mort?
Rentrez dans la maison, et gardez de rien dire 1360
De cet ordre innocent que j'ai pu vous prescrire:
Le jour s'en va paraître, et je vais consulter
Comment dans ce malheur je me dois comporter.
Hélas! que deviendrai-je? et que dira le père
Lorsqu'inopinément il saura cette affaire? 1365

SCÈNE II. — HORACE, ARNOLPHE

HORACE

Il faut que j'aille un peu reconnaître qui c'est.

ARNOLPHE

Eût-on jamais prévu. . .? Qui va là, s'il vous plaît?

HORACE

C'est vous, Seigneur Arnolphe?

ARNOLPHE

 Oui; mais vous. . .

HORACE
 C'est Horace.
 Je m'en allais chez vous vous prier d'une grâce.
 Vous sortez bien matin? 1370

ARNOLPHE, *bas*
 Quelle confusion!
 Est-ce un enchantement? est-ce une illusion?

HORACE
 J'étais, à dire vrai, dans une grande peine,
 Et je bénis du Ciel la bonté souveraine
 Qui fait qu'à point nommé je vous rencontre ainsi.
 Je viens vous avertir que tout a réussi, 1375
 Et même beaucoup plus que je n'eusse osé dire,
 Et par un incident qui devait tout détruire.
 Je ne sais point par où l'on a pu soupçonner
 Cette assignation qu'on m'avait su donner;
 Mais, étant sur le point d'atteindre à la fenêtre, 1380
 J'ai, contre mon espoir, vu quelques gens paraître,
 Qui, sur moi brusquement levant chacun le bras,
 M'ont fait manquer le pied et tomber jusqu'en bas;
 Et ma chute, aux dépens de quelque meurtrissure,
 De vingt coups de bâton m'a sauvé l'aventure. 1385
 Ces gens-là, dont était, je pense, mon jaloux,
 Ont imputé ma chute à l'effort de leurs coups;
 Et, comme la douleur un assez long espace
 M'a fait sans remuer demeurer sur la place,
 Ils ont cru tout de bon qu'ils m'avaient assommé, 1390
 Et chacun d'eux s'en est aussitôt alarmé.
 J'entendais tout leur bruit dans le profond silence:
 L'un l'autre ils s'accusaient de cette violence,
 Et sans lumière aucune, en querellant le sort,
 Sont venus doucement tâter si j'étais mort. 1395
 Je vous laisse à penser si, dans la nuit obscure,
 J'ai d'un vrai trépassé su tenir la figure.
 Ils se sont retirés avec beaucoup d'effroi;
 Et, comme je songeais à me retirer, moi,
 De cette feinte mort le jeune Agnès émue 1400
 Avec empressement est devers moi venue:
 Car les discours qu'entre eux ces gens avaient tenus
 Jusques à son oreille étaient d'abord venus,
 Et, pendant tout ce trouble étant moins observée,
 Du logis aisément elle s'était sauvée. 1405

Mais, me trouvant sans mal, elle a fait éclater
Un transport difficile à bien représenter.
Que vous dirai-je? enfin, cette aimable personne
A suivi les conseils que son amour lui donne,
N'a plus voulu songer à retourner chez soi, 1410
Et de tout son destin s'est commise à ma foi.
Considérez un peu, par ce trait d'innocence,
Où l'expose d'un fou la haute impertinence,
Et quels fâcheux périls elle pourrait courir
Si j'étais maintenant homme à la moins chérir. 1415
Mais d'un trop pur amour mon âme est embrasée;
J'aimerais mieux mourir que l'avoir abusée;
Je lui vois des appas dignes d'un autre sort,
Et rien ne m'en saurait séparer que la mort.
Je prévois là-dessus l'emportement d'un père, 1420
Mais nous prendrons le temps d'apaiser sa colère.
A des charmes si doux je me laisse emporter,
Et dans la vie, enfin, il se faut contenter.
Ce que je veux de vous, sous un secret fidèle,
C'est que je puisse mettre en vos mains cette belle, 1425
Que dans votre maison, en faveur de mes feux,
Vous lui donniez retraite au moins un jour ou deux.
Outre qu'aux yeux du monde il faut cacher sa fuite,
Et qu'on en pourra faire une exacte poursuite,
Vous savez qu'une fille aussi de sa façon 1430
Donne avec un jeune homme un étrange soupçon;
Et, comme c'est à vous, sûr de votre prudence,
Que j'ai fait de mes feux entière confidence,
C'est à vous seul aussi, comme ami généreux,
Que je puis confier ce dépôt amoureux. 1435

ARNOLPHE
Je suis, n'en doutez point, tout à votre service.

HORACE
Vous voulez bien me rendre un si charmant office?

ARNOLPHE
Très volontiers, vous dis-je, et je me sens ravir
De cette occasion que j'ai de vous servir;
Je rends grâces au Ciel de ce qu'il me l'envoie, 1440
Et n'ai jamais rien fait avec si grande joie.

HORACE

> Que je suis redevable à toutes vos bontés!
> J'avais de votre part craint des difficultés;
> Mais vous êtes du monde, et, dans votre sagesse,
> Vous savez excuser le feu de la jeunesse. 1445
> Un de mes gens la garde au coin de ce détour.

ARNOLPHE

> Mais comment ferons-nous? car il fait un peu jour.
> Si je la prends ici, l'on me verra peut-être,
> Et, s'il faut que chez moi vous veniez à paraître,
> Des valets causeront. Pour jouer au plus sûr, 1450
> Il faut me l'amener dans un lieu plus obscur:
> Mon allée est commode, et je l'y vais attendre.

HORACE

> Ce sont précautions qu'il est fort bon de prendre.
> Pour moi, je ne ferai que vous la mettre en main,
> Et chez moi sans éclat je retourne soudain. 1455

ARNOLPHE, *seul*

> Ah! fortune! ce trait d'aventure propice
> Répare tous les maux que m'a faits ton caprice.
> *Il s'enveloppe le nez de son rnanteau.*

SCÈNE III. — AGNÈS, HORACE, ARNOLPHE

HORACE

> Ne soyez point en peine où je vais vous mener,
> C'est un logement sûr que je vous fais donner;
> Vous loger avec moi, ce serait tout détruire: 1460
> Entrez dans cette porte, et laissez-vous conduire.
> *Arnolphe lui prend la main sans quelle le reconnaisse.*

AGNÈS

> Pourquoi me quittez-vous?

HORACE

> Chère Agnès, il le faut.

AGNÈS

Songez donc, je vous prie, à revenir bientôt.

HORACE

J'en suis assez pressé par ma flamme amoureuse.

AGNÈS

Quand je ne vous vois point, je ne suis point joyeuse. 1465

HORACE

Hors de votre présence on me voit triste aussi.

AGNÈS

Hélas! s'il était vrai, vous resteriez ici.

HORACE

Quoi! vous pourriez douter de mon amour extrême?

AGNÈS

Non, vous ne m'aimez pas autant que je vous aime.
 Arnolphe la tire.
Ah! l'on me tire trop. 1470

HORACE

 C'est qu'il est dangereux,
Chère Agnès, qu'en ce lieu nous soyons vus tous deux,
Et le parfait ami de qui la main vous presse
Suit le zèle prudent qui pour nous l'intéresse.

AGNÈS

Mais suivre un inconnu que. . .

HORACE

 N'appréhendez rien:
Entre de telles mains vous ne serez que bien. 1475

AGNÈS

Je me trouverais mieux entre celles d'Horace,
Et j'aurais. . .
 A Arnolphe qui la tire encore.
 Attendez.

HORACE

 Adieu, le jour me chasse.

AGNÈS
 Quand vous verrai-je donc?

HORACE
 Bientôt assurément.

AGNÈS
 Que je vais m'ennuyer jusques à ce moment!

HORACE
 Grâce au Ciel, mon bonheur n'est plus en concurrence, 1480
 Et je puis maintenant dormir en assurance.

SCÈNE IV. — ARNOLPHE, AGNÈS

ARNOLPHE, *le nez dans son manteau*
 Venez, ce n'est pas là que je vous logerai,
 Et votre gîte ailleurs est par moi préparé,
 Je prétends en lieu sûr mettre votre personne.
 Me connaissez-vous? 1485

AGNÈS, *le reconnaissant*
 Hay!

ARNOLPHE
 Mon visage, friponne,
 Dans cette occasion rend vos sens effrayés,
 Et c'est à contrecœur qu'ici vous me voyez:
 Je trouble en ses projets l'amour qui vous possède.
 Agnès regarde si elle ne verra point Horace.
 N'appelez point des yeux le galant à votre aide,
 Il est trop éloigné pour vous donner secours. 1490
 Ah! ah! si jeune encor, vous jouez de ces tours!
 Votre simplicité, qui semble sans pareille,
 Demande si l'on fait les enfants par l'oreille,
 Et vous savez donner des rendez-vous la nuit.
 Et pour suivre un galant vous évader sans bruit. 1495
 Tudieu! comme avec lui votre langue cajole!
 Il faut qu'on vous ait mise à quelque bonne école.
 Qui diantre tout d'un coup vous en a tant appris?
 Vous ne craignez donc plus de trouver des esprits?

Et ce galant la nuit vous a donc enhardie? 1500
Ah! coquine, en venir à cette perfidie!
Malgré tous mes bienfaits former un tel dessein!
Petit serpent que j'ai réchauffé dans mon sein,
Et qui, dès qu'il se sent, par une humeur ingrate,
Cherche à faire du mal à celui qui le flatte! 1505

AGNÈS

Pourquoi me criez-vous?

ARNOLPHE

 J'ai grand tort, en effet.

AGNÈS

Je n'entends point de mal dans tout ce que j'ai fait.

ARNOLPHE

Suivre un galant n'est pas une action imfâme?

AGNÈS

C'est un homme qui dit qu'il me veut pour sa femme:
J'ai survi vos leçons, et vous m'avez prêché 1510
Qu'il se faut marier pour ôter le péché.

ARNOLPHE

Oui, mais, pour femme, moi, je prétendais vous prendre,
Et je vous l'avais fait, me semble, assez entendre.

AGNÈS

Oui, mais, à vous parler franchement entre nous,
Il est plus pour cela selon mon goût que vous. 1515
Chez vous le mariage est fâcheux et pénible,
Et vos dicours en font une image terrible;
Mais, las! il le fait, lui, si rempli de plaisirs
Que de se marier il donne des désirs.

ARNOLPHE

Ah! c'est que vous l'aimez, traîtresse. 1520

AGNÈS

 Oui, je l'aime.

ARNOLPHE

Et vous avez le front de le dire à moi-même!

AGNÈS

Et pourquoi, s'il est vrai, ne le dirais-je pas?

ARNOLPHE

Le deviez-vous aimer, impertinente?

AGNÈS

Hélas!
Est-ce que j'en puis mais? Lui seul en est la cause,
Et je n'y songeais pas lorsque se fit la chose. 1525

ARNOLPHE

Mais il fallait chasser cet amoureux désir.

AGNÈS

Le moyen de chasser ce qui fait du plaisir?

ARNOLPHE

Et ne saviez-vous pas que c'était me déplaire?

AGNÈS

Moi? point du tout: quel mal cela vous peut-il faire?

ARNOLPHE

Il est vrai, j'ai sujet d'en être réjoui. 1530
Vous ne m'aimez donc pas, à ce compte?

AGNÈS

Vous?

ARNOLPHE

Oui.

AGNÈS

Hélas! non.

ARNOLPHE

Comment, non?

AGNÈS

Voulez-vous que je mente?

ARNOLPHE

Pourquoi ne m'aimer pas, Madame l'impudente?

AGNÈS

> Mon Dieu! ce n'est pas moi que vous devez blâmer:
> Que ne vous êtes-vous comme lui fait aimer? 1535
> Je ne vous en ai pas empêché, que je pense.

ARNOLPHE

> Je m'y suis efforcé de toute ma puissance;
> Mais les soins que j'ai pris, je les ai perdus tous.

AGNÈS

> Vraiment, il en sait donc là-dessus plus que vous,
> Car à se faire aimer il n'a point eu de peine. 1540

ARNOLPHE

> Voyez comme raisonne et répond la vilaine!
> Peste! une précieuse en dirait-elle plus?
> Ah! je l'ai mal connue, ou, ma foi, là-dessus
> Une sotte en sait plus que le plus habile homme.
> Puisqu'en raisonnement votre esprit se consomme, 1545
> La belle raisonneuse, est-ce qu'un si long temps
> Je vous aurai pour lui nourrie à mes dépens?

AGNÈS

> Non, il vous rendra tout jusques au dernier double.

ARNOLPHE

> Elle a de certains mots où mon dépit redouble.
> Me rendra-t-il, coquine, avec tout son pouvoir, 1550
> Les obligations que vous pouvez m'avoir?

AGNÈS

> Je ne vous en ai pas de si grandes qu'on pense.

ARNOLPHE

> N'est-ce rien que les soins d'élever votre enfance?

AGNÈS

> Vous avez là-dedans bien opéré vraiment,
> Et m'avez fait en tout instruire joliment! 1555
> Croit-on que je me flatte, et qu'enfin dans ma tête
> Je ne juge pas bien que je suis une bête?
> Moi-même j'en ai honte, et, dans l'âge où je suis,
> Je ne veux plus passer pour sotte, si je puis.

ARNOLPHE

Vous fuyez l'ignorance, et voulez, quoi qu'il coûte, 1560
Apprendre du blondin quelque chose.

AGNÈS

 Sans doute.
C'est de lui que je sais ce que je puis savoir,
Et beaucoup plus qu'à vous je pense lui devoir.

ARNOLPHE

Je ne sais qui me tient qu'avec une gourmade
Ma main de ce discours ne venge la bravade. 1565
J'enrage quand je vois sa piquante froideur,
Et quelques coups de poing satisferaient mon cœur.

AGNÈS

Hélas! vous le pouvez, si cela peut vous plaire.

ARNOLPHE

Ce mot, et ce regard, désarme ma colère,
Et produit un retour de tendresse de cœur 1570
Qui de son action m'efface la noirceur.
Chose étrange d'aimer, et que pour ces traîtresses
Les hommes soient sujets à de telles faiblesses!
Tout le monde connaît leur imperfection:
Ce n'est qu'extravagance et qu'indiscrétion. 1575
Leur esprit est méchant, et leur âme fragile;
Il n'est rien de plus faible et de plus imbécile.
Rien de plus infidèle; et, malgré tout cela,
Dans le monde on fait tout pour ces animaux-là.
Hé bien! faisons la paix; va, petite traîtresse, 1580
Je te pardonne tout, et te rends ma tendresse.
Considère par là l'amour que j'ai pour toi,
Et, me voyant si bon, en revanche aime-moi.

AGNÈS

Du meilleur de mon cœur je voudrais vous complaire.
Que me coûterait-il, si je le pouvais faire? 1585

ARNOLPHE

Mon pauvre petit bec, tu le peux, si tu veux.
 Il fait un soupir
Écoute seulement ce soupir amoureux;
Vois ce regard mourant, contemple ma personne,

Et quitte ce morveux et l'amour qu'il te donne.
C'est quelque sort qu'il faut qu'il ait jeté sur toi, 1590
Et tu seras cent fois plus heureuse avec moi.
Ta forte passion est d'être brave et leste:
Tu le seras toujours, va, je te le proteste.
Sans cesse nuit et jour je te caresserai,
Je te bouchonnerai, baiserai, mangerai. 1595
Tout comme tu voudras tu pourras te conduire.
Je ne m'explique point, et cela c'est tout dire.
 A part
Jusqu'où la passion peut-elle faire aller?
 Haut
Enfin, à mon amour rien ne peut s'égaler.
Quelle preuve veux-tu que je t'en donne, ingrate? 1600
Me veux-tu voir pleurer? veux-tu que je me batte?
Veux-tu que je m'arrache un côté de cheveux?
Veux-tu que je me tue? Oui, dis si tu le veux.
Je suis tout prêt, cruelle, à te prouver ma flamme.

AGNÈS

Tenez, tous vos discours ne me touchent point l'âme. 1605
Horace avec deux mots en ferait plus que vous.

ARNOLPHE

Ah! c'est trop me braver, trop pousser mon courroux.
Je suivrai mon dessein, bête trop indocile,
Et vous dénicherez à l'instant de la ville.
Vous rebutez mes vœux, et me mettez à bout, 1610
Mais un cul de couvent me vengera de tout.

SCÈNE V — *ALAIN, ARNOLPHE*

ALAIN

Je ne sais ce que c'est, Monsieur, mais il me semble
Qu'Agnès et le corps mort s'en sont allés ensemble.

ARNOLPHE

La voici: dans ma chambre allez me la nicher.
Ce ne sera pas là qu'il la viendra chercher; 1615
Et puis c'est seulement pour une demie-heure.

Je vais, pour lui donner une sûre demeure,
Trouver une voiture; enfermez-vous des mieux,
Et surtout gardez-vous de la quitter des yeux.
Peut-être que son âme, étant dépaysée, 1620
Pourra de cet amour être désabusée.

SCÈNE VI. — HORACE, ARNOLPHE

HORACE

Ah! je viens vous trouver accablé de douleur.
Le Ciel, Seigneur Arnolphe, a conclu mon malheur,
Et, par un trait fatal d'une injustice extrême,
On me veut arracher de la beauté que j'aime. 1625
Pour arriver ici mon père a pris le frais:
J'ai trouvé qu'il mettait pied à terre ici près,
Et la cause, en un mot, d'une telle venue,
Qui, comme je disais, ne m'était pas connue,
C'est qu'il m'a marié sans m'en récrire rien, 1630
Et qu'il vient en ces lieux célébrer ce lien.
Jugez, en prenant part à mon inquiétude,
S'il pouvait m'arriver un contre-temps plus rude.
Cet Enrique, dont hier je m'informais à vous,
Cause tout le malheur dont je ressens les coups: 1635
Il vient avec mon père achever ma ruine,
Et c'est sa fille unique à qui l'on me destine.
J'ai dès leurs premiers mots pensé m'évanouir;
Et d'abord, sans vouloir plus longtemps les ouïr,
Mon père ayant parlé de vous rendre visite, 1640
L'esprit plein de frayeur, je l'ai devancé vite.
De grâce, gardez-vous de lui rien découvrir
De mon engagement, qui le pourrait aigrir,
Et tâchez, comme en vous il prend grande créance,
De le dissuader de cette autre alliance. 1645

ARNOLPHE

Oui-da.

HORACE

Conseillez-lui de différer un peu,
Et rendez en ami ce service à mon feu.

ARNOLPHE
 Je n'y manquerai pas.

HORACE
 C'est en vous que j'espère.

ARNOLPHE
 Fort bien.

HORACE
 Et je vous tiens mon véritable père.
 Dites-lui que mon âge. . . Ah! je le vois venir. 1650
 Écoutez les raisons que je vous puis fournir.
 Ils demeurent en un coin du théâtre.

SCÈNE VII. — *ENRIQUE, ORONTE, CHRYSALDE,*
HORACE, ARNOLPHE

ENRIQUE, *à Chrysalde*
 Aussitôt qu'à mes yeux je vous ai vu paraître,
 Quand on ne m'eût rien dit, j'aurais su vous connaître.
 Je vous vois tous les traits de cette aimable sœur
 Dont l'hymen autrefois m'avait fait possesseur; 1655
 Et je serais heureux si la Parque cruelle
 M'eût laissé ramener cette épouse fidèle,
 Pour jouir avec moi des sensibles douceurs
 De revoir tous les siens après nos longs malheurs.
 Mais, puisque du destin la fatale puissance 1660
 Nous prive pour jamais de sa chère présence,
 Tâchons de nous résoudre, et de nous contenter
 Du seul fruit amoureux qu'il m'en est pu rester:
 Il vous touche de près, et sans votre suffrage
 J'aurais tort de vouloir disposer de ce gage. 1665
 Le choix du fils d'Oronte est glorieux de soi.
 Mais il faut que ce choix vous plaise comme à moi.

CHRYSALDE
 C'est de mon jugement avoir mauvaise estime,
 Que douter si j'approuve un choix si légitime.

ARNOLPHE, *à Horace*
 Oui, je vais vous servir de la bonne façon. 1670

HORACE
Gardez encore un coup. . .

ARNOLPHE
 N'ayez aucun soupçon.

ORONTE, *à Arnolphe*
Ah! que cette embrassade est pleine de tendresse!

ARNOLPHE
Que je sens à vous voir une grande allégresse!

ORONTE
Je suis ici venu. . .

ARNOLPHE
 Sans m'en faire récit,
Je sais ce qui vous mène. 1675

ORONTE
 On vous l'a déjà dit?

ARNOLPHE
Oui.

ORONTE
Tant mieux.

ARNOLPHE
 Votre fils à cet hymen résiste,
Et son cœur prévenu n'y voit rien que de triste;
Il m'a même prié de vous en détourner.
Et moi, tout le conseil que je vous puis donner,
C'est de ne pas souffrir que ce nœud se diffère 1680
Et de faire valoir l'autorité de père.
Il faut avec vigueur ranger les jeunes gens,
Et nous faisons contre eux à leur être indulgens.

HORACE
Ah! traître!

CHRYSALDE
 Si son cœur a quelque répugnance,
Je tiens qu'on ne doit pas lui faire violence. 1685
Mon frère, que je crois, sera de mon avis.

ARNOLPHE

 Quoi! se laissera-t-il gouverner par son fils?
 Est-ce que vous voulez qu'un père ait la mollesse
 De ne savoir pas faire obéir la jeunesse?
 Il serait beau, vraiment, qu'on le vît aujourd'hui 1690
 Prendre loi de qui doit la recevoir de lui.
 Non, non, c'est mon intime, et sa gloire est la mienne;
 Sa parole est donnée, il faut qu'il la maintienne,
 Qu'il fasse voir ici de fermes sentiments,
 Et force de son fils tous les attachements. 1695

ORONTE

 C'est parler comme il faut, et, dans cette alliance,
 C'est moi qui vous réponds de son obéissance.

CHRYSALDE, *à Arnolphe*

 Je suis surpris, pour moi, du grand empressement
 Que vous me faites voir pour cet engagement,
 Et ne puis deviner quel motif vous inspire. . . 1700

ARNOLPHE

 Je sais ce que je fais, et dis ce qu'il faut dire.

ORONTE

 Oui, oui, Seigneur Arnolphe, il est. . .

CHRYSALDE

 Ce nom l'aigrit;
 C'est monsieur de la Souche, on vous l'a déjà dit.

ARNOLPHE

 Il n'importe.

HORACE

 Qu'entends je?

ARNOLPHE, *se retournant vers Horace*

 Oui, c'est là le mystère.
 Et vous pouvez juger ce que je devais faire. 1705

HORACE

 En quel trouble. . .

SCÈNE VIII. — GEORGETTE, ENRIQUE, ORONTE, CHRYSALDE, HORACE, ARNOLPHE

GEORGETTE
> Monsieur, si vous n'êtes auprès,
> Nous aurons de la peine à retenir Agnès:
> Elle veut à tous coups s'échapper, et peut-être
> Qu'elle se pourrait bien jeter par la fenêtre.

ARNOLPHE
> Faites-la moi venir; aussi bien de ce pas 1710
> Prétends-je l'emmener.
> *A Horace*
> Ne vous en fâchez pas:
> Un bonheur continu rendrait l'homme superbe,
> Et chacun a son tour, comrne dit le proverbe.

HORACE
> Quels maux peuvent, ô Ciel, égaler mes ennuis?
> Et s'est-on jamais vu dans l'abîme où je suis? 1715

ARNOLPHE, *à Oronte*
> Pressez vite le jour de la cérémonie;
> J'y prends part, et déjà moi-même je m'en prie.

ORONTE
> C'est bien notre dessein.

SCÈNE IX. — AGNÈS, ALAIN, GEORGETTE, ORONTE, ENRIQUE, ARNOLPHE, HORACE, CHRYSALDE

ARNOLPHE
> Venez, belle, venez,
> Qu'on ne saurait tenir, et qui vous mutinez.
> Voici votre galant, à qui pour récompense 1720
> Vous pouvez faire une humble et douce révérence.
> Adieu, l'événement trompe un peu vos souhaits;
> Mais tous les amoureux ne sont pas satisfaits.

AGNÈS
> Me laissez-vous, Horace, emmener de la sorte?

HORACE

Je ne sais où j'en suis, tant ma douleur est forte. 1725

ARNOLPHE

Allons, causeuse, allons.

AGNÈS

 Je veux rester ici.

ORONTE

Dites-nous ce que c'est que ce mystère-ci.
Nous nous regardons tous sans le pouvoir comprendre.

ARNOLPHE

Avec plus de loisir je pourrai vous l'apprendre.
Jusqu'au revoir. 1730

ORONTE

 Où donc prétendez-vous aller?
Vous ne nous parlez point comme il nous faut parler.

ARNOLPHE

Je vous ai conseillé, malgré tout son murmure,
D'achever l'hyménée.

ORONTE

 Oui, mais pour le conclure,
Si l'on vous a dit tout, ne vous a-t-on pas dit
Que vous avez chez vous celle dont il s'agit, 1735
La fille qu'autrefois de l'aimable Angélique
Sous des liens secrets eut le seigneur Enrique?
Sur quoi votre discours était-il donc fondé?

CHRYSALDE

Je m'étonnais aussi de voir son procédé.

ARNOLPHE

Quoi! . . . 1740

CHRYSALDE

 D'un hymen secret ma sœur eut une fille
Dont on cacha le sort à toute la famille.

ORONTE
> Et qui, sous de feints noms, pour ne rien découvrir,
> Par son époux, aux champs, fut donnée à nourrir.

CHRYSALDE
> Et dans ce temps le sort, lui déclarant la guerre,
> L'obligea de sortir de sa natale terre. 1745

ORONTE
> Et d'aller essuyer mille périls divers
> Dans ces lieux séparés de nous par tant de mers.

CHRYSALDE
> Où ses soins ont gagné ce que dans sa patrie
> Avaient pu lui ravir l'imposture et l'envie.

ORONTE
> Et de retour en France, il a cherché d'abord 1750
> Celle à qui de sa fille il confia le sort.

CHRYSALDE
> Et cette paysanne a dit avec franchise
> Qu'en vos mains à quatre ans elle l'avait remise.

ORONTE
> Et qu'elle l'avait fait, sur votre charité.
> Par un accablement d'extrême pauvreté. 1755

CHRYSALDE
> Et lui, plein de transport et l'allégresse en l'âme,
> A fait jusqu'en ces lieux conduire cette femme.

ORONTE
> Et vous allez enfin la voir venir ici
> Pour rendre aux yeux de tous ce mystère éclairci.

CHRYSALDE
> Je devine à peu près quel est votre supplice; 1760
> Mais le sort en cela ne vous est que propice.
> Si n'être point cocu vous semble un si grand bien,
> Ne vous point marier en est le vrai moyen.

ARNOLPHE, *s'en allant tout transporté et ne pouvant parler*
> Oh!

ORONTE

 D'où vient qu'il s'enfuit sans rien dire?

HORACE

 Ah! mon père,
 Vous saurez pleinement ce surprenant mystère. 1765
 Le hasard en ces lieux avait exécuté
 Ce que votre sagesse avait prémédité.
 J'étais, par les doux nœuds d'une ardeur mutuelle,
 Engagé de parole avecque cette belle;
 Et c'est elle, en un mot, que vous venez chercher, 1770
 Et pour qui mon refus a pensé vous fâcher.

ENRIQUE

 Je n'en ai point douté d'abord que je l'ai vue,
 Et mon âme depuis n'a cessé d'être émue.
 Ah! ma fille, je cède à des transports si doux.

CHRYSALDE

 J'en ferais de bon cœur, mon frère, autant que vous, 1775
 Mais ces lieux et cela ne s'accommodent guères.
 Allons dans la maison débrouiller ces mystères,
 Payer à notre ami ses soins officieux,
 Et rendre grâce au Ciel, qui fait tout pour le mieux.

CANDIDE OU L'OPTIMISME

VOLTAIRE

(1759)

CHAPITRE I

COMMENT CANDIDE FUT ÉLEVÉ DANS UN BEAU CHÂTEAU, ET COMMENT IL FUT CHASSÉ D'ICELUI

Il y avait en Westphalie, dans le château de M. le baron de Thunder-ten-tronckh, un jeune garçon à qui la nature avait donné les mœurs les plus douces. Sa physionomie annonçait son âme. Il avait le jugement assez droit, avec l'esprit le plus simple ; c'est, je crois, pour cette raison qu'on le nommait *Candide*. Les anciens domestiques de la maison soupçonnaient qu'il était fils de la sœur de M. le baron et d'un bon et honnête gentilhomme du voisinage, que cette demoiselle ne voulut jamais épouser, parce qu'il n'avait pu prouver que soixante et onze quartiers, et que le reste de son arbre généalogique avait été perdu par l'injure du temps.

M. le baron était un des plus puissants seigneurs de la Westphalie, car son château avait une porte et des fenêtres. Sa grande salle même était ornée d'une tapisserie. Tous les chiens de ses basses-cours composaient une meute dans le besoin ; ses palefreniers étaient ses piqueurs ; le vicaire du village était son grand aumônier. Ils l'appelaient tous monseigneur, et ils riaient quand il faisait des contes.

Mme la baronne, qui pesait environ trois cent cinquante livres, s'attirait par là une très grande considération, et faisait les honneurs de la maison avec une dignité qui la rendait encore plus respectable. Sa fille Cunégonde, âgée de dix-sept ans, était haute en couleur, fraîche, grasse, appétissante. Le fils du baron paraissait en tout digne de son père. Le précepteur Pangloss était l'oracle de la maison, et le petit Candide écoutait ses leçons avec toute la bonne foi de son âge et de son caractère.

Pangloss enseignait la métaphysico-théologo-cosmolo-nigologie. Il prouvait admirablement qu'il n'y a point d'effet sans cause, et que, dans ce meilleur des mondes possibles, le château de Mgr le baron était le plus beau des châteaux, et madame la meilleure des baronnes possibles.

« Il est démontré, disait-il, que les choses ne peuvent être autrement ; car tout étant fait pour une fin, tout est nécessairement pour la meilleure fin. Remarquez bien que les nez ont été faits pour porter des lunettes ; aussi avons-nous des lunettes. Les jambes sont visiblement instituées pour être chaussées, et nous avons des chausses. Les pierres ont été formées pour être taillées et pour en faire des châteaux ; aussi monseigneur a un très beau château : le plus grand baron de la province doit être le mieux logé ; et les cochons étant faits pour être mangés, nous mangeons du porc toute l'année : par conséquent, ceux qui ont avancé que tout est bien ont dit une sottise ; il fallait dire que tout est au mieux. »

Candide écoutait attentivement, et croyait innocemment ; car il trouvait Mlle Cunégonde extrêmement belle, quoiqu'il ne prît jamais la hardiesse de le lui dire. Il concluait qu'après le bonheur d'être né baron de Thunder-ten-tronckh, le second degré de bonheur était d'être Mlle Cunégonde ; le troisième, de la voir tous les jours ; et le quatrième, d'entendre maître Pangloss, le plus grand philosophe de la

province, et par conséquent de toute la terre.

Un jour Cunégonde, en se promenant auprès du château, dans le petit bois qu'on appelait parc, vit entre des broussailles le docteur Pangloss qui donnait une leçon de physique expérimentale à la femme de chambre de sa mère, petite brune très jolie et très docile. Comme Mlle Cunégonde avait beaucoup de disposition pour les sciences, elle observa sans souffler les expériences réitérées dont elle fut témoin ; elle vit clairement la raison suffisante du docteur, les effets et les causes, et s'en retourna toute agitée, toute pensive, toute remplie du désir d'être savante, songeant qu'elle pourrait bien être la raison suffisante du jeune Candide, qui pouvait aussi être la sienne.

Elle rencontra Candide en revenant au château, et rougit. Candide rougit aussi. Elle lui dit bonjour d'une voix entrecoupée ; et Candide lui parla sans savoir ce qu'il disait. Le lendemain, après le dîner, comme on sortait de table, Cunégonde et Candide se trouvèrent derrière un paravent ; Cunégonde laissa tomber son mouchoir, Candide le ramassa ; elle lui prit innocemment la main ; le jeune homme baisa innocemment la main de la jeune demoiselle avec une vivacité, une sensibilité, une grâce toute particulière ; leurs bouches se rencontrèrent, leurs yeux s'enflammèrent, leurs genoux tremblèrent, leurs mains s'égarèrent. M. le baron de Thunder-ten-tronckh passa auprès du paravent, et, voyant cette cause et cet effet, chassa Candide du château à grands coups de pied dans le derrière. Cunégonde s'évanouit : elle fut souffletée par Mme la baronne dès qu'elle fut revenue à elle-même ; et tout fut consterné dans le plus beau et le plus agréable des châteaux possibles.

CHAPITRE II

CE QUE DEVINT CANDIDE PARMI LES BULGARES

Candide, chassé du paradis terrestre, marcha longtemps sans savoir où, pleurant, levant les yeux au ciel, les tournant souvent vers le plus beau des châteaux, qui renfermait la plus belle des baronnettes ; il se coucha sans souper au milieu des champs entre deux sillons ; la neige tombait à gros flocons. Candide, tout transi, se traîna le lendemain vers la ville voisine, qui s'appelle *Waldberghoff-trarbk-dikdorff*, n'ayant point d'argent, mourant de faim et de lassitude. Il s'arrêta tristement à la porte d'un cabaret. Deux hommes habillés de bleu le remarquèrent: « Camarade, dit l'un, voilà un jeune homme très bien fait, et qui a la taille requise.» Ils s'avancèrent vers Candide, et le prièrent à dîner très civilement. « Messieurs, leur dit Candide avec une modestie charmante, vous me faites beaucoup d'honneur, mais je n'ai pas de quoi payer mon écot. — Ah ! monsieur, lui dit un des bleus, les personnages de votre figure et de votre mérite ne payent jamais rien : n'avez-vous pas cinq pieds cinq pouces de haut ? — Oui, messieurs, c'est ma taille, dit-il en faisant la révérence. — Ah ! monsieur, mettez-vous à table ; non seulement nous vous défrayerons, mais nous ne souffrirons jamais qu'un homme comme vous

manque d'argent ; les hommes ne sont faits que pour se secourir les uns les autres.
— Vous avez raison, dit Candide ; c'est ce que M. Pangloss m'a toujours dit, et je
vois bien que tout est au mieux. » On le prie d'accepter quelques écus, il les prend
et veut faire son billet ; on n'en veut point, on se met à table. « N'aimez-vous pas
tendrement... ? — Oh ! oui, répond-il, j'aime tendrement Mlle Cunégonde. — Non,
dit l'un de ces messieurs, nous vous demandons si vous n'aimez pas tendrement le
roi des Bulgares ? — Point du tout, dit-il, car je ne l'ai jamais vu. — Comment !
c'est le plus charmant des rois, et il faut boire à sa santé. — Oh ! très volontiers,
messieurs. » Et il boit. « C'en est assez, lui dit-on, vous voilà l'appui, le soutien, le
défenseur, le héros des Bulgares ; votre fortune est faite, et votre gloire est assurée.»
On lui met sur-le-champ les fers aux pieds, et on le mène au régiment. On le fait
tourner à droite, à gauche, hausser la baguette, remettre la baguette, coucher en
joue, tirer, doubler le pas, et on lui donne trente coups de bâton ; le lendemain, il
fait l'exercice un peu moins mal, et il ne reçoit que vingt coups ; le surlendemain,
on ne lui en donne que dix, et il est regardé par ses camarades comme un prodige.

Candide, tout stupéfait, ne démêlait pas encore trop bien comment il était un
héros. Il s'avisa un beau jour de printemps de s'aller promener, marchant tout droit
devant lui, croyant que c'était un privilège de l'espèce humaine, comme de
l'espèce animale, de se servir de ses jambes à son plaisir. Il n'eut pas fait deux
lieues, que voilà quatre autres héros de six pieds qui l'atteignent, qui le lient, qui le
mènent dans un cachot. On lui demanda juridiquement ce qu'il aimait le mieux,
d'être fustigé trente-six fois par tout le régiment, ou de recevoir à la fois douze
balles de plomb dans la cervelle. Il eut beau dire que les volontés sont libres, et
qu'il ne voulait ni l'un ni l'autre, il fallut faire un choix ; il se détermina, en vertu
du don de Dieu qu'on nomme *liberté*, à passer trente-six fois par les baguettes ; il
essuya deux promenades. Le régiment était composé de deux mille hommes. Cela
lui composa quatre mille coups de baguettes qui, depuis la nuque du cou jusqu'au
cul, lui découvrirent les muscles et les nerfs. Comme on allait procéder à la
troisième course, Candide, n'en pouvant plus, demanda en grâce qu'on voulût bien
avoir la bonté de lui casser la tête ; il obtint cette faveur ; on lui bande les yeux ;
on le fait mettre à genoux. Le roi des Bulgares passe dans le moment, s'informe du
crime du patient ; et comme ce roi avait un grand génie, il comprit par tout ce qu'il
apprit de Candide, que c'était un jeune métaphysicien fort ignorant des choses de
ce monde, et il lui accorda sa grâce avec une clémence qui sera louée dans tous les
journaux et dans tous les siècles. Un brave chirurgien guérit Candide en trois
semaines avec les émollients enseignés par Dioscoride. Il avait déjà un peu de peau
et pouvait marcher, quand le roi des Bulgares livra bataille au roi des Abares.

CHAPITRE III

COMMENT CANDIDE SE SAUVA D'ENTRE LES BULGARES, ET CE QU'
IL DEVINT

Rien n'était si beau, si leste, si brillant, si bien ordonné que les deux armées. Les trompettes, les fifres, les hautbois, les tambours, les canons, formaient une harmonie telle qu'il n'y en eut jamais en enfer. Les canons renversèrent d'abord à peu près six mille hommes de chaque côté ; ensuite la mousqueterie ôta du meilleur des mondes environ neuf à dix mille coquins qui en infectaient la surface. La baïonnette fut aussi la raison suffisante de la mort de quelques milliers d'hommes. Le tout pouvait bien se monter à une trentaine de mille âmes. Candide, qui tremblait comme un philosophe, se cacha du mieux qu'il put pendant cette boucherie héroïque.

Enfin, tandis que les deux rois faisaient chanter des *Te Deum,* chacun dans son camp, il prit le parti d'aller raisonner ailleurs des effets et des causes. Il passa par-dessus des tas de morts et de mourants, et gagna d'abord un village voisin ; il était en cendres : c'était un village abare que les Bulgares avaient brûlé, selon les lois du droit public. Ici des vieillards criblés de coups regardaient mourir leurs femmes égorgées, qui tenaient leurs enfants à leurs mamelles sanglantes ; là des filles éventrées, après avoir assouvi les besoins naturels de quelques héros, rendaient les derniers soupirs ; d'autres à demi brûlées criaient qu'on achevât de leur donner la mort. Des cervelles étaient répandues sur la terre a côté de bras et de jambes coupés.

Candide s'enfuit au plus vite dans un autre village : il appartenait à des Bulgares, et les héros abares l'avaient traité de même. Candide, toujours marchant sur des membres palpitants, ou à travers des ruines, arriva enfin hors du théâtre de la guerre, portant quelques petites provisions dans son bissac, et n'oubliant jamais Mlle Cunégonde. Ses provisions lui manquèrent quand il fut en Hollande ; mais ayant entendu dire que tout le monde était riche dans ce pays-là, et qu'on y était chrétien, il ne douta pas qu'on ne le traitât aussi bien qu'il l'avait été dans le château de M. le baron, avant qu'il en eût été chassé pour les beaux yeux de Mlle Cunégonde.

Il demanda l'aumône à plusieurs graves personnages, qui lui répondirent tous que, s'il continuait à faire ce métier, on l'enfermerait dans une maison de correction pour lui apprendre à vivre.

Il s'adressa ensuite à un homme qui venait de parler tout seul une heure de suite sur la charité dans une grande assemblée. Cet orateur le regardant de travers lui dit : « Que venez-vous faire ici ? y êtes-vous pour la bonne cause ? — Il n'y a point d'effet sans cause, répondit modestement Candide ; tout est enchaîné nécessairement, et arrangé pour le mieux. Il a fallu que je fusse chassé d'auprès de Mlle Cunégonde, que j'aie passé par les baguettes, et il faut que je demande mon pain, jusqu'à ce que je puisse en gagner ; tout cela ne pouvait être autrement. — Mon ami, lui dit l'orateur, croyez-vous que le pape soit l'antéchrist ? — Je ne

l'avais pas encore entendu dire, répondit Candide ; mais qu'il le soit ou qu'il ne le soit pas, je manque de pain. — Tu ne mérites pas d'en manger, dit l'autre ; va, coquin, va, misérable, ne m'approche de ta vie. » La femme de l'orateur ayant mis la tête à la fenêtre, et avisant un homme qui doutait que le pape fût antéchrist, lui répandit sur le chef un plein... O ciel ! à quel excès se porte le zèle de la religion dans les dames !

Un homme qui n'avait point été baptisé, un bon anabaptiste, nommé Jacques, vit la manière cruelle et ignominieuse dont on traitait ainsi un de ses frères, un être à deux pieds sans plumes, qui avait une âme; il l'amena chez lui, le nettoya, lui donna du pain et de la bière, lui fit présent de deux florins, et voulut même lui apprendre à travailler dans ses manufactures aux étoffes de Perse qu'on fabrique en Hollande. Candide, se prosternant presque devant lui, s'écriait : « Maître Pangloss me l'avait bien dit, que tout est au mieux dans ce monde, car je suis infiniment plus touché de votre extrême générosité que de la dureté de ce monsieur à manteau noir, et de madame son épouse. »

Le lendemain, en se promenant, il rencontra un gueux tout couvert de pustules, les yeux morts, le bout du nez rongé, la bouche de travers, les dents noires, et parlant de la gorge, tourmenté d'une toux violente, et crachant une dent à chaque effort.

CHAPITRE IV

COMMENT CANDIDE RENCONTRA SON ANCIEN MAÎTRE DE PHILOSOPHIE, LE DOCTEUR PANGLOSS, ET CE QUI EN ADVINT

Candide, plus ému encore de compassion que d'horreur, donna à cet épouvantable gueux les deux florins qu'il avait reçus de son honnête anabaptiste Jacques. Le fantôme le regarda fixement, versa des larmes, et sauta à son cou. Candide effrayé recule. « Hélas ! dit le misérable à l'autre misérable, ne reconnaissez-vous plus votre cher Pangloss ?

— Qu'entends-je ? vous, mon cher maître ? vous, dans cet état horrible ! quel malheur vous est-il donc arrivé ? pourquoi n'êtes-vous plus dans le plus beau des châteaux ? qu'est devenue Mlle Cunégonde, la perle des filles, le chef-d'œuvre de la nature ? — Je n'en peux plus », dit Pangloss. Aussitôt Candide le mène dans l'étable de l'anabaptiste, où il lui fit manger un peu de pain ; et quand Pangloss fut refait : « Eh bien ! lui dit-il, Cunégonde ? — Elle est morte », reprit l'autre. Candide s'évanouit à ce mot : son ami rappela ses sens avec un peu de mauvais vinaigre qui se trouva par hasard dans l'étable Candide rouvre les yeux. « Cunégonde est morte! Ah ! meilleur des mondes, où êtes-vous ? Mais de quelle maladie est-elle morte ? ne serait-ce point de m'avoir vu chasser du beau château de monsieur son père à grands coups de pied ? — Non, dit Pangloss, elle a été éventrée par des soldats bulgares, après avoir été violée autant qu'on peut l'être ; ils ont cassé la tête à monsieur le baron qui voulait la défendre ; madame la baronne a été coupée en

morceaux ; mon pauvre pupille traité précisément comme sa sœur ; et quant au château, il n'est pas resté pierre sur pierre, pas une grange, pas un mouton, pas un canard, pas un arbre ; mais nous avons été bien vengés, car les Abares en ont fait autant dans une baronnie voisine qui appartenait à un seigneur bulgare. »

A ce discours, Candide s'évanouit encore ; mais revenu à soi, et ayant dit tout ce qu'il devait dire, il s'enquit de la cause et de l'effet, et de la raison suffisante qui avaient mis Pangloss dans un si piteux état. « Hélas ! dit l'autre, c'est l'amour: l'amour, le consolateur du genre humain, le conservateur de l'univers, l'âme de tous les êtres sensibles, le tendre amour. — Hélas ! dit Candide, je l'ai connu cet amour, ce souverain des cœurs, cette âme de notre âme ; il ne m'a jamais valu qu'un baiser et vingt coups de pied au cul. Comment cette belle cause a-t-elle pu produire en vous un effet si abominable ? »

Pangloss répondit en ces termes : « O mon cher Candide ! vous avez connu Paquette, cette jolie suivante de notre auguste baronne : j'ai goûté dans ses bras les délices du paradis, qui ont produit ces tourments d'enfer dont vous me voyez dévoré ; elle en était infectée, elle en est peut-être morte. Paquette tenait ce présent d'un cordelier très savant qui avait remonté à la source, car il l'avait eue d'une vieille comtesse, qui l'avait reçue d'un capitaine de cavalerie, qui la devait à une marquise, qui la tenait d'un page, qui l'avait reçue d'un jésuite qui, étant novice, l'avait eue en droite ligne d'un des compagnons de Christophe Colomb. Pour moi, je ne la donnerai à personne, car je me meurs.

— O Pangloss ! s'écria Candide, voilà une étrange généalogie ! n'est-ce pas le diable qui en fut la souche ? — Point du tout, répliqua ce grand homme ; c'était une chose indispensable dans le meilleur des mondes, un ingrédient nécessaire ; car si Colomb n'avait pas attrapé dans une île de l'Amérique cette maladie qui empoisonne la source de la génération, qui souvent même empêche la génération, et qui est évidemment l'opposé du grand but de la nature, nous n'aurions ni le chocolat ni la cochenille ; il faut encore observer que jusqu'aujourd'hui, dans notre continent, cette maladie nous est particulière, comme la controverse. Les Turcs, les Indiens, les Persans, les Chinois, les Siamois, les Japonais ne la connaissent pas encore ; mais il y a une raison suffisante pour qu'ils la connaissent à leur tour dans quelques siècles. En attendant elle a fait un merveilleux progrès parmi nous, et surtout dans ces grandes armées composées d'honnêtes stipendiaires bien élevés, qui décident du destin des États ; on peut assurer que, quand trente mille hommes combattent en bataille rangée contre des troupes égales en nombre, il y a environ vingt mille vérolés de chaque côté.

— Voilà qui est admirable, dit Candide ; mais il faut vous faire guérir. — Eh! comment le puis-je ? dit Pangloss ; je n'ai pas le sou, mon ami, et dans toute l'étendue de ce globe on ne peut ni se faire saigner, ni prendre un lavement sans payer, ou sans qu'il y ait quelqu'un qui paye pour nous. »

Ce dernier discours détermina Candide ; il alla se jeter aux pieds de son charitable anabaptiste Jacques, et lui fit une peinture si touchante de l'état où son ami était réduit, que le bonhomme n'hésita pas à recueillir le docteur Pangloss ; il le fit guérir à ses dépens. Pangloss, dans la cure, ne perdit qu'un œil et une oreille. Il écrivait bien, et savait parfaitement l'arithmétique. L'anabaptiste Jacques en fit

son teneur de livres. Au bout de deux mois, étant obligé d'aller à Lisbonne pour les affaires de son commerce, il mena dans son vaisseau ses deux philosophes. Pangloss lui expliqua comment tout était on ne peut mieux. Jacques n'était pas de cet avis. « Il faut bien, disait-il, que les hommes aient un peu corrompu la nature, car ils ne sont point nés loups, et ils sont devenus loups. Dieu ne leur a donné ni canon de vingt-quatre, ni baïonnettes, et ils se sont fait des baïonnettes et des canons pour se détruire. Je pourrais mettre en ligne de compte les banqueroutes, et la justice qui s'empare des biens des banqueroutiers pour en frustrer les créanciers. — Tout cela était indispensable, répliquait le docteur borgne, et les malheurs particuliers font le bien général ; de sorte que plus il y a de malheurs particuliers, et plus tout est bien. » Tandis qu'il raisonnait, l'air s'obscurcit, les vents soufflèrent des quatre coins du monde, et le vaisseau fut assailli de la plus horrible tempête, à la vue du port de Lisbonne.

CHAPITRE V

TEMPÊTE, NAUFRAGE, TREMBLEMENT DE TERRE, ET CE QUI ADVINT DU DOCTEUR PANGLOSS, DE CANDIDE ET DE L'ANABAPTISTE JACQUES

La moitié des passagers affaiblis, expirants de ces angoisses inconcevables que le roulis d'un vaisseau porte dans les nerfs et dans toutes les humeurs du corps agitées en sens contraires, n'avait pas même la force de s'inquiéter du danger. L'autre moitié jetait des cris et faisait des prières ; les voiles étaient déchirées, les mâts brisés, le vaisseau entr'ouvert. Travaillait qui pouvait, personne ne s'entendait, personne ne commandait. L'anabaptiste aidait un peu à la manœuvre ; il était sur le tillac ; un matelot furieux le frappe rudement et l'étend sur les planches ; mais du coup qu'il lui donna, il eut lui-même une si violente secousse, qu'il tomba hors du vaisseau, la tête la première. Il restait suspendu et accroché à une partie de mât rompue. Le bon Jacques court à son secours, l'aide à remonter, et de l'effort qu'il fit, il est précipité dans la mer à la vue du matelot, qui le laissa périr sans daigner seulement le regarder. Candide approche, voit son bienfaiteur qui reparaît un moment, et qui est englouti pour jamais. Il veut se jeter après lui dans la mer : le philosophe Pangloss l'en empêche, en lui prouvant que la rade de Lisbonne avait été formée exprès pour que cet anabaptiste s'y noyât. Tandis qu'il le prouvait *a priori,* le vaisseau s'entr'ouvre, tout périt à la réserve de Pangloss, de Candide et de ce brutal de matelot qui avait noyé le vertueux anabaptiste ; le coquin nagea heureusement jusqu'au rivage, où Pangloss et Candide furent portés sur une planche.

Quand ils furent revenus un peu à eux, ils marchèrent vers Lisbonne ; il leur restait quelque argent, avec lequel ils espéraient se sauver de la faim après avoir échappé à la tempête.

A peine ont-ils mis le pied dans la ville, en pleurant la mort de leur

bienfaiteur, qu'ils sentent la terre trembler sous leurs pas ; la mer s'élève en bouillonnant dans le port, et brise les vaisseaux qui sont à l'ancre. Des tourbillons de flamme et de cendres couvrent les rues et les places publiques ; les maisons s'écroulent : les toits sont renversés sur les fondements, et les fondements se dispersent ; trente mille habitants de tout âge et de tout sexe sont écrasés sous des ruines. Le matelot disait en sifflant et en jurant : « Il y aura quelque chose à gagner ici. — Quelle peut être la raison suffisante de ce phénomène ? disait Pangloss. — Voici le dernier jour du monde ! » s'écriait Candide. Le matelot court incontinent au milieu des débris, affronte la mort pour trouver de l'argent, en trouve, s'en empare, s'enivre, et ayant cuvé son vin, achète les faveurs de la première fille de bonne volonté qu'il rencontre sur les ruines des maisons détruites, et au milieu des mourants et des morts. Pangloss le tirait cependant par la manche : « Mon ami, lui disait-il, cela n'est pas bien, vous manquez à la raison universelle, vous prenez mal votre temps. — Tête et sang, répondit l'autre, je suis matelot et né à Batavia ; j'ai marché quatre fois sur le crucifix dans quatre voyages au Japon ; tu as bien trouvé ton homme avec ta raison universelle ! »

Quelques éclats de pierre avaient blessé Candide ; il était étendu dans la rue et couvert de débris. Il disait à Pangloss : « Hélas ! procure-moi un peu de vin et d'huile ; je me meurs. — Ce tremblement de terre n'est pas une chose nouvelle, répondit Pangloss ; la ville de Lima éprouva les mêmes secousses en Amérique l'année passée ; mêmes causes, mêmes effets ; il y a certainement une traînée de soufre sous terre depuis Lima jusqu'à Lisbonne. — Rien n'est plus probable, dit Candide ; mais, pour Dieu, un peu d'huile et de vin. — Comment, probable! répliqua le philosophe, je soutiens que la chose est démontrée. » Candide perdit connaissance, et Pangloss lui apporta un peu d'eau d'une fontaine voisine.

Le lendemain, ayant trouvé quelques provisions de bouche en se glissant à travers des décombres, ils réparèrent un peu leurs forces. Ensuite ils travaillèrent comme les autres à soulager les habitants échappés à la mort. Quelques citoyens, secourus par eux, leur donnèrent un aussi bon dîner qu'on le pouvait dans un tel désastre : il est vrai que le repas était triste ; les convives arrosaient leur pain de leurs larmes ; mais Pangloss les consola en les assurant que les choses ne pouvaient être autrement : « Car, dit-il, tout ceci est ce qu'il y a de mieux ; car s'il y a un volcan à Lisbonne, il ne pouvait être ailleurs ; car il est impossible que les choses ne soient pas où elles sont, car tout est bien. »

Un petit homme noir, familier de l'inquisition, lequel était à côté de lui, prit poliment la parole et dit : « Apparemment que monsieur ne croit pas au péché originel ; car si tout est au mieux, il n'y a donc eu ni chute ni punition.

— Je demande très humblement pardon à Votre Excellence, répondit Pangloss encore plus poliment, car la chute de l'homme et la malédiction entraient nécessairement dans le meilleur des mondes possibles. — Monsieur ne croit donc pas à la liberté ? dit le familier. — Votre Excellence m'excusera, dit Pangloss ; la liberté peut subsister avec la nécessité absolue ; car il était nécessaire que nous fussions libres ; car enfin la volonté déterminée.... » Pangloss était au milieu de sa phrase, quand le familier fit un signe de tête à son estafier, qui lui servait à boire du vin de Porto ou d'Oporto.

CHAPITRE VI

COMMENT ON FIT UN BEL AUTO-DA-FÉ POUR EMPÊCHER LES TREMBLEMENTS DE TERRE, ET COMMENT CANDIDE FUT FESSÉ

Après le tremblement de terre qui avait détruit les trois quarts de Lisbonne, les sages du pays n'avaient pas trouvé un moyen plus efficace pour prévenir une ruine totale que de donner au peuple un bel auto-da-fé ; il était décidé par l'université de Coïmbre que le spectacle de quelques personnes brûlées à petit feu, en grande cérémonie, est un secret infaillible pour empêcher la terre de trembler.

On avait en conséquence saisi un Biscayen convaincu d'avoir épousé sa commère, et deux Portugais qui en mangeant un poulet en avaient arraché le lard ; on vint lier après le dîner le docteur Pangloss et son disciple Candide, l'un pour avoir parlé, et l'autre pour l'avoir écouté avec un air d'approbation ; tous deux furent menés séparément dans des appartements d'une extrême fraîcheur, dans lesquels on n'était jamais incommodé du soleil ; huit jours après ils furent tous deux revêtus d'un san-benito, et on orna leurs têtes de mitres de papier ; la mitre et le san-benito de Candide étaient peints de flammes renversées, et de diables qui n'avaient ni queues ni griffes ; mais les diables de Pangloss portaient griffes et queues, et les flammes étaient droites. Ils marchèrent en procession ainsi vêtus, et entendirent un sermon très pathétique, suivi d'une belle musique en faux-bourdon. Candide fut fessé en cadence, pendant qu'on chantait ; le Biscayen et les deux hommes qui n'avaient point voulu manger de lard furent brûlés, et Pangloss fut pendu, quoique ce ne soit pas la coutume. Le même jour la terre trembla de nouveau avec un fracas épouvantable.

Candide épouvanté, interdit, éperdu, tout sanglant, tout palpitant, se disait à lui-même : « Si c'est ici le meilleur des mondes possibles, que sont donc les autres? Passe encore si je n'étais que fessé, je l'ai été chez les Bulgares ; mais, ô mon cher Pangloss ! le plus grand des philosophes, faut-il vous avoir vu pendre, sans que je sache pourquoi ! ô mon cher anabaptiste ! le meilleur des hommes, faut-il que vous ayez été noyé dans le port ! ô Mlle Cunégonde! la perle des filles, faut-il qu'on vous ait fendu le ventre ! »

Il s'en retournait, se soutenant à peine, prêché, fessé absous et béni, lorsqu'une vieille l'aborda et lui dit : « Mon fils, prenez courage, suivez-moi. »

CHAPITRE VII

COMMENT UNE VIEILLE PRIT SOIN DE CANDIDE, ET COMMENT IL RETROUVA CE QU'IL AIMAIT

Candide ne prit point courage, mais il suivit la vieille dans une masure : elle lui donna un pot de pommade pour se frotter, lui laissa à manger et à boire ; elle lui

montra un petit lit assez propre ; il y avait auprès du lit un habit complet. « Mangez, buvez, dormez, lui dit-elle, et que Notre-Dame d'Atocha, monseigneur saint Antoine de Padoue, et monseigneur saint Jacques de Compostelle prennent soin de vous ! Je reviendrai demain. » Candide, toujours étonné de tout ce qu'il avait vu, de tout ce qu'il avait souffert, et encore plus de la charité de la vieille, voulut lui baiser la main. « Ce n'est pas ma main qu'il faut baiser, dit la vieille ; je reviendrai demain. Frottez-vous de pommade, mangez et dormez. »

Candide, malgré tant de malheurs, mangea et dormit. Le lendemain la vieille lui apporte à déjeuner, visite son dos, le frotte elle-même d'une autre pommade : elle lui apporte ensuite à dîner ; elle revient sur le soir et apporte à souper. Le surlendemain elle fit encore les mêmes cérémonies. « Qui êtes-vous ? lui disait toujours Candide ; qui vous a inspiré tant de bonté ? quelles grâces puis-je vous rendre ? » La bonne femme ne répondait jamais rien. Elle revint sur le soir, et n'apporta point à souper : « Venez avec moi, dit-elle, et ne dites mot. » Elle le prend sous le bras, et marche avec lui dans la campagne environ un quart de mille : ils arrivent à une maison isolée, entourée de jardins et de canaux. La vieille frappe à une petite porte. On ouvre ; elle mène Candide, par un escalier dérobé, dans un cabinet doré, le laisse sur un canapé de brocart, referme la porte, et s'en va. Candide croyait rêver et regardait toute sa vie comme un songe funeste, et le moment présent comme un songe agréable.

La vieille reparut bientôt ; elle soutenait avec peine une femme tremblante, d'une taille majestueuse, brillante de pierreries, et couverte d'un voile. « Otez ce voile », dit la vieille à Candide. Le jeune homme approche ; il lève le voile d'une main timide. Quel moment ! quelle surprise ! il croit voir Mlle Cunégonde ; il la voyait en effet, c'était elle-même. La force lui manque, il ne peut proférer une parole, il tombe à ses pieds. Cunégonde tombe sur le canapé. La vieille les accable d'eaux spiritueuses, ils reprennent leurs sens, ils se parlent : ce sont d'abord des mots entrecoupés, des demandes et des réponses qui se croisent, des soupirs, des larmes, des cris. La vieille leur recommande de faire moins de bruit, et les laisse en liberté. « Quoi ! c'est vous, lui dit Candide, vous vivez ! je vous retrouve en Portugal ! On ne vous a donc pas violée ? on ne vous a point fendu le ventre, comme le philosophe Pangloss me l'avait assuré ? — Si fait, dit la belle Cunégonde ; mais on ne meurt pas toujours de ces deux accidents. — Mais votre père et votre mère ont-ils été tués ? — Il n'est que trop vrai, dit Cunégonde en pleurant. — Et votre frère? — Mon frère a été tué aussi. — Et pourquoi êtes-vous en Portugal ? et comment avez-vous su que j'y étais ? et par quelle étrange aventure m'avez-vous fait conduire dans cette maison ? — Je vous dirai tout cela, répliqua la dame ; mais il faut auparavant que vous m'appreniez tout ce qui vous est arrivé depuis le baiser innocent que vous me donnâtes, et les coups de pied que vous reçûtes. »

Candide lui obéit avec un profond respect ; et quoiqu'il fût interdit, quoique sa voix fût faible et tremblante, quoique l'échine lui fît encore un peu mal, il lui raconta de la manière la plus naïve tout ce qu'il avait éprouvé depuis le moment de leur séparation. Cunégonde levait les yeux au ciel : elle donna des larmes à la mort du bon anabaptiste et de Pangloss ; après quoi elle parla en ces termes à Candide, qui ne perdait pas une parole, et qui la dévorait des yeux.

CHAPITRE VIII

HISTOIRE DE CUNÉGONDE

« J'étais dans mon lit et je dormais profondément, quand il plut au ciel d'envoyer les Bulgares dans notre beau château de Thunder-ten-tronckh ; ils égorgèrent mon père et mon frère, et coupèrent ma mère par morceaux. Un grand Bulgare, haut de six pieds, voyant qu'à ce spectacle j'avais perdu connaissance, se mit à me violer ; cela me fit revenir, je repris mes sens, je criai, je me débattis, je mordis, j'égratignai, je voulais arracher les yeux à ce grand Bulgare, ne sachant pas que tout ce qui arrivait dans le château de mon père était une chose d'usage : le brutal me donna un coup de couteau dans le flanc gauche dont je porte encore la marque. — Hélas ! j'espère bien la voir, dit le naïf Candide. — Vous la verrez, dit Cunégonde ; mais continuons. — Continuez », dit Candide.

Elle reprit ainsi le fil de son histoire : « Un capitaine bulgare entra, il me vit toute sanglante, et le soldat ne se dérangeait pas. Le capitaine se mit en colère du peu de respect que lui témoignait ce brutal, et le tua sur mon corps. Ensuite il me fit panser, et m'emmena prisonnière de guerre dans son quartier. Je blanchissais le peu de chemises qu'il avait, je faisais sa cuisine ; il me trouvait fort jolie, il faut l'avouer ; et je ne nierai pas qu'il ne fût très bien fait, et qu'il n'eût la peau blanche et douce ; d'ailleurs peu d'esprit, peu de philosophie : on voyait bien qu'il n'avait pas été élevé par le docteur Pangloss. Au bout de trois mois, ayant perdu tout son argent, et s'étant dégoûté de moi, il me vendit à un juif nommé don Issachar, qui trafiquait en Hollande et en Portugal et qui aimait passionnément les femmes. Ce juif s'attacha beaucoup à ma personne, mais il ne pouvait en triompher ; je lui ai mieux résisté qu'au soldat bulgare : une personne d'honneur peut être violée une fois, mais sa vertu s'en affermit. Le juif, pour m'apprivoiser, me mena dans cette maison de campagne que vous voyez. J'avais cru jusque-là qu'il n'y avait rien sur la terre de si beau que le château de Thunder-ten-tronckh ; j'ai été détrompée.

« Le grand inquisiteur m'aperçut un jour à la messe ; il me lorgna beaucoup, et me fit dire qu'il avait à me parler pour des affaires secrètes. Je fus conduite à son palais ; je lui appris ma naissance ; il me représenta combien il était au-dessous de mon rang d'appartenir à un Israélite. On proposa de sa part à don Issachar de me céder à monseigneur. Don Issachar, qui est le banquier de la cour, et homme de crédit, n'en voulut rien faire. L'inquisiteur le menaça d'un auto-da-fé. Enfin mon juif intimidé conclut un marché par lequel la maison et moi leur appartiendraient à tous deux en commun ; que le juif aurait pour lui les lundis, mercredis et le jour du sabbat, et que l'inquisiteur aurait les autres jours de la semaine. Il y a six mois que cette convention subsiste. Ce n'a pas été sans querelles ; car souvent il a été indécis si la nuit du samedi au dimanche appartenait à l'ancienne loi ou à la nouvelle. Pour moi, j'ai résisté jusqu'à présent à toutes les deux ; et je crois que c'est pour cette raison que j'ai toujours été aimée.

« Enfin, pour détourner le fléau des tremblements de terre, et pour intimider don Issachar, il plut à monseigneur l'inquisiteur de célébrer un auto-da-fé. Il me fit

l'honneur de m'y inviter. Je fus très bien placée ; on servit aux dames des rafraîchissements entre la messe et l'exécution. Je fus, à la vérité, saisie d'horreur en voyant brûler ces deux juifs et cet honnête Biscayen qui avait épousé sa commère : mais quelle fut ma surprise, mon effroi, mon trouble, quand je vis dans un san-benito, et sous une mitre, une figure qui ressemblait à celle de Pangloss ! Je me frottai les yeux, je regardai attentivement, je le vis pendre ; je tombai en faiblesse. A peine reprenais-je mes sens, que je vous vis dépouillé tout nu ; ce fut là le comble de l'horreur, de la consternation, de la douleur, du désespoir. Je vous dirai, avec vérité, que votre peau est encore plus blanche, et d'un incarnat plus parfait que celle de mon capitaine des Bulgares. Cette vue redoubla tous les sentiments qui m'accablaient, qui me dévoraient. Je m'écriai, je voulus dire : « Arrêtez barbares ! » mais la voix me manqua, et mes cris auraient été inutiles. Quand vous eûtes été bien fessé : « Comment se peut-il faire, disais-je, que l'aimable Candide et le sage Pangloss se trouvent à Lisbonne, l'un pour recevoir cent coups de fouet, et l'autre pour être pendu par l'ordre de monseigneur l'inquisiteur, dont je suis la bien-aimée ? Pangloss m'a donc bien cruellement trompée, quand il me disait que tout va le mieux du monde ! »

« Agitée, éperdue, tantôt hors de moi-même, et tantôt prête de mourir de faiblesse, j'avais la tête remplie du massacre de mon père, de ma mère, de mon frère, de l'insolence de mon vilain soldat bulgare, du coup de couteau qu'il me donna, de ma servitude, de mon métier de cuisinière, de mon capitaine bulgare, de mon vilain don Issachar, de mon abominable inquisiteur, de la pendaison du docteur Pangloss, de ce grand *miserere* en faux-bourdon pendant lequel on vous fessait, et surtout du baiser que je vous avais donné derrière un paravent le jour que je vous avais vu pour la dernière fois. Je louai Dieu, qui vous ramenait à moi par tant d'épreuves. Je recommandai à ma vieille d'avoir soin de vous, et de vous amener ici dès qu'elle le pourrait. Elle a très bien exécuté ma commission ; j'ai goûté le plaisir inexprimable de vous revoir, de vous entendre, de vous parler. Vous devez avoir une faim dévorante ; j'ai grand appétit ; commençons par souper. »

Les voilà qui se mettent tous deux à table ; et, après le souper, ils se replacent sur ce beau canapé dont on a déjà parlé ; ils y étaient quand le signor don Issachar, l'un des maîtres de la maison, arriva. C'était le jour du sabbat. Il venait jouir de ses droits, et expliquer son tendre amour.

CHAPITRE IX

CE QUI ADVINT DE CUNÉGONDE, DE CANDIDE, DU GRAND INQUISITEUR ET D' UN JUIF

Cet Issachar était le plus colérique Hébreu qu'on eût vu dans Israël, depuis la captivité en Babylone. « Quoi ! dit-il, chienne de Galiléenne, ce n'est pas assez de monsieur l'inquisiteur ? Il faut que ce coquin partage aussi avec moi ? » En disant cela il tire un long poignard dont il était toujours pourvu, et, ne croyant pas que son

adverse partie eût des armes, il se jette sur Candide ; mais notre bon Westphalien avait reçu une belle épée de la vieille avec l'habit complet. Il tire son épée, quoiqu'il eût les mœurs fort douces, et vous étend l'Israélite roide mort sur le carreau, aux pieds de la belle Cunégonde.

« Sainte Vierge ! s'écria-t-elle, qu'allons-nous devenir? un homme tué chez moi ! si cela justice vient, nous sommes perdus. — Si Pangloss n'avait pas été pendu, dit Candide, il nous donnerait un bon conseil dans cette extrémité, car c'était un grand philosophe. A son défaut, consultons la vieille. » Elle était fort prudente, et commençait à dire son avis quand une autre petite porte s'ouvrit. Il était une heure après minuit, c'était le commencement du dimanche. Ce jour appartenait à monseigneur l'inquisiteur. Il entre et voit le fessé Candide, l'épée à la main, un mort étendu par terre, Cunégonde effarée, et la vieille donnant des conseils.

Voici dans ce moment ce qui se passa dans l'âme de Candide et comment il raisonna : « Si ce saint homme appelle du secours, il me fera infailliblement brûler, il pourra en faire autant de Cunégonde ; il m'a fait fouetter impitoyablement ; il est mon rival ; je suis en train de tuer, il n'y a pas à balancer. » Ce raisonnement fut net et rapide ; et, sans donner le temps à l'inquisiteur de revenir de sa surprise, il le perce d'outre en outre, et le jette à côté du juif. « En voici bien d'une autre, dit Cunégonde ; il n'y a plus de rémission ; nous sommes excommuniés, notre dernière heure est venue ! Comment avez-vous fait, vous qui êtes né si doux, pour tuer en deux minutes un juif et un prélat ? — Ma belle demoiselle, répondit Candide, quand on est amoureux, jaloux et fouetté par l'inquisition, on ne se connaît plus .»

La vieille prit alors la parole, et dit : « Il y a trois chevaux andalous dans l'écurie, avec leurs selles et leurs brides ; que le brave Candide les prépare ; madame a des moyadors et des diamants, montons vite à cheval, quoique je ne puisse me tenir que sur une fesse, et allons à Cadix ; il fait le plus beau temps du monde, et c'est un grand plaisir de voyager pendant la fraîcheur de la nuit. »

Aussitôt Candide selle les trois chevaux ; Cunégonde, la vieille et lui, font trente milles d'une traite. Pendant qu'ils s'éloignaient, la sainte Hermandad arrive dans la maison ; on enterre monseigneur dans une belle église, et on jette Issachar à la voirie.

Candide, Cunégonde et la vieille étaient déjà dans la petite ville d'Avacéna, au milieu des montagnes de la Sierra Morena, et ils parlaient ainsi dans un cabaret.

CHAPITRE X

DANS QUELLE DÉTRESSE CANDIDE, CUNÉGONDE ET LA VIEILLE ARRIVENT A CADIX, ET DE LEUR EMBARQUEMENT

« Qui a donc pu me voler mes pistoles et mes diamants ? disait en pleurant Cunégonde ; de quoi vivrons-nous ? comment ferons-nous ? où trouver des inquisiteurs et des juifs qui m'en donnent d'autres ? — Hélas ! dit la vieille, je

soupçonne fort un révérend père cordelier, qui coucha hier dans la même auberge que nous à Badajoz ; Dieu me garde de faire un jugement téméraire ! mais il entra deux fois dans notre chambre, et il partit longtemps avant nous. — Hélas ! dit Candide, le bon Pangloss m'avait souvent prouvé que les biens de la terre sont communs à tous les hommes, que chacun y a un droit égal. Ce cordelier devait bien, suivant ces principes, nous laisser de quoi achever notre voyage. Il ne vous reste donc rien du tout, ma belle Cunégonde ? — Pas un maravédis, dit-elle. — Quel parti prendre ? dit Candide. — Vendons un des chevaux, dit la vieille ; je monterai en croupe derrière mademoiselle, quoique je ne puisse me tenir que sur une fesse, et nous arriverons à Cadix. »

Il y avait dans la même hôtellerie un prieur de bénédictins ; il acheta le cheval bon marché. Candide, Cunégonde et la vieille passèrent par Lucena, par Chillas, par Lebrixa, et arrivèrent enfin à Cadix. On y équipait une flotte, et on y assemblait des troupes pour mettre à la raison les révérends pères jésuites du Paraguay, qu'on accusait d'avoir fait révolter une de leurs hordes contre les rois d'Espagne et de Portugal, auprès de la ville du Saint-Sacrement. Candide, ayant servi chez les Bulgares, fit l'exercice bulgarien devant le général de la petite armée avec tant de grâce, de célérité, d'adresse, de fierté, d'agilité, qu'on lui donna une compagnie d'infanterie à commander. Le voilà capitaine ; il s'embarque avec Mlle Cunégonde, la vieille, deux valets, et les deux chevaux andalous qui avaient appartenu à M. le grand inquisiteur de Portugal.

Pendant toute la traversée ils raisonnèrent beaucoup sur la philosophie du pauvre Pangloss. « Nous allons dans un autre univers, disait Candide ; c'est dans celui-là, sans doute, que tout est bien : car il faut avouer qu'on pourrait gémir un peu de ce qui se passe dans le nôtre en physique et en morale. — Je vous aime de tout mon cœur, disait Cunégonde ; mais j'ai encore l'âme tout effarouchée de ce que j'ai vu, de ce que j'ai éprouvé. — Tout ira bien, répliquait Candide ; la mer de ce nouveau monde vaut déjà mieux que les mers de notre Europe ; elle est plus calme, les vents plus constants. C'est certainement le nouveau monde qui est le meilleur des univers possibles. — Dieu le veuille ! disait Cunégonde, mais j'ai été si horriblement malheureuse dans le mien, que mon cœur est presque fermé à l'espérance. — Vous vous plaignez ! leur dit la vieille ; hélas ! vous n'avez pas éprouvé des infortunes telles que les miennes. » Cunégonde se mit presque à rire, et trouva cette bonne femme fort plaisante de prétendre être plus malheureuse qu'elle. « Hélas ! lui dit-elle, ma bonne, à moins que vous n'ayez été violée par deux Bulgares, que vous n'ayez reçu deux coups de couteau dans le ventre, qu'on n'ait démoli deux de vos châteaux, qu'on n'ait égorgé à vos yeux deux mères et deux pères, et que vous n'ayez vu deux de vos amants fouettés dans un auto-da-fé, je ne vois pas que vous puissiez l'emporter sur moi ; ajoutez que je suis née baronne avec soixante et douze quartiers, et que j'ai été cuisinière. — Mademoiselle, répondit la vieille, vous ne savez pas quelle est ma naissance ; et si je vous montrais mon derrière, vous ne parleriez pas comme vous faites, et vous suspendriez votre jugement. » Ce discours fit naître une extrême curiosité dans l'esprit de Cunégonde et de Candide. La vieille leur parla en ces termes.

CHAPITRE XI

HISTOIRE DE LA VIEILLE

« Je n'ai pas eu toujours les yeux éraillés et bordés d'écarlate ; mon nez n'a pas toujours touché à mon menton, et je n'ai pas toujours été servante. Je suis la fille du pape Urbain X et de la princesse de Palestrine. On m'éleva jusqu'à quatorze ans dans un palais auquel tous les châteaux de vos barons allemands n'auraient pas servi d'écurie ; et une de mes robes valait mieux que toutes les magnificences de la Westphalie. Je croissais en beauté, en grâces, en talents, au milieu des plaisirs, des respects et des espérances : j'inspirais déjà de l'amour ; ma gorge se formait ; et quelle gorge ! blanche, ferme, taillée comme celle de la Vénus de Médicis ; et quels yeux ! quelles paupières ! quels sourcils noirs ! quelles flammes brillaient dans mes deux prunelles, et effaçaient la scintillation des étoiles ! comme me disaient les poètes du quartier. Les femmes qui m'habillaient et qui me déshabillaient tombaient en extase en me regardant par devant et par derrière ; et tous les hommes auraient voulu être à leur place.

« Je fus fiancée à un prince souverain de Massa-Carrara ; quel prince ! aussi beau que moi, pétri de douceur et d'agréments, brillant d'esprit et brûlant d'amour: je l'aimais comme on aime pour la première fois, avec idolâtrie, avec emportement. Les noces furent préparées : c'était une pompe, une magnificence inouïe ; c'étaient des fêtes, des carrousels, des opéra-buffa continuels ; et toute l'Italie fit pour moi des sonnets dont il n'y eut pas un seul de passable. Je touchais au moment de mon bonheur, quand une vieille marquise, qui avait été maîtresse de mon prince, l'invita à prendre du chocolat chez elle ; il mourut en moins de deux heures avec des convulsions épouvantables ; mais ce n'est qu'une bagatelle. Ma mère, au désespoir et bien moins affligée que moi, voulut s'arracher pour quelque temps à un séjour si funeste. Elle avait une très belle terre auprès de Gaïète : nous nous embarquâmes sur une galère du pays, dorée comme l'autel de Saint-Pierre de Rome. Voilà qu'un corsaire de Salé fond sur nous et nous aborde : nos soldats se défendirent comme des soldats du pape ; ils se mirent tous à genoux en jetant leurs armes, et en demandant au corsaire une absolution *in articulo mortis*.

« Aussitôt on les dépouilla nus comme des singes, et ma mère aussi, nos filles d'honneur aussi, et moi aussi. C'est une chose admirable que la diligence avec laquelle ces messieurs déshabillent le monde ; mais ce qui me surprit davantage, c'est qu'ils nous mirent à tous le doigt dans un endroit où nous autres femmes nous ne nous laissons mettre d'ordinaire que des canules. Cette cérémonie me paraissait bien étrange : voilà comme on juge de tout quand on n'est pas sorti de son pays. J'appris bientôt que c'était pour voir si nous n'avions pas caché là quelques diamants ; c'est un usage établi de temps immémorial parmi les nations policées qui courent sur mer. J'ai su que messieurs les religieux chevaliers de Malte n'y manquent jamais quand ils prennent des Turcs et des Turques ; c'est une loi du droit des gens à laquelle on n'a jamais dérogé.

« Je ne vous dirai point combien il est dur pour une jeune princesse d'être

menée esclave à Maroc avec sa mère : vous concevez assez tout ce que nous eûmes à souffrir dans le vaisseau corsaire. Ma mère était encore très belle ; nos filles d'honneur, nos simples femmes de chambre avaient plus de charmes qu'on n'en peut trouver dans toute l'Afrique ; pour moi, j'étais ravissante, j'étais la beauté, la grâce même, et j'étais pucelle : je ne le fus pas longtemps ; cette fleur, qui avait été réservée pour le beau prince de Massa-Carrara, me fut ravie par le capitaine corsaire ; c'était un nègre abominable, qui croyait encore me faire beaucoup d'honneur. Certes il fallait que Mme la princesse de Palestrine et moi fussions bien fortes pour résister à tout ce que nous éprouvâmes jusqu'à notre arrivée à Maroc ! Mais passons ; ce sont des choses si communes, qu'elles ne valent pas la peine qu'on en parle.

« Maroc nageait dans le sang quand nous arrivâmes. Cinquante fils de l'empereur Muley Ismaël avaient chacun leur parti ; ce qui produisait en effet cinquante guerres civiles, de noirs contre noirs, de noirs contre basanés, de basanés contre basanés, de mulâtres contre mulâtres : c'était un carnage continuel dans toute l'étendue de l'empire.

« A peine fûmes-nous débarquées, que des noirs d'une faction ennemie de celle de mon corsaire se présentèrent pour lui enlever son butin. Nous étions, après les diamants et l'or, ce qu'il avait de plus précieux. Je fus témoin d'un combat tel que vous n'en voyez jamais dans vos climats d'Europe. Les peuples septentrionaux n'ont pas le sang assez ardent ; ils n'ont pas la rage des femmes au point où elle est commune en Afrique. Il semble que vos Européens aient du lait dans les veines ; c'est du vitriol, c'est du feu qui coule dans celles des habitants du mont Atlas et des pays voisins. On combattit avec la fureur des lions, des tigres et des serpents de la contrée, pour savoir à qui nous aurait. Un Maure saisit ma mère par le bras droit, le lieutenant de mon capitaine la retint par le bras gauche ; un soldat maure la prit par une jambe, un de nos pirates la tenait par l'autre. Nos filles se trouvèrent presque toutes en un moment tirées ainsi à quatre soldats. Mon capitaine me tenait cachée derrière lui ; il avait le cimeterre au poing, et tuait tout ce qui s'opposait à sa rage. Enfin je vis toutes nos Italiennes et ma mère déchirées, coupées, massacrées par les monstres qui se les disputaient. Les captifs, mes compagnons, ceux qui les avaient pris, soldats, matelots, noirs, blancs, mulâtres, et enfin mon capitaine, tout fut tué, et je demeurai mourante sur un tas de morts. Des scènes pareilles se passaient, comme on sait, dans l'étendue de plus de trois cents lieues, sans qu'on manquât aux cinq prières par jour ordonnées par Mahomet.

« Je me débarrassai avec beaucoup de peine de la foule de tant de cadavres sanglants entassés, et je me traînai sous un grand oranger au bord d'un ruisseau voisin ; j'y tombai d'effroi, de lassitude, d'horreur, de désespoir et de faim. Bientôt après mes sens accablés se livrèrent à un sommeil qui tenait plus de l'évanouissement que du repos. J'étais dans cet état de faiblesse et d'insensibilité, entre la mort et la vie, quand je me sentis pressée de quelque chose qui s'agitait sur mon corps ; j'ouvris les yeux, je vis un homme blanc et de bonne mine qui soupirait et qui disait entre ses dents : *O che sciagura d'essere senza coglioni !*

CHAPITRE XII

SUITE DES MALHEURS DE LA VIEILLE

« Étonnée et ravie d'entendre la langue de ma patrie, et non moins surprise des paroles que proférait cet homme, je lui répondis qu'il y avait de plus grands malheurs que celui dont il se plaignait ; je l'instruisis en peu de mots des horreurs que j'avais essuyées, et je retombai en faiblesse. Il m'emporta dans une maison voisine, me fit mettre au lit, me fit donner à manger, me servit, me consola, me flatta, me dit qu'il n'avait rien vu de si beau que moi, et que jamais il n'avait tant regretté ce que personne ne pouvait lui rendre. « Je suis né à Naples, me dit-il ; on y chaponne deux ou trois mille enfants tous les ans ; les uns en meurent, les autres acquièrent une voix plus belle que celle des femmes, les autres vont gouverner des États. On me fit cette opération avec un très grand succès, et j'ai été musicien de la chapelle de Mme la princesse de Palestrine. — De ma mère ! m'écriai-je. — De votre mère ! s'écria-t-il en pleurant ; quoi, vous seriez cette jeune princesse que j'ai élevée jusqu'à l'âge de six ans, et qui promettait déjà d'être aussi belle que vous êtes ? — C'est moi-même ; ma mère est à quatre cents pas d'ici coupée en quartiers sous un tas de morts. »

« Je lui contai tout ce qui m'était arrivé ; il me conta aussi ses aventures, et m'apprit comment il avait été envoyé chez le roi de Maroc par une puissance chrétienne, pour conclure avec ce monarque un traité par lequel on lui fournirait de la poudre, des canons et des vaisseaux, pour l'aider à exterminer le commerce des autres chrétiens. « Ma mission est faite, me dit cet honnête eunuque ; je vais m'embarquer à Ceuta, et je vous ramènerai en Italie. *Ma che sciagura d'essere senza coglioni !* »

« Je le remerciai avec des larmes d'attendrissement ; et au lieu de me mener en Italie, il me conduisit à Alger, et me vendit au dey de cette province. A peine fus-je vendue, que cette peste qui a fait le tour de l'Afrique, de l'Asie et de l'Europe, se déclara dans Alger avec fureur. Vous avez vu des tremblements de terre ; mais, mademoiselle, avez-vous jamais eu la peste ? — Jamais, répondit la baronne.

— Si vous l'aviez eue, reprit la vieille, vous avoueriez qu'elle est bien au-dessus d'un tremblement de terre. Elle est fort commune en Afrique ; j'en fus attaquée. Figurez-vous quelle situation pour la fille d'un pape, âgée de quinze ans, qui en trois mois de temps avait éprouvé la pauvreté, l'esclavage, avait été violée presque tous les jours, avait vu couper sa mère en quatre, avait essuyé la faim et la guerre, et mourait pestiférée dans Alger ! Je n'en mourus pourtant pas ; mais mon eunuque et le dey, et presque tout le sérail d'Alger périrent.

« Quand les premiers ravages de cette épouvantable peste furent passés, on vendit les esclaves du dey. Un marchand m'acheta, et me mena à Tunis ; il me vendit à un autre marchand qui me revendit à Tripoli ; de Tripoli je fus revendue à Alexandrie ; d'Alexandrie, revendue à Smyrne ; de Smyrne à Constantinople. J'appartins enfin à un aga des janissaires, qui fut bientôt commandé pour aller défendre Azof contre les Russes qui l'assiégeaient.

« L'aga, qui était un très galant homme, mena avec lui tout son sérail, et nous logea dans un petit fort sur les Palus-Méotides, gardé par deux eunuques noirs et vingt soldats. On tua prodigieusement de Russes, mais ils nous le rendirent bien : Azof fut mis à feu et à sang, et on ne pardonna ni au sexe, ni à l'âge ; il ne resta que notre petit fort ; les ennemis voulurent nous prendre par famine. Les vingt janissaires avaient juré de ne se jamais rendre. Les extrémités de la faim où ils furent réduits les contraignirent à manger nos deux eunuques, de peur de violer leur serment. Au bout de quelques jours ils résolurent de manger les femmes.

« Nous avions un iman très pieux et très compatissant, qui leur fit un beau sermon par lequel il leur persuada de ne nous pas tuer tout à fait. « Coupez, dit-il, seulement une fesse à chacune de ces dames, vous ferez très bonne chère ; s'il faut y revenir, vous en aurez encore autant dans quelques jours ; le ciel vous saura gré d'une action si charitable et vous serez secourus. »

« Il avait beaucoup d'éloquence ; il les persuada ; on nous fit cette horrible opération ; l'iman nous appliqua le même baume qu'on met aux enfants qu'on vient de circoncire : nous étions toutes à la mort.

« A peine les janissaires eurent-ils fait le repas que nous leur avions fourni, que les Russes arrivent sur des bateaux plats ; il ne réchappa pas un janissaire. Les Russes ne firent aucune attention à l'état où nous étions. Il y a partout des chirurgiens français : un d'eux qui était fort adroit prit soin de nous, il nous guérit ; et je me souviendrai toute ma vie que quand mes plaies furent bien fermées, il me fit des propositions. Au reste, il nous dit à toutes de nous consoler ; il nous assura que dans plusieurs sièges pareille chose était arrivée, et que c'était la loi de la guerre.

« Dès que mes compagnes purent marcher, on les fit aller à Moscou ; j'échus en partage à un boïard qui me fit sa jardinière, et qui me donnait vingt coups de fouet par jour ; mais ce seigneur ayant été roué au bout de deux ans avec une trentaine de boïards pour quelque tracasserie de cour, je profitai de cette aventure ; je m'enfuis ; je traversai toute la Russie ; je fus longtemps servante de cabaret à Riga, puis à Rostock, à Vismar, à Leipsick, à Cassel, à Utrecht, à Leyde, à La Haye, à Rotterdam : j'ai vieilli dans la misère et dans l'opprobre, n'ayant que la moitié d'un derrière, me souvenant toujours que j'étais fille d'un pape ; je voulus cent fois me tuer, mais j'aimais encore la vie. Cette faiblesse ridicule est peut-être un de nos penchants les plus funestes ; car y a-t-il rien de plus sot que de vouloir porter continuellement un fardeau qu'on veut toujours jeter par terre ; d'avoir son être en horreur, et de tenir à son être ; enfin de caresser le serpent qui nous dévore, jusqu'à ce qu'il nous ait mangé le cœur ?

« J'ai vu dans les pays que le sort m'a fait parcourir, et dans les cabarets où j'ai servi, un nombre prodigieux de personnes qui avaient leur existence en exécration ; mais je n'en ai vu que douze qui aient mis volontairement fin à leur misère, trois nègres, quatre Anglais, quatre Genevois, et un professeur allemand nommé Robeck. J'ai fini par être servante chez le juif don Issachar ; il me mit auprès de vous, ma belle demoiselle ; je me suis attachée à votre destinée, et j'ai été plus occupée de vos aventures que des miennes. Je ne vous aurais même jamais parlé de mes malheurs, si vous ne m'aviez pas un peu piquée, et s'il n'était d'usage,

dans un vaisseau, de conter des histoires pour se désennuyer. Enfin, mademoiselle, j'ai de l'expérience, je connais le monde ; donnez-vous un plaisir, engagez chaque passager à vous conter son histoire, et s'il s'en trouve un seul qui n'ait souvent maudit sa vie, qui ne se soit souvent dit à lui-même qu'il était le plus malheureux des hommes, jetez-moi dans la mer la tête la première. »

CHAPITRE XIII

COMMENT CANDIDE FUT OBLIGÉ DE SE SÉPARER DE LA BELLE CUNÉGONDE ET DE LA VIEILLE

La belle Cunégonde, ayant entendu l'histoire de la vieille, lui fit toutes les politesses qu'on devait à une personne de son rang et de son mérite. Elle accepta la proposition ; elle engagea tous les passagers, l'un après l'autre, à lui conter leurs aventures. Candide et elle avouèrent que la vieille avait raison. « C'est bien dommage, disait Candide, que le sage Pangloss ait été pendu contre la coutume dans un auto-da-fé ; il nous dirait des choses admirables sur le mal physique et sur le mal moral qui couvrent la terre et la mer, et je me sentirais assez de force pour oser lui faire respectueusement quelques objections. »

A mesure que chacun racontait son histoire, le vaisseau avançait. On aborda dans Buenos-Ayres. Cunégonde, le capitaine Candide et la vieille allèrent chez le gouverneur don Fernando d'Ibaraa y Figueora y Mascarenes y Lampourdos y Souza. Ce seigneur avait une fierté convenable à un homme qui portait tant de noms. Il parlait aux hommes avec le dédain le plus noble, portait le nez si haut, élevant si impitoyablement la voix, prenant un ton si imposant, affectant une démarche si altière, que tous ceux qui le saluaient étaient tentés de le battre. Il aimait les femmes à la fureur. Cunégonde lui parut ce qu'il avait jamais vu de plus beau. La première chose qu'il fit fut de demander si elle n'était point la femme du capitaine. L'air dont il fit cette question alarma Candide : il n'osa pas dire qu'elle était sa femme, parce qu'en effet elle ne l'était point ; il n'osait pas dire que c'était sa sœur, parce qu'elle ne l'était pas non plus ; et quoique ce mensonge officieux eût été autrefois très à la mode chez les anciens, et qu'il pût être utile aux modernes, son âme était trop pure pour trahir la vérité. « Mlle Cunégonde, dit-il, doit me faire l'honneur de m'épouser, et nous supplions Votre Excellence de daigner faire notre noce. »

Don Fernando d'Ibaraa y Figueora y Mascarenes y Lampourdos y Souza, relevant sa moustache, sourit amèrement, et ordonna au capitaine Candide d'aller faire la revue de sa compagnie. Candide obéit ; le gouverneur demeura avec Mlle Cunégonde. Il lui déclara sa passion, lui protesta que, le lendemain, il l'épouserait à la face de l'Église ou autrement, ainsi qu'il plairait à ses charmes. Cunégonde lui demanda un quart d'heure pour se recueillir, pour consulter la vieille et pour se déterminer.

La vieille dit à Cunégonde : « Mademoiselle, vous avez soixante et douze quartiers et pas une obole ; il ne tient qu'à vous d'être la femme du plus grand

seigneur de l'Amérique méridionale, qui a une très belle moustache. Est-ce à vous de vous piquer d'une fidélité à toute épreuve ? Vous avez été violée par les Bulgares, un juif et un inquisiteur ont eu vos bonnes grâces : les malheurs donnent des droits. J'avoue que, si j'étais à votre place, je ne ferais aucun scrupule d'épouser M. le gouverneur, et de faire la fortune de M. le capitaine Candide. » Tandis que la vieille parlait avec toute la prudence que l'âge et l'expérience donnent, on vit entrer dans le port un petit vaisseau ; il portait un alcade et des alguazils ; et voici ce qui était arrivé :

La vieille avait très bien deviné que ce fut un cordelier à la grande manche qui vola l'argent et les bijoux de Cunégonde dans la ville de Badajoz, lorsqu'elle fuyait en hâte avec Candide. Ce moine voulut vendre quelques-unes des pierreries à un joaillier. Le marchand les reconnut pour celles du grand inquisiteur. Le cordelier, avant d'être pendu, avoua qu'il les avait volées : il indiqua les personnes et la route qu'elles prenaient. La fuite de Cunégonde et de Candide était déjà connue. On les suivit à Cadix : on envoya, sans perdre temps, un vaisseau à leur poursuite. Le vaisseau était déjà dans le port de Buenos-Ayres. Le bruit se répandit qu'un alcade allait débarquer, et qu'on poursuivait les meurtriers de Mgr le grand inquisiteur. La prudente vieille vit dans l'instant tout ce qui était à faire. « Vous ne pouvez fuir, dit-elle à Cunégonde, et vous n'avez rien à craindre ; ce n'est pas vous qui avez tué monseigneur ; et d'ailleurs le gouverneur, qui vous aime, ne souffrira pas qu'on vous maltraite... demeurez. » Elle court sur-le-champ à Candide : « Fuyez, dit-elle, ou dans une heure vous allez être brûlé. » Il n'y avait pas un moment à perdre... mais comment se séparer de Cunégonde, et où se réfugier ?...

CHAPITRE XIV

COMMENT CANDIDE ET CACAMBO FURENT REÇUS CHEZ LES JÉSUITES DU PARAGUAY

Candide avait amené de Cadix un valet tel qu'on en trouve beaucoup sur les côtes d'Espagne et dans les colonies. C'était un quart d'Espagnol, né d'un métis dans le Tucuman. Il avait été enfant de chœur, sacristain, matelot, moine, facteur, soldat, laquais. Il s'appelait Cacambo, et aimait fort son maître, parce que son maître était un fort bon homme. Il sella au plus vite les deux chevaux andalous. « Allons, mon maître, suivons le conseil de la vieille ; partons, et courons sans regarder derrière nous. » Candide versa des larmes. « O ma chère Cunégonde ! faut-il vous abandonner dans le temps que M. le gouverneur va faire nos noces !... Cunégonde, amenée de si loin, que deviendrez-vous ? — Elle deviendra ce qu'elle pourra, dit Cacambo ; les femmes ne sont jamais embarrassées d'elles ; Dieu y pourvoit... courons. — Où me mènes-tu ? où allons-nous ? que ferons-nous sans Cunégonde ? disait Candide. — Par saint Jacques de Compostelle ! dit Cacambo, vous alliez faire la guerre aux jésuites, allons la faire pour eux. Je sais assez les chemins, je vous mènerai dans leur royaume ; ils seront charmés d'avoir un

capitaine qui fasse l'exercice à la bulgare ; vous ferez une fortune prodigieuse : quand on n'a pas son compte dans un monde, on le trouve dans un autre. C'est un très grand plaisir de voir et de faire des choses nouvelles.

— Tu as donc été déjà dans le Paraguay ? dit Candide. — Eh ! vraiment oui, dit Cacambo ; j'ai été cuistre dans le collège de l'Assomption, et je connais le gouvernement de los padres comme je connais les rues de Cadix. C'est une chose admirable que ce gouvernement. Le royaume a déjà plus de trois cents lieues de diamètre ; il est divisé en trente provinces. Los padres y ont tout, et les peuples rien; c'est le chef d'œuvre de la raison et de la justice. Pour moi, je ne vois rien de si divin que los padres, qui font ici la guerre au roi d'Espagne et au roi de Portugal, et qui, en Europe, confessent ces rois ; qui tuent ici des Espagnols, et qui, à Madrid, les envoient au ciel. Cela me ravit... Avançons. Vous allez être le plus heureux de tous les hommes. Quel plaisir auront los padres, quand ils sauront qu'il leur vient un capitaine qui sait l'exercice bulgare ! »

Dès qu'ils furent arrivés à la première barrière, Cacambo dit à la garde avancée qu'un capitaine demandait à parler à Mgr le commandant. On alla avertir la grand'garde. Un officier paraguain courut aux pieds du commandant lui donner part de la nouvelle. Candide et Cacambo furent d'abord désarmés ; on se saisit de leurs deux chevaux andalous. Les deux étrangers sont introduits au milieu de deux files de soldats ; le commandant était au bout, le bonnet à trois cornes en tête, la robe retroussée, l'épée au côté, l'esponton à la main. Il fit un signe ; aussitôt vingt-quatre soldats entourent les deux nouveaux venus. Un sergent leur dit qu'il faut attendre, que le commandant ne peut leur parler, que le révérend père provincial ne permet pas qu'aucun Espagnol ouvre la bouche qu'en sa présence et demeure plus de trois heures dans le pays. « Et où est le révérend père provincial? dit Cacambo. — Il est à la parade après avoir dit sa messe, dit le sergent, et vous ne pourrez baiser ses éperons que dans trois heures. — Mais, dit Cacambo, M. le capitaine, qui meurt de faim comme moi, n'est point Espagnol : il est Allemand.... Ne pourrions-nous point déjeuner en attendant Sa Révérence ? »

Le sergent alla sur-le-champ rendre compte de ce discours au commandant. « Dieu soit béni ! dit ce seigneur, puisqu'il est Allemand, je peux lui parler ; qu'on le mène dans ma feuillée. » Aussitôt on conduit Candide dans un cabinet de verdure, orné d'une très jolie colonnade de marbre vert et or, et de treillages qui renfermaient des perroquets, des colibris, des oiseaux-mouches, des pintades, et tous les oiseaux les plus rares. Un excellent déjeuner était préparé dans des vases d'or, et tandis que les Paraguains mangèrent du maïs dans des écuelles de bois, en plein champ, à l'ardeur du soleil, le révérend père commandant entra dans la feuillée.

C'était un très beau jeune homme, le visage plein, assez blanc, haut en couleur, le sourcil relevé, l'œil vif, l'oreille rouge, les lèvres vermeilles, l'air fier, mais d'une fierté qui n'était ni celle d'un Espagnol ni celle d'un jésuite. On rendit à Candide et à Cacambo leurs armes, qu'on leur avait saisies, ainsi que les deux chevaux andalous ; Cacambo leur fit manger l'avoine auprès de la feuillée, ayant toujours l'œil sur eux, crainte de surprise.

Candide baisa d'abord le bas de la robe du commandant, ensuite ils se mirent

à table. « Vous êtes donc Allemand ? lui dit le jésuite en cette langue. — Oui, mon révérend père », dit Candide. L'un et l'autre, en prononçant ces paroles, se regardaient avec une extrême surprise, et une émotion dont ils n'étaient pas les maîtres. « Et de quel pays d'Allemagne êtes-vous ? dit le jésuite. — De la sale province de Westphalie, dit Candide ; je suis né dans le château de Thunder-ten-tronckh. — O ciel ! est-il possible ! s'écria le commandant. — Quel miracle! s'écria Candide. — Serait-ce vous ? dit le commandant. — Cela n'est pas possible!» dit Candide. Ils se laissent tomber tous deux à la renverse, ils s'embrassent, ils versent des ruisseaux de larmes. « Quoi ! serait-ce vous, mon révérend père ? vous, le frère de la belle Cunégonde ! vous qui fûtes tué par les Bulgares ! vous le fils de M. le baron ! vous jésuite au Paraguay ! Il faut avouer que ce monde est une étrange chose. O Pangloss ! Pangloss ! que vous seriez aise si vous n'aviez pas été pendu ! »

Le commandant fit retirer les esclaves nègres et les Paraguains qui servaient à boire dans des gobelets de cristal de roche. Il remercia Dieu et saint Ignace mille fois ; il serrait Candide entre ses bras, leurs visages étaient baignés de pleurs. « Vous seriez bien plus étonné, plus attendri, plus hors de vous-même, dit Candide, si je vous disais que Mlle Cunégonde, votre sœur, que vous avez crue éventrée, est pleine de santé. — Où ? — Dans votre voisinage, chez M. le gouverneur de Buenos Ayres ; et je venais pour vous faire la guerre. » Chaque mot qu'ils prononcèrent dans cette longue conversation accumulait prodige sur prodige. Leur âme tout entière volait sur leur langue, était attentive dans leurs oreilles, et étincelante dans leurs yeux. Comme ils étaient Allemands, ils tinrent table longtemps, en attendant le révérend père provincial ; et le commandant parla ainsi à son cher Candide :

CHAPITRE XV

COMMENT CANDIDE TUA LE FRÈRE DE SA CHÈRE CUNÉGONDE

« J'aurai toute ma vie présent à la mémoire le jour horrible où je vis tuer mon père et ma mère, et violer ma sœur. Quand les Bulgares furent retirés, on ne trouva point cette sœur adorable, et on mit dans une charrette ma mère, mon père et moi, deux servantes et trois petits garçons égorgés, pour nous aller enterrer dans une chapelle de jésuites, à deux lieues du château de mes pères. Un jésuite nous jeta de l'eau bénite ; elle était horriblement salée ; il en entra quelques gouttes dans mes yeux ; le père s'aperçut que ma paupière faisait un petit mouvement : il mit la main sur mon cœur, et le sentit palpiter ; je fus secouru, et au bout de trois semaines il n'y paraissait pas. Vous savez, mon cher Candide, que j'étais fort joli ; je le devins encore davantage ; aussi le révérend père Croust, supérieur de la maison, prit pour moi la plus tendre amitié. Il me donna l'habit de novice : quelque temps après je fus envoyé à Rome. Le père général avait besoin d'une recrue de jeunes jésuites allemands. Les souverains du Paraguay reçoivent le moins qu'ils peuvent de jésuites espagnols ; ils aiment mieux les étrangers, dont ils se croient plus maîtres.

Je fus jugé propre par le révérend père général pour aller travailler dans cette vigne. Nous partîmes, un Polonais, un Tyrolien, et moi. Je fus honoré, en arrivant, du sous-diaconat et d'une lieutenance : je suis aujourd'hui colonel et prêtre. Nous recevons vigoureusement les troupes du roi d'Espagne ; je vous réponds qu'elles seront excommuniées et battues. La Providence vous envoie ici pour nous seconder. Mais est-il bien vrai que ma chère sœur Cunégonde soit dans le voisinage, chez le gouverneur de Buenos-Ayres ? » Candide l'assura par serment que rien n'était plus vrai. Leurs larmes recommencèrent à couler.

Le baron ne pouvait se lasser d'embrasser Candide ; il l'appelait son frère, son sauveur. « Ah ! peut-être, lui dit-il, nous pourrons ensemble, mon cher Candide, entrer en vainqueurs dans la ville, et reprendre ma sœur Cunégonde. — C'est tout ce que je souhaite, dit Candide ; car je comptais l'épouser, et je l'espère encore. — Vous, insolent ! répondit le baron ; vous auriez l'impudence d'épouser ma soeur, qui a soixante et douze quartiers ! Je vous trouve bien effronté d'oser me parler d'un dessein si téméraire ! » Candide, pétrifié d'un tel discours, lui répondit : « Mon révérend père, tous les quartiers du monde n'y font rien ; j'ai tiré votre sœur des bras d'un juif et d'un inquisiteur ; elle m'a assez d'obligations, elle veut m'épouser. Maître Pangloss m'a toujours dit que les hommes sont égaux ; et assurément je l'épouserai. — C'est ce que nous verrons, coquin ! » dit le jésuite baron de Thunder-ten-tronckh ; et en même temps il lui donna un grand coup du plat de son épée sur le visage. Candide dans l'instant tire la sienne, et l'enfonce jusqu'à la garde dans le ventre du baron jésuite ; mais, en la retirant toute fumante, il se mit à pleurer : « Hélas ! mon Dieu, dit-il, j'ai tué mon ancien maître, mon ami, mon beau-frère ; je suis le meilleur homme du monde, et voilà déjà trois hommes que je tue ; et dans ces trois il y a deux prêtres. »

Cacambo, qui faisait sentinelle à la porte de la feuillée, accourut. « Il ne nous reste qu'à vendre cher notre vie, lui dit son maître ; on va sans doute entrer dans la feuillée ; il faut mourir les armes à la main. » Cacambo, qui en avait bien vu d'autres, ne perdit point la tête ; il prit la robe de jésuite que portait le baron, la mit sur le corps de Candide, lui donna le bonnet carré du mort, et le fit monter à cheval. Tout cela se fit en un clin d'oeil. « Galopons, mon maître ; tout le monde vous prendra pour un jésuite qui va donner des ordres ; et nous aurons passé les frontières avant qu'on puisse courir après nous. » Il volait déjà en prononçant ces paroles, et en criant en espagnol : « Place, place pour le révérend père colonel ! »

CHAPITRE XVI

CE QUI ADVINT AUX DEUX VOYAGEURS AVEC DEUX FILLES, DEUX SINGES, ET LES SAUVAGES NOMMÉS OREILLONS

Candide et son valet furent au delà des barrières, et personne ne savait encore dans le camp la mort du jésuite allemand. Le vigilant Cacambo avait eu soin de remplir sa valise de pain, de chocolat, de jambon, de fruit, et de quelques mesures

de vin. Ils s'enfoncèrent avec leurs chevaux andalous dans un pays inconnu où ils ne découvrirent aucune route. Enfin une belle prairie entrecoupée de ruisseaux se présenta devant eux. Nos deux voyageurs font repaître leurs montures. Cacambo propose à son maître de manger, et lui en donne l'exemple. « Comment veux-tu, disait Candide, que je mange du jambon, quand j'ai tué le fils de M. le baron, et que je me vois condamné à ne revoir la belle Cunégonde de ma vie ? A quoi me servira de prolonger mes misérables jours, puisque je dois les traîner loin d'elle dans les remords et dans le désespoir ? et que dira le *Journal de Trévoux* ? »

En parlant ainsi, il ne laissa pas de manger. Le soleil se couchait. Les deux égarés entendirent quelques petits cris qui paraissaient poussés par des femmes. Ils ne savaient si ces cris étaient de douleur ou de joie ; mais ils se levèrent précipitamment avec cette inquiétude et cette alarme que tout inspire dans un pays inconnu. Ces clameurs partaient de deux filles toutes nues qui couraient légèrement au bord de la prairie, tandis que deux singes les suivaient en leur mordant les fesses. Candide fut touché de pitié ; il avait appris à tirer chez les Bulgares, et il aurait abattu une noisette dans un buisson sans toucher aux feuilles. Il prend son fusil espagnol à deux coups, tire, et tue les deux singes. « Dieu soit loué, mon cher Cacambo ! j'ai délivré d'un grand péril ces deux pauvres créatures : si j'ai commis un péché en tuant un inquisiteur et un jésuite, je l'ai bien réparé en sauvant la vie à deux filles. Ce sont peut-être deux demoiselles de condition, et cette aventure nous peut procurer de très grands avantages dans le pays. »

Il allait continuer, mais sa langue devint percluse quand il vit ces deux filles embrasser tendrement les deux singes, fondre en larmes sur leurs corps, et remplir l'air des cris les plus douloureux. « Je ne m'attendais pas à tant de bonté d'âme », dit-il enfin à Cacambo, lequel lui répliqua : Vous avez fait là un beau chef-d'oeuvre, mon maître, vous avez tué les deux amants de ces demoiselles. — Leurs amants ! serait-il possible ? vous vous moquez de moi, Cacambo ; le moyen de vous croire ? — Mon cher maître, repartit Cacambo, vous êtes toujours étonné de tout ; pourquoi trouvez-vous si étrange que dans quelques pays il y ait des singes qui obtiennent les bonnes grâces des dames ? Ils sont des quarts d'homme, comme je suis un quart d'Espagnol. — Hélas ! reprit Candide, je me souviens d'avoir entendu dire à maître Pangloss qu'autrefois pareils accidents étaient arrivés, et que ces mélanges avaient produit des égypans, des faunes, des satyres ; que plusieurs grands personnages de l'antiquité en avaient vus ; mais je prenais cela pour des fables. — Vous devez être convaincu à présent, dit Cacambo, que c'est une vérité, et vous voyez comment en usent les personnes qui n'ont pas reçu une certaine éducation ; tout ce que je crains, c'est que ces dames ne nous fassent quelque méchante affaire. »

Ces réflexions solides engagèrent Candide à quitter la prairie, et à s'enfoncer dans un bois. Il y soupa avec Cacambo ; et tous deux, après avoir maudit l'inquisiteur de Portugal, le gouverneur de Buenos-Ayres et le baron, s'endormirent sur de la mousse. A leur réveil, ils sentirent qu'ils ne pouvaient remuer ; la raison en était que pendant la nuit les Oreillons, habitants du pays, à qui les deux dames les avaient dénoncés, les avaient garrottés avec des cordes d'écorces d'arbre. Ils étaient entourés d'une cinquantaine d'Oreillons tout nus, armés de flèches, de

massues et de haches de caillou ; les uns faisaient bouillir une grande chaudière, les autres préparaient des broches, et tous criaient : « C'est un jésuite, c'est un jésuite! nous serons vengés, et nous ferons bonne chère ; mangeons du jésuite, mangeons du jésuite !

— Je vous l'avais bien dit, mon cher maître, s'écria tristement Cacambo, que ces deux filles nous joueraient d'un mauvais tour. » Candide, apercevant la chaudière et les broches, s'écria : « Nous allons certainement être rôtis ou bouillis. Ah ! que dirait maître Pangloss, s'il voyait comme la pure nature est faite ? Tout est bien, soit ; mais j'avoue qu'il est bien cruel d'avoir perdu Mlle Cunégonde et d'être mis à la broche par des Oreillons. » Cacambo ne perdait jamais la tête. « Ne désespérez de rien, dit-il au désolé Candide ; j'entends un peu le jargon de ces peuples, je vais leur parler. — Ne manquez pas, dit Candide, de leur représenter quelle est l'inhumanité affreuse de faire cuire des hommes, et combien cela est peu chrétien.

— Messieurs, dit Cacambo, vous comptez donc manger aujourd'hui un jésuite ? c'est très bien fait ; rien n'est plus juste que de traiter ainsi ses ennemis. En effet le droit naturel nous enseigne à tuer notre prochain, et c'est ainsi qu'on en agit dans toute la terre. Si nous n'usons pas du droit de le manger, c'est que nous avons d'ailleurs de quoi faire bonne chère ; mais vous n'avez pas les mêmes ressources que nous : certainement il vaut mieux manger ses ennemis que d'abandonner aux corbeaux et aux corneilles le fruit de sa victoire. Mais, messieurs, vous ne voudriez pas manger vos amis. Vous croyez aller mettre un jésuite en broche, et c'est votre défenseur, c'est l'ennemi de vos ennemis que vous allez rôtir. Pour moi, je suis né dans votre pays ; monsieur que vous voyez est mon maître, et bien loin d'être jésuite il vient de tuer un jésuite, il en porte les dépouilles; voilà le sujet de votre méprise. Pour vérifier ce que je vous dis, prenez sa robe, portez-la à la première barrière du royaume de los padres ; informez-vous si mon maître n'a pas tué un officier jésuite. Il vous faudra peu de temps ; vous pourrez toujours nous manger, si vous trouvez que je vous ai menti. Mais, si je vous ai dit la vérité, vous connaissez trop les principes du droit public, les mœurs et les lois, pour ne pas nous faire grâce. »

Les Oreillons trouvèrent ce discours très raisonnable ; ils députèrent deux notables pour aller en diligence s'informer de la vérité ; les deux députés s'acquittèrent de leur commission en gens d'esprit, et revinrent bientôt apporter de bonnes nouvelles. Les Oreillons délièrent leurs deux prisonniers, leur firent toutes sortes de civilités, leur offrirent des filles, leur donnèrent des rafraîchissements, et les reconduisirent jusqu'aux confins de leurs états, en criant avec allégresse : « Il n'est point jésuite, il n'est point jésuite ! »

Candide ne se lassait pas d'admirer le sujet de sa délivrance. « Quel peuple ! disait-il, quels hommes ! quelles mœurs ! si je n'avais pas eu le bonheur de donner un grand coup d'épée au travers du corps du frère de Mlle Cunégonde, j'étais mangé sans rémission. Mais, après tout, la pure nature est bonne, puisque ces gens-ci, au lieu de me manger, m'ont fait mille honnêtetés, dès qu'ils ont su que je n'étais pas jésuite. »

CHAPITRE XVII

ARRIVÉE DE CANDIDE ET DE SON VALET AU PAYS D'ELDORADO, ET
CE QU'ILS Y VIRENT

Quand ils furent aux frontières des Oreillons : « Vous voyez, dit Cacambo à Candide, que cet hémisphère-ci ne vaut pas mieux que l'autre ; croyez-moi, retournons en Europe par le plus court chemin. — Comment y retourner, dit Candide ; et où aller ? Si je vais dans mon pays, les Bulgares et les Abares y égorgent tout ; si je retourne en Portugal, j'y suis brûlé ; si nous restons dans ce pays-ci, nous risquons à tout moment d'être mis en broche. Mais comment se résoudre à quitter la partie du monde que Mlle Cunégonde habite ?

— Tournons vers la Cayenne, dit Cacambo, nous y trouverons des Français qui vont par tout le monde ; ils pourront nous aider. Dieu aura peut-être pitié de nous. »

Il n'était pas facile d'aller à la Cayenne : ils savaient bien à peu prés de quel côté il fallait marcher ; mais des montagnes, des fleuves, des précipices, des brigands, des sauvages, étaient partout de terribles obstacles. Leurs chevaux moururent de fatigue ; leurs provisions furent consumées ; ils se nourrirent un mois entier de fruits sauvages, et se trouvèrent enfin auprès d'une petite rivière bordée de cocotiers qui soutinrent leur vie et leurs espérances.

Cacambo, qui donnait toujours d'aussi bons conseils que la vieille, dit à Candide : « Nous n'en pouvons plus, nous avons assez marché ; j'aperçois un canot vide sur le rivage, emplissons-le de cocos, jetons-nous dans cette petite barque, laissons-nous aller au courant ; une rivière mène toujours à quelque endroit habité. Si nous ne trouvons pas des choses agréables, nous trouverons du moins des choses nouvelles. — Allons, dit Candide, recommandons-nous à la Providence. »

Ils voguèrent quelques lieues entre des bords tantôt fleuris, tantôt arides, tantôt unis, tantôt escarpés. La rivière s'élargissait toujours ; enfin elle se perdait sous une voûte de rochers épouvantables qui s'élevaient jusqu'au ciel. Les deux voyageurs eurent la hardiesse de s'abandonner aux flots sous cette voûte. Le fleuve resserré en cet endroit les porta avec une rapidité et un bruit horrible. Au bout de vingt-quatre heures ils revirent le jour ; mais leur canot se fracassa contre les écueils ; il fallut se traîner de rocher en rocher pendant une lieue entière ; enfin ils découvrirent un horizon immense, bordé de montagnes inaccessibles. Le pays était cultivé pour le plaisir comme pour le besoin ; partout l'utile était agréable : les chemins étaient couverts ou plutôt ornés de voitures d'une forme et d'une matière brillante, portant des hommes et des femmes d'une beauté singulière, traînés rapidement par de gros moutons rouges qui surpassaient en vitesse les plus beaux chevaux d'Andalousie, de Tétuan et de Méquinez.

« Voilà pourtant, dit Candide, un pays qui vaut mieux que la Westphalie. » Il mit pied à terre avec Cacambo auprès du premier village qu'il rencontra. Quelques enfants du village, couverts de brocarts d'or tout déchirés, jouaient au palet à l'entrée du bourg ; nos deux hommes de l'autre monde s'amusèrent à les regarder:

leurs palets étaient d'assez larges pièces rondes, jaunes, rouges, vertes, qui jetaient un éclat singulier. Il prit envie aux voyageurs d'en ramasser quelques-uns ; c'était de l'or, c'était des émeraudes, des rubis, dont le moindre aurait été le plus grand ornement du trône du Mogol. « Sans doute, dit Cacambo, ces enfants sont les fils du roi du pays qui jouent au petit palet. » Le magister du village parut dans ce moment pour les faire rentrer à l'école. « Voilà, dit Candide, le précepteur de la famille royale. »

Les petits gueux quittèrent aussitôt le jeu, en laissant à terre leurs palets, et tout ce qui avait servi à leurs divertissements. Candide les ramasse, court au précepteur et les lui présente humblement, lui faisant entendre par signes que Leurs Altesses Royales avaient oublié leur or et leurs pierreries. Le magister du village, en souriant, les jeta par terre, regarda un moment la figure de Candide avec beaucoup de surprise, et continua son chemin.

Les voyageurs ne manquèrent pas de ramasser l'or, les rubis et les émeraudes. « Où sommes-nous ? s'écria Candide. Il faut que les enfants des rois de ce pays soient bien élevés, puisqu'on leur apprend à mépriser l'or et les pierreries. » Cacambo était aussi surpris que Candide. Ils approchèrent enfin de la première maison du village ; elle était bâtie comme un palais d'Europe. Une foule de monde s'empressait à la porte, et encore plus dans le logis ; une musique très agréable se faisait entendre, et une odeur délicieuse de cuisine se faisait sentir. Cacambo s'approcha de la porte et entendit qu'on parlait péruvien ; c'était sa langue maternelle ; car tout le monde sait que Cacambo était né au Tucuman, dans un village où l'on ne connaissait que cette langue. « Je vous servirai d'interprète, dit-il à Candide ; entrons, c'est ici un cabaret. »

Aussitôt deux garçons et deux filles de l'hôtellerie, vêtus de drap d'or, et les cheveux renoués avec des rubans, les invitent à se mettre à la table de l'hôte. On servit quatre potages garnis chacun de deux perroquets, un contour bouilli qui pesait deux cents livres, deux singes rôtis d'un goût excellent, trois cents colibris dans un plat, et six cents oiseaux-mouches dans un autre ; des ragoûts exquis, des pâtisseries délicieuses ; le tout dans des plats d'une espèce de cristal de roche. Les garçons et les filles de l'hôtellerie versaient plusieurs liqueurs faites de canne de sucre.

Les convives étaient pour la plupart des marchands et des voituriers, tous d'une politesse extrême, qui firent quelques questions à Cacambo avec la discrétion la plus circonspecte, et qui répondirent aux siennes d'une manière à le satisfaire.

Quand le repas fut fini, Cacambo crut, ainsi que Candide, bien payer son écot, en jetant sur la table de l'hôte deux de ces larges pièces d'or qu'il avait ramassées; l'hôte et l'hôtesse éclatèrent de rire, et se tinrent longtemps les côtés. Enfin ils se remirent. « Messieurs, dit l'hôte, nous voyons bien que vous êtes des étrangers ; nous ne sommes pas accoutumés à en voir. Pardonnez-nous si nous nous sommes mis à rire quand vous nous avez offert en payement les cailloux de nos grands chemins. Vous n'avez pas sans doute de la monnaie du pays, mais il n'est pas nécessaire d'en avoir pour dîner ici. Toutes les hôtelleries établies pour la commodité du commerce sont payées par le gouvernement. Vous avez fait

mauvaise chère ici, parce que c'est un pauvre village, mais partout ailleurs vous serez reçus comme vous méritez de l'être. » Cacambo expliquait à Candide tous les discours de l'hôte, et Candide les écoutait avec la même admiration et le même égarement que son ami Cacambo les rendait. « Quel est donc ce pays, disaient-ils l'un et l'autre, inconnu à tout le reste de la terre, et où toute la nature est d'une espèce si différente de la nôtre ? C'est probablement le pays où tout va bien ; car il faut absolument qu'il y en ait un de cette espèce. Et, quoi qu'en dît maître Pangloss, je me suis souvent aperçu que tout allait mal en Westphalie. »

CHAPITRE XVIII

CE QU'ILS VIRENT DANS LE PAYS D'ELDORADO

Cacambo témoigna à son hôte toute sa curiosité ; l'hôte lui dit : « Je suis fort ignorant et je m'en trouve bien ; mais nous avons ici un vieillard retiré de la cour, qui est le plus savant homme du royaume, et le plus communicatif. » Aussitôt il mène Cacambo chez le vieillard. Candide ne jouait plus que le second personnage et accompagnait son valet. Ils entrèrent dans une maison fort simple, car la porte n'était que d'argent, et les lambris des appartements n'étaient que d'or, mais travaillés avec tant de goût, que les plus riches lambris ne l'effaçaient pas. L'antichambre n'était à la vérité incrustée que de rubis et d'émeraudes ; mais l'ordre dans lequel tout était arrangé réparait bien cette extrême simplicité.

Le vieillard reçut les deux étrangers sur un sofa matelassé de plumes de colibri, et leur fit présenter des liqueurs dans des vases de diamants, après quoi il satisfit à leur curiosité en ces termes :

« Je suis âgé de cent soixante et douze ans, et j'ai appris de feu mon père, écuyer du roi, les étonnantes révolutions du Pérou dont il avait été témoin. Le royaume où nous sommes est l'ancienne patrie des Incas, qui en sortirent très imprudemment pour aller subjuguer une partie du monde, et qui furent enfin détruits par les Espagnols.

« Les princes de leur famille qui restèrent dans leur pays natal furent plus sages ; ils ordonnèrent, du consentement de la nation, qu'aucun habitant ne sortirait jamais de notre petit royaume ; et c'est ce qui nous a conservé notre innocence et notre félicité. Les Espagnols ont eu une connaissance confuse de ce pays, ils l'ont appelé *El Dorado* ; et un Anglais, nommé le chevalier Raleigh, en a même approché il y a environ cent années ; mais, comme nous sommes entourés de rochers inabordables et de précipices, nous avons toujours été jusqu'à présent à l'abri de la rapacité des nations de l'Europe, qui ont une fureur inconcevable pour les cailloux et pour la fange de notre terre, et qui, pour en avoir, nous tueraient tous jusqu'au dernier. »

La conversation fut longue ; elle roula sur la forme du gouvernement, sur les mœurs, sur les femmes, sur les spectacles publics, sur les arts. Enfin Candide, qui

avait toujours du goût pour la métaphysique, fit demander par Cacambo si dans le pays il y avait une religion.

Le vieillard rougit un peu. « Comment donc ! dit-il, en pouvez-vous douter ? Est-ce que vous nous prenez pour des ingrats ? » Cacambo demanda humblement quelle était la religion d'Eldorado. Le vieillard rougit encore : « Est-ce qu'il peut y avoir deux religions ? dit-il. Nous avons, je crois, la religion de tout le monde ; nous adorons Dieu du soir jusqu'au matin. — N'adorez-vous qu'un seul Dieu ? dit Cacambo, qui servait toujours d'interprète aux doutes de Candide. — Apparemment, dit le vieillard, qu'il n'y en a ni deux, ni trois, ni quatre. Je vous avoue que les gens de votre monde font des questions bien singulières. » Candide ne se lassait pas de faire interroger ce bon vieillard ; il voulut savoir comment on priait Dieu dans l'Eldorado. « Nous ne le prions point, dit le bon et respectable sage; nous n'avons rien à lui demander, il nous a donné tout ce qu'il nous faut ; nous le remercions sans cesse. » Candide eut la curiosité de voir des prêtres ; il fit demander où ils étaient. Le bon vieillard sourit. « Mes amis, dit-il, nous sommes tous prêtres ; le roi et tous les chefs de famille chantent des cantiques d'actions de grâce solennellement tous les matins, et cinq ou six mille musiciens les accompagnent. — Quoi ! vous n'avez point de moines qui enseignent, qui disputent, qui gouvernent, qui cabalent, et qui font brûler les gens qui ne sont pas de leur avis ? — Il faudrait que nous fussions fous, dit le vieillard ; nous sommes tous ici du même avis, et nous n'entendons pas ce que vous voulez dire avec vos moines. » Candide à tous ces discours demeurait en extase, et disait en lui-même : « Ceci est bien différent de la Westphalie et du château de M. le baron : si notre ami Pangloss avait vu Eldorado, il n'aurait plus dit que le château de Thunder-ten-tronckh était ce qu'il y avait de mieux sur la terre ; il est certain qu'il faut voyager.»

Après cette longue conversation, le bon vieillard fit atteler un carrosse à six moutons, et donna douze de ses domestiques aux deux voyageurs pour les conduire à la cour. « Excusez-moi, leur dit-il, si mon âge me prive de l'honneur de vous accompagner. Le roi vous recevra d'une manière dont vous ne serez pas mécontents, et vous pardonnerez sans doute aux usages du pays, s'il y en a quelques-uns qui vous déplaisent. »

Candide et Cacambo montent en carrosse ; les six moutons volaient, et en moins de quatre heures on arriva au palais du roi, situé à un bout de la capitale. Le portail était de deux cent vingt pieds de haut et de cent de large ; il est impossible d'exprimer quelle en était la matière. On voit assez quelle supériorité prodigieuse elle devait avoir sur ces cailloux et sur ce sable que nous nommons or et pierreries.

Vingt belles filles de la garde reçurent Candide et Cacambo à la descente du carrosse, les conduisirent aux bains, les vêtirent de robes d'un tissu de duvet de colibri ; après quoi les grands officiers et les grandes officières de la couronne les menèrent à l'appartement de Sa Majesté au milieu de deux files, chacune de mille musiciens, selon l'usage ordinaire. Quand ils approchèrent de la salle du trône, Cacambo demanda à un grand officier comment il fallait s'y prendre pour saluer Sa Majesté : si on se jetait à genoux ou ventre à terre ; si on mettait les mains sur la tête ou sur le derrière ; si on léchait la poussière de la salle : en un mot, quelle était la cérémonie. « L'usage, dit le grand officier, est d'embrasser le roi et de le baiser

des deux côtés. » Candide et Cacambo sautèrent au cou de Sa Majesté, qui les reçut avec toute la grâce imaginable, et qui les pria poliment à souper.

En attendant, on leur fit voir la ville, les édifices publics élevés jusqu'aux nues, les marchés ornés de mille colonnes, les fontaines d'eau pure, les fontaines d'eau rose, celles de liqueurs de canne de sucre qui coulaient continuellement dans de grandes places pavées d'une espèce de pierreries qui répandaient une odeur semblable à celle du girofle et de la cannelle. Candide demanda à voir la cour de justice, le parlement ; on lui dit qu'il n'y en avait point, et qu'on ne plaidait jamais. Il s'informa s'il y avait des prisons, et on lui dit que non. Ce qui le surprit davantage, et qui lui fit le plus de plaisir, ce fut le palais des sciences, dans lequel il vit une galerie de deux mille pas, toute pleine d'instruments de mathématique et de physique.

Après avoir parcouru toute l'après-dînée à peu près la millième partie de la ville, on les ramena chez le roi. Candide se mit à table entre Sa Majesté, son valet Cacambo et plusieurs dames. Jamais on ne fit meilleure chère, et jamais on n'eut plus d'esprit à souper qu'en eut Sa Majesté. Cacambo expliquait les bons mots du roi à Candide, et quoique traduits, ils paraissaient toujours de bons mots. De tout ce qui étonnait Candide, ce n'était pas ce qui l'étonna le moins.

Ils passèrent un mois dans cet hospice. Candide ne cessait de dire à Cacambo: « Il est vrai, mon ami, encore une fois, que le château où je suis né ne vaut pas le pays où nous sommes ; mais enfin Mlle Cunégonde n'y est pas, et vous avez sans doute quelque maîtresse en Europe. Si nous restons ici, nous n'y serons que comme les autres ; au lieu que si nous retournons dans notre monde, seulement avec douze moutons chargés de cailloux d'Eldorado, nous serons plus riches que tous les rois ensemble, nous n'aurons plus d'inquisiteurs à craindre, et nous pourrons aisément reprendre Mlle Cunégonde. »

Ce discours plut à Cacambo ; on aime tant à courir, à se faire valoir chez les siens, à faire parade de ce qu'on a vu dans ses voyages, que les deux heureux résolurent de ne plus l'être, et de demander leur congé à Sa Majesté.

« Vous faites une sottise, leur dit le roi ; je sais bien que mon pays est peu de chose ; mais, quand on est passablement quelque part, il faut y rester. Je n'ai pas assurément le droit de retenir des étrangers ; c'est une tyrannie qui n'est ni dans nos mœurs ni dans nos lois ; tous les hommes sont libres ; partez quand vous voudrez, mais la sortie est bien difficile. Il est impossible de remonter la rivière rapide sur laquelle vous êtes arrivés par miracle, et qui court sous des voûtes de rochers. Les montagnes qui entourent tout mon royaume ont dix mille pieds de hauteur, et sont droites comme des murailles : elles occupent chacune en largeur un espace de plus de dix lieues ; on ne peut en descendre que par des précipices. Cependant, puisque vous voulez absolument partir, je vais donner ordre aux intendants des machines d'en faire une qui puisse vous transporter commodément. Quand on vous aura conduits au revers des montagnes, personne ne pourra vous accompagner ; car mes sujets ont fait vœu de ne jamais sortir de leur enceinte, et ils sont trop sages pour rompre leur vœu. Demandez-moi d'ailleurs tout ce qu'il vous plaira. — Nous ne demandons à Votre Majesté, dit Cacambo, que quelques moutons chargés de vivres, de cailloux et de la boue du pays. » Le roi rit. « Je ne conçois pas, dit-il, quel goût

vos gens d'Europe ont pour notre boue jaune : mais emportez-en tant que vous voudrez, et grand bien vous fasse. »

Il donna l'ordre sur-le-champ à ses ingénieurs de faire une machine pour guinder ces deux hommes extraordinaires hors du royaume. Trois mille bons physiciens y travaillèrent ; elle fut prête au bout de quinze jours, et ne coûta pas plus de vingt millions de livres sterling, monnaie du pays. On mit sur la machine Candide et Cacambo ; il y avait deux grands moutons rouges sellés et bridés pour leur servir de monture quand ils auraient franchi les montagnes, vingt moutons de bât chargés de vivres, trente qui portaient des présents de ce que le pays a de plus curieux, et cinquante chargés d'or, de pierreries et de diamants. Le roi embrassa tendrement les deux vagabonds.

Ce fut un beau spectacle que leur départ, et la manière ingénieuse dont ils furent hissés eux et leurs moutons au haut des montagnes. Les physiciens prirent congé d'eux après les avoir mis en sûreté, et Candide n'eut plus d'autre désir et d'autre objet que d'aller présenter ses moutons à Mlle Cunégonde. « Nous avons, dit-il, de quoi payer le gouverneur de Buenos-Ayres, si Mlle Cunégonde peut être mise à prix. Marchons vers la Cayenne, embarquons-nous, et nous verrons ensuite quel royaume nous pourrons acheter. »

CHAPITRE XIX

CE QUI LEUR ARRIVA A SURINAM, ET COMMENT CANDIDE FIT CONNAISSANCE AVEC MARTIN

La première journée de nos deux voyageurs fut assez agréable. Ils étaient encouragés par l'idée de se voir possesseurs de plus de trésors que l'Asie, l'Europe et l'Afrique n'en pouvaient rassembler. Candide transporté écrivit le nom de Cunégonde sur les arbres. A la seconde journée deux de leurs moutons s'enfoncèrent dans des marais, et y furent abîmés avec leurs charges ; deux autres moutons moururent de fatigue quelques jours après ; sept ou huit périrent ensuite de faim dans un désert ; d'autres tombèrent au bout de quelques jours dans des précipices. Enfin, après cent jours de marche, il ne leur resta que deux moutons. Candide dit à Cacambo : « Mon ami, vous voyez comme les richesses de ce monde sont périssables ; il n'y a rien de solide que la vertu et le bonheur de revoir Mlle Cunégonde. — Je l'avoue, dit Cacambo ; mais il nous reste encore deux moutons avec plus de trésors que n'en aura jamais le roi d'Espagne ; et je vois de loin une ville que je soupçonne être Surinam, appartenante aux Hollandais. Nous sommes au bout de nos peines et au commencement de notre félicité. »

En approchant de la ville, ils rencontrèrent un nègre étendu par terre, n'ayant plus que la moitié de son habit, c'est-à-dire d'un caleçon de toile bleue ; il manquait à ce pauvre homme la jambe gauche et la main droite. « Eh ! mon Dieu ! lui dit Candide en hollandais, que fais-tu là, mon ami, dans l'état horrible où je te vois ? — J'attends mon maître, M. Vanderdendur, le fameux négociant, répondit le nègre.

— Est-ce M. Vanderdendur, dit Candide, qui t'a traité ainsi ? — Oui, monsieur, dit le nègre, c'est l'usage. On nous donne un caleçon de toile pour tout vêtement deux fois l'année. Quand nous travaillons aux sucreries, et que la meule nous attrape le doigt, on nous coupe la main : quand nous voulons nous enfuir, on nous coupe la jambe : je me suis trouvé dans les deux cas. C'est à ce prix que vous mangez du sucre en Europe. Cependant, lorsque ma mère me vendit dix écus patagons sur la côte de Guinée, elle me disait : « Mon cher enfant, bénis nos fétiches, adore-les toujours, ils te feront vivre heureux ; tu as l'honneur d'être esclave de nos seigneurs les blancs, et tu fais par là la fortune de ton père et de ta mère. » Hélas ! je ne sais pas si j'ai fait leur fortune, mais ils n'ont pas fait la mienne. Les chiens, les singes et les perroquets, sont mille fois moins malheureux que nous : les fétiches hollandais qui m'ont converti me disent tous les dimanches que nous sommes tous enfants d'Adam, blancs et noirs. Je ne suis pas généalogiste ; mais si ces prêcheurs disent vrai, nous sommes tous cousins issus de germain. Or vous m'avouerez qu'on ne peut pas en user avec ses parents d'une manière plus horrible.

— O Pangloss ! s'écria Candide, tu n'avais pas deviné cette abomination ; c'en est fait, il faudra qu'à la fin je renonce à ton optimisme. — Qu'est-ce qu'optimisme ? disait Cacambo. — Hélas ! dit Candide, c'est la rage de soutenir que tout est bien quand on est mal » ; et il versait des larmes en regardant son nègre; et en pleurant, il entra dans Surinam.

La première chose dont ils s'informent, c'est s'il n'y a point au port quelque vaisseau qu'on pût envoyer à Buenos-Ayres. Celui à qui ils s'adressèrent était justement un patron espagnol qui s'offrit à faire avec eux un marché honnête. Il leur donna rendez-vous dans un cabaret. Candide et le fidèle Cacambo allèrent l'y attendre avec leurs deux moutons.

Candide, qui avait le cœur sur les lèvres, conta à l'Espagnol toutes ses aventures, et lui avoua qu'il voulait enlever Mlle Cunégonde. « Je me garderai bien de vous passer à Buenos-Ayres, dit le patron : je serais pendu, et vous aussi ; la belle Cunégonde est la maîtresse favorite de monseigneur. » Ce fut un coup de foudre pour Candide, il pleura longtemps ; enfin il tira à part Cacambo. « Voici, mon cher ami, lui dit-il, ce qu'il faut que tu fasses : nous avons chacun dans nos poches pour cinq ou six millions de diamants ; tu es plus habile que moi ; va prendre Mlle Cunégonde à Buenos-Ayres. Si le gouverneur fait quelques difficultés, donne-lui un million : s'il ne se rend pas, donne-lui en deux ; tu n'as point tué d'inquisiteur, on ne se défiera point de toi. J'équiperai un autre vaisseau, j'irai t'attendre à Venise : c'est un pays libre où l'on n'a rien à craindre ni des Bulgares, ni des Abares, ni des juifs, ni des inquisiteurs. » Cacambo applaudit à cette sage résolution. Il était au désespoir de se séparer d'un bon maître devenu son ami intime ; mais le plaisir de lui être utile l'emporta sur la douleur de le quitter. Ils s'embrassèrent en versant des larmes. Candide lui recommanda de ne point oublier la bonne vieille. Cacambo partit dès le jour même : c'était un très bon homme que ce Cacambo.

Candide resta encore quelque temps à Surinam, et attendit qu'un autre patron voulût le mener en Italie, lui et les deux moutons qui lui restaient. Il prit des domestiques, et acheta tout ce qui lui était nécessaire pour un long voyage ; enfin

M. Vanderdendur, maître d'un gros vaisseau, vint se présenter à lui. « Combien voulez-vous, demanda-t-il à cet homme, pour me mener en droiture à Venise, moi, mes gens, mon bagage et les deux moutons que voilà ? » Le patron s'accorda à dix mille piastres : Candide n'hésita pas.

« Oh ! oh ! dit à part soi le prudent Vanderdendur, cet étranger donne dix mille piastres tout d'un coup ! il faut qu'il soit bien riche. » Puis, revenant un moment après, il signifia qu'il ne pouvait partir à moins de vingt mille. « Eh bien ! vous les aurez, dit Candide.

— Ouais, se dit tout bas le marchand, cet homme donne vingt mille piastres aussi aisément que dix mille. » Il revint encore, et dit qu'il ne pouvait le conduire à Venise à moins de trente mille piastres. « Vous en aurez donc trente mille, répondit Candide.

— Oh ! oh ! se dit encore le marchand hollandais, trente mille piastres ne coûtent rien à cet homme-ci ; sans doute les deux moutons portent des trésors immenses ; n'insistons pas davantage : faisons-nous d'abord payer les trente mille piastres, et puis nous verrons. » Candide vendit deux petits diamants, dont le moindre valait plus que tout l'argent que demandait le patron. Il le paya d'avance. Les deus moutons furent embarqués. Candide suivait dans un petit bateau pour joindre le vaisseau à la rade ; le patron prend son temps, met à la voile, démarre ; le vent le favorise. Candide éperdu et stupéfait le perd bientôt de vue. « Hélas ! cria-t-il, voilà un tour digne de l'ancien monde. » Il retourne au rivage, abîmé dans la douleur ; car enfin il avait perdu de quoi faire la fortune de vingt monarques.

Il se transporte chez le juge hollandais ; et, comme il était un peu troublé, il frappe rudement à la porte ; il entre, expose son aventure, et crie un peu plus haut qu'il ne convenait. Le juge commença par lui faire payer dix mille piastres pour le bruit qu'il avait fait : ensuite il l'écouta patiemment, lui promit d'examiner son affaire sitôt que le marchand serait revenu, et se fit payer dix mille autres piastres pour les frais de l'audience.

Ce procédé acheva de désespérer Candide ; il avait à la vérité essuyé des malheurs mille fois plus douloureux ; mais le sang-froid du juge, et celui du patron dont il était volé, alluma sa bile, et le plongea dans une noire mélancolie. La méchanceté des hommes se présentait à son esprit dans toute sa laideur, il ne se nourrissait que d'idées tristes. Enfin un vaisseau français étant sur le point de partir pour Bordeaux, comme il n'avait plus de moutons chargés de diamants à embarquer, il loua une chambre du vaisseau à juste prix, et fit signifier dans la ville qu'il payerait le passage, la nourriture, et donnerait deux mille piastres à un honnête homme qui voudrait faire le voyage avec lui, à condition que cet homme serait le plus dégoûté de son état et le plus malheureux de la province.

Il se présenta une foule de prétendants qu'une flotte n'aurait pu contenir. Candide voulant choisir entre les plus apparents, il distingua une vingtaine de personnes qui lui paraissaient assez sociables et qui toutes prétendaient mériter la préférence. Il les assembla dans son cabaret, et leur donna à souper, à condition que chacun ferait serment de raconter fidèlement son histoire, promettant de choisir celui qui lui paraîtrait le plus à plaindre et le plus mécontent de son état, à plus juste titre, et de donner aux autres quelques gratifications.

La séance dura jusqu'à quatre heures du matin. Candide, en écoutant toutes leurs aventures, se ressouvenait de ce que lui avait dit la vieille en allant à Buenos-Ayres, et de la gageure qu'elle avait faite qu'il n'y avait personne sur le vaisseau auquel il ne fût arrivé de très grands malheurs. Il songeait à Pangloss à chaque aventure qu'on lui contait. « Ce Pangloss, disait-il, serait bien embarrassé à démontrer son système. Je voudrais qu'il fût ici. Certainement, si tout va bien, c'est dans Eldorado, et non pas dans le reste de la terre. » Enfin il se détermina en faveur d'un pauvre savant qui avait travaillé dix ans pour les libraires à Amsterdam. Il jugea qu'il n'y avait point de métier au monde dont on dût être plus dégoûté.

Ce savant, qui était d'ailleurs un bon homme, avait été volé par sa femme, battu par son fils, et abandonné de sa fille, qui s'était faite enlever par un Portugais. Il venait d'être privé d'un petit emploi duquel il subsistait ; et les prédicants de Surinam le persécutaient, parce qu'ils le prenaient pour un socinien. Il faut avouer que les autres étaient pour le moins aussi malheureux que lui ; mais Candide espérait que le savant le désennuierait dans le voyage. Tous ses autres rivaux trouvèrent que Candide leur faisait une grande injustice, mais il les apaisa en leur donnant à chacun cent piastres.

CHAPITRE XX

CE QUI ARRIVA, SUR MER, À CANDIDE ET À MARTIN

Le vieux savant, qui s'appelait Martin, s'embarqua donc pour Bordeaux avec Candide. L'un et l'autre avaient beaucoup vu et beaucoup souffert ; et quand le vaisseau aurait dû faire voile de Surinam au Japon par le cap de Bonne-Espérance, ils auraient eu de quoi s'entretenir du mal moral et du mal physique pendant tout le voyage.

Cependant Candide avait un grand avantage sur Martin ; c'est qu'il espérait toujours revoir Mlle Cunégonde, et que Martin n'avait rien à espérer ; de plus, il avait de l'or et des diamants ; et, quoiqu'il eût perdu cent gros moutons rouges chargés des plus grands trésors de la terre ; quoiqu'il eût toujours sur le cœur la friponnerie du patron hollandais ; cependant, quand il songeait à ce qui lui restait dans ses poches, et quand il parlait de Cunégonde, surtout sur la fin du repas, il penchait alors pour le système de Pangloss.

« Mais vous, monsieur Martin, dit-il au savant, que pensez-vous de tout cela? quelle est votre idée sur le mal moral et le mal physique ? — Monsieur, répondit Martin, mes prêtres m'ont accusé d'être socinien, mais la vérité du fait est que je suis manichéen. — Vous vous moquez de moi, dit Candide, il n'y a plus de manichéens dans le monde. — Il y a moi, dit Martin ; je ne sais qu'y faire, mais je ne peux penser autrement. — Il faut que vous ayez le diable au corps, dit Candide. — Il se mêle si fort des affaires de ce monde, dit Martin, qu'il pourrait bien être dans mon corps, comme partout ailleurs ; mais je vous avoue qu'en jetant la vue sur ce globe, ou plutôt sur ce globule, je pense que Dieu l'a abandonné à quelque

être malfaisant : j'en excepte toujours Eldorado. Je n'ai guère vu de ville qui ne désirât la ruine de la ville voisine, point de famille qui ne voulut exterminer quelque autre famille. Partout les faibles ont en exécration les puissants devant lesquels ils rampent, et les puissants les traitent comme des troupeaux dont on vend la laine et la chair. Un million d'assassins enrégimentés, courant d'un bout de l'Europe à l'autre, exerce le meurtre et le brigandage avec discipline, pour gagner son pain, parce qu'il n'a pas de métier plus honnête ; et, dans les villes qui paraissent jouir de la paix, et où les arts fleurissent, les hommes sont dévorés de plus d'envie, de soins et d'inquiétudes qu'une ville assiégée n'éprouve de fléaux. Les chagrins secrets sont encore plus cruels que les misères publiques. En un mot, j'en ai tant vu et tant éprouvé, que je suis manichéen.

— Il y a pourtant du bon, répliquait Candide. — Cela peut être, disait Martin; mais je ne le connais pas. »

Au milieu de cette dispute, on entendit un bruit de canon. Le bruit redouble de moment en moment. Chacun prend sa lunette. On aperçoit deux vaisseaux qui combattaient à la distance d'environ trois milles : le vent les amena l'un et l'autre si près du vaisseau français, qu'on eut le plaisir de voir le combat tout à son aise. Enfin l'un des deux vaisseaux lâcha à l'autre une bordée si bas et si juste, qu'il le coula à fond. Candide et Martin aperçurent distinctement une centaine d'hommes sur le tillac du vaisseau qui s'enfonçait ; ils levaient tous les mains au ciel, et jetaient des clameurs effroyables ; en un moment tout fut englouti.

« Eh bien ! dit Martin, voilà comme les hommes se traitent les uns les autres. — Il est vrai, dit Candide, qu'il y a quelque chose de diabolique dans cette affaire.» En parlant ainsi, il aperçut je ne sais quoi d'un rouge éclatant qui nageait auprès de son vaisseau. On détacha la chaloupe pour voir ce que ce pouvait être : c'était un de ses moutons. Candide eut plus de joie de retrouver ce mouton qu'il n'avait été affligé d'en perdre cent tous chargés de gros diamants d'Eldorado.

Le capitaine français aperçut bientôt que le capitaine du vaisseau submergeant était espagnol, et que celui du vaisseau submergé était un pirate hollandais ; c'était celui-là même qui avait volé Candide. Les richesses immenses dont ce scélérat s'était emparé furent ensevelies avec lui dans la mer, et il n'y eut qu'un mouton de sauvé. « Vous voyez, dit Candide à Martin, que le crime est puni quelquefois : ce coquin de patron hollandais a eu le sort qu'il méritait. — Oui, dit Martin ; mais fallait-il que les passagers qui étaient sur son vaisseau périssent aussi? Dieu a puni ce fripon, le diable a noyé les autres. »

Cependant le vaisseau français et l'espagnol continuèrent leur route, et Candide continua ses conversations avec Martin. Ils disputèrent quinze jours de suite, et, au bout de quinze jours, ils étaient aussi avancés que le premier ; mais enfin ils parlaient, ils se communiquaient des idées, ils se consolaient. Candide caressait son mouton. « Puisque je t'ai retrouvé, dit-il, je pourrai bien retrouver Cunégonde. »

CHAPITRE XXI

CANDIDE ET MARTIN APPROCHENT DES CÔTES DE FRANCE, ET RAISONNENT

On aperçut enfin les côtes de France. « Avez-vous jamais été en France, monsieur Martin ? dit Candide. — Oui, dit Martin ; j'ai parcouru plusieurs provinces : il y en a où la moitié des habitants est folle, quelques-unes où l'on est trop rusé, d'autres où l'on est communément assez doux et assez bête, d'autres où l'on fait le bel esprit, et, dans toutes, la principale occupation est l'amour, la seconde de médire, et la troisième de dire des sottises. — Mais, monsieur Martin, avez-vous vu Paris ? — Oui, j'ai vu Paris : il tient de toutes ces espèces-là. C'est un chaos, c'est une presse dans laquelle tout le monde cherche le plaisir, et où presque personne ne le trouve, du moins à ce qu'il m'a paru. J'y ai séjourné peu ; j'y fus volé, en arrivant, de tout ce que j'avais, par des filous, à la foire Saint-Germain, on me prit moi-même pour un voleur, et je fus huit jours en prison ; après quoi je me fis correcteur d'imprimerie pour gagner de quoi retourner à pied en Hollande. Je connus la canaille écrivante, la canaille cabalante et la canaille convulsionnaire. On dit qu'il y a des gens fort polis dans cette ville-là ; je le veux croire.

— Pour moi, je n'ai nulle curiosité de voir la France, dit Candide ; vous devinez aisément que, quand on a passé un mois dans Eldorado, on ne se soucie plus de rien voir sur la terre que Mlle Cunégonde : je vais l'attendre à Venise ; nous traverserons la France pour aller en Italie... Ne m'accompagnerez-vous pas ? — Très volontiers, dit Martin. On dit que Venise n'est bonne que pour les nobles vénitiens, mais que cependant on y reçoit très bien les étrangers quand ils ont beaucoup d'argent : je n'en ai point ; vous en avez : je vous suivrai partout. — A propos, dit Candide, pensez-vous que la terre ait été originairement une mer, comme on l'assure dans ce gros livre qui appartient au capitaine du vaisseau ? — Je n'en crois rien du tout, dit Martin, non plus que de toutes les rêveries qu'on nous débite depuis quelque temps. — Mais à quelle fin ce monde a-t-il donc été formé? dit Candide. — Pour nous faire enrager, répondit Martin. — N'êtes-vous pas bien étonné, continua Candide, de l'amour que ces deux filles du pays des Oreillons avaient pour ces deux singes, et dont je vous ai conté l'aventure ? — Point du tout, dit Martin, je ne vois pas ce que cette passion a d'étrange : j'ai tant vu de choses extraordinaires, qu'il n'y a plus rien d'extraordinaire. — Croyez-vous, dit Candide, que les hommes se soient toujours mutuellement massacrés comme ils font aujourd'hui ? qu'ils aient toujours été menteurs, fourbes, perfides, ingrats, brigands, faibles, volages, lâches, envieux, gourmands, ivrognes, avares, ambitieux, sanguinaires, calomniateurs, débauchés, fanatiques, hypocrites et sots ? — Croyez-vous, dit Martin, que les éperviers aient toujours mangé des pigeons quand ils en ont trouvé ? — Oui, sans doute, dit Candide. — Eh bien ! dit Martin, si les éperviers ont toujours eu le même caractère, pourquoi voulez-vous que les hommes aient changé le leur ? — Oh ! dit Candide, il y a bien de la différence ; car

le libre arbitre... » En raisonnant ainsi, ils arrivèrent à Bordeaux.

CHAPITRE XXII

CE QUI ARRIVA EN FRANCE À CANDIDE ET À MARTIN

Candide ne s'arrêta dans Bordeaux qu'autant de temps qu'il en fallait pour vendre quelques cailloux du Dorado et pour s'accommoder d'une bonne chaise à deux places. Car il ne pouvait plus se passer de son philosophe Martin ; il fut seulement très fâché de se séparer de son mouton, qu'il laissa à l'Académie des Sciences de Bordeaux, laquelle proposa, pour le sujet du prix de cette année, de trouver pourquoi la laine de ce mouton était rouge ; et le prix fut adjugé à un savant du Nord, qui démontra, par A plus B moins C divisé par Z, que le mouton devait être rouge et mourir de la clavelée.

Cependant tous les voyageurs que Candide rencontra dans les cabarets de la route lui disaient : « Nous allons à Paris. » Cet empressement général lui donna enfin l'envie de voir cette capitale : ce n'était pas beaucoup se détourner du chemin de Venise.

Il entra par le faubourg Saint-Marceau, et crut être dans le plus vilain village de la Westphalie.

A peine Candide fut-il dans son auberge, qu'il fut attaqué d'une maladie légère, causée par ses fatigues. Comme il avait au doigt un diamant énorme, et qu'on avait aperçu dans son équipage une cassette prodigieusement pesante, il eut aussitôt auprès de lui deux médecins qu'il n'avait pas mandés, quelques amis intimes qui ne le quittèrent pas, et deux dévotes qui faisaient chauffer ses bouillons. Martin disait : « Je me souviens d'avoir été malade aussi à Paris dans mon premier voyage ; j'étais fort pauvre : aussi n'eus-je ni amis, ni dévotes, ni médecins, et je guéris. »

Cependant, à force de médecines et de saignées, la maladie de Candide devint sérieuse. Un habitué du quartier vint avec douceur lui demander un billet payable au porteur pour l'autre monde. Candide n'en voulut rien faire. Les dévotes l'assurèrent que c'était une nouvelle mode. Candide répondit qu'il n'était point homme à la mode. Martin voulut jeter l'habitué par les fenêtres. Le clerc jura qu'on n'enterrerait point Candide. Martin jura qu'il enterrerait le clerc, s'il continuait à les importuner. La querelle s'échauffa : Martin le prit par les épaules et le chassa rudement, ce qui causa un grand scandale dont on fit un procès-verbal.

Candide guérit ; et pendant sa convalescence il eut très bonne compagnie à souper chez lui. On jouait gros jeu. Candide était tout étonné que jamais les as ne lui vinssent ; et Martin ne s'en étonnait pas.

Parmi ceux qui lui faisaient les honneurs de la ville, il y avait un petit abbé périgourdin, l'un de ces gens empressés, toujours alertes, toujours serviables, effrontés, caressants, accommodants, qui guettent les étrangers à leur passage, leur content l'histoire scandaleuse de la ville, et leur offrent des plaisirs à tout prix. Celui-ci mena d'abord Candide et Martin à la Comédie. On y jouait une tragédie

nouvelle. Candide se trouva placé auprès de quelques beaux esprits. Cela ne l'empêcha pas de pleurer à des scènes jouées parfaitement. Un des raisonneurs qui étaient à ses côtés lui dit dans un entr'acte : « Vous avez grand tort de pleurer, cette actrice est fort mauvaise; l'acteur qui joue avec elle est plus mauvais acteur encore; la pièce est encore plus mauvaise que les acteurs ; l'auteur ne sait pas un mot d'arabe, et cependant la scène est en Arabie ; et, de plus, c'est un homme qui ne croit pas aux idées innées ; je vous apporterai demain vingt brochures contre lui. — Monsieur, combien avez-vous de pièces de théâtre en France ? » dit Candide à l'abbé ; lequel répondit : « Cinq ou six mille. — C'est beaucoup, dit Candide ; combien y en a-t-il de bonnes ? — Quinze ou seize, répliqua l'autre. — C'est beaucoup, dit Martin. »

Candide fut très content d'une actrice qui faisait la reine Élisabeth, dans une assez plate tragédie que l'on joue quelquefois. « Cette actrice, dit-il à Martin, me plaît beaucoup ; elle a un faux air de Mlle Cunégonde ; je serais bien aise de la saluer. » L'abbé périgourdin s'offrit à l'introduire chez elle. Candide, élevé en Allemagne, demanda quelle était l'étiquette, et comment on traitait en France les reines d'Angleterre. « Il faut distinguer, dit l'abbé ; en province, on les mène au cabaret ; à Paris, on les respecte quand elles sont belles, et on les jette à la voirie quand elles sont mortes. — Des reines à la voirie ! dit Candide. — Oui, vraiment, dit Martin ; M. l'abbé a raison ; j'étais à Paris quand Mlle Monime passa, comme on dit, de cette vie à l'autre ; on lui refusa ce que ces gens-ci appellent *les honneurs de la sépulture*, c'est-à-dire de pourrir avec tous les gueux du quartier dans un vilain cimetière ; elle fut enterrée toute seule de sa bande au coin de la rue de Bourgogne ; ce qui dut lui faire une peine extrême, car elle pensait très noblement. — Cela est bien impoli, dit Candide. — Que voulez-vous ? dit Martin ; ces gens-ci sont ainsi faits. Imaginez toutes les contradictions, toutes les incompatibilités possibles, vous les verrez dans le gouvernement, dans les tribunaux, dans les églises, dans les spectacles de cette drôle de nation. — Est-il vrai qu'on rit toujours à Paris ? dit Candide. — Oui, dit l'abbé, mais c'est en enrageant ; car on s'y plaint de tout avec de grands éclats de rire, même on y fait en riant les actions les plus détestables.

— Quel est, dit Candide, ce gros cochon qui me disait tant de mal de la pièce où j'ai tant pleuré, et des acteurs qui m'ont fait tant de plaisir ? — C'est un malvivant, répondit l'abbé, qui gagne sa vie à dire du mal de toutes les pièces et de tous les livres ; il hait quiconque réussit, comme les eunuques haïssent les jouissants ; c'est un de ces serpents de la littérature qui se nourrissent de fange et de venin ; c'est un folliculaire. — Qu'appelez-vous folliculaire ? dit Candide. — C'est, dit l'abbé, un faiseur de feuilles, un Fréron. »

C'est ainsi que Candide, Martin et le Périgourdin raisonnaient sur l'escalier, en voyant défiler le monde au sortir de la pièce. « Quoique je sois très empressé de revoir Mlle Cunégonde, dit Candide, je voudrais pourtant souper avec Mlle Clairon, car elle m'a paru admirable. »

L'abbé n'était pas homme à approcher de Mlle Clairon, qui ne voyait que bonne compagnie. « Elle est engagée pour ce soir, dit-il, mais j'aurai l'honneur de vous mener chez une dame de qualité, et là vous connaîtrez Paris comme si vous y

aviez été quatre ans. »

Candide, qui était naturellement curieux, se laissa mener chez la dame, au fond du faubourg Saint-Honoré ; on y était occupé d'un pharaon ; douze tristes pontes tenaient chacun en main un petit livre de cartes, registre cornu de leurs infortunes. Un profond silence régnait, la pâleur était sur le front des pontes, l'inquiétude sur celui du banquier ; et la dame du logis, assise auprès de ce banquier impitoyable, remarquait avec des yeux de lynx tous les parolis, tous les sept-et-le-va de campagne, dont chaque joueur cornait ses cartes ; elle les faisait décorner avec une attention sévère, mais polie, et ne se fâchait point, de peur de perdre ses pratiques. La dame se faisait appeler *la marquise de Parolignac*. Sa fille, âgée de quinze ans, était au nombre des pontes, et avertissait d'un clin d'œil des friponneries de ces pauvres gens qui tâchaient de réparer les cruautés du sort. L'abbé périgourdin, Candide et Martin entrèrent ; personne ne se leva, ni les salua, ni les regarda ; tous étaient profondément occupés de leurs cartes. « Mme la baronne de Thunder-ten-tronckh était plus civile », dit Candide.

Cependant l'abbé s'approcha de l'oreille de la marquise, qui se leva à moitié, honora Candide d'un sourire gracieux, et Martin d'un air de tête tout à fait noble ; elle fit donner un siège et un jeu de cartes à Candide, qui perdit cinquante mille francs en deux tailles : après quoi on soupa très gaiement, et tout le monde était étonné que Candide ne fût pas ému de sa perte ; les laquais disaient entre eux, dans leur langage de laquais : « Il faut que ce soit quelque milord anglais. »

Le souper fut comme la plupart des soupers de Paris, d'abord du silence, ensuite un bruit de paroles qu'on ne distingue point, puis des plaisanteries dont la plupart sont insipides, de fausses nouvelles, de mauvais raisonnements, un peu de politique et beaucoup de médisance ; on parla même de livres nouveaux. « Avez-vous vu, dit l'abbé périgourdin, le roman du sieur Gauchat, docteur en théologie ? — Oui, répondit un des convives, mais je n'ai pu l'achever. Nous avons une foule d'écrits impertinents ; mais tous ensemble n'approchent pas de l'impertinence de Gauchat, docteur en théologie ; je suis si rassasié de cette immensité de détestables livres qui nous inondent, que je me suis mis à ponter au pharaon. — Et les mélanges de l'archidiacre Trublet, qu'en dites-vous ? dit l'abbé. — Ah ! dit Mme de Parolignac, l'ennuyeux mortel ! comme il vous dit curieusement tout ce que le monde sait ! comme il discute pesamment ce qui ne vaut pas la peine d'être remarqué légèrement ! comme il s'approprie, sans esprit, l'esprit des autres ! comme il gâte ce qu'il pille ! comme il me dégoûte ! mais il ne me dégoûtera plus; c'est assez d'avoir lu quelques pages de l'archidiacre. »

Il y avait à table un homme savant et de goût qui appuya ce que disait la marquise. On parla ensuite de tragédies ; la dame demanda pourquoi il y avait des tragédies qu'on jouait quelquefois, et qu'on ne pouvait lire. L'homme de goût expliqua très bien comment une pièce pouvait avoir quelque intérêt, et n'avoir presque aucun mérite ; il prouva en peu de mots que ce n'était pas assez d'amener une ou deux de ces situations qu'on trouve dans tous les romans, et qui séduisent toujours les spectateurs ; mais il faut être neuf sans être bizarre, souvent sublime et toujours naturel, connaître le cœur humain et le faire parler ; être grand poète, sans que jamais aucun personnage de la pièce paraisse poète ; savoir parfaitement sa

langue, la parler avec pureté, avec une harmonie continue, sans que jamais la rime coûte rien au sens. « Quiconque, ajouta-t-il, n'observe pas toutes ces règles, peut faire une ou deux tragédies applaudies au théâtre, mais, il ne sera jamais compté au rang des bons écrivains ; il y a très peu de bonnes tragédies : les unes sont des idylles en dialogues bien écrits et bien rimés ; les autres, des raisonnements politiques qui endorment, ou des amplifications qui rebutent ; les autres, des rêves d'énergumène, en style barbare, des propos interrompus, de longues apostrophes aux dieux, parce qu'on ne sait point parler aux hommes, des maximes fausses, des lieux communs ampoulés. »

Candide écouta ce propos avec attention, et conçut une grande idée du discoureur ; et, comme la marquise avait eu soin de le placer à côté d'elle, il s'approcha de son oreille et prit la liberté de lui demander qui était cet homme qui parlait si bien. « C'est un savant, dit la dame, qui ne ponte point, et que l'abbé m'amène quelquefois à souper ; il se connaît parfaitement en tragédies et en livres, et il a fait une tragédie sifflée, et un livre dont on n'a jamais vu hors de la boutique de son libraire qu'un exemplaire qu'il m'a dédié. — Le grand homme ! dit Candide, c'est un autre Pangloss. »

Alors se tournant vers lui, il lui dit : « Monsieur, vous pensez, sans doute, que tout est au mieux dans le monde physique et dans le moral, et que rien ne pouvait être autrement? — Moi, monsieur, lui répondit le savant, je ne pense rien de tout cela ; je trouve que tout va de travers chez nous ; que personne ne sait ni quel est son rang, ni quelle est sa charge, et qu'excepté le souper, qui est assez gai, et où il paraît assez d'union, tout le reste du temps se passe en querelles impertinentes : jansénistes contre molinistes, gens du parlement contre gens d'Église, gens de lettres contre gens de lettres, courtisans contre courtisans, financiers contre le peuple, femmes contre maris, parents contre parents ; c'est une guerre éternelle. »

Candide lui répliqua : « J'ai vu pis ; mais un sage, qui depuis a eu le malheur d'être pendu, m'apprit que tout cela est à merveille ; ce sont des ombres à un beau tableau. — Votre pendu se moquait du monde, dit Martin ; vos ombres sont des taches horribles. — Ce sont les hommes qui font les taches, dit Candide, et ils ne peuvent s'en dispenser. — Ce n'est donc pas leur faute », dit Martin. La plupart des pontes, qui n'entendaient rien à ce langage, buvaient, et Martin raisonna avec le savant, et Candide raconta une partie de ses aventures à la dame du logis.

Après souper, la marquise mena Candide dans son cabinet et le fit asseoir sur un canapé. « Eh bien ! lui dit-elle, vous aimez donc toujours éperdument Mlle Cunégonde de Thunder-ten-tronckh ? — Oui, madame », répondit Candide. La marquise lui répliqua avec un sourire tendre : « Vous me répondez comme un jeune homme de la Westphalie ; un Français m'aurait dit : « Il est vrai que j'ai aimé Mlle Cunégonde ; mais en vous voyant, madame, je crains de ne la plus aimer. » — Hélas! madame, dit Candide, je répondrai comme vous voudrez. — Votre passion pour elle, dit la marquise, a commencé en ramassant son mouchoir ; je veux que vous ramassiez ma jarretière. — De tout mon cœur, dit Candide, et il la ramassa. — Mais je veux que vous me la remettiez », dit la dame ; et Candide la lui remit. « Voyez-vous, dit la dame, vous êtes étranger ; je fais quelquefois languir mes amants de Paris quinze jours, mais je me rends à vous dès la première nuit, parce qu'il faut

faire les honneurs de son pays à un jeune homme de Westphalie. » La belle, ayant aperçu deux énormes diamants aux deux mains de son jeune étranger, les loua de si bonne foi, que des doigts de Candide ils passèrent aux doigts de la marquise.

Candide, en s'en retournant avec son abbé périgourdin, sentit quelques remords d'avoir fait une infidélité à Mlle Cunégonde. M. l'abbé entra dans sa peine; il n'avait qu'une légère part aux cinquante mille livres perdues au jeu par Candide, et à la valeur des deux brillants moitié donnés, moitié extorqués. Son dessein était de profiter, autant qu'il le pourrait, des avantages que la connaissance de Candide pouvait lui procurer. Il lui parla beaucoup de Cunégonde, et Candide lui dit qu'il demanderait bien pardon à cette belle de son infidélité, quand il la verrait à Venise.

Le Périgourdin redoublait de politesses et d'attentions, et prenait un intérêt tendre à tout ce que Candide disait, à tout ce qu'il faisait, à tout ce qu'il voulait faire.

« Vous avez donc, monsieur, lui dit-il, un rendez-vous à Venise ? — Oui, monsieur l'abbé, dit Candide ; il faut absolument que j'aille trouver Mlle Cunégonde. » Alors, engagé par le plaisir de parler de ce qu'il aimait, il conta, selon son usage, une partie de ses aventures avec cette illustre Westphalienne.

« Je crois, dit l'abbé, que Mlle Cunégonde a bien de l'esprit et qu'elle écrit des lettres charmantes. — Je n'en ai jamais reçu, dit Candide ; car, figurez-vous qu'ayant été chassé du château pour l'amour d'elle, je ne pus lui écrire ; que bientôt après j'appris qu'elle était morte, qu'ensuite je la retrouvai, et que je la perdis, et que je lui ai envoyé à deux mille cinq cents lieues d'ici un exprès dont j'attends la réponse. »

L'abbé écoutait attentivement et paraissait un peu rêveur. Il prit bientôt congé des deux étrangers, après les avoir tendrement embrassés. Le lendemain Candide reçut à son réveil une lettre conçue en ces termes :

« Monsieur mon très cher amant, il y a huit jours que je suis malade en cette ville ; j'apprends que vous y êtes. Je volerais dans vos bras si je pouvais remuer. J'ai su votre passage à Bordeaux ; j'y ai laissé le fidèle Cacambo et la vieille, qui doivent bientôt me suivre. Le gouverneur de Buenos-Ayres a tout pris, mais il me reste votre cœur. Venez ; votre présence me rendra la vie ou me fera mourir de plaisir. »

Cette lettre charmante, cette lettre inespérée, transporta Candide d'une joie inexprimable, et la maladie de sa chère Cunégonde l'accabla de douleur. Partagé entre ces deux sentiments, il prend son or et ses diamants et se fait conduire avec Martin à l'hôtel où Mlle Cunégonde demeurait. Il entre en tremblant d'émotion, son cœur palpite, sa voix sanglote ; il veut ouvrir les rideaux du lit ; il veut faire apporter de la lumière. « Gardez-vous-en bien, lui dit la suivante ; la lumière la tue » ; et soudain elle referme le rideau. « Ma chère Cunégonde, dit Candide en pleurant, comment vous portez-vous ? Si vous ne pouvez me voir, parlez-moi du moins. — Elle ne peut parler », dit la suivante. La dame alors tire du lit une main potelée que Candide arrose longtemps de ses larmes et qu'il remplit ensuite de diamants, en laissant un sac plein d'or sur le fauteuil.

Au milieu de ses transports arrive un exempt suivi de l'abbé périgourdin et

d'une escouade. « Voilà donc, dit-il, ces deus étrangers suspects ? » Il les fait incontinent saisir, et ordonne à ses braves de les traîner en prison. « Ce n'est pas ainsi qu'on traite les voyageurs dans le Dorado, dit Candide. — Je suis plus manichéen que jamais, dit Martin. — Mais, monsieur, où nous menez-vous ? dit Candide. — Dans un cul de basse-fosse », dit l'exempt.

Martin, ayant repris son sang-froid, jugea que la dame qui se prétendait Cunégonde était une friponne, M. l'abbé périgourdin un fripon, qui avait abusé au plus vite de l'innocence de Candide, et l'exempt un autre fripon dont on pouvait aisément se débarrasser.

Plutôt que de s'exposer aux procédures de la justice, Candide, éclairé par son conseil, et d'ailleurs toujours impatient de revoir la véritable Cunégonde, propose à l'exempt trois petits diamants d'environ trois mille pistoles chacun. « Ah ! monsieur, lui dit l'homme au bâton d'ivoire, eussiez-vous commis tous les crimes imaginables, vous êtes le plus honnête homme du monde. Trois diamants ! chacun de trois mille pistoles ! Monsieur ! je me ferais tuer pour vous au lieu de vous mener dans un cachot. On arrête tous les étrangers, mais laissez-moi faire ; j'ai un frère à Dieppe en Normandie ; je vais vous y mener, et si vous avez quelque diamant à lui donner, il aura soin de vous comme moi-même.

— Et pourquoi arrête-t-on tous les étrangers ? » dit Candide. L'abbé périgourdin prit alors la parole, et dit : « C'est parce qu'un gueux du pays d'Atrébatie a entendu dire des sottises ; cela seul lui a fait commettre un parricide, non pas tel que celui de 1610 au mois de mai, mais tel que celui de 1594 au mois de décembre, et tel que plusieurs autres commis dans d'autres années et dans d'autres mois par d'autres gueux qui avaient entendu dire des sottises. »

L'exempt alors expliqua de quoi il s'agissait. « Ah ! les monstres ! s'écria Candide ; quoi ! de telles horreurs chez un peuple qui danse et qui chante ! Ne pourrai-je sortir au plus vite de ce pays où des singes agacent des tigres ? J'ai vu des ours dans mon pays ; je n'ai vu des hommes que dans le Dorado. Au nom de Dieu, monsieur l'exempt, menez-moi à Venise, où je dois attendre Mlle Cunégonde. — Je ne peux vous mener qu'en basse Normandie », dit le barigel. Aussitôt il lui fait ôter ses fers, dit qu'il s'est mépris, renvoie ses gens et emmène à Dieppe Candide et Martin, et les laisse entre les mains de son frère. Il y avait un petit vaisseau hollandais à la rade. Le Normand, à l'aide de trois autres diamants, devenu le plus serviable des hommes, embarque Candide et ses gens dans le vaisseau qui allait faire voile pour Portsmouth en Angleterre. Ce n'était pas le chemin de Venise ; mais Candide croyait être délivré de l'enfer, et il comptait bien reprendre la route de Venise à la première occasion.

CHAPITRE XXIII

CANDIDE ET MARTIN VONT SUR LES CÔTES D'ANGLETERRE ; CE QU'ILS Y VOIENT

« Ah ! Pangloss ! Pangloss ! Ah ! Martin ! Martin ! Ah ! ma chère Cunégonde! qu'est-ce que ce monde-ci ? disait Candide sur le vaisseau hollandais. — Quelque chose de bien fou et de bien abominable, répondait Martin. — Vous connaissez l'Angleterre ; y est-on aussi fou qu'en France ? — C'est une autre espèce de folie, dit Martin. Vous savez que ces deux nations sont en guerre pour quelques arpents de neige vers le Canada, et qu'elles dépensent pour cette belle guerre beaucoup plus que tout le Canada ne vaut. De vous dire précisément s'il y a plus de gens à lier dans un pays que dans un autre, c'est ce que mes faibles lumières ne me permettent pas ; je sais seulement qu'en général les gens que nous allons voir sont fort atrabilaires. »

En causant ainsi ils abordèrent à Portsmouth ; une multitude de peuple couvrait le rivage, et regardait attentivement un assez gros homme qui était à genoux, les yeux bandés, sur le tillac d'un des vaisseaux de la flotte ; quatre soldats, postés vis-à-vis de cet homme, lui tirèrent chacun trois balles dans le crâne, le plus paisiblement du monde ; et toute l'assemblée s'en retourna extrêmement satisfaite. « Qu'est-ce donc que tout ceci ? dit Candide ; et quel démon exerce partout son empire ? » Il demanda qui était ce gros homme qu'on venait de tuer en cérémonie. « C'est un amiral, lui répondit-on. — Et pourquoi tuer cet amiral ? — C'est, lui dit-on, parce qu'il n'a pas fait tuer assez de monde ; il a livré un combat à un amiral français, et on a trouvé qu'il n'était pas assez près de lui. — Mais, dit Candide, l'amiral français était aussi loin de l'amiral anglais que celui-ci l'était de l'autre ! — Cela est incontestable, lui répliqua-t-on ; mais dans ce pays-ci il est bon de tuer de temps en temps un amiral pour encourager les autres. »

Candide fut si étourdi et si choqué de ce qu'il voyait et de ce qu'il entendait, qu'il ne voulut pas seulement mettre pied à terre, et qu'il fit son marché avec le patron hollandais (dût-il le voler comme celui de Surinam), pour le conduire sans délai à Venise.

Le patron fut prêt au bout de deux jours. On côtoya la France ; on passa à la vue de Lisbonne, et Candide frémit. On entra dans le détroit, et dans la Méditerranée, enfin on aborda à Venise. « Dieu soit loué ! dit Candide, en embrassant Martin ; c'est ici que je reverrai la belle Cunégonde. Je compte sur Cacambo comme sur moi-même. Tout est bien, tout va bien, tout va le mieux qu'il soit possible. »

CHAPITRE XXIV

DE PAQUETTE ET DE FRÈRE GIROFLÉE

Dès qu'il fut à Venise, il fit chercher Cacambo dans tous les cabarets, dans tous les cafés, chez toutes les filles de joie, et ne le trouva point. Il envoyait tous les jours à la découverte de tous les vaisseaux et de toutes les barques : nulles nouvelles de Cacambo. « Quoi ! disait-il à Martin, j'ai eu le temps de passer de Surinam à Bordeaux, d'aller de Bordeaux à Paris, de Paris à Dieppe, de Dieppe à

Portsmouth, de côtoyer le Portugal et l'Espagne, de traverser toute la Méditerranée, de passer quelques mois à Venise, et la belle Cunégonde n'est point venue ! Je n'ai rencontré au lieu d'elle qu'une drôlesse et un abbé périgourdin ! Cunégonde est morte, sans doute ; je n'ai plus qu'à mourir. Ah ! il valait mieux rester dans le paradis du Dorado que de revenir dans cette maudite Europe. Que vous avez raison, mon cher Martin ! tout n'est qu'illusion et calamité. »

Il tomba dans une mélancolie noire, et ne prit aucune part à l'opéra *alla moda*, ni aux autres divertissements du carnaval ; pas une dame ne lui donna la moindre tentation. Martin lui dit : « Vous êtes bien simple, en vérité, de vous figurer qu'un valet métis, qui a cinq ou six millions dans ses poches, ira chercher votre maîtresse au bout du monde, et vous l'amènera à Venise. Il la prendra pour lui, s'il la trouve; s'il ne la trouve pas, il en prendra une autre : je vous conseille d'oublier votre valet Cacambo et votre maîtresse Cunégonde. » Martin n'était pas consolant. La mélancolie de Candide augmenta, et Martin ne cessait de lui prouver qu'il y avait peu de vertu et peu de bonheur sur la terre, excepté peut-être dans Eldorado, où personne ne pouvait aller.

En disputant sur cette matière importante, et en attendant Cunégonde, Candide aperçut un jeune théatin dans la place Saint-Marc, qui tenait sous le bras une fille. Le théatin paraissait frais, potelé, vigoureux ; ses yeux étaient brillants, son air assuré, sa mine haute, sa démarche fière. La fille était très jolie, et chantait; elle regardait amoureusement son théatin, et de temps en temps lui pinçait ses grosses joues. « Vous m'avouerez du moins, dit Candide à Martin, que ces gens-ci sont heureux. Je n'ai trouvé jusqu'à présent dans toute la terre habitable, excepté dans Eldorado, que des infortunés ; mais pour cette fille et ce théatin, je gage que ce sont des créatures très heureuses. — Je gage que non, dit Martin. — Il n'y a qu'à les prier à dîner, dit Candide, et vous verrez si je me trompe. »

Aussitôt il les aborde, il leur fait son compliment, et les invite à venir à son hôtellerie manger des macaroni, des perdrix de Lombardie, des oeufs d'esturgeon, et à boire du vin de Montepulciano, du lacryma-christi, du chypre et du samos. La demoiselle rougit, le théatin accepta la partie, et la fille le suivit en regardant Candide avec des yeux de surprise et de confusion, qui furent obscurcis de quelques larmes. A peine fut-elle entrée dans la chambre de Candide, qu'elle lui dit: « Eh quoi ! monsieur Candide ne reconnaît plus Paquette ! » A ces mots Candide, qui ne l'avait pas considérée jusque-là avec attention, parce qu'il n'était occupé que de Cunégonde, lui dit : « Hélas ! ma pauvre enfant, c'est donc vous qui avez mis le docteur Pangloss dans le bel état où je l'ai vu ?

— Hélas ! monsieur, c'est moi-même, dit Paquette ; je vois que vous êtes instruit de tout. J'ai su les malheurs épouvantables arrivés à toute la maison de Mme la baronne et à la belle Cunégonde. Je vous jure que ma destinée n'a guère été moins triste. J'étais fort innocente quand vous m'avez vue. Un cordelier, qui était mon confesseur, me séduisit aisément. Les suites en furent affreuses ; je fus obligée de sortir du château quelque temps après que M. le baron vous eut renvoyé à grands coups de pied dans le derrière. Si un fameux médecin n'avait pas pris pitié de moi, j'étais morte. Je fus quelque temps par reconnaissance la maîtresse de ce médecin. Sa femme, qui était jalouse à la rage, me battait tous les jours

impitoyablement ; c'était une furie. Ce médecin était le plus laid de tous les hommes, et moi la plus malheureuse de toutes les créatures d'être battue continuellement pour un homme que je n'aimais pas. Vous savez, monsieur, combien il est dangereux pour une femme acariâtre d'être l'épouse d'un médecin. Celui-ci, outré des procédés de sa femme, lui donna un jour, pour la guérir d'un petit rhume, une médecine si efficace, qu'elle en mourut en deux heures de temps dans des convulsions horribles. Les parents de madame intentèrent à monsieur un procès criminel ; il prit la fuite, et moi je fus mise en prison. Mon innocence ne m'aurait pas sauvée, si je n'avais été un peu jolie. Le juge m'élargit à condition qu'il succéderait au médecin. Je fus bientôt supplantée par une rivale, chassée sans récompense, et obligée de continuer ce métier abominable qui vous paraît si plaisant à vous autres hommes, et qui n'est pour nous qu'un abîme de misères. J'allai exercer la profession à Venise. Ah ! monsieur, si vous pouviez vous imaginer ce que c'est que d'être obligée de caresser indifféremment un vieux marchand, un avocat, un moine, un gondolier, un abbé ; d'être exposée à toutes les insultes, à toutes les avanies ; d'être souvent réduite à emprunter une jupe pour aller se la faire lever par un homme dégoûtant ; d'être volée par l'un de ce qu'on a gagné avec l'autre ; d'être rançonnée par les officiers de justice ; et de n'avoir en perspective qu'une vieillesse affreuse, un hôpital et un fumier, vous concluriez que je suis une des plus malheureuses créatures du monde. »

Paquette ouvrait ainsi son cœur au bon Candide, dans un cabinet, en présence de Martin, qui disait à Candide : « Vous voyez que j'ai déjà gagné la moitié de la gageure. »

Frère Giroflée était resté dans la salle à manger et buvait un coup en attendant le dîner. « Mais, dit Candide à Paquette, vous aviez l'air si gai, si content, quand je vous ai rencontrée ; vous chantiez, vous caressiez le théatin avec une complaisance naturelle ; vous m'avez paru aussi heureuse que vous prétendez être infortunée. — Ah! monsieur, répondit Paquette, c'est encore là une des misères du métier. J'ai été hier volée et battue par un officier, et il faut aujourd'hui que je paraisse de bonne humeur pour plaire à un moine. »

Candide n'en voulut pas davantage ; il avoua que Martin avait raison. On se mit à table avec Paquette et le théatin ; le repas fut assez amusant, et sur la fin on se parla avec quelque confiance. « Mon père, dit Candide au moine, vous me paraissez jouir d'une destinée que tout le monde doit envier ; la fleur de la santé brille sur votre visage, votre physionomie annonce le bonheur ; vous avez une très jolie fille pour votre récréation, et vous paraissez très content de votre état de théatin.

— Ma foi, monsieur, dit frère Giroflée, je voudrais que tous les théatins fussent au fond de la mer. J'ai été tenté cent fois de mettre le feu au couvent, et d'aller me faire Turc. Mes parents me forcèrent, à l'âge de quinze ans, d'endosser cette détestable robe, pour laisser plus de fortune à un maudit frère aîné, que Dieu confonde ! La jalousie, la discorde, la rage, habitent dans le couvent. Il est vrai que j'ai prêché quelques mauvais sermons qui m'ont valu un peu d'argent dont le prieur me vole la moitié ; le reste me sert à entretenir des filles : mais quand je rentre le soir dans le monastère, je suis prêt de me casser la tête contre les murs du dortoir ;

et tous mes confrères sont dans le même cas. »

Martin se tournant vers Candide avec son sang-froid ordinaire : « Eh bien ! lui dit-il, n'ai-je pas gagné la gageure toute entière ? » Candide donna deux mille piastres à Paquette, et mille piastres à frère Giroflée. « Je vous réponds, dit-il, qu'avec cela ils seront heureux. — Je n'en crois rien du tout, dit Martin ; vous les rendrez peut-être avec ces piastres beaucoup plus malheureux encore. — Il en sera ce qui pourra, dit Candide, mais une chose me console : je vois qu'on retrouve souvent les gens qu'on ne croyait jamais retrouver ; il se pourra bien faire qu'ayant rencontré mon mouton rouge et Paquette, je rencontre aussi Cunégonde. — Je souhaite, dit Martin, qu'elle fasse un jour votre bonheur ; mais c'est de quoi je doute fort. — Vous êtes bien dur, dit Candide. — C'est que j'ai vécu, dit Martin.

— Mais regardez ces gondoliers, dit Candide ; ne chantent-ils pas sans cesse? — Vous ne les voyez pas dans leur ménage, avec leurs femmes et leurs marmots d'enfants, dit Martin. Le doge a ses chagrins, les gondoliers ont les leurs. Il est vrai qu'à tout prendre le sort d'un gondolier est préférable à celui d'un doge ; mais je crois la différence si médiocre, que cela ne vaut pas la peine d'être examiné.

— On parle, dit Candide, du sénateur Pococurante, qui demeure dans ce beau palais sur la Brenta, et qui reçoit assez bien les étrangers. On prétend que c'est un homme qui n'a jamais eu de chagrin. — Je voudrais voir une espèce si rare », dit Martin. Candide aussitôt fit demander au seigneur Pococurante la permission de venir le voir le lendemain.

CHAPITRE XXV

VISITE CHEZ LE SEIGNEUR POCOCURANTE, NOBLE VÉNITIEN

Candide et Martin allèrent en gondole sur la Brenta, et arrivèrent au palais du noble Pococurante. Les jardins étaient bien entendus, et ornés de belles statues de marbre ; le palais, d'une belle architecture. Le maître du logis, homme de soixante ans, fort riche, reçut très poliment les deux curieux, mais avec très peu d'empressement, ce qui déconcerta Candide, et ne déplut point à Martin.

D'abord deux filles jolies et proprement mises servirent du chocolat, qu'elles firent très bien mousser. Candide ne put s'empêcher de les louer sur leur beauté, sur leur bonne grâce et sur leur adresse. « Ce sont d'assez bonnes créatures, dit le sénateur Pococurante ; je les fais quelquefois coucher dans mon lit ; car je suis bien las des dames de la ville, de leurs coquetteries, de leurs jalousies, de leurs querelles, de leurs humeurs, de leurs petitesses, de leur orgueil, de leurs sottises, et des sonnets qu'il faut faire ou commander pour elles ; mais, après tout, ces deux filles commencent fort à m'ennuyer. »

Candide, après le déjeuner, se promenant dans une longue galerie, fut surpris de la beauté des tableaux. Il demanda de quel maître étaient les deux premiers. « Ils sont de Raphaël, dit le sénateur ; je les achetai fort cher par vanité, il y a quelques années.... On dit que c'est ce qu'il y a de plus beau en Italie ; mais ils ne

me plaisent point du tout : la couleur en est très rembrunie, les figures ne sont pas assez arrondies et ne sortent point assez ; les draperies ne ressemblent en rien à une étoffe. En un mot, quoi qu'on en dise, je ne trouve point là une imitation vraie de la nature. Je n'aimerai un tableau que quand je croirai voir la nature elle-même : il n'y en a point de cette espèce. J'ai beaucoup de tableaux, mais je ne les regarde plus. »

Pococurante, en attendant le dîner, se fit donner un concerto. Candide trouva la musique délicieuse. « Ce bruit, dit Pococurante, peut amuser une demi-heure ; mais, s'il dure plus longtemps, il fatigue tout le monde, quoique personne n'ose l'avouer. La musique, aujourd'hui, n'est plus que l'art d'exécuter des choses difficiles, et ce qui n'est que difficile ne plaît point à la longue.

« J'aimerais peut-être mieux l'opéra, si on n'avait pas trouvé le secret d'en faire un monstre qui me révolte. Ira voir qui voudra de mauvaises tragédies en musique, où les scènes ne sont faites que pour amener très mal à propos deux ou trois chansons ridicules qui font valoir le gosier d'une actrice ; se pâmera de plaisir qui voudra ou qui pourra en voyant un châtré fredonner le rôle de César et de Caton, et se promener d'un air gauche sur des planches. Pour moi, il y a longtemps que j'ai renoncé à ces pauvretés qui font aujourd'hui la gloire de l'Italie, et que des souverains payent si chèrement. » Candide disputa un peu, mais avec discrétion. Martin fut entièrement de l'avis du sénateur.

On se mit à table, et, après un excellent dîner, on entra dans la bibliothèque. Candide, en voyant un Homère magnifiquement relié, loua l'illustrissime sur son bon goût : « Voilà, dit-il, un livre qui faisait les délices du grand Pangloss, le meilleur philosophe de l'Allemagne — Il ne fait pas les miennes, dit froidement Pococurante ; on me fit accroire autrefois que j'avais du plaisir en le lisant ; mais cette répétition continuelle de combats qui se ressemblent tous, ces dieux qui agissent toujours pour ne rien faire de décisif, cette Hélène qui est le sujet de la guerre, et qui à peine est une actrice de la pièce ; cette Troie qu'on assiège, et qu'on ne prend point : tout cela me causait le plus mortel ennui. J'ai demandé quelquefois à des savants s'ils s'ennuyaient autant que moi à cette lecture : tous les gens sincères m'ont avoué que le livre leur tombait des mains, mais qu'il fallait toujours l'avoir dans sa bibliothèque comme un monument de l'antiquité, et comme ces médailles rouillées qui ne peuvent être de commerce.

— Votre Excellence ne pense pas ainsi de Virgile ? dit Candide. — Je conviens, dit Pococurante, que le second, le quatrième et le sixième livre de son Énéide sont excellents ; mais, pour son pieux Énée, et le fort Cloanthe, et l'ami Achates, et le petit Ascanius, et l'imbécile roi Latinus, et la bourgeoise Amata, et l'insipide Lavinia, je ne crois pas qu'il y ait rien de si froid et de plus désagréable. J'aime mieux le Tasse et les contes à dormir debout de l'Arioste.

— Oserais-je vous demander, monsieur, dit Candide, si vous n'avez pas un grand plaisir à lire Horace ? — Il y a des maximes, dit Pococurante, dont un homme du monde peut faire son profit, et qui, étant resserrées dans des vers énergiques, se gravent plus aisément dans la mémoire : mais je me soucie fort peu de son voyage à Brindes, et de sa description d'un mauvais dîner, et de la querelle de crocheteurs entre je ne sais quel Pupilus, dont les paroles, dit-il, *étaient pleines de pus*, et un

autre dont les paroles *étaient du vinaigre.* Je n'ai lu qu'avec un extrême dégoût ses vers grossiers contre des vieilles et contre des sorcières, et je ne vois pas quel mérite il peut y avoir à dire à son ami Mecenas que, s'il est mis par lui au rang des poètes lyriques, il frappera les astres de son front sublime. Les sots admirent tout dans un auteur estimé. Je ne lis que pour moi ; je n'aime que ce qui est à mon usage.» Candide, qui avait été élevé à ne jamais juger de rien par lui-même, était fort étonné de ce qu'il entendait, et Martin trouvait la façon de penser de Pococurante assez raisonnable.

« Oh ! voici un Cicéron, dit Candide ; pour ce grand homme-là, je pense que vous ne vous lassez point de le lire. — Je ne le lis jamais, répondit le Vénitien. Que m'importe qu'il ait plaidé pour Rabirius ou pour Cluentius ? J'ai bien assez des procès que je juge. Je me serais mieux accommodé de ses œuvres philosophiques; mais, quand j'ai vu qu'il doutait de tout, j'ai conclu que j'en savais autant que lui, et que je n'avais besoin de personne pour être ignorant.

— Ah ! voilà quatre-vingts volumes de recueils d'une académie des sciences! s'écria Martin. Il se peut qu'il y ait là du bon. — Il y en aurait, dit Pococurante, si un seul des auteurs de ces fatras avait inventé seulement l'art de faire des épingles; mais il n'y a, dans tous ces livres, que de vains systèmes, et pas une seule chose utile.

— Que de pièces de théâtre je vois là !... dit Candide ; en italien, en espagnol, en français... — Oui, dit le sénateur ; il y en a trois mille, et pas trois douzaines de bonnes... Pour ces recueils de sermons, qui, tous ensemble, ne valent pas une page de Sénèque, et tous ces gros volumes de théologie, vous pensez bien que je ne les ouvre jamais, ni moi, ni personne. »

Martin aperçut des rayons chargés de livres anglais. « Je crois, dit-il, qu'un républicain doit se plaire à la plupart de ces ouvrages écrits si librement. — Oui, répondit Pococurante, il est beau d'écrire ce qu'on pense ; c'est le privilège de l'homme. Dans toute notre Italie, on n'écrit que ce qu'on ne pense pas ; ceux qui habitent la patrie des Césars et des Antonins n'osent avoir une idée sans la permission d'un jacobin. Je serais content de la liberté qui inspire les génies anglais, si la passion et l'esprit de parti ne corrompaient pas tout ce que cette précieuse liberté a d'estimable. »

Candide, apercevant un Milton, lui demanda s'il ne regardait pas cet auteur comme un grand homme. « Qui ? dit Pococurante, ce barbare qui fait un long commentaire du premier chapitre de la *Genèse*, en dix livres de vers durs ? ce grossier imitateur des Grecs, qui défigure la création et qui, tandis que Moïse représente l'Être éternel produisant le monde par la parole, fait prendre un grand compas par le Messiah dans une armoire du ciel pour tracer son ouvrage ?

... Moi, j'estimerais celui qui a gâté l'enfer et le diable du Tasse, qui déguise Lucifer tantôt en crapaud, tantôt en pygmée ; qui lui fait rebattre cent fois les mêmes discours, qui le fait disputer sur la théologie, qui, en imitant sérieusement l'invention comique des armes à feu de l'Arioste, fait tirer le canon dans le ciel par les diables ? Ni moi ni personne, en Italie, n'a pu se plaire à toutes ces tristes extravagances. Et le mariage du Péché et de la Mort, et les couleuvres dont le Péché accouche, font vomir tout homme qui a le goût un peu délicat. Et sa longue

description d'un hôpital n'est bonne que pour un fossoyeur. Ce poème obscur, bizarre et dégoûtant, fut méprisé à sa naissance; je le traite aujourd'hui comme il fut traité dans sa patrie par les contemporains. Au reste, je dis ce que je pense, et je me soucie fort peu que les autres pensent comme moi. » Candide était affligé de ces discours : il respectait Homère, il aimait un peu Milton. « Hélas ! dit-il tout bas à Martin, j'ai bien peur que cet homme-ci n'ait un souverain mépris pour nos poètes allemands. — Il n'y aurait pas grand mal à cela, dit Martin — Oh ! quel homme supérieur ! disait Candide entre ses dents ; quel grand génie que ce Pococurante ! rien ne peut lui plaire. »

Après avoir fait ainsi la revue de tous les livres, ils descendirent dans le jardin. Candide en loua toutes les beautés. « Je ne sais rien de si mauvais goût, dit le maître ; nous n'avons ici que des colifichets ; mais je vais, dès demain, en faire planter un d'un dessin plus noble. »

Quand les deux curieux eurent pris congé de Son Excellence : « Or çà, dit Candide à Martin, vous conviendrez que voilà le plus heureux de tous les hommes, car il est au-dessus de tout ce qu'il possède. — Ne voyez-vous pas, dit Martin, qu'il est dégoûté de tout ce qu'il possède ? Platon a dit, il y a longtemps, que les meilleurs estomacs ne sont pas ceux qui rebutent tous les aliments. — Mais, dit Candide, n'y a-t-il pas du plaisir à tout critiquer, à sentir des défauts où les autres hommes croient voir des beautés ? — C'est-à-dire, reprit Martin, qu'il y a du plaisir à n'avoir pas de plaisir ? — Oh bien ! dit Candide, il n'y a donc d'heureux que moi, quand je reverrai Mlle Cunégonde. — C'est toujours bien fait d'espérer », dit Martin.

Cependant les jours, les semaines s'écoulaient ; Cacambo ne revenait point, et Candide était si abîmé dans sa douleur, qu'il ne fit pas même réflexion que Paquette et frère Giroflée n'étaient pas venus seulement le remercier.

CHAPITRE XXVI

D'UN SOUPER QUE CANDIDE ET MARTIN FIRENT AVEC SIX ÉTRANGERS, ET QUI ILS ÉTAIENT

Un soir que Candide, suivi de Martin, allait se mettre à table avec les étrangers qui logeaient dans la même hôtellerie, un homme à visage couleur de suie l'aborda par derrière, et, le prenant par le bras, lui dit : « Soyez prêt à partir avec nous... n'y manquez pas. » Il se retourne, et voit Cacambo. Il n'y avait que la vue de Cunégonde qui pût l'étonner et lui plaire davantage. Il fut sur le point de devenir fou de joie. Il embrasse son cher ami. « Cunégonde est ici, sans doute ? où est-elle?... mène-moi vers elle, que je meure de joie avec elle ! — Cunégonde n'est point ici, dit Cacambo, elle est à Constantinople. — Ah ciel ! à Constantinople !... mais fût-elle à la Chine, j'y vole... partons. — Nous partirons après souper, reprit Cacambo ; je ne peux vous en dire davantage ; je suis esclave ; mon maître m'attend ; il faut que j'aille le servir à table... Ne dites mot, soupez et tenez-vous

prêt. »

Candide, partagé entre la joie et la douleur, charmé d'avoir revu son agent fidèle, étonné de le voir esclave, plein de l'idée de retrouver sa maîtresse, le cœur agité, l'esprit bouleversé, se mit à table avec Martin, qui voyait de sang-froid toutes ces aventures, et avec six étrangers, qui étaient venus passer le carnaval à Venise.

Cacambo, qui versait à boire à l'un de ces étrangers, s'approcha de l'oreille de son maître, sur la fin du repas, et lui dit : « Sire, Votre Majesté partira quand elle voudra, le vaisseau est prêt. » Ayant dit ces mots, il sortit. Les convives, étonnés, se regardaient sans proférer une seule parole, lorsqu'un autre domestique, s'approchant de son maître, lui dit : « Sire, la chaise de Votre Majesté est à Padoue, et la barque est prête. » Le maître fit un signe, et le domestique partit. Tous les convives se regardèrent encore, et la surprise commune redoubla. Un troisième valet, s'approchant aussi d'un troisième étranger, lui dit : « Sire, croyez-moi, Votre Majesté ne doit pas rester ici plus longtemps, je vais tout préparer » ; et aussitôt il disparut.

Candide et Martin ne doutèrent pas alors que ce ne fût une mascarade du carnaval. Un quatrième domestique dit au quatrième maître : « Votre Majesté partira quand elle voudra », et sortit comme les autres. Le cinquième valet en dit autant au cinquième maître. Mais le sixième valet parla différemment au sixième étranger qui était auprès de Candide ; il lui dit : « Ma foi, sire, on ne veut plus faire crédit à Votre Majesté ni à moi non plus, et nous pourrions bien être coffrés cette nuit vous et moi ; je vais pourvoir à mes affaires : adieu. »

Tous les domestiques ayant disparu, les six étrangers, Candide et Martin, demeurèrent dans un profond silence. Enfin Candide le rompit : « Messieurs, dit-il, voilà une singulière plaisanterie. Pourquoi êtes-vous tous rois ? pour moi, je vous avoue que ni moi ni Martin nous ne le sommes. »

Le maître de Cacambo prit alors gravement la parole, et dit en italien : « Je ne suis point plaisant, je m'appelle Achmet III ; j'ai été grand sultan plusieurs années; je détrônai mon frère ; mon neveu m'a détrôné ; on a coupé le cou à mes vizirs ; j'achève ma vie dans le vieux sérail ; mon neveu le grand sultan Mahmoud me permet de voyager quelquefois pour ma santé ; et je suis venu passer le carnaval à Venise. »

Un jeune homme qui était auprès d'Achmet parla après lui, et dit : « Je m'appelle Ivan ; j'ai été empereur de toutes les Russies, j'ai été détrôné au berceau; mon père et ma mère ont été enfermés ; on m'a élevé en prison ; j'ai quelquefois la permission de voyager, accompagné de ceux qui me gardent ; et je suis venu passer le carnaval à Venise. »

Le troisième dit : « Je suis Charles-Édouard, roi d'Angleterre ; mon père m'a cédé ses droits au royaume ; j'ai combattu pour les soutenir ; on a arraché le cœur à huit cents de mes partisans, et on leur en a battu les joues ; j'ai été mis en prison; je vais à Rome faire une visite au roi mon père, détrôné ainsi que moi et mon grand-père : et je suis venu passer le carnaval à Venise. »

Le quatrième prit alors la parole et dit : « Je suis roi des Polaques ; le sort de la guerre m'a privé de mes États héréditaires ; mon père a éprouvé les mêmes revers ; je me résigne à la Providence comme le sultan Achmet, l'empereur Ivan,

et le roi Charles-Édouard, à qui Dieu donne une longue vie ; et je suis venu passer le carnaval à Venise. »

Le cinquième dit : « Je suis aussi roi des Polaques ; j'ai perdu mon royaume deux fois ; mais la Providence m'a donné un autre État, dans lequel j'ai fait plus de bien que tous les rois des Sarmates ensemble n'en ont jamais pu faire sur les bords de la Vistule. Je me résigne aussi à la Providence ; et je suis venu passer le carnaval à Venise. »

Il restait au sixième monarque à parler. « Messieurs, dit-il, je ne suis pas si grand seigneur que vous ; mais enfin j'ai été roi tout comme un autre ; je suis Théodore, on m'a élu roi en Corse ; on m'a appelé *Votre Majesté*, et à présent à peine m'appelle-t-on *Monsieur* ; j'ai fait frapper de la monnaie, et je ne possède pas un denier ; j'ai eu deux secrétaires d'État, et j'ai à peine un valet ; je me suis vu sur un trône, et j'ai longtemps été à Londres en prison sur la paille ; j'ai bien peur d'être traité de même ici, quoique je sois venu, comme Vos Majestés, passer le carnaval à Venise. »

Les cinq autres rois écoutèrent ce discours avec une noble compassion. Chacun d'eux donna vingt sequins au roi Théodore pour avoir des habits et des chemises ; Candide lui fit présent d'un diamant de deux mille sequins. « Quel est donc, disaient les cinq rois, ce simple particulier qui est en état de donner cent fois autant que chacun de nous, et qui le donne ? »

Dans l'instant qu'on sortait de table, il arriva dans la même hôtellerie quatre altesses sérénissimes qui avaient aussi perdu leurs États par le sort de la guerre, et qui venaient passer le reste du carnaval à Venise ; mais Candide ne prit pas seulement garde à ces nouveaux venus. Il n'était occupé que d'aller trouver sa chère Cunégonde à Constantinople.

CHAPITRE XXVII

VOYAGE DE CANDIDE À CONSTANTINOPLE

Le fidèle Cacambo avait déjà obtenu du patron turc qui allait reconduire le sultan Achmet à Constantinople qu'il recevrait Candide et Martin sur son bord. L'un et l'autre s'y rendirent après s'être prosternés devant Sa misérable Hautesse. Candide, chemin faisant, disait à Martin : « Voilà pourtant six rois détrônés avec qui nous avons soupé ! et encore dans ces six rois il y en a un à qui j'ai fait l'aumône. Peut-être y a-t-il beaucoup d'autres princes plus infortunés. Pour moi, je n'ai perdu que cent moutons, et je vole dans les bras de Cunégonde. Mon cher Martin, encore une fois, Pangloss avait raison, tout est bien. — Je le souhaite, dit Martin. — Mais, dit Candide, voilà une aventure bien peu vraisemblable que nous avons eue à Venise. On n'avait jamais vu ni ouï conter que six rois détrônés soupassent ensemble au cabaret. — Cela n'est pas plus extraordinaire, dit Martin, que la plupart des choses qui nous sont arrivées. Il est très commun que des rois soient détrônés ; et à l'égard de l'honneur que nous avons eu de souper avec eux, c'est

une bagatelle qui ne mérite pas notre attention. »

A peine Candide fut-il dans le vaisseau, qu'il sauta au cou de son ancien valet, de son ami Cacambo. « Eh bien ! lui dit-il, que fait Cunégonde ? est-elle toujours un prodige de beauté ? m'aime-t-elle toujours ? comment se porte-t-elle ? Tu lui as sans doute acheté un palais à Constantinople ?

— Mon cher maître, répondit Cacambo, Cunégonde lave les écuelles sur le bord de la Propontide, chez un prince qui a très peu d'écuelles ; elle est esclave dans la maison d'un ancien souverain, nommé Ragotski, à qui le Grand Turc donne trois écus par jour dans son asile ; mais, ce qui est bien plus triste, c'est qu'elle a perdu sa beauté, et qu'elle est devenue horriblement laide. — Ah ! belle ou laide, dit Candide, je suis honnête homme, et mon devoir est de l'aimer toujours. Mais comment peut-elle être réduite à un état si abject avec les cinq ou six millions que tu avais apportés ? — Bon, dit Cacambo, ne m'en a-t-il pas fallu donner deux millions au señor don Fernando d'Ibaraa y Figueora y Mascarenes y Lampourdos y Souza, gouverneur de Buenos-Ayres, pour avoir la permission de reprendre Mlle Cunégonde ? et un pirate ne nous a-t-il pas bravement dépouillés de tout le reste ? Ce pirate ne nous a-t-il pas menés au cap de Matapan, à Milo, à Nicarie, à Samos, à Petra, aux Dardanelles, à Marmara, à Scutari ? Cunégonde et la vieille servent chez ce prince dont je vous ai parlé, et moi je suis esclave du sultan détrôné. — Que d'épouvantables calamités enchaînées les unes aux autres ! dit Candide. Mais, après tout, j'ai encore quelques diamants ; je délivrerai aisément Cunégonde. C'est bien dommage qu'elle soit devenue si laide. »

Ensuite, se tournant vers Martin : « Que pensez-vous, dit-il, qui soit le plus à plaindre, de l'empereur Achmet, de l'empereur Ivan, du roi Charles-Édouard, ou de moi ? — Je n'en sais rien, dit Martin ; il faudrait que je fusse dans vos cœurs pour le savoir. — Ah ! dit Candide, si Pangloss était ici, il le saurait, et nous l'apprendrait. — Je ne sais, dit Martin, avec quelles balances votre Pangloss aurait pu peser les infortunes des hommes, et apprécier leurs douleurs. Tout ce que je présume, c'est qu'il y a des millions d'hommes sur la terre cent fois plus à plaindre que le roi Charles-Édouard, l'empereur Ivan, et le sultan Achmet. — Cela pourrait bien être », dit Candide.

On arriva en peu de jours sur le canal de la mer Noire. Candide commença par racheter Cacambo fort cher ; et, sans perdre de temps, il se jeta dans une galère, avec ses compagnons, pour aller sur le rivage de la Propontide chercher Cunégonde, quelque laide qu'elle pût être.

Il y avait dans la chiourme deux forçats qui ramaient fort mal, et à qui le levanti patron appliquait de temps en temps quelques coups de nerf de bœuf sur leurs épaules nues ; Candide, par un mouvement naturel, les regarda plus attentivement que les autres galériens, et s'approcha d'eux avec pitié. Quelques traits de leurs visages défigurés lui parurent avoir un peu de ressemblance avec Pangloss et avec ce malheureux jésuite, ce baron, ce frère de Mlle Cunégonde. Cette idée l'émut et l'attrista. Il les considéra encore plus attentivement. « En vérité, dit-il à Cacambo, si je n'avais pas vu pendre maître Pangloss, et si je n'avais pas eu le malheur de tuer le baron, je croirais que ce sont eux qui rament dans cette galère. »

Au nom du baron et de Pangloss les deux forçats poussèrent un grand cri, s'arrêtèrent sur leur banc, et laissèrent tomber leurs rames. Le levanti patron accourait sur eux, et les coups de nerf de bœuf redoublaient. « Arrêtez ! arrêtez ! seigneur, s'écria Candide ; je vous donnerai tant d'argent que vous voudrez. — Quoi ! c'est Candide ! disait l'un des forçats. — Quoi ! c'est Candide ! disait l'autre. — Est-ce un songe ? dit Candide ; veillai-je ? suis-je dans cette galère ? Est-ce là M. le baron, que j'ai tué ? est-ce là maître Pangloss, que j'ai vu pendre ?

— C'est nous-mêmes, c'est nous-mêmes, répondaient-ils. — Quoi ! c'est là ce grand philosophe ? disait Martin. — Eh ! monsieur le levanti patron, dit Candide, combien voulez-vous d'argent pour la rançon de M. de Thunder-ten-tronckh, un des premiers barons de l'empire, et de M. Pangloss, le plus profond métaphysicien d'Allemagne? — Chien de chrétien, répondit le levanti patron, puisque ces deux chiens de forçats chrétiens sont des barons et des métaphysiciens, ce qui est sans doute une grande dignité dans leur pays, tu m'en donneras cinquante mille sequins. — Vous les aurez, monsieur ; remenez-moi comme un éclair à Constantinople, et vous serez payé sur-le-champ. Mais non, menez-moi chez Mlle Cunégonde. » Le levanti patron, sur la première offre de Candide, avait déjà tourné la proue vers la ville, et il faisait ramer plus vite qu'un oiseau ne fend les airs.

Candide embrassa cent fois le baron et Pangloss. « Et comment ne vous ai-je pas tué, mon cher baron ? et mon cher Pangloss, comment êtes-vous en vie, après avoir été pendu ? et pourquoi êtes-vous tous deux aux galères en Turquie ? — Est-il bien vrai que ma chère sœur soit dans ce pays ? disait le baron. — Oui, répondait Cacambo. — Je revois donc mon cher Candide ! » s'écriait Pangloss. Candide leur présentait Martin et Cacambo. Ils s'embrassaient tous ; ils parlaient tous à la fois. La galère volait, ils étaient déjà dans le port. On fit venir un juif, à qui Candide vendit pour cinquante mille sequins un diamant de la valeur de cent mille, et qui lui jura par Abraham qu'il n'en pouvait donner davantage. Il paya incontinent la rançon du baron et de Pangloss. Celui-ci se jeta aux pieds de son libérateur, et les baigna de larmes ; l'autre le remercia par un signe de tête, et lui promit de lui rendre cet argent à la première occasion. « Mais est-il bien possible que ma sœur soit en Turquie ? disait-il. — Rien n'est si possible, reprit Cacambo, puisqu'elle écure la vaisselle chez un prince de Transylvanie. » On fit aussitôt venir deux juifs ; Candide vendit encore des diamants ; et ils repartirent tous dans une autre galère pour aller délivrer Cunégonde.

CHAPITRE XXVIII

CE QUI ARRIVA À CANDIDE, A CUNÉGONDE, À PANGLOSS, À MARTIN, ETC.

« Pardon, encore une fois, dit Candide au baron ; pardon, mon révérend père, de vous avoir donné un grand coup d'épée au travers du corps. — N'en parlons plus, dit le baron ; je fus un peu trop vif, je l'avoue ; mais puisque vous voulez

savoir par quel hasard vous m'avez vu aux galères, je vous dirai qu'après avoir été guéri de ma blessure par le frère apothicaire du collège, je fus attaqué et enlevé par un parti espagnol ; on me mit en prison à Buenos-Ayres dans le temps que ma sœur venait d'en partir. Je demandai à retourner à Rome auprès du père général. Je fus nommé pour aller servir d'aumônier à Constantinople auprès de M. l'ambassadeur de France. Il n'y avait pas huit jours que j'étais entré en fonction, quand je trouvai sur le soir un jeune icoglan très bien fait. Il faisait fort chaud : le jeune homme voulut se baigner ; je pris cette occasion de me baigner aussi. Je ne savais pas que ce fût un crime capital pour un chrétien d'être trouvé tout nu avec un jeune musulman. Un cadi me fit donner cent coups de bâton sous la plante des pieds, et me condamna aux galères. Je ne crois pas qu'on ait fait une plus horrible injustice. Mais je voudrais bien savoir pourquoi ma sœur est dans la cuisine d'un souverain de Transylvanie réfugié chez les Turcs.

— Mais vous, mon cher Pangloss, dit Candide, comment se peut-il que je vous revoie ? — Il est vrai, dit Pangloss, que vous m'avez vu pendre ; je devais naturellement être brûlé ; mais vous vous souvenez qu'il plut à verse lorsqu'on allait me cuire : l'orage fut si violent qu'on désespéra d'allumer le feu ; je fus pendu, parce qu'on ne put mieux faire : un chirurgien acheta mon corps, m'emporta chez lui, et me disséqua. Il me fit d'abord une incision cruciale depuis le nombril jusqu'à la clavicule. On ne pouvait pas avoir été plus mal pendu que je l'avais été. L'exécuteur des hautes œuvres de la sainte inquisition, lequel était sous-diacre, brûlait à la vérité les gens à merveille, mais il n'était pas accoutumé à pendre : la corde était mouillée et glissa mal, elle fut nouée ; enfin je respirais encore : l'incision cruciale me fit jeter un si grand cri, que mon chirurgien tomba à la renverse ; et croyant qu'il disséquait le diable, il s'enfuit en mourant de peur, et tomba encore sur l'escalier en fuyant. Sa femme accourut au bruit, d'un cabinet voisin : elle me vit sur la table étendu avec mon incision cruciale ; elle eut encore plus de peur que son mari, s'enfuit et tomba sur lui. Quand ils furent un peu revenus à eux, j'entendis la chirurgienne qui disait au chirurgien : « Mon bon, de quoi vous avisez-vous aussi de disséquer un hérétique ? Ne savez-vous pas que le diable est toujours dans le corps de ces gens-là? Je vais vite chercher un prêtre pour l'exorciser. » Je frémis à ce propos, et je ramassai le peu de forces qui me restaient pour crier : « Ayez pitié de moi ! » Enfin le barbier portugais s'enhardit : il recousit ma peau ; sa femme même eut soin de moi ; je fus sur pied au bout de quinze jours. Le barbier me trouva une condition, et me fit laquais d'un chevalier de Malte qui allait à Venise : mais mon maître n'ayant pas de quoi me payer, je me mis au service d'un marchand vénitien, et je le suivis à Constantinople.

« Un jour il me prit fantaisie d'entrer dans une mosquée ; il n'y avait qu'un vieux iman et une jeune dévote très jolie qui disait ses patenôtres ; sa gorge était toute découverte : elle avait entre ses deux tétons un beau bouquet de tulipes, de roses, d'anémones, de renoncules, d'hyacinthes et d'oreilles d'ours : elle laissa tomber son bouquet ; je le ramassai, et je le lui remis avec un empressement très respectueux. Je fus si longtemps à le lui remettre, que l'iman se mit en colère, et voyant que j'étais chrétien, il cria à l'aide. On me mena chez le cadi, qui me fit donner cent coups de lattes sur la plante des pieds, et m'envoya aux galères. Je fus

enchaîné précisément dans la même galère et au même banc que M. le baron. Il y avait dans cette galère quatre jeunes gens de Marseille, cinq prêtres napolitains, et deux moines de Corfou, qui nous dirent que de pareilles aventures arrivaient tous les jours. M. le baron prétendait qu'il avait essuyé une plus grande injustice que moi : je prétendais, moi, qu'il était beaucoup plus permis de remettre un bouquet sur la gorge d'une femme que d'être tout nu avec un icoglan. Nous disputions sans cesse, et nous recevions vingt coups de nerf de bœuf par jour, lorsque l'enchaînement des événements de cet univers vous a conduit dans notre galère, et que vous nous avez rachetés.

— Eh bien ! mon cher Pangloss, lui dit Candide, quand vous avez été pendu, disséqué, roué de coups, et que vous avez ramé aux galères, avez-vous toujours pensé que tout allait le mieux du monde ? — Je suis toujours de mon premier sentiment, répondit Pangloss ; car enfin je suis philosophe ; il ne me convient pas de me dédire, Leibnitz ne pouvant pas avoir tort, et l'harmonie préétablie étant d'ailleurs la plus belle chose du monde, aussi bien que le plein et la matière subtile.»

CHAPITRE XXIX

COMMENT CANDIDE RETROUVA CUNÉGONDE ET LA VIEILLE

Pendant que Candide, le baron, Pangloss, Martin, et Cacambo contaient leurs aventures, qu'ils raisonnaient sur les événements contingents ou non contingents de cet univers, qu'ils disputaient sur les effets et les causes, sur le mal moral et sur le mal physique, sur la liberté et la nécessité, sur les consolations que l'on peut éprouver lorsqu'on est aux galères en Turquie, ils abordèrent sur le rivage de la Propontide, à la maison du prince de Transylvanie. Les premiers objets qui se présentèrent furent Cunégonde et la vieille, qui étendaient des serviettes sur des ficelles pour les faire sécher.

Le baron pâlit à cette vue. Le tendre amant Candide, en voyant sa belle Cunégonde rembrunie, les yeux éraillés, la gorge sèche, les joues ridées, les bras rouges et écaillés, recula trois pas, saisi d'horreur, et avança ensuite par bon procédé. Elle embrassa Candide et son frère ; on embrassa la vieille ; Candide les racheta toutes deux.

Il y avait une petite métairie dans le voisinage ; la vieille proposa à Candide de s'en accommoder, en attendant que toute la troupe eût une meilleure destinée. Cunégonde ne savait pas qu'elle était enlaidie, personne ne l'en avait avertie : elle fit souvenir Candide de ses promesses avec un ton si absolu, que le bon Candide n'osa pas la refuser. Il signifia donc au baron qu'il allait se marier avec sa sœur. « Je ne souffrirai jamais, dit le baron, une telle bassesse de sa part, et une telle insolence de la vôtre ; cette infamie ne me sera jamais reprochée : les enfants de ma sœur ne pourraient entrer dans les chapitres d'Allemagne. Non, jamais ma sœur

n'épousera qu'un baron de l'empire. » Cunégonde se jeta à ses pieds, et les baigna de larmes ; il fut inflexible. « Maître fou, lui dit Candide, je t'ai réchappé des galères, j'ai payé ta rançon, j'ai payé celle de ta sœur ; elle lavait ici des écuelles, elle est laide, j'ai la bonté d'en faire ma femme, et tu prétends encore t'y opposer! Je te retuerais si j'en croyais ma colère. — Tu peux me tuer encore, dit le baron, mais tu n'épouseras pas ma sœur de mon vivant. »

CHAPITRE XXX

CONCLUSION

Candide, dans le fond de son cœur, n'avait aucune envie d'épouser Cunégonde ; mais l'impertinence extrême du baron le déterminait à conclure le mariage ; et Cunégonde le pressait si vivement qu'il ne pouvait s'en dédire. Il consulta Pangloss, Martin et le fidèle Cacambo. Pangloss fit un beau mémoire par lequel il prouvait que le baron n'avait nul droit sur sa sœur, et qu'elle pouvait, selon toutes les lois de l'empire, épouser Candide de la main gauche. Martin conclut à jeter le baron dans la mer ; Cacambo décida qu'il fallait le rendre au levanti patron, et le remettre aux galères, après quoi on l'enverrait à Rome au père général par le premier vaisseau. L'avis fut trouvé fort bon ; la vieille l'approuva ; on n'en dit rien à sa sœur ; la chose fut exécutée pour quelque argent, et on eut le plaisir d'attraper un jésuite, et de punir l'orgueil d'un baron allemand.

Il était tout naturel d'imaginer qu'après tant de désastres Candide, marié avec sa maîtresse et vivant avec le philosophe Pangloss, le philosophe Martin, le prudent Cacambo, et la vieille, ayant d'ailleurs rapporté tant de diamants de la patrie des anciens Incas, mènerait la vie du monde la plus agréable ; mais il fut tant friponné par les juifs, qu'il ne lui resta plus rien que sa petite métairie ; sa femme, devenant tous les jours plus laide, devint acariâtre et insupportable : la vieille était infirme, et fut encore de plus mauvaise humeur que Cunégonde. Cacambo, qui travaillait au jardin, et qui allait vendre des légumes à Constantinople, était excédé de travail, et maudissait sa destinée. Pangloss était au désespoir de ne pas briller dans quelque université d'Allemagne. Pour Martin, il était fermement persuadé qu'on est également mal partout ; il prenait les choses en patience. Candide, Martin et Pangloss disputaient quelquefois de métaphysique et de morale. On voyait souvent passer sous les fenêtres de la métairie des bateaux chargés d'effendis, de bachas, de cadis, qu'on envoyait en exil à Lemnos, à Mytilène, à Erzeroum, on voyait venir d'autres cadis, d'autres bachas, d'autres effendis, qui prenaient la place des expulsés, et qui étaient expulsés à leur tour, on voyait des têtes proprement empaillées qu'on allait présenter à la Sublime Porte. Ces spectacles faisaient redoubler les dissertations ; et, quand on ne disputait pas, l'ennui était si excessif que la vieille osa un jour leur dire : « Je voudrais savoir lequel est le pire, ou d'être violée cent fois par des pirates nègres, d'avoir une fesse coupée, de passer par les baguettes chez les Bulgares, d'être fouetté et pendu dans un auto-da-fé, d'être

disséqué, de ramer aux galères, d'éprouver enfin toutes les misères par lesquelles nous avons tous passé, ou bien de rester ici à ne rien faire ? — C'est une grande question », dit Candide.

Ce discours fit naître de nouvelles réflexions, et Martin surtout conclut que l'homme était né pour vivre dans les convulsions de l'inquiétude, ou dans la léthargie de l'ennui. Candide n'en convenait pas, mais il n'assurait rien. Pangloss avouait qu'il avait toujours horriblement souffert ; mais ayant soutenu une fois que tout allait à merveille, il le soutenait toujours, et n'en croyait rien.

Une chose acheva de confirmer Martin dans ses détestables principes, de faire hésiter plus que jamais Candide et d'embarrasser Pangloss. C'est qu'ils virent un jour aborder dans leur métairie Paquette et le frère Giroflée, qui étaient dans la plus extrême misère ; ils avaient bien vite mangé leurs trois mille piastres, s'étaient quittés, s'étaient raccommodés, s'étaient brouillés, avaient été mis en prison, s'étaient enfuis, et enfin frère Giroflée s'était fait Turc. Paquette continuait son métier partout, et n'y gagnait plus rien. « Je l'avais bien prévu, dit Martin à Candide, que vos présents seraient bientôt dissipés et ne les rendraient que plus misérables. Vous avez regorgé de millions de piastres, vous et Cacambo, et vous n'êtes pas plus heureux que frère Giroflée et Paquette. — Ah ! ah ! dit Pangloss à Paquette, le ciel vous ramène donc ici parmi nous, ma pauvre enfant ! Savez-vous bien que vous m'avez coûté le bout du nez, un œil et une oreille ? Comme vous voilà faite ! et qu'est-ce que ce monde ? » Cette nouvelle aventure les engagea à philosopher plus que jamais.

Il y avait dans le voisinage un derviche très fameux qui passait pour le meilleur philosophe de la Turquie ; ils allèrent le consulter ; Pangloss porta la parole, et lui dit : « Maître, nous venons vous prier de nous dire pourquoi un aussi étrange animal que l'homme a été formé.

— De quoi te mêles-tu ? dit le derviche; est-ce là ton affaire ? — Mais, mon révérend père, dit Candide, il y a horriblement de mal sur la terre. — Qu'importe, dit le derviche, qu'il y ait du mal ou du bien ? quand Sa Hautesse envoie un vaisseau en Égypte, s'embarrasse-t-elle si les souris qui sont dans le vaisseau sont à leur aise ou non ? — Que faut-il donc faire ? dit Pangloss. — Te taire, dit le derviche. — Je me flattais, dit Pangloss, de raisonner un peu avec vous des effets et des causes, du meilleur des mondes possibles, de l'origine du mal, de la nature de l'âme, et de l'harmonie préétablie. » Le derviche, à ces mots, leur ferma la porte au nez.

Pendant cette conversation, la nouvelle s'était répandue qu'on venait d'étrangler à Constantinople deux vizirs du banc et le muphti, et qu'on avait empalé plusieurs de leurs amis. Cette catastrophe faisait partout un grand bruit pendant quelques heures. Pangloss, Candide et Martin, en retournant à la petite métairie, rencontrèrent un bon vieillard qui prenait le frais à sa porte sous un berceau d'orangers. Pangloss, qui était aussi curieux que raisonneur, lui demanda comment se nommait le muphti qu'on venait d'étrangler. « Je n'en sais rien, répondit le bonhomme, et je n'ai jamais su le nom d'aucun muphti ni d'aucun vizir. J'ignore absolument l'aventure dont vous me parlez ; je présume qu'en général ceux qui se mêlent des affaires publiques périssent quelquefois misérablement, et

qu'ils le méritent ; mais je ne m'informe jamais de ce qu'on fait à Constantinople; je me contente d'y envoyer vendre les fruits du jardin que je cultive. » Ayant dit ces mots, il fit entrer les étrangers dans sa maison ; ses deux filles et ses deux fils leur présentèrent plusieurs sortes de sorbets qu'ils faisaient eux-mêmes, du kaïmak piqué d'écorces de cédrat confit, des oranges, des citrons, des limons, des ananas, des pistaches, du café de Moka qui n'était point mêlé avec le mauvais café de Batavia et des îles. Après quoi les deux filles de ce bon musulman parfumèrent les barbes de Candide, de Pangloss et de Martin.

« Vous devez avoir, dit Candide au Turc, une vaste et magnifique terre ? — Je n'ai que vingt arpents, répondit le Turc ; je les cultive avec mes enfants ; le travail éloigne de nous trois grands maux ; l'ennui, le vice et le besoin. »

Candide en retournant dans sa métairie fit de profondes réflexions sur le discours du Turc. Il dit à Pangloss et à Martin : « Ce bon vieillard me paraît s'être fait un sort bien préférable à celui des six rois avec qui nous avons eu l'honneur de souper. — Les grandeurs, dit Pangloss, sont fort dangereuses, selon le rapport de tous les philosophes ; car enfin Églon, roi des Moabites, fut assassiné par Aod ; Absalon fut pendu par les cheveux et percé de trois dards ; le roi Nadab, fils de Jéroboam, fut tué par Baasa ; le roi Éla, par Zambri ; Ochosias, par Jéhu ; Athalie, par Joïada ; les rois Joachim, Jéchonias, Sédécias, furent esclaves. Vous savez comment périrent Crésus, Astyage, Darius, Denys de Syracuse, Pyrrhus, Persée, Annibal, Jugurtha, Arioviste, César, Pompée, Néron, Othon, Vitellius, Domitien, Richard II d'Angleterre, Édouard II, Henri VI, Richard III, Marie Stuart, Charles Ier, les trois Henri de France, l'empereur Henri IV ? Vous savez... — Je sais aussi, dit Candide, qu'il faut cultiver notre jardin. — Vous avez raison, dit Pangloss ; car, quand l'homme fut mis dans le jardin d'Éden, il y fut mis *ut operaretur eum*, pour qu'il travaillât ; ce qui prouve que l'homme n'est pas né pour le repos. — Travaillons sans raisonner, dit Martin, c'est le seul moyen de rendre la vie supportable. »

Toute la petite société entra dans ce louable dessein ; chacun se mit à exercer ses talents. La petite terre rapporta beaucoup. Cunégonde était, à la vérité, bien laide ; mais elle devint une excellente pâtissière ; Paquette broda ; la vieille eut soin du linge. Il n'y eut pas jusqu'à frère Giroflée qui ne rendît service ; il fut un très bon menuisier, et même devint honnête homme ; et Pangloss disait quelquefois à Candide : « Tous les événements sont enchaînés dans le meilleur des mondes possibles ; car enfin si vous n'aviez pas été chassé d'un beau château à grands coups de pied dans le derrière pour l'amour de Mlle Cunégonde, si vous n'aviez pas été mis à l'inquisition, si vous n'aviez pas couru l'Amérique à pied, si vous n'aviez pas donné un bon coup d'épée au baron, si vous n'aviez pas perdu tous vos moutons du bon pays d'Eldorado, vous ne mangeriez pas ici des cédrats confits et des pistaches. — Cela est bien dit, répondit Candide, mais il faut cultiver notre jardin. »

PIERRE ET JEAN

Guy de MAUPASSANT

(1888)

(**Note:** For those using Stephen Clem's *Study Guide for Pierre & Jean*, the page references are 22 less than stated in the *Guide*. This was a result of changes made on the 2008 required reading list.)

I

« Zut ! » s'écria tout à coup le père Roland qui depuis un quart d'heure demeurait immobile, les yeux fixés sur l'eau, et soulevant par moments, d'un mouvement très léger, sa ligne descendue au fond de la mer.

Mme Roland, assoupie à l'arrière du bateau, à côté de Mme Rosémilly invitée à cette partie de pêche, se réveilla, et tournant la tête vers son mari :

« Eh bien,... eh bien,... Gérôme ! »

Le bonhomme, furieux, répondit :

« Ça ne mord plus du tout. Depuis midi je n'ai rien pris. On ne devrait jamais pêcher qu'entre hommes ; les femmes vous font embarquer toujours trop tard. »

Ses deux fils, Pierre et Jean, qui tenaient, l'un à bâbord, l'autre à tribord, chacun une ligne enroulée à l'index, se mirent à rire en même temps et Jean répondit :

« Tu n'es pas galant pour notre invitée, papa. »

M. Roland fut confus et s'excusa :

« Je vous demande pardon, madame Rosémilly, je suis comme ça. J'invite les dames parce que j'aime me trouver avec elles, et puis, dès que je sens de l'eau sous moi, je ne pense plus qu'au poisson. »

Mme Roland s'était tout à fait réveillée et regardait d'un air attendri le large horizon de falaises et de mer. Elle murmura :

« Vous avez cependant fait une belle pêche. »

Mais son mari remuait la tête pour dire non, tout en jetant un coup d'œil bienveillant sur le panier où le poisson capturé par les trois hommes palpitait vaguement encore, avec un bruit doux d'écailles gluantes et de nageoires soulevées, d'efforts impuissants et mous, et de bâillements dans l'air mortel.

Le père Roland saisit la manne entre ses genoux, la pencha, fit couler jusqu'au bord le flot d'argent des bêtes pour voir celles du fond, et leur palpitation d'agonie s'accentua, et l'odeur forte de leur corps, une saine puanteur de marée, monta du ventre plein de la corbeille.

Le vieux pêcheur la huma vivement, comme on sent des roses, et déclara :

« Cristi ! ils sont frais, ceux-là ! »

Puis il continua :

« Combien en as-tu pris, toi, docteur ? »

Son fils aîné, Pierre, un homme de trente ans à favoris noirs coupés comme ceux des magistrats, moustaches et menton rasés, répondit :

« Oh ! pas grand-chose, trois ou quatre. »

Le père se tourna vers le cadet :

« Et toi, Jean ? »

Jean, un grand garçon blond, très barbu, beaucoup plus jeune que son frère, sourit et murmura :

« A peu près comme Pierre, quatre ou cinq. »

Ils faisaient, chaque fois, le même mensonge qui ravissait le père Roland.

Il avait enroulé son fil au tolet d'un aviron, et, croisant ses bras, il annonça :

« Je n'essayerai plus jamais de pêcher l'après-midi. Une fois dix heures passées, c'est fini. Il ne mord plus, le gredin, il fait la sieste au soleil. »

Le bonhomme regardait la mer autour de lui avec un air satisfait de propriétaire.

C'était un ancien bijoutier parisien qu'un amour immodéré de la navigation et de la pêche avait arraché au comptoir dès qu'il eut assez d'aisance pour vivre modestement de ses rentes.

Il se retira donc au Havre, acheta une barque et devint matelot amateur. Ses deux fils, Pierre et Jean, restèrent à Paris pour continuer leurs études et vinrent en congé de temps en temps partager les plaisirs de leur père.

A la sortie du collège, l'aîné, Pierre, de cinq ans plus âgé que Jean, s'étant senti successivement de la vocation pour des professions variées, en avait essayé, l'une après l'autre, une demi-douzaine, et, vite dégoûté de chacune, se lançait aussitôt dans de nouvelles espérances.

En dernier lieu la médecine l'avait tenté, et il s'était mis au travail avec tant d'ardeur qu'il venait d'être reçu docteur après d'assez courtes études et des dispenses de temps obtenues du ministre. Il était exalté, intelligent, changeant et tenace, plein d'utopies, et d'idées philosophiques.

Jean, aussi blond que son frère était noir, aussi calme que son frère était emporté, aussi doux que son frère était rancunier, avait fait tranquillement son droit et venait d'obtenir son diplôme de licencié en même temps que Pierre obtenait celui de docteur.

Tous les deux prenaient donc un peu de repos dans leur famille, et tous les deux formaient le projet de s'établir au Havre s'ils parvenaient à le faire dans des conditions satisfaisantes.

Mais une vague jalousie, une de ces jalousies dormantes qui grandissent presque invisibles entre frères ou entre sœurs jusqu'à la maturité et qui éclatent à l'occasion d'un mariage ou d'un bonheur tombant sur l'un, les tenait en éveil dans une fraternelle et inoffensive inimitié. Certes ils s'aimaient, mais ils s'épiaient. Pierre, âgé de cinq ans à la naissance de Jean, avait regardé avec une hostilité de petite bête gâtée cette autre petite bête apparue tout à coup dans les bras de son père et de sa mère, et tant aimée, tant caressée par eux.

Jean, dès son enfance, avait été un modèle de douceur, de bonté et de caractère égal; et Pierre s'était énervé, peu à peu, à entendre vanter sans cesse ce gros garçon dont la douceur lui semblait être de la mollesse, la bonté de la niaiserie et la bienveillance de l'aveuglement. Ses parents, gens placides, qui rêvaient pour leurs fils des situations honorables et médiocres, lui reprochaient ses indécisions, ses enthousiasmes, ses tentatives avortées, tous ses élans impuissants vers des idées généreuses et vers des professions décoratives.

Depuis qu'il était homme, on ne lui disait plus : « Regarde Jean et imite-le !» mais chaque fois qu'il entendait répéter : « Jean a fait ceci, Jean a fait cela », il comprenait bien le sens et l'allusion cachés sous ces paroles.

Leur mère, une femme d'ordre, une économe bourgeoise un peu sentimentale, douée d'une âme tendre de caissière, apaisait sans cesse les petites rivalités nées chaque jour entre ses deux grands fils, de tous les menus faits de la vie commune.

Un léger événement, d'ailleurs, troublait en ce moment sa quiétude, et elle craignait une complication, car elle avait fait la connaissance pendant l'hiver, pendant que ses enfants achevaient l'un et l'autre leurs études spéciales, d'une voisine, Mme Rosémilly, veuve d'un capitaine au long cours, mort à la mer deux ans auparavant. La jeune veuve, toute jeune, vingt-trois ans, une maîtresse femme qui connaissait l'existence d'instinct, comme un animal libre, comme si elle eût vu, subi, compris et pesé tous les événements possibles, qu'elle jugeait avec un esprit sain, étroit et bienveillant, avait pris l'habitude de venir faire un bout de tapisserie et de causette, le soir, chez ces voisins aimables qui lui offraient une tasse de thé.

Le père Roland, que sa manie de pose marine aiguillonnait sans cesse, interrogeait leur nouvelle amie sur le défunt capitaine, et elle parlait de lui, de ses voyages, de ses anciens récits, sans embarras, en femme raisonnable et résignée qui aime la vie et respecte la mort.

Les deux fils, à leur retour, trouvant cette jolie veuve installée dans la maison, avaient aussitôt commencé à la courtiser, moins par désir de lui plaire que par envie de se supplanter.

Leur mère, prudente et pratique, espérait vivement qu'un des deux triompherait, car la jeune femme était riche, mais elle aurait aussi bien voulu que l'autre n'en eût point de chagrin.

Mme Rosémilly était blonde avec des yeux bleus, une couronne de cheveux follets envolés à la moindre brise et un petit air crâne, hardi, batailleur, qui ne concordait point du tout avec la sage méthode de son esprit.

Déjà elle semblait préférer Jean, portée vers lui par une similitude de nature. Cette préférence d'ailleurs ne se montrait que par une presque insensible différence dans la voix et le regard, et en ceci encore qu'elle prenait quelquefois son avis.

Elle semblait deviner que l'opinion de Jean fortifierait la sienne propre, tandis que l'opinion de Pierre devait fatalement être différente. Quand elle parlait des idées du docteur, de ses idées politiques, artistiques, philosophiques, morales, elle disait par moments : « Vos billevesées. » Alors, il la regardait d'un regard froid de magistrat qui instruit le procès des femmes, de toutes les femmes, ces pauvres êtres !

Jamais, avant le retour de ses fils, le père Roland ne l'avait invitée à ses parties de pêche où il n'emmenait jamais non plus sa femme, car il aimait s'embarquer avant le jour, avec le capitaine Beausire, un long-courrier retraité, rencontré aux heures de marée sur le port et devenu intime ami, et le vieux matelot Papagris, surnommé Jean-Bart, chargé de la garde du bateau.

Or, un soir de la semaine précédente, comme Mme Rosémilly qui avait dîné chez lui disait : « Ça doit être très amusant, la pêche ? » l'ancien bijoutier, flatté dans sa passion, et saisi de l'envie de la communiquer, de faire des croyants à la façon des prêtres, s'écria :

« Voulez-vous y venir ?

— Mais oui.

— Mardi prochain ?

— Oui, mardi prochain.

— Etes-vous femme à partir à cinq heures du matin ? »

Elle poussa un cri de stupeur :

« Ah ! mais non, par exemple. »

Il fut désappointé, refroidi, et il douta tout à coup de cette vocation.

Il demanda cependant :

« A quelle heure pourriez-vous partir?

— Mais... à neuf heures !

— Pas avant ?

— Non, pas avant, c'est déjà très tôt ! »

Le bonhomme hésitait. Assurément on ne prendrait rien, car si le soleil chauffe, le poisson ne mord plus ; mais les deux frères s'étaient empressés d'arranger la partie, de tout organiser et de tout régler séance tenante.

Donc, le mardi suivant, la *Perle* avait été jeter l'ancre sous les rochers blancs du cap de la Hève ; et on avait pêché jusqu'à midi, puis sommeillé, puis repêché, sans rien prendre, et le père Roland, comprenant un peu tard que Mme Rosémilly n'aimait et n'appréciait en vérité que la promenade en mer, et voyant que ses lignes ne tressaillaient plus, avait jeté, dans un mouvement d'impatience irraisonnée, un *zut* énergique qui s'adressait autant à la veuve indifférente qu'aux bêtes insaisissables.

Maintenant, il regardait le poisson capturé, son poisson, avec une joie vibrante d'avare ; puis il leva les yeux vers le ciel, remarqua que le soleil baissait:

« Eh bien ! les enfants, dit-il, si nous revenions un peu ? »

Tous deux tirèrent leurs fils, les roulèrent, accrochèrent dans les bouchons de liège les hameçons nettoyés et attendirent.

Roland s'était levé pour interroger l'horizon à la façon d'un capitaine :

« Plus de vent, dit-il, on va ramer, les gars ! »

Et soudain, le bras allongé vers le nord, il ajouta :

« Tiens, tiens, le bateau de Southampton. »

Sur la mer plate, tendue comme une étoffe bleue, immense, luisante, aux reflets d'or et de feu, s'élevait là-bas, dans la direction indiquée, un nuage noirâtre sur le ciel rose. Et on apercevait, au-dessous, le navire qui semblait tout petit de si loin.

Vers le sud, on voyait encore d'autres fumées, nombreuses, venant toutes vers la jetée du Havre dont on distinguait à peine la ligne blanche et le phare, droit comme une corne sur le bout.

Roland demanda :

« N'est-ce pas aujourd'hui que doit entrer la *Normandie*? »

Jean répondit :

« Oui, papa.

— Donne-moi ma longue-vue, je crois que c'est elle, là-bas. »

Le père déploya le tube de cuivre, l'ajusta contre son œil, chercha le point, et soudain, ravi d'avoir vu :

« Oui, oui, c'est elle, je reconnais ses deux cheminées. Voulez-vous regarder, madame Rosémilly? »

Elle prit l'objet qu'elle dirigea vers le transatlantique lointain, sans parvenir sans doute à le mettre en face de lui, car elle ne distinguait rien, rien que du bleu, avec un cercle de couleur, un arc-en-ciel tout rond, et puis des choses bizarres, des

espèces d'éclipses, qui lui faisaient tourner le cœur. Elle dit en rendant la longue-vue :

« D'ailleurs je n'ai jamais su me servir de cet instrument-là. Ça mettait même en colère mon mari qui restait des heures à la fenêtre à regarder passer les navires.»

Le père Roland, vexé, reprit :

« Ça doit tenir à un défaut de votre œil, car ma lunette est excellente. »

Puis il l'offrit à sa femme :

« Veux-tu voir ?

— Non, merci, je sais d'avance que je ne pourrais pas. »

Mme Roland, une femme de quarante-huit ans et qui ne les portait pas, semblait jouir, plus que tout le monde, de cette promenade et de cette fin de jour.

Ses cheveux châtains commençaient seulement à blanchir. Elle avait un air calme et raisonnable, un air heureux et bon qui plaisait à voir. Selon le mot de son fils Pierre, elle savait le prix de l'argent, ce qui ne l'empêchait point de goûter le charme du rêve. Elle aimait les lectures, les romans et les poésies, non pour leur valeur d'art, mais pour la songerie mélancolique et tendre qu'ils éveillaient en elle. Un vers, souvent banal, souvent mauvais, faisait vibrer la petite corde, comme elle disait, lui donnait la sensation d'un désir mystérieux presque réalisé. Et elle se complaisait à ces émotions légères qui troublaient un peu son âme bien tenue comme un livre de comptes.

Elle prenait, depuis son arrivée au Havre, un embonpoint assez visible qui alourdissait sa taille autrefois très souple et très mince.

Cette sortie en mer l'avait ravie. Son mari, sans être méchant, la rudoyait comme rudoient sans colère et sans haine les despotes en boutique pour qui commander équivaut à jurer. Devant tout étranger il se tenait, mais dans sa famille il s'abandonnait et se donnait des airs terribles, bien qu'il eût peur de tout le monde. Elle, par horreur du bruit, des scènes, des explications inutiles, cédait toujours et ne demandait jamais rien ; aussi n'osait-elle plus, depuis bien longtemps, prier Roland de la promener en mer. Elle avait donc saisi avec joie cette occasion, et elle savourait ce plaisir rare et nouveau.

Depuis le départ elle s'abandonnait tout entière, tout son esprit et toute sa chair, à ce doux glissement sur l'eau. Elle ne pensait point, elle ne vagabondait ni dans les souvenirs ni dans les espérances, il lui semblait que son cœur flottait comme son corps sur quelque chose de moelleux, de fluide, de délicieux, qui la berçait et l'engourdissait.

Quand le père commanda le retour : « Allons, en place pour la nage ! » elle sourit en voyant ses fils, ses deux grands fils, ôter leurs jaquettes et relever sur leurs bras nus les manches de leur chemise.

Pierre, le plus rapproché des deux femmes, prit l'aviron de tribord, Jean l'aviron de bâbord, et ils attendirent que le patron criât : « Avant partout ! » car il tenait à ce que les manœuvres fussent exécutées régulièrement.

Ensemble, d'un même effort, ils laissèrent tomber les rames, puis se couchèrent en arrière en tirant de toutes leurs forces ; et une lutte commença pour montrer leur vigueur. Ils étaient venus à la voile tout doucement, mais la brise était tombée et l'orgueil de mâles des deux frères s'éveilla tout à coup à la perspective

de se mesurer l'un contre l'autre.

Quand ils allaient pêcher seuls avec le père, ils ramaient ainsi sans que personne gouvernât, car Roland préparait les lignes tout en surveillant la marche de l'embarcation, qu'il dirigeait d'un geste ou d'un mot : « Jean, mollis ! » — « A toi, Pierre, souque. » Ou bien il disait : « Allons le *un,* allons le *deux,* un peu d'huile de bras. » Celui qui rêvassait tirait plus fort, celui qui s'emballait devenait moins ardent, et le bateau se redressait.

Aujourd'hui ils allaient montrer leurs biceps. Les bras de Pierre étaient velus, un peu maigres, mais nerveux : ceux de Jean gras et blancs, un peu roses, avec une bosse de muscles qui roulait sous la peau.

Pierre eut d'abord l'avantage. Les dents serrées, le front plissé, les jambes tendues, les mains crispées sur l'aviron, il le faisait plier dans toute sa longueur à chacun de ses efforts ; et la *Perle* s'en venait vers la côte. Le père Roland, assis à l'avant afin de laisser tout le banc d'arrière aux deux femmes, s'époumonait à commander : « Doucement, le *un* — souque, le *deux.* » Le *un* redoublait de rage et le *deux* ne pouvait répondre à cette nage désordonnée.

Le patron, enfin, ordonna : « Stop ! » Les deux rames se levèrent ensemble, et Jean, sur l'ordre de son père, tira seul quelques instants. Mais à partir de ce moment l'avantage lui resta ; il s'animait, s'échauffait, tandis que Pierre, essoufflé, épuisé par sa crise de vigueur, faiblissait et haletait. Quatre fois de suite, le père Roland fit stopper pour permettre à l'aîné de reprendre haleine et de redresser la barque dérivant. Le docteur alors, le front en sueur, les joues pâles, humilié et rageur, balbutiait :

« Je ne sais pas ce qui me prend, j'ai un spasme au cœur. J'étais très bien parti, et cela m'a coupé les bras. »

Jean demandait :

« Veux-tu que je tire seul avec les avirons de couple ?

— Non, merci, cela passera. »

La mère, ennuyée, disait :

« Voyons, Pierre, à quoi cela rime-t-il de se mettre dans un état pareil, tu n'es pourtant pas un enfant. »

Il haussait les épaules et recommençait à ramer.

Mme Rosémilly semblait ne pas voir, ne pas comprendre, ne pas entendre. Sa petite tête blonde, à chaque mouvement du bateau, faisait en arrière un mouvement brusque et joli qui soulevait sur les tempes ses fins cheveux.

Mais le père Roland cria : « Tenez, voici le *Prince-Albert* qui nous rattrape. » Et tout le monde regarda. Long, bas, avec ses deux cheminées inclinées en arrière et ses deux tambours jaunes, ronds comme des joues, le bateau de Southampton arrivait à toute vapeur, chargé de passagers et d'ombrelles ouvertes. Ses roues rapides, bruyantes, battant l'eau qui retombait en écume, lui donnaient un air de hâte, un air de courrier pressé ; et l'avant tout droit coupait la mer en soulevant deux lames minces et transparentes qui glissaient le long des bords.

Quand il fut tout près de la *Perle,* le père Roland leva son chapeau, les deux femmes agitèrent leurs mouchoirs, et une demi-douzaine d'ombrelles répondirent à ces saluts en se balançant vivement sur le paquebot qui s'éloigna, laissant derrière

lui, sur la surface paisible et luisante de la mer, quelques lentes ondulations.

Et on voyait d'autres navires, coiffés aussi de fumée, accourant de tous les points de l'horizon vers la jetée courte et blanche qui les avalait comme une bouche, l'un après l'autre. Et les barques de pêche et les grands voiliers aux mâtures légères glissant sur le ciel, traînés par d'imperceptibles remorqueurs, arrivaient tous, vite ou lentement, vers cet ogre dévorant, qui, de temps en temps, semblait repu, et rejetait vers la pleine mer une autre flotte de paquebots, de bricks, de goélettes, de trois-mâts chargés de ramures emmêlées. Les steamers hâtifs s'enfuyaient à droite, à gauche, sur le ventre plat de l'Océan, tandis que les bâtiments à voile, abandonnés par les mouches qui les avaient halés, demeuraient immobiles, tout en s'habillant de la grande hune au petit perroquet, de toile blanche ou de toile brune qui semblait rouge au soleil couchant.

Mme Roland, les yeux mi-clos, murmura :

« Dieu ! que c'est beau, cette mer ! »

Mme Rosémilly répondit, avec un soupir prolongé, qui n'avait cependant rien de triste :

« Oui, mais elle fait bien du mal quelquefois. »

Roland s'écria :

« Tenez, voici la *Normandie* qui se présente à l'entrée. Est-elle grande, hein ? »

Puis il expliqua la côte en face, là-bas, là-bas, de l'autre côté de l'embouchure de la Seine — vingt kilomètres, cette embouchure — disait-il. Il montra Villerville, Trouville, Houlgate, Luc, Arromanches, la rivière de Caen et les roches du Calvados qui rendent la navigation dangereuse jusqu'à Cherbourg. Puis il traita la question des bancs de sable de la Seine, qui se déplacent à chaque marée et mettent en défaut les pilotes de Quillebœuf eux-mêmes, s'ils ne font pas tous les jours le parcours du chenal. Il fit remarquer comment Le Havre séparait la basse de la haute Normandie. En basse Normandie, la côte plate descendait en pâturages, en prairies et en champs jusqu'à la mer. Le rivage de la haute Normandie, au contraire, était droit, une grande falaise, découpée, dentelée, superbe, faisant jusqu'à Dunkerque une immense muraille blanche dont toutes les échancrures cachaient un village ou un port : Étretat, Fécamp, Saint-Valéry, Le Tréport, Dieppe, etc.

Les deux femmes ne l'écoutaient point, engourdies par le bien-être, émues par la vue de cet Océan couvert de navires qui couraient comme des bêtes autour de leur tanière ; et elles se taisaient, un peu écrasées par ce vaste horizon d'air et d'eau, rendues silencieuses par ce coucher de soleil apaisant et magnifique. Seul, Roland parlait sans fin ; il était de ceux que rien ne trouble. Les femmes, plus nerveuses, sentent parfois, sans comprendre pourquoi, que le bruit d'une voix inutile est irritant comme une grossièreté.

Pierre et Jean, calmés, ramaient avec lenteur ; et la *Perle* s'en allait vers le port, toute petite à côté des gros navires.

Quand elle toucha le quai, le matelot Papagris, qui l'attendait, prit la main des dames pour les faire descendre ; et on pénétra dans la ville. Une foule nombreuse, tranquille, la foule qui va chaque jour aux jetées à l'heure de la pleine mer, rentrait aussi.

Mmes Roland et Rosémilly marchaient devant, suivies des trois hommes. En

montant la rue de Paris elles s'arrêtaient parfois devant un magasin de modes ou d'orfèvrerie pour contempler un chapeau ou bien un bijou ; puis elles repartaient après avoir échangé leurs idées.

Devant la place de la Bourse, Roland contempla, comme il le faisait chaque jour, le bassin du Commerce plein de navires, prolongé par d'autres bassins, où les grosses coques, ventre à ventre, se touchaient sur quatre ou cinq rangs. Tous les mâts innombrables, sur une étendue de plusieurs kilomètres de quais, tous les mâts avec les vergues, les flèches, les cordages, donnaient à cette ouverture au milieu de la ville l'aspect d'un grand bois mort. Au-dessus de cette forêt sans feuilles, les goélands tournoyaient, épiant pour s'abattre, comme une pierre qui tombe, tous les débris jetés à l'eau ; et un mousse, qui rattachait une poulie à l'extrémité d'un cacatois, semblait monté là pour chercher des nids.

« Voulez-vous dîner avec nous sans cérémonie aucune, afin de finir ensemble la journée? demanda Mme Roland à Mme Rosémilly.

— Mais oui, avec plaisir ; j'accepte aussi sans cérémonie. Ce serait triste de rentrer toute seule ce soir. »

Pierre, qui avait entendu et que l'indifférence de la jeune femme commençait à froisser, murmura : « Bon, voici la veuve qui s'incruste, maintenant. » Depuis quelques jours il l'appelait « la veuve ». Ce mot, sans rien exprimer, agaçait Jean rien que par l'intonation, qui lui paraissait méchante et blessante.

Et les trois hommes ne prononcèrent plus un mot jusqu'au seuil de leur logis. C'était une maison étroite, composée d'un rez-de-chaussée et de deux petits étages, rue Belle-Normande. La bonne, Joséphine, une fillette de dix-neuf ans, servante campagnarde à bon marché, qui possédait à l'excès l'air étonné et bestial des paysans, vint ouvrir, referma la porte, monta derrière ses maîtres jusqu'au salon qui était au premier, puis elle dit :

« Il est v'nu un m'sieu trois fois. »

Le père Roland, qui ne lui parlait pas sans hurler et sans sacrer, cria :

« Qui ça est venu, nom d'un chien? »

Elle ne se troublait jamais des éclats de voix de son maître, et elle reprit :

« Un m'sieu d'chez l'notaire.

— Quel notaire?

— D'chez m'sieu Canu, donc.

— Et qu'est-ce qu'il a dit, ce monsieur?

— Qu'm'sieu Canu y viendrait en personne dans la soirée. »

M^e Lecanu était le notaire et un peu l'ami du père Roland, dont il faisait les affaires. Pour qu'il eût annoncé sa visite dans la soirée, il fallait qu'il s'agît d'une chose urgente et importante ; et les quatre Roland se regardèrent, troublés par cette nouvelle comme le sont les gens de fortune modeste à toute intervention d'un notaire, qui éveille une foule d'idées de contrats, d'héritages, de procès, de choses désirables ou redoutables. Le père, après quelques secondes de silence, murmura :

« Qu'est-ce que cela peut vouloir dire ? »

Mme Rosémilly se mit à rire :

« Allez, c'est un héritage. J'en suis sûre. Je porte bonheur. »

Mais ils n'espéraient la mort de personne qui pût leur laisser quelque chose.

Mme Roland, douée d'une excellente mémoire pour les parentés, se mit aussitôt à rechercher toutes les alliances du côté de son mari et du sien, à remonter les filiations, à suivre les branches des cousinages.

Elle demandait, sans avoir même ôté son chapeau :

« Dis donc, père (elle appelait son mari « père » dans la maison, et quelquefois « Monsieur Roland » devant les étrangers), dis donc, père, te rappelles-tu qui a épousé Joseph Lebru, en secondes noces?

— Oui, une petite Duménil, la fille d'un papetier.

— En a-t-il eu des enfants?

— Je crois bien, quatre ou cinq, au moins.

— Non. Alors il n'y a rien par là. »

Déjà elle s'animait à cette recherche, elle s'attachait à cette espérance d'un peu d'aisance leur tombant du ciel. Mais Pierre, qui aimait beaucoup sa mère, qui la savait un peu rêveuse, et qui craignait une désillusion, un petit chagrin, une petite tristesse, si la nouvelle, au lieu d'être bonne, était mauvaise, l'arrêta.

« Ne t'emballe pas, maman, il n'y a plus d'oncle d'Amérique ! Moi, je croirais bien plutôt qu'il s'agit d'un mariage pour Jean. »

Tout le monde fut surpris à cette idée, et Jean demeura un peu froissé que son frère eût parlé de cela devant Mme Rosémilly.

« Pourquoi pour moi plutôt que pour toi ? La supposition est très contestable. Tu es l'aîné ; c'est donc à toi qu'on aurait songé d'abord. Et puis, moi, je ne veux pas me marier. »

Pierre ricana :

« Tu es donc amoureux ? »

L'autre, mécontent, répondit :

« Est-il nécessaire d'être amoureux pour dire qu'on ne veut pas encore se marier ?

— Ah ! bon, le "encore" corrige tout ; tu attends.

— Admets que j'attends, si tu veux. »

Mais le père Roland, qui avait écouté et réfléchi, trouva tout à coup la solution la plus vraisemblable.

« Parbleu ! nous sommes bien bêtes de nous creuser la tête. M^e Lecanu est notre ami, il sait que Pierre cherche un cabinet de médecin, et Jean un cabinet d'avocat, il a trouvé à caser l'un de vous deux. »

C'était tellement simple et probable que tout le monde en fut d'accord.

« C'est servi », dit la bonne.

Et chacun gagna sa chambre afin de se laver les mains avant de se mettre à table.

Dix minutes plus tard, ils dînaient dans la petite salle à manger, au rez-de-chaussée.

On ne parla guère tout d'abord ; mais, au bout de quelques instants, Roland s'étonna de nouveau de cette visite du notaire.

« En somme, pourquoi n'a-t-il pas écrit, pourquoi a-t-il envoyé trois fois son clerc, pourquoi vient-il lui-même ? »

Pierre trouvait cela naturel.

« Il faut sans doute une réponse immédiate ; et il a peut-être à nous communiquer des clauses confidentielles qu'on n'aime pas beaucoup écrire. »

Mais ils demeuraient préoccupés et un peu ennuyés tous les quatre d'avoir invité cette étrangère qui gênerait leur discussion et les résolutions à prendre.

Ils venaient de remonter au salon quand le notaire fut annoncé.

Roland s'élança.

« Bonjour, cher maître. »

Il donnait comme titre à M. Lecanu le « maître » qui précède le nom de tous les notaires.

Mme Rosémilly se leva :

« Je m'en vais, je suis très fatiguée. »

On tenta faiblement de la retenir ; mais elle n'y consentit point et elle s'en alla sans qu'un des trois hommes la reconduisît, comme on le faisait toujours.

Mme Roland s'empressa près du nouveau venu :

« Une tasse de café, Monsieur ?

— Non, merci, je sors de table.

— Une tasse de thé, alors ?

— Je ne dis pas non, mais un peu plus tard, nous allons d'abord parler affaires. »

Dans le profond silence qui suivit ces mots on n'entendit plus que le mouvement rythmé de la pendule, et à l'étage au-dessous, le bruit des casseroles lavées par la bonne trop bête même pour écouter aux portes.

Le notaire reprit :

« Avez-vous connu à Paris un certain M. Maréchal, Léon Maréchal ? »

M. et Mme Roland poussèrent la même exclamation.

« Je crois bien !

— C'était un de vos amis ? »

Roland déclara :

« Le meilleur, Monsieur, mais un Parisien enragé ; il ne quitte pas le boulevard. Il est chef de bureau aux finances. Je ne l'ai plus revu depuis mon départ de la capitale. Et puis nous avons cessé de nous écrire, Vous savez, quand on vit loin l'un de l'autre... »

Le notaire reprit gravement :

« M. Maréchal est décéde. »

L'homme et la femme eurent ensemble ce petit mouvement de surprise triste, feint ou vrai, mais toujours prompt, dont on accueille ces nouvelles.

M. Lecanu continua :

« Mon confrère de Paris vient de me communiquer la principale disposition de son testament par laquelle il institue votre fils Jean, M. Jean Roland, son légataire universel. »

L'étonnement fut si grand qu'on ne trouvait pas un mot à dire.

Mme Roland, la première, dominant son émotion, balbutia :

« Mon Dieu, ce pauvre Léon... notre pauvre ami... mon Dieu... mon Dieu... mort !... »

Des larmes apparurent dans ses yeux, ces larmes silencieuses des femmes,

gouttes de chagrin venues de l'âme qui coulent sur les joues et semblent si douloureuses, étant si claires.

Mais Roland songeait moins à la tristesse de cette perte qu'à l'espérance annoncée. Il n'osait cependant interroger tout de suite sur les clauses de ce testament, et sur le chiffre de la fortune ; et il demanda, pour arriver à la question intéressante :

« De quoi est-il mort, ce pauvre Maréchal? »

M. Lecanu l'ignorait parfaitement.

« Je sais seulement, disait-il, que, décédé sans héritiers directs, il laisse toute sa fortune, une vingtaine de mille francs de rentes en obligations trois pour cent, à votre second fils, qu'il a vu naître, grandir, et qu'il juge digne de ce legs. A défaut d'acceptation de la part de M. Jean, l'héritage irait aux enfants abandonnés. »

Le père Roland déjà ne pouvait plus dissimuler sa joie et il s'écria :

« Sacristi ! voilà une bonne pensée du cœur. Moi, si je n'avais pas eu de descendant, je ne l'aurais certainement point oublié non plus, ce brave ami ! »

Le notaire souriait :

« J'ai été bien aise, dit-il, de vous annoncer moi-même la chose. Ça fait toujours plaisir d'apporter aux gens une bonne nouvelle. »

Il n'avait point du tout songé que cette bonne nouvelle était la mort d'un ami, du meilleur ami du père Roland, qui venait lui-même d'oublier subitement cette intimité annoncée tout à l'heure avec conviction.

Seuls, Mme Roland et ses fils gardaient une physionomie triste. Elle pleurait toujours un peu, essuyant ses yeux avec un mouchoir qu'elle appuyait ensuite sur sa bouche pour comprimer de gros soupirs.

Le docteur murmura :

« C'était un brave homme, bien affectueux. Il nous invitait souvent à dîner, mon frère et moi. »

Jean, les yeux grands ouverts et brillants, prenait d'un geste familier sa belle barbe blonde dans sa main droite, et l'y faisait glisser, jusqu'aux derniers poils, comme pour l'allonger et l'amincir.

Il remua deux fois les lèvres pour prononcer aussi une phrase convenable, et, après avoir longtemps cherché, il ne trouva que ceci:

« Il m'aimait bien, en effet, il m'embrassait toujours quand j'allais le voir. »

Mais la pensée du père galopait ; elle galopait autour de cet héritage annoncé, acquis déjà, de cet argent caché derrière la porte et qui allait entrer tout à l'heure, demain, sur un mot d'acceptation.

Il demanda :

« Il n'y a pas de difficultés possibles?... pas de procès ?... pas de contestations ?... »

Maître Lecanu semblait tranquille :

« Non, mon confrère de Paris me signale la situation comme très nette. Il ne nous faut que l'acceptation de M. Jean.

— Parfait, alors... et la fortune est bien claire ?

— Très claire.

— Toutes les formalités ont été remplies ?

— Toutes. »

Soudain, l'ancien bijoutier eut un peu honte, une honte vague, instinctive et passagère de sa hâte à se renseigner, et il reprit :

« Vous comprenez bien que si je vous demande immédiatement toutes ces choses, c'est pour éviter à mon fils des désagréments qu'il pourrait ne pas prévoir. Quelquefois il y a des dettes, une situation embarrassée, est-ce que je sais, moi? et on se fourre dans un roncier inextricable. En somme, ce n'est pas moi qui hérite, mais je pense au petit avant tout. »

Dans la famille on appelait toujours Jean « le petit », bien qu'il fût beaucoup plus grand que Pierre.

Mme Roland, tout à coup, parut sortir d'un réve, se rappeler une chose lointaine, presque oubliée, qu'elle avait entendue autrefois, dont elle n'était pas sûre d'ailleurs, et elle balbutia :

« Ne disiez-vous point que notre pauvre Maréchal avait laissé sa fortune à mon petit Jean ?

— Oui, Madame. »

Elle reprit alors simplement :

« Cela me fait grand plaisir, car cela prouve qu'il nous aimait. »

Roland s'était levé :

« Voulez-vous, cher maître, que mon fils signe tout de suite l'acceptation ?

— Non... non... monsieur Roland. Demain, demain, à mon étude, à deux heures, si cela vous convient.

— Mais oui, mais oui, je crois bien ! »

Alors, Mme Roland qui s'était levée aussi, et qui souriait après les larmes, fit deux pas vers le notaire, posa sa main sur le dos de son fauteuil, et le couvrant d'un regard attendri de mère reconnaissante, elle demanda :

« Et cette tasse de thé, monsieur Lecanu ?

— Maintenant, je veux bien, Madame, avec plaisir. »

La bonne appelée apporta d'abord des gâteaux secs en de profondes boîtes de fer-blanc, ces fades et cassantes pâtisseries anglaises qui semblent cuites pour des becs de perroquet et soudées en des caisses de métal pour des voyages autour du monde. Elle alla chercher ensuite des serviettes grises, pliées en petits carrés, ces serviettes à thé qu'on ne lave jamais dans les familles besogneuses. Elle revint une troisième fois avec le sucrier et les tasses ; puis elle ressortit pour faire chauffer l'eau. Alors on attendit.

Personne ne pouvait parler; on avait trop à penser, et rien à dire. Seule Mme Roland cherchait des phrases banales. Elle raconta la partie de pêche, fit l'éloge de la *Perle* et de Mme Rosémilly.

« Charmante, charmante », répétait le notaire.

Roland, les reins appuyés au marbre de la cheminée, comme en hiver, quand le feu brûle, les mains dans ses poches et les lèvres remuantes comme pour siffler, ne pouvait plus tenir en place, torturé du désir impérieux de laisser sortir toute sa joie.

Les deux frères, en deux fauteuils pareils, les jambes croisées de la même façon, à droite et à gauche du guéridon central, regardaient fixement devant eux, en

des attitudes semblables, pleines d'expressions différentes.

Le thé parut enfin. Le notaire prit, sucra et but sa tasse, après avoir émietté dedans une petite galette trop dure pour être croquée; puis il se leva, serra les mains et sortit.

« C'est entendu, répétait Roland, demain, chez vous, à deux heures.

— C'est entendu, demain, deux heures. »

Jean n'avait pas dit un mot.

Après ce départ, il y eut encore un silence, puis le père Roland vint taper de ses deux mains ouvertes sur les deux épaules de son jeune fils en criant :

« Eh bien, sacré veinard, tu ne m'embrasses pas ? »

Alors Jean eut un sourire, et il embrassa son père en disant :

« Cela ne m'apparaissait pas comme indispensable. »

Mais le bonhomme ne se possédait plus d'allégresse. Il marchait, jouait du piano sur les meubles avec ses ongles maladroits, pivotait sur ses talons, et répétait:

« Quelle chance ! quelle chance ! En voilà une, de chance ! »

Pierre demanda :

« Vous le connaissiez donc beaucoup, autrefois, ce Maréchal ? »

Le père répondit :

« Parbleu, il passait toutes ses soirées à la maison ; mais tu te rappelles bien qu'il allait te prendre au collège, les jours de sortie, et qu'il t'y reconduisait souvent après dîner. Tiens, justement, le matin de la naissance de Jean, c'est lui qui est allé chercher le médecin ! Il avait déjeuné chez nous quand ta mère s'est trouvée souffrante. Nous avons compris tout de suite de quoi il s'agissait, et il est parti en courant. Dans sa hâte il a pris mon chapeau au lieu du sien. Je me rappelle cela parce que nous en avons beaucoup ri, plus tard. Il est même probable qu'il s'est souvenu de ce détail au moment de mourir ; et comme il n'avait aucun héritier il s'est dit : "Tiens, j'ai contribué à la naissance de ce petit-là, je vais lui laisser ma fortune." »

Mme Roland, enfoncée dans une bergère, semblait partie en ses souvenirs. Elle murmura, comme si elle pensait tout haut :

« Ah ! c'était un brave ami, bien dévoué, bien fidèle, un homme rare, par le temps qui court. »

Jean s'était levé :

« Je vais faire un bout de promenade », dit-il.

Son père s'étonna, voulut le retenir, car ils avaient à causer, à faire des projets, à arrêter des résolutions. Mais le jeune homme s'obstina, prétextant un rendezvous. On aurait d'ailleurs tout le temps de s'entendre bien avant d'être en possession de l'héritage.

Et il s'en alla, car il désirait être seul, pour réfléchir. Pierre, à son tour, déclara qu'il sortait, et suivit son frère, après quelques minutes.

Dès qu'il fut en tête à tête avec sa femme, le père Roland la saisit dans ses bras, l'embrassa dix fois sur chaque joue, et, pour répondre à un reproche qu'elle lui avait souvent adressé :

« Tu vois, ma chérie, que cela ne m'aurait servi à rien de rester à Paris plus longtemps, de m'esquinter pour les enfants, au lieu de venir ici refaire ma santé,

puisque la fortune nous tombe du ciel. »

Elle était devenue toute sérieuse :

« Elle tombe du ciel pour Jean, dit-elle, mais Pierre ?

— Pierre ! mais il est docteur, il en gagnera... de l'argent... et puis son frère fera bien quelque chose pour lui.

— Non. Il n'accepterait pas. Et puis cet héritage est à Jean, rien qu'à Jean. Pierre se trouve ainsi très désavantagé. »

Le bonhomme semblait perplexe :

« Alors, nous lui laisserons un peu plus par testament, nous.

— Non. Ce n'est pas très juste non plus. »

Il s'écria :

« Ah ! bien alors, zut ! Qu'est-ce que tu veux que j'y fasse, moi ? Tu vas toujours chercher un tas d'idées désagréables. Il faut que tu gâtes tous mes plaisirs. Tiens, je vais me coucher. Bonsoir. C'est égal, en voilà une veine, une rude veine !»

Et il s'en alla, enchanté, malgré tout, et sans un mot de regret pour l'ami mort si généreusement.

Mme Roland se remit à songer devant la lampe qui charbonnait.

II

Dès qu'il fut dehors, Pierre se dirigea vers la rue de Paris, la principale rue du Havre, éclairée, animée, bruyante. L'air un peu frais des bords de mer lui caressait la figure, et il marchait lentement, la canne sous le bras, les mains derrière le dos.

Il se sentait mal à l'aise, alourdi, mécontent comme lorsqu'on a reçu quelque fâcheuse nouvelle. Aucune pensée précise ne l'affligeait et il n'aurait su dire tout d'abord d'où lui venait cette pesanteur de l'âme et cet engourdissement du corps. Il avait mal quelque part, sans savoir où ; il portait en lui un petit point douloureux, une de ces presque insensibles meurtrissures dont on ne trouve pas la place, mais qui gênent, fatiguent, attristent, irritent, une souffrance inconnue et légère, quelque chose comme une graine de chagrin.

Lorsqu'il arriva place du Théâtre, il se sentit attiré par les lumières du café Tortoni, et il s'en vint lentement vers la façade illuminée ; mais au moment d'entrer, il songea qu'il allait trouver là des amis, des connaissances, des gens avec qui il faudrait causer ; et une répugnance brusque l'envahit pour cette banale camaraderie des demi-tasses et des petits verres. Alors, retournant sur ses pas, il revint prendre la rue principale qui le conduisait vers le port.

Il se demandait : « Où irais-je bien ? » cherchant un endroit qui lui plût, qui fût agréable à son état d'esprit. Il n'en trouvait pas, car il s'irritait d'être seul, et il n'aurait voulu rencontrer personne.

En arrivant sur le grand quai, il hésita encore une fois, puis tourna vers la jetée; il avait choisi la solitude.

Comme il frôlait un banc sur le brise-lames, il s'assit, déjà las de marcher et dégoûté de sa promenade avant même de l'avoir faite.

Il se demanda : « Qu'ai-je donc ce soir ? » Et il se mit à chercher dans son souvenir quelle contrariété avait pu l'atteindre, comme on interroge un malade pour trouver la cause de sa fièvre.

Il avait l'esprit excitable et réfléchi en même temps, il s'emballait, puis raisonnait, approuvait ou blâmait ses élans ; mais chez lui la nature première demeurait en dernier lieu la plus forte, et l'homme sensitif dominait toujours l'homme intelligent.

Donc il cherchait d'où lui venait cet énervement, ce besoin de mouvement sans avoir envie de rien, ce désir de rencontrer quelqu'un pour n'être pas du même avis, et aussi ce dégoût pour les gens qu'il pourrait voir et pour les choses qu'ils pourraient lui dire.

Et il se posa cette question : « Serait-ce l'héritage de Jean ? »

Oui, c'était possible après tout. Quand le notaire avait annoncé cette nouvelle, il avait senti son cœur battre un peu plus fort. Certes, on n'est pas toujours maître de soi, et on subit des émotions spontanées et persistantes, contre lesquelles on lutte en vain.

Il se mit à réfléchir profondément à ce problème physiologique de l'impression produite par un fait sur l'être instinctif et créant en lui un courant d'idées et de sensations douloureuses ou joyeuses, contraires à celles que désire, qu'appelle, que juge bonnes et saines l'être pensant, devenu supérieur à lui-même par la culture de son intelligence.

Il cherchait à concevoir l'état d'âme du fils qui hérite d'une grosse fortune, qui va goûter, grâce à elle, beaucoup de joies désirées depuis longtemps et interdites par l'avarice d'un père, aimé pourtant et regretté.

Il se leva et se remit à marcher vers le bout de la jetée. Il se sentait mieux, content d'avoir compris, de s'être surpris lui-même, d'avoir dévoilé l'autre qui est en nous.

« Donc j'ai été jaloux de Jean, pensait-il. C'était vraiment assez bas, cela ! J'en suis sûr maintenant, car la première idée qui m'est venue est celle de son mariage avec Mme Rosémilly. Je n'aime pourtant pas cette petite dinde raisonnable, bien faite pour dégoûter du bon sens et de la sagesse. C'est donc de la jalousie gratuite, l'essence même de la jalousie, celle qui est parce qu'elle est ! Faut soigner cela ! »

Il arrivait devant le mât des signaux qui indique la hauteur de l'eau dans le port, et il alluma une allumette pour lire la liste des navires signalés au large et devant entrer à la prochaine marée. On attendait des steamers du Brésil, de La Plata, du Chili et du Japon, deux bricks danois, une goélette norvégienne et un vapeur turc, ce qui surprit Pierre autant que s'il avait lu « un vapeur suisse » ; et il aperçut dans une sorte de songe bizarre un grand vaisseau couvert d'hommes en turban, qui montaient dans les cordages avec de larges pantalons.

« Que c'est bête, pensait-il ; le peuple turc est pourtant un peuple marin. »

Ayant fait encore quelques pas, il s'arrêta pour contempler la rade. Sur sa droite, au-dessus de Sainte-Adresse, les deux phares électriques du cap de la Hève, semblables à deux cyclopes monstrueux et jumeaux, jetaient sur la mer leurs longs et puissants regards. Partis des deux foyers voisins, les deux rayons parallèles,

pareils aux queues géantes de deux comètes, descendaient, suivant une pente droite et démesurée, du sommet de la côte au fond de l'horizon. Puis sur les deux jetées, deux autres feux, enfants de ces colosses, indiquaient l'entrée du Havre ; et là-bas, de l'autre côté de la Seine, on en voyait d'autres encore, beaucoup d'autres, fixes ou clignotants, à éclats et à éclipses, s'ouvrant et se fermant comme des yeux, les yeux des ports, jaunes, rouges, verts, guettant la mer obscure couverte de navires, les yeux vivants de la terre hospitalière disant, rien que par le mouvement mécanique invariable et régulier de leurs paupières : « C'est moi. Je suis Trouville, je suis Honfleur, je suis la rivière de Pont-Audemer. » Et dominant tous les autres, si haut que, de si loin, on le prenait pour une planète, le phare aérien d'Étouville montrait la route de Rouen, à travers les bancs de sable de l'embouchure du grand fleuve.

Puis sur l'eau profonde, sur l'eau sans limites, plus sombre que le ciel, on croyait voir, çà et là, des étoiles. Elles tremblotaient dans la brume nocturne, petites, proches ou lointaines, blanches, vertes ou rouges aussi. Presque toutes étaient immobiles, quelquesunes, cependant, semblaient courir ; c'étaient les feux des bâtiments à l'ancre attendant la marée prochaine, ou des bâtiments en marche venant chercher un mouillage.

Juste à ce moment la lune se leva derrière la ville ; et elle avait l'air du phare énorme et divin allumé dans le firmament pour guider la flotte infinie des vraies étoiles.

Pierre murmura, presque à haute voix :

« Voilà, et nous nous faisons de la bile pour quatre sous ! »

Tout près de lui soudain, dans la tranchée large et noire ouverte entre les jetées, une ombre, une grande ombre fantastique, glissa. S'étant penché sur le parapet de granit, il vit une barque de pêche qui rentrait, sans un bruit de voix, sans un bruit de flot, sans un bruit d'aviron, doucement poussée par sa haute voile brune tendue à la brise du large.

Il pensa : « Si on pouvait vivre là-dessus, comme on serait tranquille, peut-être ! » Puis ayant fait encore quelques pas, il aperçut un homme assis à l'extrémité du môle.

Un rêveur, un amoureux, un sage, un heureux ou un triste ? Qui était-ce ? Il s'approcha, curieux, pour voir la figure de ce solitaire ; et il reconnut son frère.

« Tiens, c'est toi, Jean ?

— Tiens... Pierre... Qu'est-ce que tu viens faire ici ?

— Mais je prends l'air. Et toi ? »

Jean se mit à rire :

« Je prends l'air également. »

Et Pierre s'assit à côté de son frère.

« Hein, c'est rudement beau ?

— Mais oui. »

Au son de la voix il comprit que Jean n'avait rien regardé ; il reprit :

« Moi, quand je viens ici, j'ai des désirs fous de partir, de m'en aller avec tous ces bateaux, vers le nord ou vers le sud. Songe que ces petits feux, là-bas, arrivent

de tous les coins du monde, des pays aux grandes fleurs et aux belles filles pâles ou cuivrées, des pays aux oiseaux-mouches, aux éléphants, aux lions libres, aux rois nègres, de tous les pays qui sont nos contes de fées à nous qui ne plus à la Chatte blanche ni à la belle au bois dormant. Ce serait rudement chic de pouvoir s'offrir une promenade par là-bas ; mais voilà, il faudrait de l'argent, beaucoup... »

Il se tut brusquement, songeant que son frère l'avait maintenant, cet argent, et que délivré de tout souci, délivré du travail quotidien libre, sans entraves, heureux, joyeux, il pouvait aller où bon lui semblerait, vers les blondes Suédoises ou les brunes Havanaises.

Puis une de ces pensées involontaires, fréquentes chez lui, si brusques, si rapides, qu'il ne pouvait ni les prévoir, ni les arrêter, ni les modifier, venues, semblait-il, d'une seconde âme indépendante et violente, le traversa : « Bah ! il est trop niais, il épousera la petite Rosémilly. »

Il s'était levé.

« Je te laisse rêver d'avenir ; moi, j'ai besoin de marcher. »

Il serra la main de son frère, et reprit avec un accent très cordial :

« Eh bien, mon petit Jean, te voilà riche ! Je suis bien content de t'avoir rencontré tout seul ce soir, pour te dire combien cela me fait plaisir, combien je te félicite et combien je t'aime. »

Jean, d'une nature douce et tendre, très ému, balbutiait :

« Merci... merci... mon bon Pierre, merci. »

Et Pierre s'en retourna, de son pas lent, la canne sous le bras, les mains derrière le dos.

Lorsqu'il fut rentré dans la ville, il se demanda de nouveau ce qu'il ferait, mécontent de cette promenade écourtée ; d'avoir été privé de la mer par la présence de son frère.

Il eut une inspiration : « Je vais boire un verre de liqueur chez le père Marowsko » ; et il remonta vers le quartier d'Ingouville.

Il avait connu le père Marowsko dans les hôpitaux à Paris. C'était un vieux Polonais, réfugié politique, disait-on, qui avait eu des histoires terribles là-bas et qui était venu exercer en France, après nouveaux examens, son métier de pharmacien. On ne savait rien de sa vie passée ; aussi des légendes avaient-elles couru parmi les internes, les externes, et plus tard parmi les voisins. Cette réputation de conspirateur redoutable, de nihiliste, de régicide, de patriote prêt à tout, échappé à la mort par miracle, avait séduit l'imagination aventureuse et vive de Pierre Roland ; et il était devenu l'ami du vieux Polonais, sans avoir jamais obtenu de lui, d'ailleurs, aucun aveu sur son existence ancienne. C'était encore grâce au jeune médecin que le bonhomme était venu s'établir au Havre, comptant sur une belle clientèle que le nouveau docteur lui fournirait.

En attendant, il vivait pauvrement dans sa modeste pharmacie, en vendant des remèdes aux petits bourgeois et aux ouvriers de son quartier.

Pierre allait souvent le voir après dîner et causer une heure avec lui, car il aimait la figure calme et la rare conversation de Marowsko, dont il jugeait profonds les longs silences.

Un seul bec de gaz brûlait au-dessus du comptoir chargé de fioles. Ceux de la

devanture n'avaient point été allumés, par économie. Derrière ce comptoir, assis sur une chaise et les jambes allongées l'une sur l'autre, un vieux homme chauve, avec un grand nez d'oiseau qui, continuant son front dégarni, lui donnait un air triste de perroquet, dormait profondément, le menton sur la poitrine.

Au bruit du timbre, il s'éveilla, se leva, et reconnaissant le docteur, vint au-devant de lui, les mains tendues.

Sa redingote noire, tigrée de taches d'acides et de sirops, beaucoup trop vaste pour son corps maigre et petit, avait un aspect d'antique soutane ; et l'homme parlait avec un fort accent polonais qui donnait à sa voix fluette quelque chose d'enfantin, un zézaiement et des intonations de jeune être qui commence à prononcer.

Pierre s'assit et Marowsko demanda :

« Quoi de neuf, mon cher docteur ?

— Rien. Toujours la même chose partout.

— Vous n'avez pas l'air gai, ce soir.

— Je ne le suis pas souvent.

— Allons, allons, il faut secouer cela. Voulez-vous un verre de liqueur ?

— Oui, je veux bien.

— Alors je vais vous faire goûter une préparation nouvelle. Voilà deux mois que je cherche à tirer quelque chose de la groseille, dont on n'a fait jusqu'ici que du sirop... eh bien, j'ai trouvé... j'ai trouvé... une bonne liqueur, très bonne, très bonne. »

Et ravi, il alla vers une armoire, l'ouvrit et choisit une fiole qu'il apporta. Il remuait et agissait par gestes courts, jamais complets, jamais il n'allongeait le bras tout à fait, n'ouvrait toutes grandes les jambes, ne faisait un mouvement entier et définitif. Ses idées semblaient pareilles à ses actes ; il les indiquait, les promettait, les esquissait, les suggérait, mais ne les énonçait pas.

Sa plus grande préoccupation dans la vie semblait être d'ailleurs la préparation des sirops et des liqueurs. « Avec un bon sirop ou une bonne liqueur, on fait fortune », disait-il souvent.

Il avait inventé des centaines de préparations sucrées sans parvenir à en lancer une seule. Pierre affirmait que Marowsko le faisait penser à Marat.

Deux petits verres furent pris dans l'arrière-boutique et apportés sur la planche aux préparations ; puis les deux hommes examinèrent en l'élevant vers le gaz la coloration du liquide.

« Joli rubis ! déclara Pierre.

— N'est-ce pas ? »

La vieille tête de perroquet du Polonais semblait ravie.

Le docteur goûta, savoura, réfléchit, goûta de nouveau, réfléchit encore et se prononça :

« Très bon, très bon, et très neuf comme saveur ;
une trouvaille, mon cher !

— Ah ! vraiment, je suis bien content. »

Alors Marowsko demanda conseil pour baptiser la liqueur nouvelle ; il voulait l'appeler « essence de groseille », ou bien « fine groseille », ou bien « groselia »,

ou bien « groséline ».

Pierre n'approuvait aucun de ces noms.

Le vieux eut une idée :

« Ce que vous avez dit tout à l'heure est très bon, très bon : "Joli rubis". »

Le docteur contesta encore la valeur de ce nom, bien qu'il l'eût trouvé, et il conseilla simplement « groseillette », que Marowsko déclara admirable. Puis il se turent et demeurèrent assis quelques minutes, sans prononcer un mot, sous l'unique bec de gaz.

Pierre, enfin, presque malgré lui :

« Tiens, il nous est arrivé une chose assez bizarre, ce soir. Un des amis de mon père, en mourant, a laissé sa fortune à mon frère. »

Le pharmacien sembla ne pas comprendre tout de suite, mais, après avoir songé, il espéra que le docteur héritait par moitié. Quand la chose eut été bien expliquée, il parut surpris et fâché ; et pour exprimer son mécontentement de voir son jeune ami sacrifié, il répéta plusieurs fois :

« Ça ne fera pas un bon effet. »

Pierre, que son énervement reprenait, voulut savoir ce que Marowsko entendait par cette phrase.

— Pourquoi cela ne ferait-il pas un bon effet ? Quel mauvais effet pouvait résulter de ce que son frère héritait la fortune d'un ami de la famille ?

Mais le bonhomme, circonspect, ne s'expliqua pas davantage.

« Dans ce cas-là on laisse aux deux frères également, je vous dis que ça ne fera pas un bon effet. »

Et le docteur, impatienté, s'en alla, rentra dans la maison paternelle et se coucha. Pendant quelque temps, il entendit Jean qui marchait doucement dans la chambre voisine, puis il s'endormit après avoir bu deux verres d'eau.

III

Le docteur se réveilla le lendemain avec la résolution bien arrêtée de faire fortune.

Plusieurs fois déjà il avait pris cette détermination sans en poursuivre la réalité. Au début de toutes ses tentatives de carrière nouvelle, l'espoir de la richesse vite acquise soutenait ses efforts et sa confiance jusqu'au premier obstacle, jusqu'au premier échec qui le jetait dans une voie nouvelle.

Enfoncé dans son lit entre les draps chauds, il méditait. Combien de médecins étaient devenus millionnaires en peu de temps ! Il suffisait d'un grain de savoir-faire, car, dans le cours de ses études, il avait pu apprécier les plus célèbres professeurs, et il les jugeait des ânes. Certes il valait autant qu'eux, sinon mieux. S'il parvenait par un moyen quelconque à capter la clientèle élégante et riche du Havre, il pouvait gagner cent mille francs par an avec facilité. Et il calculait, d'une façon précise, les gains assurés. Le matin, il sortirait, il irait chez ses malades. En prenant la moyenne, bien faible, de dix par jour, à vingt francs l'un, cela lui ferait,

au minimum, soixante-douze mille francs, par an, même soixante-quinze mille, car le chiffre de dix malades était inférieur à la réalisation certaine. Après midi, il recevrait dans son cabinet une autre moyenne de dix visiteurs à dix francs, soit trente-six mille francs. Voilà donc cent vingt mille francs, chiffre rond. Les clients anciens et les amis qu'il irait voir à dix francs et qu'il recevrait à cinq francs feraient peut-être sur ce total une légère diminution compensée par les consultations avec d'autres médecins et par tous les petits bénéfices courants de la profession.

Rien de plus facile que d'arriver là avec de la réclame habile, des échos dans *Le Figaro* indiquant que le corps scientifique parisien avait les yeux sur lui, s'intéressait à des cures surprenantes entreprises par le jeune et modeste savant havrais. Et il serait plus riche que son frère, plus riche et célèbre, et content de lui-même, car il ne devrait sa fortune qu'à lui ; et il se montrerait généreux pour ses vieux parents, justement fiers de sa renommée. Il ne se marierait pas, ne voulant point encombrer son existence d'une femme unique et gênante, mais il aurait des maîtresses parmi ses clientes les plus jolies.

Il se sentait si sûr du succès, qu'il sauta hors du lit comme pour le saisir tout de suite, et il s'habilla afin d'aller chercher par la ville l'appartement qui lui convenait.

Alors, en rôdant à travers les rues, il songea combien sont légères les causes déterminantes de nos actions. Depuis trois semaines, il aurait pu, il aurait dû prendre cette résolution née brusquement en lui, sans aucun doute, à la suite de l'héritage de son frère.

Il s'arrêtait devant les portes où pendait un écriteau annonçant soit un bel appartement, soit un riche apartement à louer, les indications sans adjectif le laissant toujours plein de dédain. Alors il visitait avec des façons hautaines, mesurait la hauteur des plafonds, dessinait sur son calepin le plan du logis, les communications, la disposition des issues, annonçait qu'il était médecin et qu'il recevait beaucoup. Il fallait que l'escalier fût large et bien tenu ; il ne pouvait monter d'ailleurs au-dessus du premier étage.

Après avoir noté sept ou huit adresses et griffonné deux cents renseignements, il rentra pour déjeuner avec un quart d'heure de retard.

Dès le vestibule, il entendit un bruit d'assiettes. On mangeait donc sans lui. Pourquoi ? Jamais on n'était aussi exact dans la maison. Il fut froissé, mécontent, car il était un peu susceptible. Dès qu'il entra, Roland lui dit :

« Allons, Pierre, dépêche-toi, sacrebleu ! Tu sais que nous allons à deux heures chez le notaire. Ce n'est pas le jour de musarder. »

Le docteur s'assit, sans répondre, après avoir embrassé sa mère et serré la main de son père et de son frère ; et il prit dans le plat creux, au milieu de la table, la côtelette réservée pour lui. Elle était froide et sèche. Ce devait être la plus mauvaise. Il pensa qu'on aurait pu la laisser dans le fourneau jusqu'à son arrivée, et ne pas perdre la tête au point d'oublier complètement l'autre fils, le fils aîné. La conversation, interrompue par son entrée, reprit au point où il l'avait coupée.

« Moi, disait à Jean Mme Roland, voici ce que je ferais tout de suite. Je m'installerais richement, de façon à frapper l'œil, je me montrerais dans le monde,

je monterais à cheval, et je choisirais une ou deux causes intéressantes pour les plaider et me bien poser au Palais. Je voudrais être une sorte d'avocat amateur très recherché. Grâce à Dieu, te voici à l'abri du besoin, et si tu prends une profession, en somme, c'est pour ne pas perdre le fruit de tes études et parce qu'un homme ne doit jamais rester à rien faire. »

Le père Roland, qui pelait une poire, déclara :

« Cristi ! à ta place, c'est moi qui achèterais un joli bateau, un cotre sur le modèle de nos pilotes. J'irais jusqu'au Sénégal, avec ça. »

Pierre, à son tour, donna son avis. En somme, ce n'était pas la fortune qui faisait la valeur morale, la valeur intellectuelle d'un homme. Pour les médiocres elle n'était qu'une cause d'abaissement, tandis qu'elle mettait au contraire un levier puissant aux mains des forts. Ils étaient rares d'ailleurs, ceux-là. Si Jean était vraiment un homme supérieur, il le pourrait montrer maintenant qu'il se trouvait à l'abri du besoin. Mais il lui faudrait travailler cent fois plus qu'il ne l'aurait fait en d'autres circonstances. Il ne s'agissait pas de plaider pour ou contre la veuve et l'orphelin et d'empocher tant d'écus pour tout procès gagné ou perdu, mais de devenir un jurisconsulte éminent, une lumière du droit.

Et il ajouta comme conclusion :

« Si j'avais de l'argent, moi, j'en découperais, des cadavres ! »

Le père Roland haussa les épaules :

« Tra la la ! Le plus sage dans la vie c'est de se la couler douce. Nous ne sommes pas des bêtes de peine, mais des hommes. Quand on naît pauvre, il faut travailler ; eh bien, tant pis, on travaille ; mais quand on a des rentes, sacristi ! il faudrait être jobard pour s'esquinter le tempérament. »

Pierre répondit avec hauteur :

« Nos tendances ne sont pas les mêmes ! Moi, je ne respecte au monde que le savoir et l'intelligence, tout le reste est méprisable. »

Mme Roland s'efforçait toujours d'amortir les heurts incessants entre le père et le fils ; elle détourna donc la conversation, et parla d'un meurtre qui avait été commis, la semaine précédente, à Bolbec-Nointot. Les esprits aussitôt furent occupés par les circonstances environnant le forfait, et attirés par l'horreur intéressante, par le mystère attrayant des crimes, qui, même vulgaires, honteux et répugnants, exercent sur la curiosité humaine une étrange et générale fascination.

De temps en temps, cependant, le père Roland tirait sa montre :

« Allons, dit-il, il va falloir se mettre en route. »

Pierre ricana :

« Il n'est pas encore une heure. Vrai, ça n'était point la peine de me faire manger une côtelette froide.

— Viens-tu chez le notaire ? » demanda sa mère.

Il répondit sèchement :

« Moi, non, pour quoi faire ? Ma présence est fort inutile. »

Jean demeurait silencieux comme s'il ne s'agissait point de lui. Quand on avait parlé du meurtre de Bolbec, il avait émis, en juriste, quelques idées et développé quelques considérations sur les crimes et sur les criminels. Maintenant, il se taisait de nouveau, mais la clarté de son œil, la rougeur animée de ses joues,

jusqu'au luisant de sa barbe, semblaient proclamer son bonheur.

Après le départ de sa famille, Pierre, se trouvant seul de nouveau, recommença ses investigations du matin à travers les appartements à louer. Après deux ou trois heures d'escaliers montés et descendus, il découvrit enfin, sur le boulevard François-Ier, quelque chose de joli : un grand entresol avec deux portes sur des rues différentes, deux salons, une galerie vitrée où les malades, en attendant leur tour, se promèneraient au milieu des fleurs, et une délicieuse salle à manger en rotonde ayant vue sur la mer.

Au moment de louer, le prix de trois mille francs l'arrêta, car il fallait payer d'avance le premier terme, et il n'avait rien, pas un sou devant lui.

La petite fortune amassée par son père s'élevait à peine à huit mille francs de rentes, et Pierre se faisait ce reproche d'avoir mis souvent ses parents dans l'embarras par ses longues hésitations dans le choix d'une carrière, ses tentatives toujours abandonnées et ses continuels recommencements d'études. Il partit donc en promettant une réponse avant deux jours ; et l'idée lui vint de demander à son frère ce premier trimestre, ou même le semestre, soit quinze cents francs, dès que Jean serait en possession de son héritage.

« Ce sera un prêt de quelques mois à peine, pensait-il. Je le rembourserai peut-être même avant la fin de l'année. C'est tout simple, d'ailleurs, et il sera content de faire cela pour moi. »

Comme il n'était pas encore quatre heures, et qu'il n'avait rien à faire, absolument rien, il alla s'asseoir dans le Jardin public ; et il demeura longtemps sur son banc, sans idées, les yeux à terre, accablé par une lassitude qui devenait de la détresse.

Tous les jours précédents, depuis son retour dans la maison paternelle, il avait vécu ainsi pourtant, sans souffrir aussi cruellement du vide de l'existence et de son inaction. Comment avait-il donc passé son temps du lever jusqu'au coucher ?

Il avait flâné sur la jetée aux heures de marée, flâné par les rues, flâné dans les cafés, flâné chez Marowsko, flâné partout. Et voilà que, tout à coup, cette vie, supportée jusqu'ici, lui devenait odieuse, intolérable. S'il avait eu quelque argent il aurait pris une voiture pour faire une longue promenade dans la campagne, le long des fossés de ferme ombragés de hêtres et d'ormes ; mais il devait compter le prix d'un bock ou d'un timbre-poste, et ces fantaisies-là ne lui étaient point permises. Il songea soudain combien il est dur, à trente ans passés, d'être réduit à demander, en rougissant, un louis à sa mère, de temps en temps ; et il murmura, en grattant la terre du bout de sa canne :

« Cristi ! si j'avais de l'argent ! »

Et la pensée de l'héritage de son frère entra en lui de nouveau, à la façon d'une piqûre de guêpe ; mais il la chassa avec impatience, ne voulant point s'abandonner sur cette pente de jalousie.

Autour de lui des enfants jouaient dans la poussière des chemins. Ils étaient blonds avec de longs cheveux, et ils faisaient d'un air très sérieux, avec une attention grave, de petites montagnes de sable pour les écraser ensuite d'un coup de pied.

Pierre était dans un de ces jours mornes où on regarde dans tous les coins de

son âme, où on en secoue tous les plis.

« Nos besognes ressemblent aux travaux de ces mioches », pensait-il. Puis il se demanda si le plus sage dans la vie n'était pas encore d'engendrer deux ou trois de ces petits êtres inutiles et de les regarder grandir avec complaisance et curiosité. Et le désir du mariage l'effleura. On n'est pas si perdu, n'étant plus seul. On entend au moins remuer quelqu'un près de soi aux heures de trouble et d'incertitude, c'est déjà quelque chose de dire « tu » à une femme, quand on souffre.

Il se mit à songer aux femmes.

Il les connaissait très peu, n'ayant eu au quartier Latin que des liaisons de quinzaine, rompues quand était mangé l'argent du mois, et renouées ou remplacées le mois suivant. Il devait exister, cependant, des créatures très bonnes, très douces et très consolantes. Sa mère n'avait-elle pas été la raison et le charme du foyer paternel ? Comme il aurait voulu connaître une femme, une vraie femme !

Il se releva tout à coup avec la résolution d'aller faire une petite visite à Mme Rosémilly.

Puis il se rassit brusquement. Elle lui déplaisait, celle-là ! Pourquoi ? Elle avait trop de bon sens vulgaire et bas ; et puis, ne semblait-elle pas lui préférer Jean ? Sans se l'avouer à lui-même d'une façon nette, cette préférence entrait pour beaucoup dans sa mésestime pour l'intelligence de la veuve, car, s'il aimait son frère, il ne pouvait s'abstenir de le juger un peu médiocre et de se croire supérieur.

Il n'allait pourtant point rester là jusqu'à la nuit, et, comme la veille au soir, il se demanda anxieusement : « Que vais-je faire ? »

Il se sentait maintenant à l'âme un besoin de s'attendrir, d'être embrassé et consolé. Consolé de quoi ? Il ne l'aurait su dire, mais il était dans une de ces heures de faiblesse et de lassitude où la présence d'une femme, la caresse d'une femme, le toucher d'une main, le frôlement d'une robe, un doux regard noir ou bleu semblent indispensables et tout de suite, à notre cœur.

Et le souvenir lui vint d'une petite bonne de brasserie ramenée un soir chez elle et revue de temps en temps.

Il se leva donc de nouveau pour aller boire un bock avec cette fille. Que lui dirait-il ? Que lui dirait-elle ? Rien, sans doute. Qu'importe ? il lui tiendrait la main quelques secondes ! Elle semblait avoir du goût pour lui. Pourquoi donc ne la voyait-il pas plus souvent ?

Il la trouva sommeillant sur une chaise dans la salle de brasserie presque vide. Trois buveurs fumaient leurs pipes, accoudés aux tables de chêne, la caissière lisait un roman, tandis que le patron, en manches de chemise, dormait tout à fait sur la banquette.

Dès qu'elle l'aperçut, la fille se leva vivement et, venant à lui :

« Bonjour, comment allez-vous ?

— Pas mal, et toi ?

— Moi, très bien. Comme vous êtes rare !

— Oui, j'ai très peu de temps à moi. Tu sais que je suis médecin.

— Tiens, vous ne me l'aviez pas dit. Si j'avais su, j'ai été souffrante la semaine dernière, je vous aurais consulté. Qu'est-ce que vous prenez ?

— Un bock, et toi ?

— Moi, un bock aussi, puisque tu me le payes. »

Et elle continua à le tutoyer comme si l'offre de cette consommation en avait été la permission tacite. Alors, assis face à face, ils causèrent. De temps en temps elle lui prenait la main avec cette familiarité facile des filles dont la caresse est à vendre, et le regardant avec des yeux engageants elle lui disait :

« Pourquoi ne viens-tu pas plus souvent ? Tu me plais beaucoup, mon chéri.»

Mais déjà il se dégoûtait d'elle, la voyait bête, commune, sentant le peuple. Les femmes, se disait-il doivent nous apparaître dans un rêve ou dans une auréole de luxe qui poétise leur vulgarité.

Elle lui demandait :

« Tu es passé l'autre matin avec un beau blond à grande barbe, est-ce ton frère?

— Oui, c'est mon frère.

— Il est rudement joli garçon.

— Tu trouves ?

— Mais oui, et puis il a l'air d'un bon vivant. »

Quel étrange besoin le poussa tout à coup à raconter à cette servante de brasserie l'héritage de Jean ? Pourquoi cette idée, qu'il rejetait de lui lorsqu'il se trouvait seul, qu'il repoussait par crainte du trouble apporté dans son âme, lui vint-elle aux lèvres en cet instant, et pourquoi la laissa-t-il couler, comme s'il eût eu besoin de vider de nouveau devant quelqu'un son cœur gonflé d'amertume ?

Il dit en croisant ses jambes :

« Il a joliment de la chance, mon frère, il vient d'hériter de vingt mille francs de rente. »

Elle ouvrit tout grands ses yeux bleus et cupides :

« Oh ! et qui est-ce qui lui a laissé cela, sa grand-mère ou bien sa tante ?

— Non, un vieil ami de mes parents.

— Rien qu'un ami ? Pas possible ! Et il ne t'a rien laissé, à toi ?

— Non. Moi je le connaissais très peu. »

Elle réfléchit quelques instants, puis, avec un sourire drôle sur les lèvres :

« Eh bien, il a de la chance ton frère d'avoir des amis de cette espèce-là ! Vrai, ça n'est pas étonnant qu'il te ressemble si peu ! »

Il eut envie de la gifler sans savoir au juste pourquoi, et il demanda, la bouche crispée :

« Qu'est-ce que tu entends par là ? »

Elle avait pris un air bête et naïf :

« Moi, rien. Je veux dire qu'il a plus de chance que toi. »

Il jeta vingt sous sur la table et sortit.

Maintenant il se répétait cette phrase : « Ça n'est pas étonnant qu'il te ressemble si peu. »

Qu'y avait-elle pensé ? Qu'avait-elle sous-entendu dans ces mots ? Certes il avait là une malice, une méchanceté, une infamie. Oui, cette fille avait dû croire que Jean était le fils de Maréchal.

L'émotion qu'il ressentit à l'idée de ce soupçon jeté sur sa mère fut si violente qu'il s'arrêta et qu'il chercha de l'œil un endroit pour s'asseoir.

Un autre café se trouvait en face de lui, il y entra, prit une chaise, et comme le garçon se présentait :

« Un bock », dit-il.

Il sentait battre son cœur ; des frissons lui couraient sur la peau. Et tout à coup le souvenir lui vint de ce qu'avait dit Marowsko la veille : « Ça ne fera pas bon effet. » Avait-il eu la même pensée, le même soupçon que cette drôlesse ?

La tête penchée sur son bock il regardait la mousse blanche pétiller et fondre, et il se demandait : « Est-ce possible qu'on croie une chose pareille ? »

Les raisons qui feraient naître ce doute odieux dans les esprits lui apparaissaient maintenant l'une après l'autre, claires, évidentes, exaspérantes. Qu'un vieux garçon sans héritiers laisse sa fortune aux deux enfants d'un ami, rien de plus simple et de plus naturel, mais qu'il la donne tout entière à un seul de ces enfants, certes le monde s'étonnera, chuchotera et finira par sourire. Comment n'avait-il pas prévu cela, comment son père ne l'avait-il pas senti, comment sa mère ne l'avait-elle pas deviné ? Non, ils s'étaient trouvés trop heureux de cet argent inespéré pour que cette idée les effleurât. Et puis comment ces honnêtes gens auraient-ils soupçonné une pareille ignominie ?

Mais le public, mais le voisin, le marchand, le fournisseur, tous ceux qui les connaissaient, n'allaient-ils pas répéter cette chose abominable, s'en amuser, s'en réjouir, rire de son père et mépriser sa mère ?

Et la remarque faite par la fille de brasserie que Jean était blond et lui brun, qu'ils ne se ressemblaient ni de figure, ni de démarche, ni de tournure, ni d'intelligence, frapperait maintenant tous les yeux et tous les esprits. Quand on parlerait d'un fils Roland on dirait :

« Lequel, le vrai ou le faux ? »

Il se leva avec la résolution de prévenir son frère, de le mettre en garde contre cet affreux danger menaçant l'honneur de leur mère. Mais que ferait Jean ? Le plus simple, assurément, serait de refuser l'héritage qui irait alors aux pauvres, et de dire seulement aux amis et connaissances informés de ce legs que le testament contenait des clauses et conditions inacceptables qui auraient fait de Jean, non pas un héritier, mais un dépositaire.

Tout en rentrant à la maison paternelle, il songeait qu'il devait voir son frère seul, afin de ne point parler devant ses parents d'un pareil sujet.

Dès la porte il entendit un grand bruit de voix et de rires dans le salon, et, comme il entrait, il entendit Mme Rosémilly et le capitaine Beausire, ramenés par son père et gardés à dîner afin de fêter la bonne nouvelle.

On avait fait apporter du vermouth et de l'absinthe pour se mettre en appétit, et on s'était mis d'abord en belle humeur. Le capitaine Beausire, un petit homme tout rond à force d'avoir roulé sur la mer, et dont toutes les idées semblaient rondes aussi, comme les galets des rivages, et qui riait avec des *r* plein la gorge, jugeait la vie une chose excellente dont tout était bon à prendre.

Il trinquait avec le père Roland, tandis que Jean présentait aux dames deux nouveaux verres pleins.

Mme Rosémilly refusait, quand le capitaine Beausire, qui avait connu feu son époux, s'écria :

« Allons, allons, madame, *bis repetita placent*, comme nous disons en patois, ce qui signifie : "Deux vermouths ne font jamais mal." Moi, voyez-vous, depuis que je ne navigue plus, je me donne comme ça, chaque jour, avant dîner, deux ou trois coups de roulis artificiel ! J'y ajoute un coup de tangage après le café, ce qui me fait grosse mer pour la soirée. Je ne vais jamais jusqu'à la tempête par exemple, jamais, jamais, car je crains les avaries. »

Roland, dont le vieux long-courrier flattait la manie nautique, riait de tout son cœur, la face déjà rouge et l'œil troublé par l'absinthe. Il avait un gros ventre de boutiquier, rien qu'un ventre où semblait réfugié le reste de son corps, un de ces ventres mous d'hommes toujours assis qui n'ont plus ni cuisses, ni poitrine, ni bras, ni cou, le fond de leur chaise ayant tassé toute leur matière au même endroit.

Beausire, au contraire, bien que court et gros, semblait plein comme un œuf et dur comme une balle.

Mme Roland n'avait point vidé son premier verre, et, rose de bonheur, le regard brillant, elle contemplait son fils Jean.

Chez lui maintenant la crise de joie éclatait. C'était une affaire finie, une affaire signée, il avait vingt mille francs de rentes. Dans la façon dont il riait, dont il parlait avec une voix plus sonore, dont il regardait les gens, à ses manières plus nettes, à son assurance plus grande, on sentait l'aplomb que donne l'argent.

Le dîner fût annoncé, et comme le vieux Roland allait offrir son bras à Mme Rosémilly : « Non, non, père, cria sa femme, aujourd'hui tout est pour Jean. »

Sur la table éclatait un luxe inaccoutumé : devant l'assiette de Jean, assis à la place de son père, un énorme bouquet rempli de faveurs de soie, un vrai bouquet de grande cérémonie, s'élevait comme un dôme pavoisé, flanqué de quatre compotiers dont l'un contenait une pyramide de pêches magnifiques, le second un gâteau monumental gorgé de crème fouettée et couvert de clochettes de sucre fondu, une cathédrale en biscuit, le troisième des tranches d'ananas noyées dans un sirop clair, et le quatrième, luxe inouï, du raisin noir, venu des pays chauds.

« Bigre ! dit Pierre en s'asseyant, nous célébrons l'avènement de Jean le Riche. »

Après le potage on offrit du madère ; et tout le monde déjà parlait en même temps. Beausire racontait un dîner qu'il avait fait à Saint-Domingue à la table d'un général nègre. Le père Roland l'écoutait, tout en cherchant à glisser entre les phrases le récit d'un autre repas donné par un de ses amis, à Meudon, et dont chaque convive avait été quinze jours malade. Mme Rosémilly, Jean et sa mère faisaient un projet d'excursion et de déjeuner à Saint-Jouin, dont ils se promettaient déjà un plaisir infini ; et Pierre regrettait de ne pas avoir dîné seul, dans une gargote au bord de la mer, pour éviter tout ce bruit, ces rires et cette joie qui l'énervaient.

Il cherchait comment il allait s'y prendre, maintenant, pour dire à son frère ses craintes et pour le faire renoncer à cette fortune acceptée déjà, dont il jouissait, dont il se grisait d'avance. Ce serait dur pour lui, certes, mais il le fallait : il ne pouvait hésiter, la réputation de leur mère étant menacée.

L'apparition d'un bar énorme rejeta Roland dans les récits de pêche. Beausire en narra de surprenantes au Gabon, à Sainte-Marie de Madagascar et surtout sur les côtes de la Chine et du Japon, où les poissons ont des figures drôles comme les

habitants. Et il racontait les mines de ces poissons, leurs gros yeux d'or, leurs ventres bleus ou rouges, leurs nageoires bizarres, pareilles à des éventails, leur queue coupée en croissant de lune, en mimant d'une façon si plaisante que tout le monde riait aux larmes en l'écoutant.

Seul, Pierre paraissait incrédule et murmurait :

« On a bien raison de dire que les Normands sont les Gascons du Nord. »

Après le poisson vint un vol-au-vent, puis un poulet rôti, une salade, des haricots verts et un pâté d'alouettes de Pithiviers. La bonne de Mme Rosémilly aidait au service ; et la gaieté allait croissant avec le nombre des verres de vin. Quand sauta le bouchon de la première bouteille de champagne, le père Roland, très excité, imita avec sa bouche le bruit de cette détonation, puis déclara :

« J'aime mieux ça qu'un coup de pistolet. »

Pierre, de plus en plus agacé, répondit en ricanant :

« Cela est peut-être, cependant, plus dangereux pour toi. »

Roland, qui allait boire, reposa son verre plein sur la table et demanda :

« Pourquoi donc ? »

Depuis longtemps il se plaignait de sa santé, de lourdeurs, de vertiges, de malaises constants et inexplicables. Le docteur reprit :

« Parce que la balle du pistolet peut fort bien passer à côté de toi, tandis que le verre de vin te passe forcément dans le ventre.

— Et puis ?

— Et puis il te brûle l'estomac, désorganise le système nerveux, alourdit la circulation et prépare l'apoplexie dont sont menacés tous les hommes de ton tempérament. »

L'ivresse croissante de l'ancien bijoutier paraissait dissipée comme une fumée par le vent ; et il regardait son fils avec des yeux inquiets et fixes, cherchant à comprendre s'il ne se moquait pas.

Mais Beausire s'écria :

« Ah ! ces sacrés médecins, toujours les mêmes : ne mangez pas, ne buvez pas, n'aimez pas, et ne dansez pas en rond. Tout ça fait du bobo à petite santé. Eh bien ! j'ai pratiqué tout ça, moi, Monsieur, dans toutes les parties du monde, partout où j'ai pu, et le plus que j'ai pu, et je ne m'en porte pas plus mal. »

Pierre répondit avec aigreur :

« D'abord, vous, capitaine, vous êtes plus fort que mon père ; et puis tous les viveurs parlent comme vous jusqu'au jour où... et ils ne reviennent pas le lendemain dire au médecin prudent : "Vous aviez raison, docteur." Quand je vois mon père faire ce qu'il y a de plus mauvais et de plus dangereux pour lui, il est bien naturel que je le prévienne. Je serais un mauvais fils si j'agissais autrement. »

Mme Roland, désolée, intervint à son tour :

« Voyons, Pierre, qu'est-ce que tu as ? Pour une fois, ça ne lui fera pas de mal. Songe quelle fête pour lui, pour nous. Tu vas gâter tout son plaisir et nous chagriner tous. C'est vilain, ce que tu fais là ! »

Il murmura en haussant les épaules :

« Qu'il fasse ce qu'il voudra, je l'ai prévenu. »

Mais le père Roland ne buvait pas. Il regardait son verre, son verre plein de

vin lumineux et clair, dont l'âme légère, l'âme enivrante s'envolait par petites bulles venues du fond et montant, pressées et rapides, s'évaporer à la surface ; il le regardait avec une méfiance de renard qui trouve une poule morte et flaire un piège.

Il demanda, en hésitant :

« Tu crois que ça me ferait beaucoup de mal ? »

Pierre eut un remords et se reprocha de faire souffrir les autres de sa mauvaise humeur.

« Non, va, pour une fois, tu peux le boire ; mais n'en abuse point et n'en prends pas l'habitude. »

Alors le père Roland leva son verre sans se décider encore à le porter à sa bouche. Il le contemplait douloureusement, avec envie et avec crainte ; puis il le flaira, le goûta, le but par petits coups, en les savourant, le cœur plein d'angoisse, de faiblesse et de gourmandise, puis de regrets, dès qu'il eut absorbé la dernière goutte.

Pierre, soudain, rencontra l'œil de Mme Rosémilly ; il était fixé sur lui, limpide et bleu, clairvoyant et dur. Et il sentit, il pénétra, il devina la pensée nette qui animait ce regard, la pensée irritée de cette petite femme à l'esprit simple et droit, car ce regard disait :

« Tu es jaloux, toi. C'est honteux, cela. »

Il baissa la tête en se remettant à manger.

Il n'avait pas faim, il trouvait tout mauvais. Une envie de partir le harcelait, une envie de n'être plus au milieu de ces gens, de ne plus les entendre causer, plaisanter et rire.

Cependant le père Roland, que les fumées du vin recommençaient à troubler, oubliait déjà les conseils de son fils et regardait d'un œil oblique et tendre une bouteille de champagne presque pleine encore à côté de son assiette. Il n'osait la toucher, par crainte d'admonestation nouvelle, et il cherchait par quelle malice, par quelle adresse, il pourrait s'en emparer sans éveiller les remarques de Pierre. Une ruse lui vint, la plus simple de toutes : il prit la bouteille avec nonchalance et, la tenant par le fond, tendit le bras à travers la table pour emplir d'abord le verre du docteur qui était vide ; puis il fit le tour des autres verres, et quand il en vint au sien il se mit à parler très haut, et s'il versa quelque chose dedans on eût juré certainement que c'était par inadvertance. Personne d'ailleurs n'y fit attention.

Pierre, sans y songer, buvait beaucoup. Nerveux et agacé, il prenait à tout instant, et portait à ses lèvres d'un geste inconscient la longue flûte de cristal où l'on voyait courir les bulles dans le liquide vivant et transparent. Il le faisait alors couler très lentement dans sa bouche pour sentir la petite piqûre sucrée du gaz évaporé sur sa langue.

Peu à peu une chaleur douce emplit son corps. Partie du ventre, qui semblait en être le foyer, elle gagnait la poitrine, envahissait les membres, se répandait dans toute la chair, comme une onde tiède et bienfaisante portant de la joie avec elle. Il se sentait mieux, moins impatient, moins mécontent ; et sa résolution de parler à son frère ce soir-là même s'affaiblissait, non pas que la pensée d'y renoncer l'eût effleuré, mais pour ne point troubler si vite le bien-être qu'il sentait en lui.

Beausire se leva afin de porter un toast.

Ayant salué à la ronde, il prononça :

« Très gracieuses dames, Messeigneurs, nous somme réunis pour célébrer un événement heureux qui vient de frapper un de nos amis. On disait autrefois que la fortune était aveugle je crois qu'elle était simplement myope ou malicieuse et qu'elle vient de faire emplette d'une excellente jumelle marine, qui lui a permis de distinguer dans le port du Havre le fils de notre brave camarade Roland, capitaine de la *Perle*. »

Des bravos jaillirent des bouches, soutenus par des battements de mains ; et Roland père se leva pour répondre.

Après avoir toussé, car il sentait sa gorge grasse et sa langue un peu lourde, il bégaya :

« Merci, capitaine, merci pour moi et mon fils. Je n'oublierai jamais votre conduite en cette circonstance. Je bois à vos désirs. »

Il avait les yeux et le nez pleins de larmes, et il se rassit, ne trouvant plus rien.

Jean, qui riait, prit la parole à son tour :

« C'est moi, dit-il, qui dois remercier ici les amis dévoués, les amis excellents (il regardait Mme Rosémilly), qui me donnent aujourd'hui cette preuve touchante de leur affection. Mais ce n'est point par des paroles que je peux leur témoigner ma reconnaissance. Je la leur prouverai demain, à tous les instants de ma vie, toujours, car notre amitié n'est point de celles qui passent. »

Sa mère, fort émue, murmura :

« Très bien, mon enfant. »

Mais Beausire s'écriait :

« Allons, madame Rosémilly, parlez au nom du beau sexe. »

Elle leva son verre, et, d'une voix gentille, un peu nuancée de tristesse :

« Moi, dit-elle, je bois à la mémoire bénie de M. Maréchal. »

Il y eut quelques secondes d'accalmie, de recueillement décent, comme après une prière, et Beausire, qui avait le compliment coulant, fit cette remarque :

« Il n'y a que les femmes pour trouver de ces délicatesses. »

Puis se tournant vers Roland père :

« Au fond, qu'est-ce que c'était que ce Maréchal ? Vous étiez donc bien intimes avec lui ? »

Le vieux, attendri par l'ivresse, se mit à pleurer, et d'une voix bredouillante :

« Un frère... vous savez... un de ceux qu'on ne retrouve plus... nous ne nous quittions pas... il dînait à la maison tous les soirs... et il nous payait de petites fêtes au théâtre... je ne vous dis que ça... que ça... que ça... Un ami, un vrai... un vrai... n'est-ce pas, Louise ? »

Sa femme répondit simplement :

« Oui, c'était un fidèle ami. »

Pierre regardait son père et sa mère, mais comme on parla d'autre chose, il se remit à boire.

De la fin de cette soirée il n'eut guère de souvenir.

On avait pris le café, absorbé des liqueurs, et beaucoup ri en plaisantant. Puis il se coucha, vers minuit, l'esprit confus et la tête lourde. Et il dormit comme une brute jusqu'à neuf heures le lendemain.

IV

Ce sommeil baigné de champagne et de chartreuse l'avait sans doute adouci et calmé, car il s'éveilla en des dispositions d'âme très bienveillantes. Il appréciait, pesait et résumait, en s'habillant, ses émotions de la veille, cherchant à en dégager bien nettement et bien complètement les causes réelles, secrètes, les causes personnelles en même temps que les causes extérieures.

Il se pouvait en effet que la fille de brasserie eût eu une mauvaise pensée, une vraie pensée de prostituée, en apprenant qu'un seul des fils Roland héritait d'un inconnu ; mais ces créatures-là n'ont-elles pas toujours des soupçons pareils, sans l'ombre d'un motif, sur toutes les honnêtes femmes ? Ne les entend-on pas, chaque fois qu'elles parlent, injurier, calomnier, diffamer toutes celles qu'elles devinent irréprochables ? Chaque fois qu'on cite devant elles une personne inattaquable, elles se fâchent, comme si on les outrageait, et s'écrient : « Ah ! tu sais, je les connais tes femmes mariées, c'est du propre ! Elles ont plus d'amants que nous, seulement elles les cachent parce qu'elles sont hypocrites. Ah ! oui, c'est du propre !»

En toute autre occasion il n'aurait certes pas compris, pas même supposé possibles des insinuations de cette nature sur sa pauvre mère, si bonne, si simple, si digne. Mais il avait l'âme troublée par ce levain de jalousie qui fermentait en lui. Son esprit surexcité, à l'affût pour ainsi dire, et malgré lui, de tout ce qui pouvait nuire à son frère, avait même peut-être prêté à cette vendeuse de bocks des intentions odieuses qu'elle n'avait pas eues. Il se pouvait que son imagination seule, cette imagination qu'il ne gouvernait point, qui échappait sans cesse à sa volonté, s'en allait libre, hardie, aventureuse et sournoise dans l'univers infini des idées, et en rapportait parfois d'inavouables, de honteuses, qu'elle cachait en lui, au fond de son âme, dans les replis insondables, comme des choses volées ; il se pouvait que cette imagination seule eût créé, inventé cet affreux doute. Son cœur, assurément, son propre cœur avait des secrets pour lui ; et ce cœur blessé n'avait-il pas trouvé dans ce doute abominable un moyen de priver son frère de cet héritage qu'il jalousait ? Il se suspectait lui-même, à présent, interrogeant, comme les dévots leur conscience, tous les mystères de sa pensée.

Certes, Mme Rosémilly, bien que son intelligence fût limitée, avait le tact, le flair et le sens subtil des femmes. Or cette idée ne lui était pas venue, puis-qu'elle avait bu, avec une simplicité parfaite, à la mémoire bénie de feu Maréchal. Elle n'aurait point fait cela, elle, si le moindre soupçon l'eût effleurée. Maintenant il ne doutait plus, son mécontentement involontaire de la fortune tombée sur son frère et aussi, assurément, son amour religieux pour sa mère avaient exalté ses scrupules, scrupules pieux et respectables, mais exagérés.

En formulant cette conclusion, il fut content, comme on l'est d'une bonne action accomplie, et il se résolut à se montrer gentil pour tout le monde, en commençant par son père dont les manies, les affirmations niaises, les opinions vulgaires et la médiocrité trop visible l'irritaient sans cesse.

Il ne rentra pas en retard à l'heure du déjeuner et il amusa toute sa famille par son esprit et sa bonne humeur.

Sa mère lui disait, ravie :

« Mon Pierrot, tu ne te doutes pas comme tu es drôle et spirituel, quand tu veux bien. »

Et il parlait, trouvait des mots, faisait rire par des portraits ingénieux de leurs amis. Beausire lui servit de cible, et un peu Mme Rosémilly, mais d'une façon discrète, pas trop méchante. Et il pensait, en regardant son frère : « Mais défends-la donc, jobard ; tu as beau être riche, je t'éclipserai toujours quand il me plaira. »

Au café, il dit à son père :

« Est-ce que tu te sers de la *Perle* aujourd'hui ?

— Non, mon garçon.

— Je peux la prendre avec Jean-Bart ?

— Mais oui, tant que tu voudras. »

Il acheta un bon cigare, au premier débit de tabac rencontré, et il descendit, d'un pied joyeux, vers le port.

Il regardait le ciel clair, lumineux, d'un bleu léger, rafraîchi, lavé par la brise de la mer.

Le matelot Papagris, dit Jean-Bart, sommeillait au fond de la barque qu'il devait tenir prête à sortir tous les jours à midi, quand on n'allait pas à la pêche le matin.

« A nous deux, patron ! » cria Pierre.

Il descendit l'échelle de fer du quai et sauta dans l'embarcation.

« Quel vent ? dit-il.

— Toujours vent d'amont, m'sieu Pierre. J'avons bonne brise au large.

— Eh bien ! mon père, en route. »

Ils hissèrent la misaine, levèrent l'ancre, et le bateau, libre, se mit à glisser lentement vers la jetée sur l'eau calme du port. Le faible souffle d'air venu par les rues tombait sur le haut de la voile, si doucement qu'on ne sentait rien, et la *Perle* semblait animée d'une vie propre, de la vie des barques, poussée par une force mystérieuse cachée en elle. Pierre avait pris la barre, et, le cigare aux dents, les jambes allongées sur le banc, les yeux mi-fermés sous les rayons aveuglants du soleil, il regardait passer contre lui les qrosses pièces de bois goudronné du brise-lames.

Quand ils débouchèrent en pleine mer, en atteignant la pointe de la jetée nord qui les abritait, la brise, plus fraîche, glissa sur le visage et sur les mains du docteur comme une caresse un peu froide, entra dans sa poitrine qui s'ouvrit, en un long soupir, pour la boire, et, enflant la voile brune qui s'arrondit, fit s'incliner la *Perle* et la rendit plus alerte.

Jean-Bart tout à coup hissa le foc, dont le triangle, plein de vent, semblait une aile, puis gagnant l'arrière en deux enjambées il dénoua le tapecul amarré contre son mât.

Alors, sur le flanc de la barque couchée brusquement, et courant maintenant de toute sa vitesse, ce fut un bruit doux et vif d'eau qui bouillonne et qui fuit.

L'avant ouvrait la mer, comme le soc d'une charrue folle, et l'onde soulevée, souple et blanche d'écume, s'arrondissait et retombait, comme retombe, brune et lourde, la terre labourée des champs.

A chaque vague rencontrée — elles étaient courtes et rapprochées —, une secousse secouait la *Perle* du bout du foc au gouvernail qui frémissait dans la main de Pierre ; et quand le vent, pendant quelques secondes, soufflait plus fort, les flots effleuraient le bordage comme s'ils allaient envahir la barque. Un vapeur charbonnier de Liverpool était à l'ancre attendant la marée ; ils allèrent tourner par derrière, puis ils visitèrent, l'un après l'autre, les navires en rade, puis ils s'éloignèrent un peu plus pour voir se dérouler la côte.

Pendant trois heures, Pierre, tranquille, calme et content, vagabonda sur l'eau frémissante, gouvernant, comme une bête ailée, rapide et docile, cette chose de bois et de toile qui allait et venait à son caprice, sous une pression de ses doigts.

Il rêvassait, comme on rêvasse sur le dos d'un cheval ou sur le pont d'un bateau, pensant à son avenir, qui serait beau, et à la douceur de vivre avec intelligence. Dès le lendemain il demanderait à son frère de lui prêter, pour trois mois, quinze cents francs afin de s'installer tout de suite dans le joli appartement du boulevard François-Ier.

Le matelot dit tout à coup :

« V'la d'la brume, m'sieur Pierre, faut rentrer. »

Il leva les yeux et aperçut vers le nord une ombre grise, profonde et légère, noyant le ciel et couvrant la mer, accourant vers eux, comme un nuage tombé d'en haut.

Il vira de bord, et vent arrière fit route vers la jetée, suivi par la brume rapide qui le gagnait. Lorsqu'elle atteignit la *Perle,* l'enveloppant dans son imperceptible épaisseur, un frisson de froid courut sur les membres de Pierre, et une odeur de fumée et de moisissure, l'odeur bizarre des brouillards marins, lui fit fermer la bouche pour ne point goûter cette nuée humide et glacée. Quand la barque reprit dans le port sa place accoutumée, la ville entière était ensevelie déjà sous cette vapeur menue qui, sans tomber, mouillait comme une pluie et glissait sur les maisons et les rues à la façon d'un fleuve qui coule.

Pierre, les pieds et les mains gelés, rentra vite et se jeta sur son lit pour sommeiller jusqu'au dîner. Lorsqu'il parut dans la salle à manger, sa mère disait à Jean :

« La galerie sera ravissante. Nous y mettrons des fleurs. Tu verras. Je me chargerai de leur entretien et de leur renouvellement. Quand tu donneras des fêtes, ça aura un coup d'œil féerique.

— De quoi parlez-vous donc ? demanda le docteur.

— D'un appartement délicieux que je viens de louer pour ton frère. Une trouvaille, un entresol donnant sur deux rues. Il y a deux salons, une galerie vitrée et une petite salle à manger en rotonde, tout à fait coquette pour un garçon. »

Pierre pâlit. Une colère lui serrait le cœur.

« Où est-ce situé, cela ? dit il.

— Boulevard François-Ier. »

Il n'eut plus de doutes et s'assit, tellement exaspéré qu'il avait envie de crier: « C'est trop fort à la fin ! Il n'y en a donc plus que pour lui ! »

Sa mère, radieuse, parlait toujours :

« Et figure-toi que j'ai eu cela pour deux mille huit cents francs. On en voulait

trois mille, mais j'ai obtenu deux cents francs de diminution en faisant un bail de trois, six ou neuf ans. Ton frère sera parfaitement là-dedans. Il suffit d'un intérieur élégant pour faire la fortune d'un avocat. Cela attire le client, le séduit, le retient, lui donne du respect et lui fait comprendre qu'un homme ainsi logé fait payer cher ses paroles. »

Elle se tut quelques secondes, et reprit :

« Il faudrait trouver quelque chose d'approchant pour toi, bien plus modeste puisque tu n'as rien, mais assez gentil tout de même. Je t'assure que cela te servirait beaucoup. »

Pierre répondit d'un ton dédaigneux :

« Oh ! moi, c'est par le travail et la science que j'arriverai. »

Sa mère insista :

« Oui, mais je t'assure qu'un joli logement te servirait beaucoup tout de même. »

Vers le milieu du repas il demanda tout à coup :

« Comment l'aviez-vous connu, ce Maréchal ? »

Le père Roland leva la tête et chercha dans ses souvenirs :

« Attends, je ne me rappelle plus trop. C'est si vieux. Ah ! oui, j'y suis. C'est ta mère qui a fait sa connaissance dans la boutique, n'est-ce pas, Louise ? Il était venu commander quelque chose, et puis il est revenu souvent. Nous l'avons connu comme client avant de le connaître comme ami. »

Pierre, qui mangeait des flageolets et les piquait un à un avec une pointe de sa fourchette, comme s'il les eût embrochés, reprit :

« A quelle époque ça s'est-il fait, cette connaissance-là ? »

Roland chercha de nouveau, mais ne se souvenant plus de rien, il fit appel à la mémoire de sa femme :

« En quelle année, voyons, Louise, tu ne dois pas avoir oublié, toi qui as un si bon souvenir ? Voyons, c'était en... en... en cinquante-cinq ou cinquante-six ?... Mais cherche donc, tu dois le savoir mieux que moi ! »

Elle chercha quelque temps en effet, puis d'une voix sûre et tranquille :

« C'était en cinquante-huit, mon gros. Pierre avait alors trois ans. Je suis bien certaine de ne pas me tromper, car c'est l'année où l'enfant eut la fièvre scarlatine, et Maréchal, que nous connaissions encore très peu, nous a été d'un grand secours.»

Roland s'écria :

« C'est vrai, c'est vrai, il a été admirable, même ! Comme ta mère n'en pouvait plus de fatigue et que moi j'étais occupé à la boutique, il allait chez le pharmacien chercher tes médicaments. Vraiment, c'était un brave cœur. Et quand tu as été guéri, tu ne te figures pas comme il fut content et comme il t'embrassait. C'est à partir de ce moment-là que nous sommes devenus de grands amis. »

Et cette pensée brusque, violente, entra dans l'âme de Pierre comme une balle qui troue et déchire :

« Puisqu'il m'a connu le premier, qu'il fut si dévoué pour moi, puisqu'il m'aimait et m'embrassait tant, puisque je suis la cause de sa grande liaison avec mes parents, pourquoi a-t-il laissé toute sa fortune à mon frère et rien à moi ? »

Il ne posa plus de questions et demeura sombre, absorbé plutôt que songeur, gardant en lui une inquiétude nouvelle, encore indécise, le germe secret d'un nouveau mal.

Il sortit de bonne heure et se remit à rôder par les rues. Elles étaient ensevelies sous le brouillard qui rendait pesante, opaque et nauséabonde la nuit. On eût dit une fumée pestilentielle abattue sur la terre. On la voyait passer sur les becs de gaz qu'elle paraissait éteindre par moments. Les pavés des rues devenaient glissants comme par les soirs de verglas, et toutes les mauvaises odeurs semblaient sortir du ventre des maisons, puanteurs des caves, des fosses, des égouts, des cuisines pauvres, pour se mêler à l'affreuse senteur de cette brume errante.

Pierre, le dos arrondi et les mains dans ses poches, ne voulant point rester dehors par ce froid, se rendit chez Marowsko.

Sous le bec de gaz qui veillait pour lui, le vieux pharmacien dormait toujours. En reconnaissant Pierre, qu'il aimait d'un amour de chien fidèle, il secoua sa torpeur, alla chercher deux verres et apporta la groseillette.

« Eh bien ! demanda le docteur, où en êtes-vous avec votre liqueur ? »

Le Polonais expliqua comment quatre des principaux cafés de la ville consentaient à la lancer dans la circulation, et comment le *Phare de la côte* et le *Sémaphore havrais* lui feraient de la réclame en échange de quelques produits pharmaceutiques mis à la disposition des rédacteurs.

Après un long silence, Marowsko demanda si Jean, décidément, était en possession de sa fortune ; puis il fit encore deux ou trois questions vagues sur le même sujet. Son dévouement ombrageux pour Pierre se révoltait de cette préférence. Et Pierre croyait l'entendre penser, devinait, comprenait, lisait dans ses yeux détournés, dans le ton hésitant de sa voix, les phrases qui lui venaient aux lèvres et qu'il ne disait pas, qu'il ne dirait point, lui si prudent, si timide, si cauteleux.

Maintenant il ne doutait plus, le vieux pensait :

« Vous n'auriez pas dû lui laisser accepter cet héritage qui fera mal parler de votre mère. » Peut-être même croyait-il que Jean était le fils de Maréchal. Certes il le croyait ! Comment ne le croirait-il pas, tant la chose devait paraître vraisemblable, probable, évidente ? Mais lui-même, lui Pierre, le fils, depuis trois jours ne luttait-il pas de toute sa force, avec toutes les subtilités de son cœur, pour tromper sa raison, ne luttait-il pas contre ce soupçon terrible ?

Et de nouveau, tout à coup, le besoin d'être seul pour songer, pour discuter cela avec lui-même, pour envisager hardiment, sans scrupules, sans faiblesse, cette chose possible et monstrueuse, entra en lui si dominateur qu'il se leva sans même boire son verre de groseillette, serra la main du pharmacien stupéfait et se replongea dans le brouillard de la rue.

Il se disait : « Pourquoi ce Maréchal a-t-il laissé toute sa fortune à Jean ? »

Ce n'était plus la jalousie maintenant qui lui faisait chercher cela, ce n'était plus cette envie un peu basse et naturelle qu'il savait cachée en lui et qu'il combattait depuis trois jours, mais la terreur d'une chose épouvantable, la terreur de croire lui-même que Jean, que son frère était le fils de cet homme !

Non, il ne le croyait pas, il ne pouvait même se poser cette question

criminelle! Cependant il fallait que ce soupçon si léger, si invraisemblable, fût rejeté de lui, complètement, pour toujours. Il lui fallait la lumière, la certitude, il fallait dans son cœur la sécurité complète, car il n'aimait que sa mère au monde.

Et tout seul en errant par la nuit, il allait faire, dans ses souvenirs, dans sa raison, l'enquête minutieuse d'où résulterait l'éclatante vérité. Après cela ce serait fini, il n'y penserait plus, plus jamais. Il irait dormir.

Il songeait : « Voyons, examinons d'abord les faits ; puis je me rappellerai tout ce que je sais de lui, de son allure avec mon frère et avec moi, je chercherai toutes les causes qui ont pu motiver cette préférence... Il a vu naître Jean ? — oui, mais il me connaissait auparavant. — S'il avait aimé ma mère d'un amour muet et réservé, c'est moi qu'il aurait préféré puisque c'est grâce à moi, grâce à ma fièvre scarlatine, qu'il est devenu l'ami intime de mes parents. Donc, logiquement, il devait me choisir, avoir pour moi une tendresse plus vive, à moins qu'il n'eût éprouvé pour mon frère, en le voyant grandir, une attraction, une prédilection instinctives.

Alors il chercha dans sa mémoire, avec une tension désespérée de toute sa pensée, de toute sa puissance intellectuelle, à reconstituer, à revoir, à reconnaître, à pénétrer l'homme, cet homme qui avait passé devant lui, indifférent à son cœur, pendant toutes ses années de Paris.

Mais il sentit que la marche, le léger mouvement de ses pas, troublait un peu ses idées, dérangeait leur fixité, affaiblissait leur portée, voilait sa mémoire.

Pour jeter sur le passé et les événements inconnus ce regard aigu, à qui rien ne devait échapper, il fallait qu'il fût immobile, dans un lieu vaste et vide. Et il se décida à aller s'asseoir sur la jetée, comme l'autre nuit.

En approchant du port il entendit vers la pleine mer une plainte lamentable et sinistre, pareille au meuglement d'un taureau, mais plus longue et plus puissante. C'était le cri d'une sirène, le cri des navires perdus dans la brume.

Un frisson remua sa chair, crispa son cœur, tant il avait retenti dans son âme et dans ses nerfs, ce cri de détresse, qu'il croyait avoir jeté lui-même. Une autre voix semblable gémit à son tour, un peu plus loin ; puis tout près, la sirène du port, leur répondant, poussa une clameur déchirante.

Pierre gagna la jetée à grands pas, ne pensant plus à rien, satisfait d'entrer dans ces ténèbres lugubres et mugissantes.

Lorsqu'il se fut assis à l'extrémité du môle, il ferma les yeux pour ne point voir les foyers électriques, voilés de brouillard, qui rendent le port accessible la nuit, ni le feu rouge du phare sur la jetée sud, qu'on distinguait à peine cependant. Puis se tournant à moitié, il posa ses coudes sur le granit et cacha sa figure dans ses mains.

Sa pensée, sans qu'il prononçât ce mot avec ses lèvres, répétait comme pour l'appeler, pour évoquer et provoquer son ombre : « Maréchal... Maréchal. » Et dans le noir de ses paupières baissées, il le vit tout à coup tel qu'il l'avait connu. C'était un homme de soixante ans, portant en pointe sa barbe blanche, avec des sourcils épais, tout blancs aussi. Il n'était ni grand ni petit, avait l'air affable, les yeux gris et doux, le geste modeste, l'aspect d'un brave être, simple et tendre. Il appelait Pierre et Jean « mes chers enfants », n'avait jamais paru préférer l'un ou l'autre, et les recevait

ensemble à dîner.

Et Pierre, avec une ténacité de chien qui suit une piste évaporée, se mit à rechercher les paroles, les gestes, les intonations, les regards de cet homme disparu de la terre. Il le retrouvait peu à peu, tout entier, dans son appartement de la rue Tronchet quand il les recevait à sa table, son frère et lui.

Deux bonnes le servaient, vieilles toutes deux, qui avaient pris, depuis bien longtemps sans doute, l'habitude de dire « Monsieur Pierre » et « Monsieur Jean ».

Maréchal tendait ses deux mains aux jeunes gens, la droite à l'un, la gauche à l'autre, au hasard de leur entrée.

« Bonjour, mes enfants, disait-il, avez-vous des nouvelles de vos parents ? Quant à moi, ils ne m'écrivent jamais. »

On causait, doucement et familièrement, de choses ordinaires. Rien de hors ligne dans l'esprit de cet homme, mais beaucoup d'aménité, de charme et de grâce. C'était certainement pour eux un bon ami, un de ces bons amis auxquels on ne songe guère parce qu'on les sent très sûrs.

Maintenant les souvenirs affluaient dans l'esprit de Pierre. Le voyant soucieux plusieurs fois, et devinant sa pauvreté d'étudiant, Maréchal lui avait offert et prêté spontanément de l'argent, quelques centaines de francs peut-être, oubliées par l'un et par l'autre et jamais rendues. Donc cet homme l'aimait toujours, s'intéressait toujours à lui, puisqu'il s'inquiétait de ses besoins. Alors... alors pourquoi laisser toute sa fortune à Jean ? Non, il n'avait jamais été visiblement plus affectueux pour le cadet que pour l'aîné, plus préoccupé de l'un que de l'autre, moins tendre en apparence avec celui-ci qu'avec celui-là. Alors... alors... il avait donc eu une raison puissante et secrète de tout donner à Jean — tout — et rien à Pierre ?

Plus il y songeait, plus il revivait le passé des dernières années, plus le docteur jugeait invraisemblable, incroyable cette différence établie entre eux.

Et une souffrance aiguë, une inexprimable angoisse entrée dans sa poitrine, faisait aller son cœur comme une loque agitée. Les ressorts en paraissaient brisés, et le sang y passait à flots, librement, en le secouant d'un ballottement tumultueux.

Alors, à mi-voix, comme on parle dans les cauchemars, il murmura : « Il faut savoir. Mon Dieu, il faut savoir. »

Il cherchait plus loin, maintenant, dans les temps plus anciens où ses parents habitaient Paris. Mais les visages lui échappaient, ce qui brouillait ses souvenirs. Il s'acharnait surtout à retrouver Maréchal avec des cheveux blonds, châtains ou noirs. Il ne le pouvait pas, la dernière figure de cet homme, sa figure de vieillard, ayant effacé les autres. Il se rappelait pourtant qu'il était plus mince, qu'il avait la main douce et qu'il apportait souvent des fleurs, très souvent, car son père répétait sans cesse :

« Encore des bouquets ! mais c'est de la folie, mon cher, vous vous ruinerez en roses. »

Maréchal répondait : « Laissez donc, cela me fait plaisir. »

Et soudain l'intonation de sa mère, de sa mère qui souriait et disait : « Merci, mon ami », lui traversa l'esprit, si nette qu'il crut l'entendre. Elle les avait donc prononcés bien souvent, ces trois mots, pour qu'ils se fussent gravés ainsi dans la

mémoire de son fils !

Donc Maréchal apportait des fleurs, lui, l'homme riche, le monsieur, le client, à cette petite boutiquière, à la femme de ce bijoutier modeste. L'avait-il aimée ? Comment serait-il devenu l'ami de ces marchands s'il n'avait pas aimé la femme ? C'était un homme instruit, d'esprit assez fin. Que de fois il avait parlé poètes et poésie avec Pierre ! Il n'appréciait point les écrivains en artiste, mais en bourgeois qui vibre. Le docteur avait souvent souri de ces attendrissements, qu'il jugeait un peu niais. Aujourd'hui il comprenait que cet homme sentimental n'avait jamais pu, jamais, être l'ami de son père, de son père si positif, si terre à terre, si lourd, pour qui le mot « poésie » signifiait sottise.

Donc, ce Maréchal, jeune, libre, riche, prêt à toutes les tendresses, était entré, un jour, par hasard, dans une boutique, ayant remarqué peut-être la jolie marchande. Il avait acheté, était revenu, avait causé, de jour en jour plus familier, et payant par des acquisitions fréquentes le droit de s'asseoir dans cette maison, de sourire à la jeune femme et de serrer la main du mari.

Et puis après... après... oh ! mon Dieu... après ?...

Il avait aimé et caressé le premier enfant, l'enfant du bijoutier, jusqu'à la naissance de l'autre, puis il était demeuré impénétrable jusqu'à la mort, puis, son tombeau fermé, sa chair décomposée, son nom effacé des noms vivants, tout son être disparu pour toujours, n'ayant plus rien à ménager, à redouter et à cacher, il avait donné toute sa fortune au deuxième enfant !... Pourquoi ?... Cet homme était intelligent... il avait dû comprendre et prévoir qu'il pouvait, qu'il allait presque infailliblement laisser supposer que cet enfant était à lui. — Donc il déshonorait une femme ? Comment aurait-il fait cela si Jean n'était point son fils ?

Et soudain un souvenir précis, terrible, traversa l'âme de Pierre. Maréchal avait été blond, blond comme Jean. Il se rappelait maintenant un petit portrait miniature vu autrefois, à Paris, sur la cheminée de leur salon, et disparu à présent. Où était-il ? Perdu, ou caché ? Oh ! s'il pouvait le tenir rien qu'une seconde ! Sa mère l'avait gardé peut-être dans le tiroir inconnu où l'on serre les reliques d'amour.

Sa détresse, à cette pensée, devint si déchirante qu'il poussa un gémissement, une de ces courtes plaintes arrachées à la gorge par les douleurs trop vives. Et soudain, comme si elle l'eût entendu, comme si elle l'eût compris et lui eût répondu, la sirène de la jetée hurla tout près de lui. Sa clameur de monstre surnaturel, plus retentissante que le tonnerre, rugissement sauvage et formidable fait pour dominer les voix du vent et des vagues, se répandit dans les ténèbres sur la mer invisible ensevelie sous les brouillards.

Alors, à travers la brume, proche ou lointains, des cris pareils s'élevèrent de nouveau dans la nuit. Ils étaient effrayants, ces appels poussés par les grands paquebots aveugles.

Puis tout se tut encore.

Pierre avait ouvert les yeux et regardait, surpris d'être là, réveillé de son cauchemar.

« Je suis fou, pensa-t-il, je soupçonne ma mère. » Et un flot d'amour et d'attendrissement, de repentir, de prière et de désolation noya son cœur. Sa mère !

La connaissant comme il la connaissait, comment avait-il pu la suspecter ? Est-ce que l'âme, est-ce que la vie de cette femme simple, chaste et loyale, n'étaient pas plus claires que l'eau ? Quand on l'avait vue et connue, comment ne pas la juger insoupçonnable ? Et c'était lui, le fils, qui avait douté d'elle ! Oh ! s'il avait pu la prendre en ses bras en ce moment, comme il l'eût embrassée, caressée, comme il se fût agenouillé pour demander grâce !

Elle aurait trompé son père, elle ?... Son père ! Certes, c'était un brave homme, honorable et probe en affaires, mais dont l'esprit n'avait jamais franchi l'horizon de sa boutique. Comment cette femme, fort jolie autrefois, il le savait et on le voyait encore, douée d'une âme délicate, affectueuse, attendrie, avait-elle accepté comme fiancé et comme mari un homme si différent d'elle ?

Pourquoi chercher ? Elle avait épousé comme les fillettes épousent le garçon doté que présentent les parents. Ils s'étaient installés aussitôt dans leur magasin de la rue Montmartre ; et la jeune femme, régnant au comptoir, animée par l'esprit du foyer nouveau, par ce sens subtil et sacré de l'intérêt commun qui remplace l'amour et même l'affection dans la plupart des ménages commerçants de Paris, s'était mise à travailler avec toute son intelligence active et fine à la fortune espérée de leur maison. Et sa vie s'était écoulée ainsi, uniforme, tranquille, honnête, sans tendresse !...

Sans tendresse ?... Était-il possible qu'une femme n'aimât point ? Une femme jeune, jolie, vivant à Paris, lisant des livres, applaudissant des actrices mourant de passion sur la scène, pouvait-elle aller de l'adolescence à la vieillesse sans qu'une fois, seulement, son cœur fût touché ? D'une autre il ne le croirait pas, — pourquoi le croirait-il de sa mère ?

Certes, elle avait pu aimer, comme une autre ! car pourquoi serait-elle différente d'une autre, bien qu'elle fût sa mère ?

Elle avait été jeune, avec toutes les défaillances poétiques qui troublent le cœur des jeunes êtres ! Enfermée, emprisonnée dans la boutique à côté d'un mari vulgaire et parlant toujours commerce, elle avait rêvé de clairs de lune, de voyages, de baiser donnés dans l'ombre des soirs. Et puis un homme, un jour, était entré comme entrent les amoureux dans les livres, et il avait parlé comme eux.

Elle l'avait aimé. Pourquoi pas ? C'était sa mère ! Eh bien ! fallait-il être aveugle et stupide au point de rejeter l'évidence parce qu'il s'agissait de sa mère ?

S'était-elle donnée ?... Mais oui, puisque cet homme n'avait pas eu d'autre amie ; — mais oui, puisqu'il était resté fidèle à la femme éloignée et vieillie, — mais oui, puisqu'il avait laissé toute sa fortune à son fils, à leur fils !...

Et Pierre se leva, frémissant d'une telle fureur qu'il eût voulu tuer quelqu'un! Son bras tendu, sa main grande ouverte avaient envie de frapper, de meurtrir, de broyer, d'étrangler ! Qui ? tout le monde, son père, son frère, le mort, sa mère !

Il s'élança pour rentrer. Qu'allait-il faire ?

Comme il passait devant une tourelle auprès du mât des signaux, le cri strident de la sirène lui partit dans la figure. Sa surprise fut si violente qu'il faillit tomber et recula jusqu'au parapet de granit. Il s'y assit, n'ayant plus de force, brisé par cette commotion.

Le vapeur qui répondit le premier semblait tout proche et se présentait à

l'entrée, la marée étant haute.

Pierre se retourna et aperçut son œil rouge, terni de brume. Puis, sous la clarté diffuse des feux électriques du port, une grande ombre noire se dessina entre les deux jetées. Derrière lui, la voix du veilleur, voix enrouée de vieux capitaine en retraite, criait :

« Le nom du navire ? »

Et dans le brouillard la voix du pilote debout sur le pont, enrouée aussi, répondit :

« *Santa-Lucia*.

— Le pays ?

— Italie.

— Le port ?

— Naples. »

Et Pierre devant ses yeux troublés crut apercevoir le panache de feu du Vésuve tandis qu'au pied du volcan, des lucioles voltigeaient dans les bosquets d'orangers de Sorrente ou de Castellamare ! Que de fois il avait rêvé de ces noms familiers, comme s'il en connaissait les paysages ! Oh ! s'il avait pu partir, tout de suite, n'importe où, et ne jamais revenir, ne jamais écrire, ne jamais laisser savoir ce qu'il était devenu ! Mais non, il fallait rentrer, rentrer dans la maison paternelle et se coucher dans son lit.

Tant pis, il ne rentrerait pas, il attendrait le jour. La voix des sirènes lui plaisait. Il se releva et se mit à marcher comme un officier qui fait le quart sur un pont.

Un autre navire s'approchait derrière le premier, énorme et mystérieux. C'était un anglais qui revenait des Indes.

Il en vit venir encore plusieurs, sortant l'un après l'autre de l'ombre impénétrable. Puis, comme l'humidité du brouillard devenait intolérable, Pierre se remit en route vers la ville. Il avait si froid qu'il entra dans un café de matelots pour boire un grog ; et quand l'eau-de-vie poivrée et chaude lui eut brûlé le palais et la gorge, il sentit en lui renaître un espoir.

Il s'était trompé, peut-être ? Il la connaissait si bien, sa déraison vagabonde ! Il s'était trompé sans doute ? Il avait accumulé les preuves ainsi qu'on dresse un réquisitoire contre un innocent toujours facile à condamner quand on veut le croire coupable. Lorsqu'il aurait dormi, il penserait tout autrement.

Alors il rentra pour se coucher, et, à force de volonté, il finit par s'assoupir.

V

Mais le corps du docteur s'engourdit à peine une heure ou deux dans l'agitation d'un sommeil troublé. Quand il se réveilla, dans l'obscurité de sa chambre chaude et fermée, il ressentit, avant même que la pensée se fût rallumée en lui, cette oppression douloureuse, ce malaise de l'âme que laisse en nous le chagrin sur lequel on a dormi. Il semble que le malheur, dont le choc nous a

seulement heurté la veille, se soit glissé, durant notre repos, dans notre chair elle-même, qu'il meurtrit et fatigue comme une fièvre. Brusquement le souvenir lui revint, et il s'assit dans son lit.

Alors il recommença lentement, un à un, tous les raisonnements qui avaient torturé son cœur sur la jetée pendant que criaient les sirènes. Plus il songeait, moins il doutait. Il se sentait traîné par sa logique, comme par une main qui attire et étrangle, vers l'intolérable certitude.

Il avait soif, il avait chaud, son cœur battait. Il se leva pour ouvrir sa fenêtre et respirer, et, quand il fut debout, un bruit léger lui parvint à travers le mur.

Jean dormait tranquille et ronflait doucement. Il dormait, lui ! Il n'avait rien pressenti, rien deviné ! Un homme qui avait connu leur mère lui laissait toute sa fortune. Il prenait l'argent, trouvant cela juste et naturel.

Il dormait, riche et satisfait, sans savoir que son frère haletait de souffrance et de détresse. Et une colère se levait en lui contre ce ronfleur insouciant et content.

La veille, il eût frappé contre sa porte, serait entré, et, assis près du lit, lui aurait dit dans l'effarement de son réveil subit : « Jean, tu ne dois pas garder ce legs qui pourrait demain faire suspecter notre mère et la déshonorer. »

Mais aujourd'hui il ne pouvait plus parler, il ne pouvait pas dire à Jean qu'il ne le croyait point le fils de leur père. Il fallait à présent garder, enterrer en lui cette honte découverte par lui, cacher à tous la tache aperçue, et que personne ne devait découvrir, pas même son frère, surtout son frère.

Il ne songeait plus guère maintenant au vain respect de l'opinion publique. Il aurait voulu que tout le monde accusât sa mère pourvu qu'il la sût innocente, lui, lui seul ! Comment pourrait-il supporter de vivre près d'elle, tous les jours, et de croire, en la regardant, qu'elle avait enfanté son frère de la caresse d'un étranger ?

Comme elle était calme et sereine pourtant, comme elle paraissait sûre d'elle ! Était-il possible qu'une femme comme elle, d'une âme pure et d'un cœur droit, pût tomber, entraînée par la passion, sans que, plus tard, rien n'apparût de ses remords, des souvenirs de sa conscience troublée ?

Ah ! les remords ! les remords ! ils avaient dû, jadis, dans les premiers temps, la torturer, puis ils s'étaient effacés, comme tout s'efface. Certes, elle avait pleuré sa faute, et, peu à peu, l'avait presque oubliée. Est-ce que toutes les femmes, toutes, n'ont pas cette faculté d'oubli prodigieuse qui leur fait reconnaître à peine, après quelques années, l'homme à qui elles ont donné leur bouche et tout leur corps à baiser ? Le baiser frappe comme la foudre, l'amour passe comme un orage, puis la vie, de nouveau, se calme comme le ciel, et recommence ainsi qu'avant. Se souvient-on d'un nuage ?

Pierre ne pouvait plus demeurer dans sa chambre ! Cette maison, la maison de son père l'écrasait. Il sentait peser le toit sur sa tête et les murs l'étouffer. Et comme il avait très soif, il alluma sa bougie afin d'aller boire un verre d'eau faîche au filtre de la cuisine.

Il descendit les deux étages, puis, comme il remontait avec la carafe pleine, il s'assit en chemise sur une marche de l'escalier où circulait un courant d'air, et il but, sans verre, par longues gorgées, comme un coureur essoufflé. Quand il eut cessé de remuer, le silence de cette demeure l'émut ; puis, un à un, il en distingua

les moindres bruits. Ce fut d'abord l'horloge de la salle à manger dont le battement lui paraissait grandir de seconde en seconde. Puis il entendit de nouveau un ronflement, un ronflement de vieux, court, pénible et dur, celui de son père sans aucun doute ; et il fut crispé par cette idée, comme si elle venait seulement de jaillir en lui, que ces deux hommes qui ronflaient dans ce même logis, le père et le fils, n'étaient rien l'un à l'autre ! Aucun lien, même le plus léger, ne les unissait, et ils ne le savaient pas ! Ils se parlaient avec tendresse, ils s'embrassaient, se réjouissaient et s'attendrissaient ensemble des mêmes choses, comme si le même sang eût coulé dans leurs veines. Et deux personnes nées aux deux extrémités du monde ne pouvaient pas être plus étrangères l'une à l'autre que ce père et que ce fils. Ils croyaient s'aimer parce qu'un mensonge avait grandi entre eux. C'était un mensonge qui faisait cet amour paternel et cet amour filial, un mensonge impossible à dévoiler et que personne ne connaîtrait jamais que lui, le vrai fils.

Pourtant, pourtant, s'il se trompait ? Comment le savoir ? Ah ! si une ressemblance, même légère, pouvait exister entre son père et Jean, une de ces ressemblances mystérieuses qui vont de l'aïeul aux arrière-petits-fils, montrant que toute une race descend directement du même baiser. Il aurait fallu si peu de chose, à lui médecin, pour reconnaître cela, la forme de la mâchoire, la courbure du nez, l'écartement des yeux, la nature des dents ou des poils, moins encore, un geste, une habitude, une manière d'être, un goût transmis, un signe quelconque bien caractéristique pour un œil exercé.

Il cherchait et ne se rappelait rien, non, rien. Mais il avait mal regardé, mal observé, n'ayant aucune raison pour découvrir ces imperceptibles indications.

Il se leva pour rentrer dans sa chambre et se mit à monter l'escalier, à pas lents, songeant toujours. En passant devant la porte de son frère, il s'arrêta net, la main tendue pour l'ouvrir. Un désir impérieux venait de surgir en lui de voir Jean tout de suite, de le regarder longuement, de le surprendre pendant le sommeil, pendant que la figure apaisée, que les traits détendus se reposent, que toute la grimace de la vie a disparu. Il saisirait ainsi le secret dormant de sa physionomie ; et si quelque ressemblance existait, appréciable, elle ne lui échapperait pas.

Mais si Jean s'éveillait, que dirait-il ? Comment expliquer cette visite ?

Il demeurait debout, les doigts crispés sur la serrure et cherchant une raison, un prétexte.

Il se rappela tout à coup que, huit jours plus tôt, il avait prêté à son frère une fiole de laudanum pour calmer une rage de dents. Il pouvait lui-même souffrir, cette nuit-là, et venir réclamer sa drogue. Donc il entra, mais d'un pied furtif, comme un voleur.

Jean, la bouche entrouverte, dormait d'un sommeil animal et profond. Sa barbe et ses cheveux blonds faisaient une tache d'or sur le linge blanc. Il ne s'éveilla point, mais il cessa de ronfler.

Pierre, penché vers lui, le contemplait d'un œil avide. Non, ce jeune homme-là ne ressemblait pas à Roland ; et, pour la seconde fois, s'éveilla dans son esprit le souvenir du petit portrait disparu de Maréchal. Il fallait qu'il le trouvât ! En le voyant, peut-être, il ne douterait plus.

Son frère remua, gêné sans doute par sa présence, ou par la lueur de sa bougie

pénétrant ses paupières.

Alors le docteur recula, sur la pointe des pieds, vers la porte, qu'il referma sans bruit ; puis il retourna dans sa chambre, mais il ne se coucha pas.

Le jour fut lent à venir. Les heures sonnaient, l'une après l'autre, à la pendule de la salle à manger, dont le timbre avait un son profond et grave, comme si ce petit instrument d'horlogerie eût avalé une cloche de cathédrale. Elles montaient, dans l'escalier vide, traversaient les murs et les portes, allaient mourir au fond des chambres dans l'oreille inerte des dormeurs. Pierre s'était mis à marcher de long en large, de son lit à sa fenêtre. Qu'allait-il faire ? Il se sentait trop bouleversé pour passer ce jour-là dans sa famille. Il voulait encore rester seul, au moins jusqu'au lendemain, pour réfléchir, se calmer, se fortifier pour la vie de chaque jour qu'il lui faudrait reprendre.

Eh bien ! il irait à Trouville, voir grouiller la foule sur la plage. Cela le distrairait, changerait l'air de sa pensée, lui donnerait le temps de se préparer à l'horrible chose qu'il avait découverte.

Dès que l'aurore parut, il fit sa toilette et s'habilla. Le brouillard s'était dissipé, il faisait beau, très beau. Comme le bateau de Trouville ne quittait le port qu'à neuf heures, le docteur songea qu'il lui faudrait embrasser sa mère avant de partir.

Il attendit le moment où elle se levait tous les jours, puis il descendit. Son cœur battait si fort en touchant sa porte qu'il s'arrêta pour respirer. Sa main, posée sur la serrure, était molle et vibrante, presque incapable du léger effort de tourner le bouton pour entrer. Il frappa. La voix de sa mère demanda :

« Qui est-ce ?

— Moi, Pierre.

— Qu'est-ce que tu veux ?

— Te dire bonjour parce que je vais passer la journée à Trouville avec des amis.

— C'est que je suis encore au lit.

— Bon, alors ne te dérange pas. Je t'embrasserai en rentrant, ce soir. »

Il espéra qu'il pourrait partir sans la voir, sans poser sur ses joues le baiser faux qui lui soulevait le cœur d'avance.

Mais elle répondit :

« Un moment, je t'ouvre. Tu attendras que je me sois recouchée. »

Il entendit ses pieds nus sur le parquet, puis le bruit du verrou glissant. Elle cria :

« Entre. »

Il entra. Elle était assise dans son lit tandis qu'à son côté, Roland, un foulard sur la tête et tourné vers le mur, s'obstinait à dormir. Rien ne l'éveillait tant qu'on ne l'avait pas secoué à lui arracher le bras. Les jours de pêche, c'était la bonne, sonnée à l'heure convenue par le matelot Papagris, qui venait tirer son maître de cet invincible repos.

Pierre, en allant vers elle, regardait sa mère ; et il lui semblait tout à coup qu'il ne l'avait jamais vue.

Elle lui tendit ses joues, il y mit deux baisers, puis s'assit sur une chaise basse.

« C'est hier soir que tu as décidé cette partie ? dit-elle.

Oui, hier soir.

— Tu reviens pour dîner ?

— Je ne sais pas encore. En tout cas ne m'attendez point. »

Il l'examinait avec une curiosité stupéfaite. C'était sa mère, cette femme ! Toute cette figure, vue dès l'enfance, dès que son œil avait pu distinguer, ce sourire, cette voix si connue, si familière, lui paraissaient brusquement nouveaux et autres de ce qu'ils avaient été jusque-là pour lui. Il comprenait à présent que, l'aimant, il ne l'avait jamais regardée. C'était bien elle portant, et il n'ignorait rien des plus petits détails de son visage ; mais ces petits détails il les apercevait nettement pour la première fois. Son attention anxieuse, fouillant cette tête chérie, la lui révélait différente, avec une physionomie qu'il n'avait jamais découverte.

Il se leva pour partir, puis, cédant soudain à l'invincible envie de savoir qui lui mordait le cœur depuis la veille :

« Dis donc, j'ai cru me rappeler qu'il y avait autrefois, à Paris, un petit portrait de Maréchal dans notre salon. »

Elle hésita une seconde ou deux, ou du moins il se figura qu'elle hésitait ; puis elle dit :

« Mais oui.

— Et qu'est-ce qu'il est devenu, ce portrait ? »

Elle aurait pu encore répondre plus vite :

« Ce portrait... attends... je ne sais trop... Peut-être que je l'ai dans mon secrétaire.

— Tu serais bien aimable de le retrouver.

— Oui, je chercherai. Pourquoi le veux-tu ?

— Oh ! ce n'est pas pour moi. J'ai songé qu'il serait tout naturel de le donner à Jean, et que cela ferait plaisir à mon frère.

— Oui, tu as raison, c'est une bonne pensée. Je vais le chercher dès que je serai levée. »

Et il sortit.

C'était un jour bleu, sans un souffle d'air. Les gens dans la rue semblaient gais, les commerçants allant à leurs affaires, les employés allant à leur bureau, les jeunes filles allant à leur magasin. Quelques-uns chantonnaient, mis en joie par la clarté.

Sur le bateau de Trouville, les passagers montaient déjà. Pierre s'assit, tout à l'arrière, sur un banc de bois.

Il se demandait :

« A-t-elle été inquiétée par ma question sur le portrait, ou seulement surprise? L'a-t-elle égaré ou caché ? Sait-elle où il est, ou bien ne sait-elle pas ? Si elle l'a caché, pourquoi ? »

Et son esprit, suivant toujours la même marche, de déduction en déduction, conclut ceci :

Le portrait, portrait d'ami, portrait d'amant, était resté dans le salon bien en vue, jusqu'au jour où la femme, où la mère s'était aperçue, la première, avant tout le monde, que ce portrait ressemblait à son fils. Sans doute, depuis longtemps, elle

épiait cette ressemblance ; puis, l'ayant découverte, l'ayant vu naître et comprenant que chacun pourrait, un jour ou l'autre, l'apercevoir aussi, elle avait enlevé, un soir, la petite peinture redoutable et l'avait cachée, n'osant pas la détruire.

Et Pierre se rappelait fort bien maintenant que cette miniature avait disparu longtemps, longtemps avant leur départ de Paris ! Elle avait disparu, croyait-il, quand la barbe de Jean, se mettant à pousser, l'avait rendu tout à coup pareil au jeune homme blond qui souriait dans le cadre.

Le mouvement du bateau qui partait troubla sa pensée et la dispersa. Alors, s'étant levé, il regarda la mer.

Le petit paquebot sortit des jetées, tourna à gauche et soufflant, haletant, frémissant, s'en alla vers la côte lointaine qu'on apercevait dans la brume matinale. De place en place la voile rouge d'un lourd bateau de pêche immobile sur la mer plate avait l'air d'un gros rocher sortant de l'eau. Et la Seine descendant de Rouen semblait un large bras de mer séparant deux terres voisines.

En moins d'une heure on parvint au port de Trouville, et comme c'était le moment du bain, Pierre se rendit sur la plage.

De loin, elle avait l'air d'un long jardin plein de fleurs éclatantes. Sur la grande dune de sable jaune, depuis la jetée jusqu'aux Roches Noires, les ombrelles de toutes les couleurs, les chapeaux de toutes les formes, les toilettes de toutes les nuances, par groupes devant les cabines, par lignes le long du flot ou dispersées çà et là, ressemblaient vraiment à des bouquets énormes dans une prairie démesurée. Et le bruit confus, proche et lointain des voix égrenées dans l'air léger, les appels, les cris d'enfants qu'on baigne, les rires clairs des femmes faisaient une rumeur continue et douce, mêlée à la brise insensible et qu'on aspirait avec elle.

Pierre marchait au milieu de ces gens, plus perdu, plus séparé d'eux, plus isolé, plus noyé dans sa pensée torturante, que si on l'avait jeté à la mer du pont d'un navire, à cent lieues au large. Il les frôlait, entendait, sans écouter, quelques phrases ; et il voyait, sans regarder, les hommes parler aux femmes et les femmes sourire aux hommes.

Mais tout à coup, comme s'il s'éveillait, il les aperçut distinctement ; et une haine surgit en lui contre eux, car ils semblaient heureux et contents.

Il allait maintenant, frôlant les groupes, tournant autour, saisi par des pensées nouvelles. Toutes ces toilettes multicolores qui couvraient le sable comme un bouquet, ces étoffes jolies, ces ombrelles voyantes, la grâce factice des tailles emprisonnées, toutes ces inventions ingénieuses de la mode depuis la chaussure mignonne jusqu'au chapeau extravagant, la séduction du geste, de la voix et du sourire, la coquetterie enfin étalée sur cette plage lui apparaissaient soudain comme une immense floraison de la perversité féminine. Toutes ces femmes parées voulaient plaire, séduire, et tenter quelqu'un. Elles s'étaient faites belles pour les hommes, pour tous les hommes, excepté pour l'époux qu'elles n'avaient plus besoin de conquérir. Elles s'étaient faites belles pour l'amant d'aujourd'hui et l'amant de demain, pour l'inconnu rencontré, remarqué, attendu peut-être.

Et ces hommes, assis près d'elles, les yeux dans les yeux, parlant la bouche près de la bouche, les appelaient et les désiraient, les chassaient comme un gibier souple et fuyant, bien qu'il semblât si proche et si facile. Cette vaste plage n'était

donc qu'une halle d'amour où les unes se vendaient, les autres se donnaient, celles-ci marchandaient leurs caresses et celless-là se promettaient seulement. Toutes ces femmes ne pensaient qu'à la même chose, offrir et faire désirer leur chair déjà donnée, déjà vendue, déjà promise à d'autres hommes. Et il songea que sur la terre entière c'était toujours la même chose.

Sa mère avait fait comme les autres, voilà tout !

Comme les autres ? — non ! Il existait des exceptions, et beaucoup, beaucoup! Celles qu'il voyait autour de lui, des riches, des folles, des chercheuses d'amour, appartenaient en somme à la galanterie élégante et mondaine ou même à la galanterie tarifée, car on ne rencontrait pas sur les plages piétinées par la légion des désœuvrées, le peuple des honnêtes femmes enfermées dans la maison close.

La mer montait, chassant peu à peu vers la ville les premières lignes des baigneurs. On voyait les groupes se lever vivement et fuir, en emportant leurs sièges, devant le flot jaune qui s'en venait frangé d'une petite dentelle d'écume. Les cabines roulantes, attelées d'un cheval, remontaient aussi ; et sur les planches de la promenade, qui borde la plage d'un bout à l'autre, c'était maintenant une coulée continue, épaisse et lente, de foule élégante, formant deux courants contraires qui se coudoyaient et se mêlaient. Pierre, nerveux, exaspéré par ce frôlement, s'enfuit, s'enfonça dans la ville et s'arrêta pour déjeuner chez un simple marchand de vins, à l'entrée des champs.

Quand il eut pris son café, il s'étendit sur deux chaises devant la porte, et comme il n'avait guère dormi cette nuit-là, il s'assoupit à l'ombre d'un tilleul.

Après quelques heures de repos, s'étant secoué, il s'aperçut qu'il était temps de revenir pour reprendre le bateau, et il se mit en route, accablé par une courbature subite tombée sur lui pendant son assoupissement. Maintenant il voulait rentrer, il voulait savoir si sa mère avait retrouvé le portrait de Maréchal. En parlerait-elle la première, ou faudrait-il qu'il le demandât de nouveau ? Certes si elle attendait qu'on l'interrogeât encore, elle avait une raison secrète de ne point montrer ce portrait.

Mais lorsqu'il fut rentré dans sa chambre, il hésita à descendre pour le dîner. Il souffrait trop. Son cœur soulevé n'avait pas encore eu le temps de s'apaiser. Il se décida pourtant, et il parut dans la salle à manger comme on se mettait à table.

Un air de joie animait les visages.

« Eh bien ! dit Roland, ça avance-t-il, vos achats ? Moi, je ne veux rien voir avant que tout soit installé. »

Sa femme répondit :

« Mais oui, ça va. Seulement il faut longtemps réfléchir pour ne pas commettre d'impair. La question du mobilier nous préoccupe beaucoup. »

Elle avait passé la journée à visiter avec Jean des boutiques de tapissiers et des magasins d'ameublement. Elle voulait des étoffes riches, un peu pompeuses, pour frapper l'œil. Son fils, au contraire, désirait quelque chose de simple et de distingué. Alors, devant tous les échantillons proposés ils avaient répété, l'un et l'autre, leurs arguments. Elle prétendait que le client, le plaideur a besoin d'être impressionné, qu'il doit ressentir, en entrant dans le salon d'attente, l'émotion de la richesse.

Jean au contraire, désirant n'attirer que la clientèle élégante et opulente, voulait conquérir l'esprit des gens fins par son goût modeste et sûr.

Et la discussion, qui avait duré toute la journée, reprit dès le potage.

Roland n'avait pas d'opinion. Il répétait :

« Moi, je ne veux entendre parler de rien. J'irai voir quand ce sera fini. »

Mme Roland fit appel au jugement de son fils aîné :

« Voyons, toi, Pierre, qu'en penses-tu ? »

Il avait les nerfs tellement surexcités qu'il eut envie de répondre par un juron. Il dit cependant sur un ton sec, où vibrait son irritation :

« Oh ! moi, je suis tout à fait de l'avis de Jean. Je n'aime que la simplicité, qui est, quand il s'agit de goût, comparable à la droiture quand il s'agit de caractère.»

Sa mère reprit :

« Songe que nous habitons une ville de commerçants, où le bon goût ne court pas les rues. »

Pierre répondit :

« Et qu'importe ? Est-ce une raison pour imiter les sots ? Si mes compatriotes sont bêtes ou malhonnêtes, ai-je besoin de suivre leur exemple ? Une femme ne commettra pas une faute pour cette raison que ses voisines ont des amants. »

Jean se mit à rire :

« Tu as des arguments par comparaison qui semblent pris dans les maximes d'un moraliste. »

Pierre ne répliqua point. Sa mère et son frère recommencèrent à parler d'étoffes et de fauteuils.

Il les regardait comme il avait regardé sa mère, le matin, avant de partir pour Trouville ; il les regardait en étranger qui observe, et il se croyait en effet entré tout à coup dans une famille inconnue.

Son père, surtout, étonnait son œil et sa pensée. Ce gros homme flasque, content et niais, c'était son père, à lui ! Non, non, Jean ne lui ressemblait en rien.

Sa famille ! Depuis deux jours une main inconnue et malfaisante, la main d'un mort, avait arraché et cassé, un à un, tous les liens qui tenaient l'un à l'autre ces quatre êtres. C'était fini, c'était brisé. Plus de mère, car il ne pourrait plus la chérir, ne la pouvant vénérer avec ce respect absolu, tendre et pieux, dont a besoin le cœur des fils ; plus de frère, puisque ce frère était l'enfant d'un étranger ; il ne lui restait qu'un père, ce gros homme, qu'il n'aimait pas, malgré lui.

Et tout à coup :

« Dis donc, maman, as-tu retrouvé ce portrait ? »

Elle ouvrit des yeux surpris :

« Quel portrait ?

— Le portrait de Maréchal.

— Non... c'est-à-dire oui... je ne l'ai pas retrouvé, mais je crois savoir où il est.

— Quoi donc ? » demanda Roland.

Pierre lui dit :

« Un petit portrait de Maréchal qui était autrefois dans notre salon à Paris. J'ai

pensé que Jean serait content de le posséder. »

Roland s'écria :

« Mais oui, mais oui, je m'en souviens parfaitement ; je l'ai même vu encore à la fin de l'autre semaine. Ta mère l'avait tiré de son secrétaire en rangeant ses papiers. C'était jeudi ou vendredi. Tu te rappelles bien, Louise ? J'étais en train de me raser quand tu l'as pris dans un tiroir et posé sur une chaise à côté de toi, avec un tas de lettres dont tu as brûlé la moitié. Hein ? est-ce drôle que tu aies touché à ce portrait deux ou trois jours à peine avant l'héritage de Jean? Si je croyais aux pressentiments, je dirais que c'en est un ! »

Mme Roland répondit avec tranquillité :

« Oui, oui, je sais où il est ; j'irai le chercher tout à l'heure. »

Donc elle avait menti ! Elle avait menti en répondant, ce matin-là même, à son fils qui lui demandait ce qu'était devenue cette miniature : « Je ne sais pas trop... peut-être que je l'ai dans mon secrétaire. »

Elle l'avait vue, touchée, maniée, contemplée quelques jours auparavant, puis elle l'avait recachée dans le tiroir secret, avec des lettres, ses lettres à lui.

Pierre regardait sa mère, qui avait menti. Il la regardait avec une colère exaspérée de fils trompé, volé dans son affection sacrée, et avec une jalousie d'homme longtemps aveugle qui découvre enfin une trahison honteuse. S'il avait été le mari de cette femme, lui, son enfant, il l'aurait saisie par les poignets, par les épaules ou par les cheveux et jetée à terre, frappée, meurtrie, écrasée ! Et il ne pouvait rien dire, rien faire, rien montrer, rien révéler. Il était son fils, il n'avait rien à venger, lui, on ne l'avait pas trompé.

Mais oui, elle l'avait trompé dans sa tendresse, trompé dans son pieux respect. Elle se devait à lui irréprochable, comme se doivent toutes les mères à leurs enfants. Si la fureur dont il était soulevé arrivait presque à de la haine, c'est qu'il la sentait plus criminelle envers lui qu'envers son père lui-même.

L'amour de l'homme et de la femme est un pacte volontaire où celui qui faiblit n'est coupable que de perfidie ; mais quand la femme est devenue mère, son devoir a grandi puisque la nature lui confie une race. Si elle succombe alors, elle est lâche, indigne et infâme.

« C'est égal, dit tout à coup Roland en allongeant ses jambes sous la table, comme il faisait chaque soir pour siroter son verre de cassis, ça n'est pas mauvais de vivre à rien faire quand on a une petite aisance. J'espère que Jean nous offrira des dîners extra, maintenant. Ma foi, tant pis si j'attrape quelquefois mal à l'estomac. »

Puis se tournant vers sa femme :

« Va donc chercher ce portrait, ma chatte, puisque tu as fini de manger. Ça me fera plaisir aussi de le revoir. »

Elle se leva, prit une bougie et sortit. Puis, après une absence qui parut longue à Pierre, bien qu'elle n'eût pas duré trois minutes, Mme Roland rentra, souriante, et tenant par l'anneau un cadre doré de forme ancienne.

« Voilà, dit-elle, je l'ai retrouvé presque tout de suite. »

Le docteur, le premier, avait tendu la main. Il reçut le portrait, et, d'un peu loin, à bout de bras, l'examina. Puis, sentant bien que sa mère le regardait, il leva

lentement les yeux sur son frère, pour comparer. Il faillit dire, emporté par sa violence : « Tiens, cela ressemble à Jean. » S'il n'osa pas prononcer ces redoutables paroles, il manifesta sa pensée par la façon dont il comparait la figure vivante et la figure peinte.

Elles avaient, certes, des signes communs : la même barbe et le même front, mais rien d'assez précis pour permettre de déclarer : « Voilà le père, et voilà le fils.» C'était plutôt un air de famille, une parenté de physionomies qu'anime le même sang. Or, ce qui fut pour Pierre plus décisif encore que cette allure des visages, c'est que sa mère s'était levée, avait tourné le dos et feignait d'enfermer, avec trop de lenteur, le sucre et le cassis dans un placard.

Elle avait compris qu'il savait, ou du moins qu'il soupçonnait !

« Passe-moi donc ça », disait Roland.

Pierre tendit la miniature et son père attira la bougie pour bien voir ; puis il murmura d'une voix attendrie :

« Pauvre garçon ! dire qu'il était comme ça quand nous l'avons connu. Cristi! comme ça va vite ! Il était joli homme, tout de même, à cette époque, et si plaisant de manières, n'est-ce pas, Louise ? »

Comme sa femme ne répondait pas, il reprit :

« Et quel caractère égal ! Je ne lui ai jamais vu de mauvaise humeur. Voilà, c'est fini, il n'en reste plus rien... que ce qu'il a laissé à Jean. Enfin, on pourra jurer que celui-là s'est montré bon ami et fidèle jusqu'au bout. Même en mourant il ne nous a pas oubliés. »

Jean, à son tour, tendit le bras pour prendre le portrait. Il le contempla quelques instants, puis avec regret :

« Moi, je ne le reconnais pas du tout. Je ne me le rappelle qu'avec ses cheveux blancs. »

Et il rendit la miniature à sa mère. Elle y jeta un regard rapide, vite détourné, qui semblait craintif ; puis de sa voix naturelle :

« Cela t'appartient maintenant, mon Jeannot, puisque tu es son héritier. Nous le porterons dans ton nouvel appartement. »

Et comme on entrait au salon, elle posa la miniature sur la cheminée, près de la pendule, où elle était autrefois.

Roland bourrait sa pipe, Pierre et Jean allumèrent des cigarettes. Ils les fumaient ordinairement l'un en marchant à travers la pièce, l'autre assis, enfoncé dans un fauteuil, et les jambes croisées. Le père se mettait toujours à cheval sur une chaise et crachait de loin dans la cheminée.

Mme Roland, sur un siège bas, près d'une petite table qui portait la lampe, brodait, tricotait ou marquait du linge.

Elle commençait, ce soir-là, une tapisserie destinée à la chambre de Jean. C'était un travail difficile et compliqué dont le début exigeait toute son attention. De temps en temps cependant son œil qui comptait les points se levait et allait, prompt et furtif, vers le petit portrait du mort appuyé contre la pendule. Et le docteur qui traversait l'étroit salon en quatre ou cinq enjambées, les mains derrière le dos et la cigarette aux lèvres, rencontrait chaque fois le regard de sa mère.

On eût dit qu'ils s'épiaient, qu'une lutte venait de se déclarer entre eux ; et

malaise douloureux, un malaise insoutenable crispait le cœur de Pierre. Il se disait, torturé et satisfait pourtant : « Doit-elle souffrir en ce moment, si elle sait que je l'ai devinée ! » Et à chaque retour vers le foyer, il s'arrêtait quelques secondes à contempler le visage blond de Maréchal, pour bien montrer qu'une idée fixe le hantait. Et ce petit portrait, moins grand qu'une main ouverte, semblait une personne vivante, méchante, redoutable, entrée soudain dans cette maison et dans cette famille.

Tout à coup la sonnette de la rue tinta. Mme Roland, toujours si calme, eut un sursaut qui révéla le trouble de ses nerfs au docteur.

Puis elle dit : « Ca doit être Mme Rosémilly. » Et son œil anxieux encore une fois se leva vers la cheminée.

Pierre comprit, ou crut comprendre sa terreur et son angoisse. Le regard des femmes est perçant, leur esprit agile, et leur pensée soupçonneuse. Quand celle qui allait entrer apercevrait cette miniature inconnue, du premier coup, peut-être, elle découvrirait la ressemblance entre cette figure et celle de Jean. Alors elle saurait et comprendrait tout ! Il eut peur, une peur brusque et horrible que cette honte fût dévoilée, et se retournant, comme la porte s'ouvrait, il prit la petite peinture et la glissa sous la pendule sans que son père et son frère l'eussent vu.

Rencontrant de nouveau les yeux de sa mère ils lui parurent changés, troubles et hagards.

« Bonjour, disait Mme Rosémilly, je viens boire avec vous une tasse de thé.»

Mais pendant qu'on s'agitait autour d'elle pour s'informer de sa santé, Pierre disparut par la porte restée ouverte.

Quand on s'aperçut de son départ, on s'étonna. Jean mécontent, à cause de la jeune veuve qu'il craignait blessée, murmurait :

« Quel ours ! »

Mme Roland répondit :

« Il ne faut pas lui en vouloir, il est un peu malade aujourd'hui et fatigué d'ailleurs de sa promenade à Trouville.

— N' importe, reprit Roland, ce n'est pas une raison pour s'en aller comme un sauvage. »

Mme Rosémilly voulut arranger les choses en affirmant :

« Mais non, mais non, il est parti à l'anglaise ; on se sauve toujours ainsi dans le monde quand on s'en va de bonne heure.

— Oh ! répondit Jean, dans le monde, c'est possible, mais on ne traite pas sa famille à l'anglaise, et mon frère ne fait que cela, depuis quelque temps. »

VI

Rien ne survint chez les Roland pendant une semaine ou deux. Le père pêchait, Jean s'installait aidé de sa mère, Pierre, très sombre, ne paraissait plus qu'aux heures des repas.

Son père lui ayant demandé un soir :

Pourquoi diable nous fais-tu une figure d'enterrement ? Ça n'est pas d'aujourd'hui que je le remarque ! »

Le docteur répondit :

« C'est que je sens terriblement le poids de la vie. »

Le bonhomme n'y comprit rien et, d'un air désolé :

« Vraiment c'est trop fort. Depuis que nous avons eu le bonheur de cet héritage, tout le monde semble malheureux. C'est comme s'il nous était arrivé un accident, comme si nous pleurions quelqu'un !

— Je pleure quelqu'un, en effet, dit Pierre.

— Toi ? Qui donc ?

— Oh ! quelqu'un que tu n'as pas connu, et que j'aimais trop. »

Roland s'imagina qu'il s'agissait d'une amourette, d'une personne légère courtisée par son fils, et il demanda :

« Une femme, sans doute ?

— Oui, une femme.

— Morte ?

— Non, c'est pis, perdue.

— Ah ! »

Bien qu'il s'étonnât de cette confidence imprévue, faite devant sa femme, et du ton bizarre de son fils, le vieux n'insista point, car il estimait que ces choses-là ne regardent pas les tiers.

Mme Roland semblait n'avoir point entendu ; elle paraissait malade, étant très pâle. Plusieurs fois déjà son mari, surpris de la voir s'asseoir comme si elle tombait sur son siège, de l'entendre souffler comme si elle ne pouvait plus respirer, lui avait dit :

« Vraiment, Louise, tu as mauvaise mine, tu te fatigues trop sans doute à installer Jean ! Repose-toi un peu, sacristi ! Il n'est pas pressé, le gaillard, puisqu'il est riche. »

Elle remuait la tête sans répondre.

Sa pâleur, ce jour-là, devint si grande que Roland, de nouveau, la remarqua.

« Allons, dit-il, ça ne va pas du tout, ma pauvre vieille, il faut te soigner. »

Puis se tournant vers son fils :

« Tu le vois bien, toi, qu'elle est souffrante, ta mère. L'as-tu examinée, au moins ? »

Pierre répondit :

« Non, je ne m'étais pas aperçu qu'elle eût quelque chose. »

Alors Roland se fâcha :

« Mais ça crève les yeux, nom d'un chien ! A quoi ça te sert-il d'être docteur alors, si tu ne t'aperçois même pas que ta mère est indisposée ? Mais regarde-la, tiens, regarde-la. Non, vrai, on pourrait crever, ce médecin-là ne s'en douterait pas !»

Mme Roland s'était mise à haleter, si blême que son mari s'écria :

« Mais elle va se trouver mal !

— Non... non... ce n'est rien... ça va passer... ce n'est rien. »

Pierre s'était approché, et la regardant fixement :

« Voyons, qu'est-ce que tu as ? » dit-il

Elle répétait, d'une voix basse, précipitée :

« Mais rien... rien... je t'assure... rien. »

Roland était parti chercher du vinaigre ; il rentra, et tendant la bouteille à son fils :

« Tiens... mais soulage-la donc, toi. As-tu tâté son cœur, au moins ? »

Comme Pierre se penchait pour prendre son pouls, elle retira sa main d'un mouvement si brusque qu'elle heurta une chaise voisine.

« Allons, dit-il d'une voix froide, laisse-toi soigner puisque tu es malade. »

Alors elle souleva et lui tendit son bras. Elle avait la peau brûlante, les battements du sang tumultueux et saccadés. Il murmura :

« En effet, c'est assez sérieux. Il faudra prendre des calmants. Je vais te faire une ordonnance. »

Et comme il écrivait, courbé sur son papier, un bruit léger de soupirs pressés, de suffocation, de souffles courts et retenus le fit se retourner soudain.

Elle pleurait, les deux mains sur la face.

Roland, éperdu, demandait :

« Louise, Louise, qu'est-ce que tu as ? mais qu'est-ce que tu as donc ? »

Elle ne répondait pas et semblait déchirée par un chagrin horrible et profond.

Son mari voulut prendre ses mains et les ôter de son visage. Elle résista, répétant :

« Non, non, non. »

Il se tourna vers son fils :

« Mais qu'est-ce qu'elle a ? Je ne l'ai jamais vue ainsi.

— Ce n'est rien, dit Pierre, une petite crise de nerfs. »

Et il lui semblait que son cœur à lui se soulageait à la voir ainsi torturée, que cette douleur allégeait son ressentiment, diminuait la dette d'opprobre de sa mère. Il la contemplait comme un juge satisfait de sa besogne.

Mais soudain elle se leva, se jeta vers la porte, d'un élan si brusque qu'on ne put ni le prévoir ni l'arrêter ; et elle courut s'enfermer dans sa chambre.

Roland et le docteur demeurèrent face à face.

« Est-ce que tu y comprends quelque chose ? dit l'un.

— Oui, répondit l'autre, cela vient d'un simple petit malaise nerveux qui se déclare souvent à l'âge de maman. Il est probable qu'elle aura encore beaucoup de crises comme celle-là. »

Elle en eut d'autres en effet, presque chaque jour, et que Pierre semblait provoquer d'une parole, comme s'il avait eu le secret de son mal étrange et inconnu. Il guettait sur sa figure les intermittences de repos, et, avec des ruses de tortionnaire, réveillait par un seul mot la douleur un instant calmée.

Et il souffrait autant qu'elle, lui ! Il souffrait affreusement de ne plus l'aimer, de ne plus la respecter et de la torturer. Quand il avait bien avivé la plaie saignante, ouverte par lui dans ce cœur de femme et de mère, quand il sentait combien elle était misérable et désespérée, il s'en allait seul, par la ville, si tenaillé par les remords, si meurtri par la pitié, si désolé de l'avoir ainsi broyée sous son mépris de fils, qu'il avait envie de se jeter à la mer, de se noyer pour en finir.

Oh ! comme il aurait voulu pardonner, maintenant ! mais il ne le pouvait

point, étant incapable d'oublier. Si seulement il avait pu ne pas la faire souffrir ; mais il ne le pouvait pas non plus, souffrant toujours lui-même. Il rentrait aux heures des repas, plein de résolutions attendries, puis dès qu'il l'apercevait, dès qu'il voyait son œil, autrefois si droit et si franc, et fuyant à présent, craintif, éperdu, il frappait malgré lui, ne pouvant garder la phrase perfide qui lui montait aux lèvres.

L'infâme secret, connu d'eux seuls, l'aiguillonnait contre elle. C'était un venin qu'il portait à présent dans les veines et qui lui donnait des envies de mordre à la façon d'un chien enragé.

Rien ne le gênait plus pour la déchirer sans cesse, car Jean habitait maintenant presque tout à fait son nouvel appartement, et il revenait seulement pour dîner et pour coucher, chaque soir, dans sa famille.

Il s'apercevait souvent des amertumes et des violences de son frère, qu'il attribuait à la jalousie. Il se promettait bien de le remettre à sa place, et de lui donner une leçon un jour ou l'autre, car la vie de famille devenait fort pénible à la suite de ces scènes continuelles. Mais comme il vivait à part maintenant, il souffrait moins de ces brutalités : et son amour de la tranquillité le poussait à la patience. La fortune, d'ailleurs, l'avait grisé, et sa pensée ne s'arrêtait plus guère qu'aux choses ayant pour lui un intérêt direct. Il arrivait, l'esprit plein de petits soucis nouveaux, préoccupé de la coupe d'une jaquette, de la forme d'un chapeau de feutre, de la grandeur convenable pour les cartes de visite. Et il parlait avec persistance de tous les détails de sa maison, de planches posées dans le placard de sa chambre pour serrer le linge, de porte-manteaux installés dans le vestibule, de sonneries électriques disposées pour prévenir toute pénétration clandestine dans le logis.

Il avait été décidé qu'à l'occasion de son installation, on ferait une partie de campagne à Saint-Jouin, et qu'on reviendrait prendre le thé, chez lui, après dîner. Roland voulait aller par mer, mais la distance et l'incertitude où l'on était d'arriver par cette voie, si le vent contraire soufflait, firent repousser son avis, et un break fut loué pour cette excursion

On partit vers dix heures afin d'arriver pour le déjeuner. La grand-route poudreuse se déployait à travers la campagne normande que les ondulations des plaines et les fermes entourées d'arbres font ressembler à un parc sans fin. Dans la voiture emportée au trot lent de deux gros chevaux, la famille Roland, Mme Rosémilly et le capitaine Beausire se taisaient, assourdis par le bruit des roues, et fermaient les yeux dans un nuage de poussière.

C'était l'époque des récoltes mûres. A côté des trèfles d'un vert sombre, et des betteraves d'un vert cru, les blés jaunes éclairaient la campagne d'une lueur dorée et blonde. Ils semblaient avoir bu la lumière du soleil tombée sur eux. On commençait à moissonner par places, et dans les champs attaqués par les faux, on voyait les hommes se balancer en promenant au ras du sol leur grande lame en forme d'aile.

Après deux heures de marche, le break prit un chemin à gauche, passa près d'un moulin à vent qui tournait, mélancolique épave grise, à moitié pourrie et condamnée, dernier survivant des vieux moulins, puis il entra dans une jolie cour et s'arrêta devant une maison coquette, auberge célèbre dans le pays.

La patronne, qu'on appelle la belle Alphonsine, s'en vint, souriante, sur sa porte, et tendit la main aux deux dames qui hésitaient devant le marchepied trop haut.

Sous une tente, au bord de l'herbage ombragé de pommiers, des étrangers déjeunaient déjà, des Parisiens venus d'Étretat ; et on entendait dans l'intérieur de la maison des voix, des rires et des bruits de vaisselle.

On dut manger dans une chambre, toutes les salles étant pleines. Soudain Roland aperçut contre la muraille des filets à salicoques.

« Ah ! ah ! cria-t-il, on pêche du bouquet ici ?

— Oui, répondit Beausire, c'est même l'endroit où on en prend le plus de toute la côte.

— Bigre ! si nous y allions après déjeuner ? »

Il se trouvait justement que la marée était basse à trois heures ; et on décida que tout le monde passerait l'après-midi dans les rochers, à chercher des salicoques.

On mangea peu, pour éviter l'afflux de sang à la tête quand on aurait les pieds dans l'eau. On voulait d'ailleurs se réserver pour le dîner, qui fut commandé magnifique et qui devait être prêt dès six heures, quand on rentrerait.

Roland ne se tenait pas d'impatience. Il voulait acheter les engins spéciaux employés pour cette pêche, et qui ressemblent beaucoup à ceux dont on se sert pour attraper des papillons dans les prairies.

On les nomme lanets. Ce sont de petites poches en filet attachées sur un cercle de bois, au bout d'un long bâton. Alphonsine, souriant toujours, les lui prêta. Puis elle aida les deux femmes à faire une toilette improvisée pour ne point mouiller leur robe. Elle offrit des jupes, de gros bas de laine et des espadrilles. Les hommes ôtèrent leurs chaussettes et achetèrent chez le cordonnier du lieu des savates et des sabots.

Puis on se mit en route, le lanet sur l'épaule et la hotte sur le dos. Mme Rosémilly, dans ce costume, était tout à fait gentille, d'une gentillesse imprévue, paysanne et hardie.

La jupe prêtée par Alphonsine, coquettement relevée et fermée par un point de couture afin de pouvoir courir et sauter sans peur dans les roches, montrait la cheville et le bas du mollet, un ferme mollet de petite femme souple et forte. La taille était libre pour laisser aux mouvements leur aisance ; et elle avait trouvé, pour se couvrir la tête, un immense chapeau de jardinier, en paille jaune, aux bords démesurés, à qui une branche de tamaris, tenant un côté retroussé, donnait un air mousquetaire et crâne.

Jean, depuis son héritage, se demandait tous les jours s'il l'épouserait ou non. Chaque fois qu'il la revoyait, il se sentait décidé à en faire sa femme, puis, dès qu'il se trouvait seul, il songeait qu'en attendant on a le temps de réfléchir. Elle était moins riche que lui maintenant, car elle ne possédait qu'une douzaine de mille francs de revenu, mais en biens-fonds, en fermes et en terrains dans Le Havre, sur les bassins ; et cela, plus tard, pouvait valoir une grosse somme. La fortune était donc à peu près équivalente, et la jeune veuve assurément lui plaisait beaucoup.

En la regardant marcher devant lui ce jour-là, il pensait : « Allons, il faut que

je me décide. Certes, je ne trouverai pas mieux. »

Ils suivirent un petit vallon en pente, descendant du village vers la falaise ; et la falaise, au bout de ce vallon, dominait la mer de quatre-vingts mètres. Dans l'encadrement des côtes vertes, s'abaissant à droite et à gauche, un grand triangle d'eau, d'un bleu d'argent sous le soleil, apparaissait au loin, et une voile, à peine visible, avait l'air d'un insecte là-bas. Le ciel plein de lumière se mêlait tellement à l'eau qu'on ne distinguait point du tout où finissait l'un et où commençait l'autre; et les deux femmes, qui précédaient les trois hommes, dessinaient sur cet horizon clair leurs tailles serrées dans leurs corsages.

Jean, l'œil allumé, regardait fuir devant lui la cheville mince, la jambe fine, la hanche souple et le grand chapeau provocant de Mme Rosémilly. Et cette fuite activait son désir, le poussait aux résolutions décisives que prennent brusquement les hésitants et les timides. L'air tiède, où se mêlait à l'odeur des côtes, des ajoncs, des trèfles et des herbes, la senteur marine des roches découvertes, l'animait encore en le grisant doucement, et il se décidait un peu plus à chaque pas, à chaque seconde, à chaque regard jeté sur la silhouette alerte de la jeune femme ; il se décidait à ne plus hésiter, à lui dire qu'il l'aimait et qu'il désirait l'épouser. La pêche lui servirait, facilitant leur tête-à-tête ; et ce serait en outre un joli cadre, un joli endroit pour parler d'amour, les pieds dans un bassin d'eau limpide, en regardant fuir sous les varechs les longues barbes des crevettes.

Quand ils arrivèrent au bout du vallon, au bord de l'abîme, ils aperçurent un petit sentier qui descendait le long de la falaise, et sous eux, entre la mer et le pied de la montagne, à mi-côte à peu près, un surprenant chaos de rochers énormes, écroulés, renversés, entassés les uns sur les autres dans une espèce de plaine herbeuse et mouvementée qui courait à perte de vue vers le sud, formée par les éboulements anciens. Sur cette longue bande de broussailles et de gazon secouée, eût-on dit, par des sursauts de volcan, les rocs tombés semblaient les ruines d'une grande cité disparue qui regardait autrefois l'Océan, dominée elle-même par la muraille blanche et sans fin de la falaise.

« Ca, c'est beau », dit en s'arrêtant Mme Rosémilly.

Jean l'avait rejointe, et, le cœur ému, lui offrait la main pour descendre l'étroit escalier taillé dans la roche.

Ils partirent en avant, tandis que Beausire, se raidissant sur ses courtes jambes, tendait son bras replié à Mme Roland étourdie par le vide.

Roland et Pierre venaient les derniers, et le docteur dut traîner son père, tellement troublé par le vertige, qu'il se laissait glisser, de marche en marche, sur son derrière.

Les jeunes gens, qui dévalaient en tête, allaient vite, et soudain ils aperçurent à côté d'un banc de bois qui marquait un repos vers le milieu de la valleuse, un filet d'eau claire jaillissant d'un petit trou de la falaise. Il se répandait d'abord en un bassin grand comme une cuvette qu'il s'était creusé lui-même, puis tombant en cascade haute de deux pieds à peine, il s'enfuyait à travers le sentier, où avait poussé un tapis de cresson, puis disparaissait dans les ronces et les herbes, à travers la plaine soulevée où s'entassaient les éboulements.

« Oh ! que j'ai soif ! » s'écria Mme Rosémilly.

Mais comment boire ? Elle essayait de recueillir dans le fond de sa main l'eau qui lui fuyait à travers les doigts. Jean eut une idée, mit une pierre dans le chemin; et elle s'agenouilla dessus afin de puiser à la source même avec ses lèvres qui se trouvaient ainsi à la même hauteur.

Quand elle releva sa tête, couverte de gouttelettes brillantes semées par milliers sur la peau, sur les cheveux, sur les cils, sur le corsage, Jean penché vers elle murmura :

« Comme vous êtes jolie ! »

Elle répondit, sur le ton qu'on prend pour gronder un enfant :

« Voulez-vous bien vous taire ? »

C'étaient les premières paroles un peu galantes qu'ils échangeaient.

« Allons, dit Jean fort troublé, sauvons-nous avant qu'on nous rejoigne. »

Il apercevait, en effet, tout près d'eux maintenant, le dos du capitaine Beausire qui descendait à reculons afin de soutenir par les deux mains Mme Roland, et, plus haut, plus loin, Roland se laissait toujours glisser, calé sur son fond de culotte en se traînant sur les pieds et sur les coudes avec une allure de tortue, tandis que Pierre le précédait en surveillant ses mouvements.

Le sentier moins escarpé devenait une sorte de chemin en pente contournant les blocs énormes tombés autrefois de la montagne. Mme Rosémilly et Jean se mirent à courir et furent bientôt sur le galet. Ils le traversèrent pour gagner les roches. Elles s'étendaient en une longue et plate surface couverte d'herbes marines et où brillaient d'innombrables flaques d'eau. La mer basse était là-bas, très loin, derrière cette plaine gluante de varechs, d'un vert luisant et noir.

Jean releva son pantalon jusqu'au-dessus du mollet et ses manches jusqu'au coude, afin de se mouiller sans crainte, puis il dit : « En avant ! » et sauta avec résolution dans la première mare rencontrée.

Plus prudente, bien que décidée aussi à entrer dans l'eau tout à l'heure, la jeune femme tournait autour de l'étroit bassin, à pas craintifs, car elle glissait sur les plantes visqueuses.

« Voyez-vous quelque chose ? disait-elle

— Oui, je vois votre visage qui se reflète dans l'eau.

— Si vous ne voyez que cela, nous n'aurons pas une fameuse pêche. »

Il murmura d'une voix tendre :

« Oh ! de toutes les pêches c'est encore celle que je préférerais faire. »

Elle riait :

« Essayez donc, vous allez voir comme il passera à travers votre filet.

— Pourtant... si vous vouliez ?

— Je veux vous voir prendre des salicoques... et rien de plus... pour le moment.

— Vous êtes méchante. Allons plus loin, il n'y a rien ici. »

Et il lui offrit la main pour marcher sur les rochers gras. Elle s'appuyait un peu craintive, et lui, tout à coup, se sentait envahi par l'amour, soulevé de désirs, affamé d'elle, comme si le mal qui germait en lui avait attendu ce jour-là pour éclore.

Ils arrivèrent bientôt auprès d'une crevasse plus profonde, où flottaient sous

l'eau frémissante et coulant vers la mer lointaine par une fissure invisible, des herbes longues, fines, bizarrement colorées, des chevelures roses et vertes, qui semblaient nager.

Mme Rosémilly s'écria :

« Tenez, tenez, j'en vois une, une grosse, une très grosse là-bas ! »

Il l'aperçut à son tour, et descendit dans le trou résolument, bien qu'il se mouillât jusqu'à la ceinture.

Mais la bête remuant ses longues moustaches reculait doucement devant le filet. Jean la poussait vers les varechs, sûr de l'y prendre. Quand elle se sentit bloquée, elle glissa d'un brusque élan par-dessus le lanet, traversa la mare et disparut.

La jeune femme qui regardait, toute palpitante, cette chasse, ne put retenir ce cri :

« Oh ! maladroit ! »

Il fut vexé, et d'un mouvement irréfléchi traîna son filet dans un fond plein d'herbes. En le ramenant à la surface de l'eau, il vit dedans trois grosses salicoques transparentes, cueillies à l'aveuglette dans leur cachette invisible.

Il les présenta, triomphant, à Mme Rosémilly qui n'osait point les prendre, par peur de la pointe aiguë et dentelée dont leur tête fine est armée.

Elle s'y décida pourtant, et pinçant entre deux doigts le bout effilé de leur barbe, elle les mit, l'une après l'autre, dans sa hotte, avec un peu de varech qui les conserverait vivantes. Puis ayant trouvé une flaque d'eau moins creuse, elle y entra, à pas hésitants, un peu suffoquée par le froid qui lui saisissait les pieds, et elle se mit à pêcher elle-même. Elle était adroite et rusée, ayant la main souple et le flair de chasseur qu'il fallait. Presque à chaque coup, elle ramenait des bêtes trompées et surprises par la lenteur ingénieuse de sa poursuite.

Jean maintenant ne trouvait rien, mais il la suivait pas à pas, la frôlait, se penchait sur elle, simulait un grand désespoir de sa maladresse, voulait apprendre.

« Oh ! montrez-moi, disait-il, montrez-moi ! »

Puis, comme leurs deux visages se reflétaient, l'un contre l'autre, dans l'eau si claire dont les plantes noires du fond faisaient une glace limpide, Jean souriait à cette tête voisine qui le regardait d'en bas, et parfois, du bout des doigts, lui jetait un baiser qui semblait tomber dessus.

« Ah ! que vous êtes ennuyeux ! disait la jeune femme ; mon cher, il ne faut jamais faire deux choses à la fois. »

Il répondit :

« Je n'en fais qu'une. Je vous aime. »

Elle se redressa, et d'un ton sérieux :

« Voyons, qu'est-ce qui vous prend depuis dix minutes, avez-vous perdu la tête ?

— Non, je n'ai pas perdu la tête. Je vous aime, et j'ose, enfin, vous le dire. »

Ils étaient debout maintenant dans la mare salée qui les mouillait jusqu'aux mollets, et les mains ruisselantes appuyées sur leurs filets, ils se regardaient au fond des yeux.

Elle reprit, d'un ton plaisant et contrarié :

« Que vous êtes malavisé de me parler de ça en ce moment ! Ne pouviez-vous attendre un autre jour et ne pas me gâter ma pêche ? »

Il murmura :

« Pardon, mais je ne pouvais plus me taire. Je vous aime depuis longtemps. Aujourd'hui vous m'avez grisé à me faire perdre la raison. »

Alors, tout à coup, elle sembla en prendre son parti, se résigner à parler d'affaires et à renoncer aux plaisirs.

« Asseyons-nous sur ce rocher, dit-elle, nous pourrons causer tranquillement.»

Ils grimpèrent sur un roc un peu haut, et lorsqu'ils y furent installés côte à côte, les pieds pendants, en plein soleil, elle reprit :

« Mon cher ami, vous n'êtes plus un enfant et je ne suis pas une jeune fille. Nous savons fort bien l'un et l'autre de quoi il s'agit, et nous pouvons peser toutes les conséquences de nos actes. Si vous vous décidez aujourd'hui à me déclarer votre amour, je suppose naturellement que vous désirez m'épouser. »

Il ne s'attendait guère à cet exposé net de la situation, et il répondit niaisement:

« Mais oui.

— En avez-vous parlé à votre père et à votre mère ?

— Non, je voulais savoir si vous m'accepteriez. »

Elle lui tendit sa main encore mouillée, et comme il y mettait la sienne avec élan :

« Moi, je veux bien, dit-elle. Je vous crois bon et loyal. Mais n'oubliez point que je ne voudrais pas déplaire à vos parents.

— Oh ! pensez-vous que ma mère n'a rien prévu et qu'elle vous aimerait comme elle vous aime si elle ne désirait pas un mariage entre nous ?

— C'est vrai, je suis un peu troublée. »

Ils se turent. Et il s'étonnait, lui, au contraire qu'elle fût si peu troublée, si raisonnable. Il s'attendait à des gentillesses galantes, à des refus qui disent oui, à toute une coquette comédie d'amour mêlée à la pêche, dans le clapotement de l'eau! Et c'était fini, il se sentait lié, marié, en vingt paroles. Ils n'avaient plus rien à se dira puisqu'ils étaient d'accord et ils demeuraient maintenant un peu embarrassés tous deux de ce qui s'était passé, si vite, entre eux, un peu confus même, n'osant plus parler, n'osant plus pêcher, ne sachant que faire.

La voix de Roland les sauva :

« Par ici, par ici, les enfants ! Venez voir Beausire. Il vide la mer, ce gaillard-là. »

Le capitaine, en effet, faisait une pêche merveilleuse. Mouillé jusqu'aux reins, il allait de mare en mare, reconnaissant d'un seul coup d'œil les meilleures places, et fouillant, d'un mouvement lent et sûr de son lanet, toutes les cavités cachées sous les varechs.

Et les belles salicoques transparentes, d'un blond gris, frétillaient au fond de sa main quand il les prenait d'un geste sec pour les jeter dans sa hotte.

Mme Rosémilly surprise, ravie, ne le quitta plus, l'imitant de son mieux, oubliant presque sa promesse et Jean qui suivait, rêveur, pour se donner tout entière à cette joie enfantine de ramasser des bêtes sous les herbes flottantes.

Roland s'écria tout à coup :

« Tiens, Mme Roland qui nous rejoint. »

Elle était restée d'abord seule avec Pierre sur la plage, car ils n'avaient envie ni l'un ni l'autre de s'amuser à courir dans les roches et à barboter dans les flaques; et pourtant ils hésitaient à demeurer ensemble. Elle avait peur de lui, et son fils avait peur d'elle et de lui-même, peur de sa cruauté qu'il ne maîtrisait point.

Ils s'assirent donc, l'un près de l'autre, sur le galet.

Et tous deux, sous la chaleur du soleil calmée par l'air marin, devant le vaste et doux horizon d'eau bleue moirée d'argent, pensaient en même temps : « Comme il aurait fait bon ici, autrefois ! »

Elle n'osait point parler à Pierre, sachant bien qu'il répondrait une dureté ; et il n'osait pas parler à sa mère sachant aussi que, malgré lui, il le ferait avec violence.

Du bout de sa canne il tourmentait les galets ronds, les remuait et les battait. Elle, les yeux vagues, avait prit entre ses doigts trois ou quatre petits cailloux qu'elle faisait passer d'une main dans l'autre, d'un geste lent et machinal. Puis son regard indécis, qui errait devant elle, aperçut, au milieu des varechs, son fils Jean qui pêchait avec Mme Rosémilly. Alors elle les suivit, épiant leurs mouvements, comprenant confusément, avec son instinct de mère, qu'ils ne causaient point comme tous les jours. Elle les vit se pencher côte à côte quand ils se regardaient dans l'eau, demeurer debout face à face quand ils interrogeaient leur cœur, puis grimper et s'asseoir sur le rocher pour s'engager l'un envers l'autre.

Leurs silhouettes se détachaient bien nettes, semblaient seules au milieu de l'horizon, prenaient dans ce large espace de ciel, de mer, de falaises, quelque chose de grand et de symbolique.

Pierre aussi les regardait, et un rire sec sortit brusquement de ses lèvres.

Sans se tourner vers lui, Mme Roland lui dit :

« Qu'est-ce que tu as donc ? »

Il ricanait toujours :

« Je m'instruis. J'apprends comment on se prépare à être cocu. »

Elle eut un sursaut de colère, de révolte, choquée du mot, exaspérée de ce qu'elle croyait comprendre.

« Pour qui dis-tu ça ?

— Pour Jean, parbleu ! C'est très comique de les voir ainsi ! »

Elle murmura, d'une voix basse, tremblante d'émotion :

« Oh ! Pierre, que tu es cruel ! Cette femme est la droiture même. Ton frère ne pourrait trouver mieux. »

Il se mit à rire tout à fait, d'un rire voulu et saccadé :

« Ah ! ah ! ah ! La droiture même ! Toutes les femmes sont la droiture même... et tous leurs maris sont cocus. Ah ! ah ! ah ! »

Sans répondre elle se leva, descendit vivement la pente de galets, et, au risque de glisser, de tomber dans les trous cachés sous les herbes, de se casser la jambe ou le bras, elle s'en alla, courant presque, marchant à travers les mares, sans voir, tout droit devant elle, vers son autre fils.

En la voyant approcher, Jean lui cria :

« Eh bien ? maman, tu te décides ? »

Sans répondre elle lui saisit le bras comme pour lui dire : « Sauve-moi, défends-moi. »

Il vit son trouble et, très surpris :

« Comme tu es pâle ! Qu'est-ce que tu as ? »

Elle balbutia :

« J'ai failli tomber, j'ai eu peur sur ces rochers. »

Alors Jean la guida, la soutint, lui expliquant la pêche pour qu'elle y prît intérêt. Mais comme elle ne l'écoutait guère, et comme il éprouvait un besoin violent de se confier à quelqu'un, il l'entraîna plus loin et, à voix basse :

« Devine ce que j'ai fait ?

— Mais... mais... je ne sais pas.

— Devine.

— Je ne... je ne sais pas.

— Eh bien, j'ai dit à Mme Rosémilly que je désirais l'épouser. »

Elle ne répondit rien, ayant la tête bourdonnante, l'esprit en détresse au point de ne plus comprendre qu'à peine. Elle répéta :

« L'épouser ?

— Oui, ai-je bien fait ? Elle est charmante, n'est-ce pas ?

— Oui... charmante... tu as bien fait.

— Alors tu m'approuves ?

— Oui... je t'approuve.

— Comme tu dis ça drôlement. On croirait que... que... tu n'es pas contente.

— Mais oui... je suis... contente.

— Bien vrai ?

— Bien vrai. »

Et pour le lui prouver, elle le saisit à pleins bras et l'embrassa à plein visage, par grands baisers de mère.

Puis, quand elle se fut essuyé les yeux, où des larmes étaient venues, elle aperçut là-bas sur la plage un corps étendu sur le ventre, comme un cadavre, la figure dans le galet : c'était l'autre, Pierre, qui songeait, désespéré.

Alors elle emmena son petit Jean plus loin encore, tout près du flot, et ils parlèrent longtemps de ce mariage où se rattachait son cœur.

La mer montant les chassa vers les pêcheurs qu'ils rejoignirent, puis tout le monde regagna la côte. On réveilla Pierre qui feignait de dormir ; et le dîner fut très long, arrosé de beaucoup de vins.

VII

Dans le break, en revenant, tous les hommes, hormis Jean, sommeillèrent. Beausire et Roland s'abattaient, toutes les cinq minutes, sur une épaule voisine qui les repoussait d'une secousse. Ils se redressaient alors, cessaient de ronfler, ouvraient les yeux, murmuraient : « Bien beau temps », et retombaient, presque aussitôt, de l'autre côté.

Lorsqu'on entra dans Le Havre, leur engourdissement était si profond qu'ils eurent beaucoup de peine à le secouer, et Beausire refusa même de monter chez Jean où le thé les attendait. On dut le déposer devant sa porte.

Le jeune avocat, pour la première fois, allait coucher dans son logis nouveau; et une grande joie, un peu puérile, l'avait saisi tout à coup de montrer, justement ce soir-là, à sa fiancée, l'appartement qu'elle habiterait bientôt.

La bonne était partie, Mme Roland ayant déclaré qu'elle ferait chauffer l'eau et servirait elle-même, car elle n'aimait pas laisser veiller les domestiques, par crainte du feu.

Personne, autre qu'elle, son fils et les ouvriers, n'était encore entré, afin que la surprise fût complète quand on verrait combien c'était joli.

Dans le vestibule, Jean pria qu'on attendît. Il voulait allumer les bougies et les lampes, et il laissa dans l'obscurité Mme Rosémilly, son père et son frère, puis il cria : « Arrivez ! » en ouvrant toute grande la porte à deux battants.

La galerie vitrée, éclairée par un lustre et des verres de couleur cachés dans les palmiers, les caoutchoucs et les fleurs, apparaissait d'abord pareille à un décor de théâtre. Il y eut une seconde d'étonnement. Roland, émerveillé de ce luxe, murmura : « Nom d'un chien », saisi par l'envie de battre des mains comme devant les apothéoses.

Puis on pénétra dans le premier salon, petit, tendu avec une étoffe vieil or, pareille à celle des sièges. Le grand salon de consultation très simple, d'un rouge saumon pâle, avait grand air.

Jean s'assit dans le fauteuil devant son bureau chargé de livres, et d'une voix grave, un peu forcée :

« Oui, madame, les textes de lois sont formels et me donnent, avec l'assentiment que je vous avais annoncé, l'absolue certitude qu'avant trois mois l'affaire dont nous nous sommes entretenus recevra une heureuse solution. »

Il regardait Mme Rosémilly qui se mit à sourire en regardant Mme Roland ; et Mme Roland, lui prenant la main, la serra.

Jean, radieux, fit une gambade de collégien et s'écria :

« Hein, comme la voix porte bien. Il serait excellent pour plaider, ce salon. »

Il se mit à déclamer :

« Si l'humanité seule, si ce sentiment de bienveillance naturelle que nous éprouvons pour toute souffrance devait être le mobile de l'acquittement que nous sollicitons de vous, nous ferions appel à votre pitié, messieurs les jurés, à votre cœur de père et d'homme ; mais nous avons pour nous le droit, et c'est la seule question du droit que nous allons soulever devant vous... »

Pierre regardait ce logis qui aurait pu être le sien, et il s'irritait des gamineries de son frère, le jugeant, décidément, trop niais et pauvre d'esprit.

Mme Roland ouvrit une porte à droite.

« Voici la chambre à coucher », dit-elle.

Elle avait mis à la parer tout son amour de mère. La tenture était en cretonne de Rouen qui imitait la vieille toile normande. Un dessin Louis XV — une bergère dans un médaillon que fermaient les becs unis de deux colombes — donnait aux murs, aux rideaux, au lit, aux fauteuils un air galant et champêtre tout à fait gentil.

« Oh ! c'est charmant, dit Mme Rosémilly, devenue un peu sérieuse, en entrant dans cette pièce.

— Cela vous plaît ? demanda Jean.

— Énormément.

— Si vous saviez comme ça me fait plaisir. »

Ils se regardèrent une seconde, avec beaucoup de tendresse confiante au fond des yeux.

Elle était gênée un peu cependant, un peu confuse dans cette chambre à coucher qui serait sa chambre nuptiale. Elle avait remarqué, en entrant, que la couche était très large, une vraie couche de ménage, choisie par Mme Roland qui avait prévu sans doute et désiré le prochain mariage de son fils ; et cette précaution de mère lui faisait plaisir cependant, semblait lui dire qu'on l'attendait dans la famille.

Puis quand on fut rentré dans le salon, Jean ouvrit brusquement la porte de gauche et on aperçut la salle à manger ronde, percée de trois fenêtres, et décorée en lanterne japonaise. La mère et le fils avaient mis là toute la fantaisie dont ils étaient capables. Cette pièce à meubles de bambou, à magots, à potiches, à soieries pailletées d'or, à stores transparents où des perles de verre semblaient des gouttes d'eau, à éventails cloués aux murs pour maintenir les étoffes, avec ses écrans, ses sabres, ses masques, ses grues faites en plumes véritables, tous ses menus bibelots de porcelaine, de bois, de papier, d'ivoire, de nacre et de bronze avait l'aspect prétentieux et maniéré que donnent les mains inhabiles et les yeux ignorants aux choses qui exigent le plus de tact, de goût et d'éducation artiste. Ce fut celle cependant qu'on admira le plus. Pierre seul fit des réserves avec une ironie un peu amère dont son frère se sentit blessé.

Sur la table, les fruits se dressaient en pyramides, et les gâteaux s'élevaient en monuments.

On n'avait guère faim ; on suça les fruits et on grignota les pâtisseries plutôt qu'on ne les mangea. Puis, au bout d'une heure, Mme Rosémilly demanda la permission de se retirer.

Il fut décidé que le père Roland l'accompagnerait à sa porte et partirait immédiatement avec elle, tandis que Mme Roland, en l'absence de la bonne, jetterait son coup d'œil de mère sur le logis afin que son fils ne manquât de rien.

« Faut il revenir te chercher ? » demanda Roland.

Elle hésita, puis répondit :

« Non, mon gros, couche-toi. Pierre me ramènera. »

Dès qu'ils furent partis, elle souffla les bougies, serra les gâteaux, le sucre et les liqueurs dans un meuble dont la clef fut remise à Jean ; puis elle passa dans la chambre à coucher, entrouvrit le lit, regarda si la carafe était remplie d'eau fraîche et la fenêtre bien fermée.

Pierre et Jean étaient demeurés dans le petit salon, celui-ci encore froissé de la critique faite sur son goût, et celui-là de plus en plus agacé de voir son frère dans ce logis.

Ils fumaient assis tous les deux, sans se parler. Pierre tout à coup se leva :

« Cristi ! dit-il, la veuve avait l'air bien vannée ce soir, les excursions ne lui

réussissent pas. »

Jean se sentit soulevé soudain par une de ces promptes et furieuses colères de débonnaires blessés au cœur.

Le souffle lui manquait, tant son émotion était vive, et il balbutia :

« Je te défends désormais de dire "la veuve" quand tu parleras de Mme Rosémilly. »

Pierre se tourna vers lui, hautain :

« Je crois que tu me donnes des ordres. Deviens-tu fou, par hasard ? »

Jean aussitôt s'était dressé :

« Je ne deviens pas fou, mais j'en ai assez de tes manières envers moi. »

Pierre ricana :

« Envers toi ? Est-ce que tu fais partie de Mme Rosémilly ?

— Sache que Mme Rosémilly va devenir ma femme. »

L'autre rit plus fort :

« Ah ! ah ! très bien. Je comprends maintenant pourquoi je ne devrai plus l'appeler la "veuve". Mais tu as pris une drôle de manière pour m'annoncer ton mariage.

— Je te défends de plaisanter... tu entends... je te le défends. »

Jean s'était approché, pâle, la voix tremblante, exaspéré de cette ironie poursuivant la femme qu'il aimait et qu'il avait choisie.

Mais Pierre soudain devint aussi furieux. Tout ce qui s'amassait en lui de colères impuissantes, de rancunes écrasées, de révoltes domptées depuis quelque temps et de désespoir silencieux, lui montant à la tête, l'étourdit comme un coup de sang.

« Tu oses ?... Tu oses ?... Et moi je t'ordonne de te taire, tu entends, je te l'ordonne ! »

Jean, surpris de cette violence, se tut quelques secondes, cherchant, dans ce trouble d'esprit où nous jette la fureur, la chose, la phrase, le mot qui pourrait blesser son frère jusqu'au cœur.

Il reprit, en s'efforçant de se maîtriser pour bien frapper, de ralentir sa parole pour la rendre plus aiguë :

« Voilà longtemps que je te sais jaloux de moi, depuis le jour où tu as commencé à dire "la veuve" parce que tu as compris que cela me faisait mal. »

Pierre poussa un de ces rires stridents et méprisants qui lui étaient familiers :

« Ah ! ah ! mon Dieu ! Jaloux de toi !... moi ?... moi ? ... moi ?... et de quoi ?... de quoi, mon Dieu ? de ta figure ou de ton esprit ?... »

Mais Jean sentit bien qu'il avait touché la plaie de cette âme :

« Oui, tu es jaloux de moi, et jaloux depuis l'enfance ; et tu es devenu furieux quand tu as vu que cette femme me préférait et qu'elle ne voulait pas de toi. »

Pierre bégayait, exaspéré de cette supposition :

« Moi... moi... jaloux de toi ? à cause de cette cruche, de cette dinde, de cette oie grasse ?... »

Jean qui voyait porter ses coups reprit :

« Et le jour où tu as essayé de ramer plus fort que moi, dans la *Perle* ? Et tout ce que tu dis devant elle pour te faire valoir ? Mais tu crèves de jalousie ! Et quand

cette fortune m'est arrivée, tu es devenu enragé, et tu m'as détesté, et tu l'as montré de toutes les manières, et tu as fait souffrir tout le monde, et tu n'es pas une heure sans cracher la bile qui t'étouffe. »

Pierre ferma ses poings de fureur avec une envie irrésistible de sauter sur son frère et de le prendre à la gorge :

« Ah ! tais-toi, cette fois, ne parle point de cette fortune ! »

Jean se récria :

« Mais la jalousie te suinte de la peau. Tu ne dis pas un mot à mon père, à ma mère ou à moi, où elle n'éclate. Tu feins de me mépriser parce que tu es jaloux ! tu cherches querelle à tout le monde parce que tu es jaloux. Et maintenant que je suis riche, tu ne te contiens plus, tu es devenu venimeux, tu tortures notre mère comme si c'était sa faute !... »

Pierre avait reculé jusqu'à la cheminée, la bouche entrouverte, l'œil dilaté, en proie à une de ces folies de rage qui font commettre des crimes.

Il répéta d'une voix plus basse, mais haletante :

« Tais-toi, tais-toi donc !

— Non. Voilà longtemps que je voulais te dire ma pensée entière ; tu m'en donnes l'occasion, tant pis pour toi. J'aime une femme ! Tu le sais et tu la railles devant moi, tu me pousses à bout ; tant pis pour toi. Mais je casserai tes dents de vipère, moi ! Je te forcerai à me respecter.

— Te respecter, toi ?

— Oui, moi !

— Te respecter... toi... qui nous as tous déshonorés, par ta cupidité ?

— Tu dis ? Répète... répète ?...

— Je dis qu'on n'accepte pas la fortune d'un homme quand on passe pour le fils d'un autre. »

Jean demeurait immobile, ne comprenant pas, effaré devant l'insinuation qu'il pressentait :

« Comment ? Tu dis... répète encore ?

— Je dis ce que tout le monde chuchote, ce que tout le monde colporte, que tu es le fils de l'homme qui t'a laissé sa fortune. Eh bien ! un garçon propre n'accepte pas l'argent qui déshonore sa mère.

— Pierre... Pierre... Pierre... y songes-tu ?... Toi... c'est toi... toi... qui prononces cette infamie ?

— Oui... moi... c'est moi. Tu ne vois donc point que j'en crève de chagrin depuis un mois, que je passe mes nuits sans dormir et mes jours à me cacher comme une bête, que je ne sais plus ce que je dis ni ce que je fais, ni ce que je deviendrai tant je souffre, tant je suis affolé de honte et de douleur, car j'ai deviné d'abord et je sais maintenant.

— Pierre... Tais-toi... Maman est dans la chambre à côté ! Songe qu'elle peut nous entendre... qu'elle nous entend. »

Mais il fallait qu'il vidât son cœur ! et il dit tout, ses soupçons, ses raisonnements, ses luttes, se certitude, et l'histoire du portrait encore une fois disparu.

Il parlait par phrases courtes, hachées, presque sans suite, des phrases

d'halluciné.

Il semblait maintenant avoir oublié Jean et sa mère dans la pièce voisine. Il parlait comme si personne ne l'écoutait, parce qu'il devait parler, parce qu'il avait trop souffert, trop comprimé et refermé sa plaie. Elle avait grossi comme une tumeur, et cette tumeur venait de crever, éclaboussant tout le monde. Il s'était mis à marcher comme il faisait presque toujours ; et les yeux fixes devant lui, gesticulant, dans une frénésie de désespoir, avec des sanglots dans la gorge, des retours de haine contre lui-même, il parlait comme s'il eût confessé sa misère et la misère des siens, comme s'il eût jeté sa peine à l'air invisible et sourd où s'envolaient ses paroles.

Jean éperdu, et presque convaincu soudain par l'énergie aveugle de son frère, s'était adossé contre la porte derrière laquelle il devinait que leur mère les avait entendus.

Elle ne pouvait point sortir ; il fallait passer par le salon. Elle n'était point revenue ; donc elle n'avait pas osé.

Pierre tout à coup, frappant du pied, cria :

« Tiens, je suis un cochon d'avoir dit ça ! »

Et il s'enfuit, nu-tête, dans l'escalier.

Le bruit de la grande porte de la rue, retombant avec fracas, réveilla Jean de la torpeur profonde où il était tombé. Quelques secondes s'étaient écoulées, plus longues que des heures, et son âme s'était engourdie dans un hébétement d'idiot. Il sentait bien qu'il lui faudrait penser tout à l'heure, et agir, mais il attendait, ne voulant même plus comprendre, savoir, se rappeler, par peur, par faiblesse, par lâcheté. Il était de la race des temporiseurs qui remettent toujours au lendemain ; et quand il lui fallait, sur-le-champ, prendre une résolution, il cherchait encore, par instinct, à gagner quelques moments.

Mais le silence profond qui l'entourait maintenant, après les vociférations de Pierre, ce silence subit des murs, des meubles, avec cette lumière vive des six bougies et des deux lampes, l'effraya si fort tout à coup qu'il eut envie de se sauver aussi.

Alors il secoua sa pensée, il secoua son cœur, et il essaya de réfléchir.

Jamais il n'avait rencontré une difficulté dans sa vie. Il est des hommes qui se laissent aller comme l'eau qui coule. Il avait fait ses classes avec soin, pour n'être pas puni, et terminé ses études de droit avec régularité parce que son existence était calme. Toutes les choses du monde lui paraissaient naturelles sans éveiller autrement son attention. Il aimait l'ordre, la sagesse, le repos par tempérament, n'ayant point de replis dans l'esprit ; et il demeurait, devant cette catastrophe, comme un homme qui tombe à l'eau sans avoir jamais nagé.

Il essaya de douter d'abord. Son frère avait menti par haine et par jalousie ?

Et pourtant, comment aurait-il été assez misérable pour dire de leur mère une chose pareille s'il n'avait pas été lui-même égaré par le désespoir ? Et puis Jean gardait dans l'oreille, dans le regard, dans les nerfs, jusque dans le fond de la chair, certaines paroles, certains cris de souffrance, des intonations et des gestes de Pierre, si douloureux qu'ils étaient irrésistibles, aussi irrécusable que la certitude.

Il demeurait trop écrasé pour faire un mouvement ou pour avoir une volonté.

Sa détresse devenait intolérable ; et il sentait que, derrière la porte, sa mère était là qui avait tout entendu et qui attendait.

Que faisait-elle ? Pas un mouvement, pas un frisson, pas un souffle, pas un soupir ne révélait la présence d'un être derrière cette planche. Se serait-elle sauvée? Mais par où ? Si elle s'était sauvée... elle avait donc sauté par la fenêtre dans la rue!

Un sursaut de frayeur le souleva, si prompt et si dominateur qu'il enfonça plutôt qu'il n'ouvrit la porte et se jeta dans sa chambre.

Elle semblait vide. Une seule bougie l'éclairait, posée sur la commode.

Jean s'élança vers la fenêtre, elle était fermée, avec les volets clos. Il se retourna, fouillant les coins noirs de son regard anxieux, et il s'aperçut que les rideaux du lit avaient été tirés. Il y courut et les ouvrit. Sa mère était étendue sur sa couche, la figure enfouie dans l'oreiller, qu'elle avait ramené de ses deux mains crispées sur sa tête, pour ne plus entendre.

Il la crut d'abord étouffée. Puis l'ayant saisie par les épaules, il la retourna sans qu'elle lâchât l'oreiller qui lui cachait le visage et qu'elle mordait pour ne pas crier.

Mais le contact de ce corps raidi, de ces bras crispés, lui communiqua la secousse de son indicible torture. L'énergie et la force dont elle retenait avec ses doigts et avec ses dents la toile gonflée de plumes sur sa bouche, sur ses yeux et sur ses oreilles pour qu'il ne la vît point et ne lui parlât pas, lui fit deviner, par la commotion qu'il reçut, jusqu'à quel point on peut souffrir. Et son cœur, son simple cœur, fut déchiré de pitié. Il n'était pas un juge, lui, même un juge miséricordieux, il était un homme plein de faiblesse et un fils plein de tendresse. Il ne se rappela rien de ce que l'autre lui avait dit, il ne raisonna pas et ne discuta point, il toucha seulement de ses deux mains le corps inerte de sa mère, et ne pouvant arracher l'oreiller de sa figure, il cria, en baisant sa robe :

« Maman, maman, ma pauvre maman, regarde-moi ! »

Elle aurait semblé morte si tous ses membres n'eussent été parcourus d'un frémissement presque insensible, d'une vibration de corde tendue. Il répétait :

« Maman, maman, écoute-moi. Ça n'est pas vrai. Je sais bien que ça n'est pas vrai. »

Elle eut un spasme, une suffocation, puis tout à coup elle sanglota dans l'oreiller. Alors tous ses nerfs se détendirent, ses muscles raidis s'amollirent, ses doigts s'entrouvrant lâchèrent la toile ; et il lui découvrit la face.

Elle était toute pâle, toute blanche, et de ses paupières fermées on voyait couler des gouttes d'eau. L'ayant enlacée par le cou, il lui baisa les yeux, lentement, par grands baisers désolés qui se mouillaient à ses larmes, et il disait toujours :

« Maman, ma chère maman, je sais bien que ça n'est pas vrai. Ne pleure pas, je le sais ! Ça n'est pas vrai ! »

Elle se souleva, s'assit, le regarda, et avec un de ces efforts de courage qu'il faut, en certains cas, pour se tuer, elle lui dit :

« Non, c'est vrai, mon enfant. »

Et ils restèrent sans paroles, l'un devant l'autre. Pendant quelques instants encore elle suffoqua, tendant la gorge, en renversant la tête pour respirer, puis elle se vainquit de nouveau, et reprit :

« C'est vrai, mon enfant. Pourquoi mentir ? C'est vrai. Tu ne me croirais pas, si je mentais. »

Elle avait l'air d'une folle. Saisi de terreur, il tomba à genoux près du lit en murmurant :

« Tais-toi, maman, tais-toi. »

Elle s'était levée, avec une résolution et une énergie effrayantes :

« Mais je n'ai plus rien à te dire, mon enfant, adieu. »

Et elle marcha vers la porte.

Il la saisit à pleins bras, criant :

« Qu'est-ce que tu fais, maman, où vas-tu ?

— Je ne sais pas... est-ce que je sais... je n'ai plus rien à faire... puisque je suis toute seule. »

Elle se débattait pour s'échapper. La retenant, il ne trouvait qu'un mot à lui répéter :

« Maman... maman... maman... »

Et elle disait dans ses efforts pour rompre cette étreinte :

« Mais non, mais non, je ne suis plus ta mère maintenant, je ne suis plus rien pour toi, pour personne, plus rien, plus rien ! Tu n'as plus ni père ni mère, mon pauvre enfant... adieu. »

Il comprit brusquement que s'il la laissait partir il ne la reverrait jamais, et, l'enlevant, il la porta sur un fauteuil, l'assit de force, puis s'agenouillant et formant une chaîne de ses bras :

« Tu ne sortiras point d'ici, maman ; moi je t'aime et je te garde. Je te garde toujours, tu es à moi. »

Elle murmura d'une voix accablée :

« Non, mon pauvre garçon, ça n'est plus possible. Ce soir tu pleures, et demain tu me jetterais dehors. Tu ne me pardonnerais pas non plus. »

Il répondit avec un si grand élan de si sincère amour : « Oh ! moi ? moi ? Comme tu me connais peu ! » qu'elle poussa un cri, lui prit la tête par les cheveux, à pleines mains, l'attira avec violence et le baisa éperdument à travers la figure.

Puis elle demeura immobile, la joue contre la joue de son fils, sentant, à travers sa barbe, la chaleur de sa chair ; et elle lui dit, tout bas, dans l'oreille :

« Non, mon petit Jean. Tu ne me pardonnerais pas demain. Tu le crois et tu te trompes. Tu m'as pardonné ce soir, et ce pardon-là m'a sauvé la vie ; mais il ne faut plus que tu me voies. »

Il répéta, en l'étreignant :

« Maman, ne dis pas ça !

— Si, mon petit, il faut que je m'en aille. Je ne sais pas où, ni comment je m'y prendrai, ni ce que je dirai, mais il le faut. Je n'oserais plus te regarder, ni t'embrasser, comprends-tu ? »

Alors, à son tour, il lui dit, tout bas, dans l'oreille :

« Ma petite mère, tu resteras, parce que je le veux, parce que j'ai besoin de toi. Et tu vas me jurer de m'obéir, tout de suite.

— Non, mon enfant.

— Oh ! maman, il le faut, tu entends. Il le faut.

— Non, mon enfant, c'est impossible. Ce serait nous condamner tous à l'enfer. Je sais ce que c'est, moi, que ce supplice-là, depuis un mois. Tu es attendri, mais quand ce sera passé, quand tu me regarderas comme me regarde Pierre, quand tu te rappelleras ce que je t'ai dit !... Oh !... mon petit Jean, songe... songe que je suis ta mère !...

— Je ne veux pas que tu me quittes, maman, je n'ai que toi.

— Mais pense, mon fils, que nous ne pourrons plus nous voir sans rougir tous les deux, sans que je me sente mourir de honte et sans que tes yeux fassent baisser les miens.

— Ça n'est pas vrai, maman.

— Oui, oui, oui, c'est vrai ! Oh ! j'ai compris, va, toutes les luttes de ton pauvre frère, toutes, depuis le premier jour. Maintenant, lorsque je devine son pas dans la maison, mon cœur saute à briser ma poitrine, lorsque j'entends sa voix, je sens que je vais m'évanouir. Je t'avais encore, toi ! Maintenant, je ne t'ai plus. Oh! mon petit Jean, crois-tu que je pourrais vivre entre vous deux ?

— Oui, maman. Je t'aimerai tant que tu n'y penseras plus.

— Oh ! oh ! comme si c'était possible !

— Oui, c'est possible.

— Comment veux-tu que je n'y pense plus entre ton frère et toi ? Est-ce que vous n'y penserez plus, vous ?

— Moi, je te le jure !

— Mais tu y penseras à toutes les heures du jour.

— Non, je te le jure. Et puis, écoute : si tu pars, je m'engage et je me fais tuer.»

Elle fut bouleversée par cette menace puérile et étreignit Jean en le caressant avec une tendresse passionnée. Il reprit :

« Je t'aime plus que tu ne crois, va, bien plus, bien plus. Voyons, sois raisonnable. Essaie de rester seulement huit jours. Veux-tu me promettre huit jours? Tu ne peux pas me refuser ça ? »

Elle posa ses deux mains sur les épaules de Jean, et le tenant à la longueur de ses bras :

« Mon enfant... tâchons d'être calmes et de ne pas nous attendrir. Laise-moi te parler d'abord. Si je devais une seule fois entendre sur tes lèvres ce que j'entends depuis un mois dans la bouche de ton frère, si je devais une seule fois voir dans tes yeux ce que je lis dans les siens, si je devais deviner rien que par un mot ou par un regard que je te suis odieuse comme à lui... une heure après, tu entends, une heure après... je serais partie pour toujours.

— Maman, je te le jure...

— Laisse-moi parler... Depuis un mois j'ai souffert tout ce qu'une créature peut souffrir. A partir du moment où j'ai compris que ton frère, que mon autre fils me soupçonnait, et qu'il devinait, minute par minute, la vérité, tous les instants de ma vie ont été un martyre qu'il est impossible de t'exprimer. »

Elle avait une voix si douloureuse que la contagion de sa torture emplit de larmes les yeux de Jean.

Il voulut l'embrasser, mais elle le repoussa :

« Laisse-moi... écoute... j'ai encore tant de choses à te dire pour que tu comprennes... mais tu ne comprendras pas... c'est que... si je devais rester... il faudrait... Non, je ne peux pas !

— Dis, maman, dis.

— Eh bien ! oui. Au moins je ne t'aurais pas trompé... Tu veux que je reste avec toi, n'est-ce pas ? Pour cela, pour que nous puissions nous voir encore, nous parler, nous rencontrer toute la journée dans la maison, car je n'ose plus ouvrir une porte dans la peur de trouver ton frère derrière elle, pour cela il faut, non pas que tu me pardonnes — rien ne fait plus de mal qu'un pardon — , mais que tu ne m'en veuilles pas de ce que j'ai fait... Il faut que tu te sentes assez fort, assez différent de tout le monde pour te dire que tu n'es pas le fils de Roland, sans rougir de cela et sans me mépriser !... Moi j'ai assez souffert... j'ai trop souffert, je ne peux plus, non, je ne peux plus ! Et ce n'est pas d'hier, va, c'est de longtemps... Mais tu ne pourras jamais comprendre ça, toi ! Pour que nous puissions encore vivre ensemble, et nous embrasser, mon petit Jean, dis-toi bien que si j'ai été la maîtresse de ton père, j'ai été encore plus sa femme, sa vraie femme, que je n'en ai pas honte au fond du cœur, que je ne regrette rien, que je l'aime encore tout mort qu'il est, que je l'aimerai toujours, que je n'ai aimé que lui, qu'il a été toute ma vie, toute ma joie, tout mon espoir, toute ma consolation, tout, tout, tout pour moi, pendant si longtemps ! Ecoute, mon petit : devant Dieu qui m'entend, je n'aurais jamais rien eu de bon dans l'existence, si je ne l'avais pas rencontré, jamais rien, pas une tendresse, pas une douceur, pas une de ces heures qui nous font tant regretter de vieillir, rien ! Je lui dois tout ! Je n'ai eu que lui au monde, et puis vous deux, ton frère et toi. Sans vous ce serait vide, noir et vide comme la nuit. Je n'aurais jamais aimé rien, rien connu, rien désiré, je n'aurais pas seulement pleuré, car j'ai pleuré, mon petit Jean. Oh ! oui, j'ai pleuré, depuis que nous sommes venus ici. Je m'étais donnée à lui tout entière, corps et âme, pour toujours, avec bonheur, et pendant plus de dix ans j'ai été sa femme comme il a été mon mari devant Dieu qui nous avait faits l'un pour l'autre. Et puis, j'ai compris qu'il m'aimait moins. Il était toujours bon et prévenant, mais je n'étais plus pour lui ce que j'avais été. C'était fini ! Oh! que j'ai pleuré !... Comme c'est misérable et trompeur, la vie !... Il n'y a rien qui dure... Et nous sommes arrivés ici ; et jamais je ne l'ai plus revu, jamais il n'est venu... Il promettait dans toutes ses lettres !... Je l'attendais toujours !... et je ne l'ai plus revu !... et voilà qu'il est mort !... Mais il nous aimait encore puisqu'il a pensé à toi. Moi je l'aimerai jusqu'à mon dernier soupir, et je ne le renierai jamais, et je t'aime parce que tu es son enfant, et je ne pourrais pas avoir honte de lui devant toi! Comprends-tu ? Je ne pourrais pas ! Si tu veux que je reste, il faut que tu acceptes d'être son fils et que nous parlions de lui quelquefois, et que tu l'aimes un peu, et que nous pensions à lui quand nous nous regarderons. Si tu ne veux pas, si tu ne peux pas, adieu, mon petit, il est impossible que nous restions ensemble maintenant! Je ferai ce que tu décideras. »

Jean répondit d'une voix douce :

« Reste, maman. »

Elle le serra dans ses bras et se remit à pleurer ; puis elle reprit, la joue contre sa joue :

« Oui, mais Pierre ? Qu'allons-nous devenir avec lui ? »

Jean murmura :

« Nous trouverons quelque chose. Tu ne peux plus vivre auprès de lui. »

Au souvenir de l'aîné elle fut crispée d'angoisse :

« Non, je ne puis plus, non ! non ! »

Et se jetant sur le cœur de Jean, elle s'écria, l'âme en détresse :

« Sauve-moi de lui, toi, mon petit, sauve-moi, fais quelque chose, je ne sais pas... trouve... sauve-moi !

— Oui, maman, je chercherai.

— Tout de suite... il faut... Tout de suite... ne me quitte pas ! J'ai si peur de lui... si peur !

— Oui, je trouverai. Je te promets.

— Oh ! mais vite, vite ! Tu ne comprends pas ce qui se passe en moi quand je le vois. »

Puis elle lui murmura tout bas, dans l'oreille :

« Garde-moi ici, chez toi. »

Il hésita, réfléchit et comprit, avec son bon sens positif, le danger de cette combinaison.

Mais il dut raisonner longtemps, discuter, combattre avec des arguments précis son affolement et sa terreur.

« Seulement ce soir, disait-elle, seulement cette nuit. Tu feras dire demain à Roland que je me suis trouvée malade.

— Ce n'est pas possible, puisque Pierre est rentré. Voyons, aie du courage. J'arrangerai tout, je te le promets, dès demain. Je serai à neuf heures à la maison. Voyons, mets ton chapeau. Je vais te reconduire.

— Je ferai ce que tu voudras », dit-elle avec un abondon enfantin, craintif et reconnaissant.

Elle essaya de se lever ; mais la secousse avait été trop forte ; elle ne pouvait encore se tenir sur ses jambes.

Alors il lui fit boire de l'eau sucrée, respirer de l'alcali, et il lui lava les tempes avec du vinaigre. Elle se laissait faire, brisée et soulagée comme après un accouchement.

Elle put enfin marcher et prit son bras. Trois heures sonnaient quand ils passèrent à l'hôtel de ville.

Devant la porte de leur logis il l'embrassa et lui dit :

« Adieu, maman, bon courage. »

Elle monta, à pas furtifs, l'escalier silencieux, entra dans sa chambre, se dévêtit bien vite, et se glissa, avec l'émotion retrouvée des adultères anciens, auprès de Roland qui ronflait.

Seul dans la maison, Pierre ne dormait pas et l'avait entendue revenir.

VIII

Quand il fut rentré dans son appartement, Jean s'affaissa sur un divan, car les chagrins et les soucis qui donnaient à son frère des envies de courir et de fuir comme une bête chassée, agissant diversement sur sa nature somnolente, lui cassaient les jambes et les bras. Il se sentait mou à ne plus faire un mouvement, à ne pouvoir gagner son lit, mou de corps et d'esprit, écrasé et désolé. Il n'était point frappé, comme l'avait été Pierre, dans la pureté de son amour filial, dans cette dignité secrète qui est l'enveloppe des cœurs fiers, mais accablé par un coup du destin qui menaçait en même temps ses intérêts les plus chers.

Quand son âme enfin se fut calmée, quand sa pensée se fut éclaircie ainsi qu'une eau battue et remuée, il envisagea la situation qu'on venait de lui révéler. S'il eût appris de toute autre manière le secret de sa naissance, il se serait assurément indigné et aurait ressenti un profond chagrin ; mais après sa querelle avec son frère, après cette délation violente et brutale ébranlant ses nerfs, l'émotion poignante de la confession de sa mère le laissa sans énergie pour se révolter. Le choc reçu par sa sensibilité avait été assez fort pour emporter, dans un irrésistible attendrissement, tous les préjugés et toutes les saintes susceptibilités de la morale naturelle. D'ailleurs, il n'était pas un homme de résistance. Il n'aimait lutter contre personne et encore moins contre lui-même ; il se résigna donc, et, par un penchant instinctif, par un amour inné du repos, de la vie douce et tranquille, il s'inquiéta aussitôt des perturbations qui allaient surgir autour de lui et l'atteindre du même coup. Il les pressentait inévitables, et, pour les écarter, il se décida à des efforts surhumains d'énergie et d'activité. Il fallait que tout de suite, dès le lendemain, la difficulté fût tranchée, car il avait aussi par instants ce besoin impérieux des solutions immédiates qui constitue toute la force des faibles, incapables de vouloir longtemps. Son esprit d'avocat, habitué d'ailleurs à démêler et à étudier les situations compliquées, les questions d'ordre intime, dans les familles troublées, découvrit immédiatement toutes les conséquences prochaines de l'état d'âme de son frère. Malgré lui il en envisageait les suites à un point de vue presque professionnel, comme s'il eût réglé les relations futures de clients après une catastrophe d'ordre moral. Certes un contact continuel avec Pierre lui devenait impossible. Il l'éviterait facilement en restant chez lui, mais il était encore inadmissible que leur mère continuât à demeurer sous le même toit que son fils aîné.

Et longtemps il médita, immobile sur les coussins, imaginant et rejetant des combinaisons sans trouver rien qui pût le satisfaire.

Mais une idée soudain l'assaillit : — Cette fortune qu'il avait reçue, un honnête homme la garderait-il ?

Il se répondit : « Non », d'abord, et se décida à la donner aux pauvres. C'était dur, tant pis. Il vendrait son mobilier et travaillerait comme un autre, comme travaillent tous ceux qui débutent. Cette résolution virile et douloureuse fouettant son courage, il se leva et vint poser son front contre les vitres. Il avait été pauvre, il redeviendrait pauvre. Il n'en mourrait pas, après tout. Ses yeux regardaient le bec

de gaz qui brûlait en face de lui de l'autre côté de la rue. Or, comme une femme attardée passait sur le trottoir, il songea brusquement à Mme Rosémilly, et il reçut au cœur la secousse des émotions profondes nées en nous d'une pensée cruelle. Toutes les conséquences désespérantes de sa décision lui apparurent en même temps. Il devrait renoncer à épouser cette femme, renoncer au bonheur, renoncer à tout. Pouvait-il agir ainsi, maintenant qu'il s'était engagé vis-à-vis d'elle ? Elle l'avait accepté le sachant riche. Pauvre, elle l'accepterait encore ; mais avait-il le droit de lui demander, de lui imposer ce sacrifice ? Ne valait-il pas mieux garder cet argent comme un dépôt qu'il restituerait plus tard aux indigents ?

Et dans son âme où l'égoïsme prenait des masques honnêtes, tous les intérêts déguisés luttaient et se combattaient. Les scrupules premiers cédaient la place aux raisonnements ingénieux, puis reparaissaient, puis s'effaçaient de nouveau.

Il revint s'asseoir, cherchant un motif décisif, un prétexte tout-puissant pour fixer ses hésitations et convaincre sa droiture native. Vingt fois déjà il s'était posé cette question : « Puisque je suis le fils de cet homme, que je le sais et que je l'accepte, n'est-il pas naturel que j'accepte aussi son héritage ? » Mais cet argument ne pouvait empêcher le « non » murmuré par la conscience intime.

Soudain il songea : « Puisque je ne suis pas le fils de celui que j'avais cru être mon père, je ne puis plus rien accepter de lui, ni de son vivant, ni après sa mort. Ce ne serait ni digne ni équitable. Ce serait voler mon frère. »

Cette nouvelle manière de voir l'ayant soulagé, ayant apaisé sa conscience, il retourna vers la fenêtre.

« Oui, se disait-il, il faut que je renonce à l'héritage de ma famille, que je le laisse à Pierre tout entier, puisque je ne suis pas l'enfant de son père. Cela est juste. Alors n'est-il pas juste aussi que je garde l'argent de mon père à moi ? »

Ayant reconnu qu'il ne pouvait profiter de la fortune de Roland, s'étant décidé à l'abandonner intégralement, il consentit donc et se résigna à garder celle de Maréchal, car en repoussant l'une et l'autre, il se trouverait réduit à la pure mendicité.

Cette affaire délicate une fois réglée, il revint à la question de la présence de Pierre dans la famille. Comment l'écarter ? Il désespérait de découvrir une solution pratique, quand le sifflet d'un vapeur entrant au port sembla lui jeter une réponse en lui suggérant une idée.

Alors il s'étendit tout habillé sur son lit et rêvassa jusqu'au jour.

Vers neuf heures il sortit pour s'assurer si l'exécution de son projet était possible. Puis, après quelques démarches et quelques visites, il se rendit à la maison de ses parents. Sa mère l'attendait enfermée dans sa chambre.

« Si tu n'étais pas venu, dit-elle, je n'aurais jamais osé descendre. »

On entendit aussitôt Roland qui criait dans l'escalier :

« On ne mange donc point aujourd'hui, nom d'un chien ! »

On ne répondit pas, et il hurla :

« Joséphine, nom de Dieu ! qu'est-ce que vous faites ? »

La voix de la bonne sortit des profondeurs du soussol :

« V'la, M'sieu, qué qui faut ?

— Où est Madame ?

— Madame est en haut avec m'sieu Jean. »

Alors il vociféra en levant la tête vers l'étage supérieur :

« Louise ? »

Mme Roland entrouvrit la porte et répondit :

« Quoi ? mon ami.

— On ne mange donc pas, nom d'un chien !

— Voilà, mon ami, nous venons. »

Et elle descendit, suivie de Jean.

Roland s'écria en apercevant le jeune homme :

« Tiens, te voilà, toi ! Tu t'embêtes déjà dans ton logis ?

— Non père, mais j'avais à causer avec maman ce matin. »

Jean s'avança, la main ouverte, et quand il sentit se refermer sur ses doigts l'étreinte paternelle du vieillard, une émotion bizarre et imprévue le crispa, l'émotion des séparations et des adieux sans espoir de retour.

Mme Roland demanda :

« Pierre n'est pas arrivé ? »

Son mari haussa les épaules :

« Non, mais tant pis, il est toujours en retard.

Commençons sans lui. »

Elle se tourna vers Jean :

« Tu devrais aller le chercher, mon enfant ; ça le blesse quand on ne l'attend pas.

— Oui, maman, j'y vais. »

Et le jeune homme sortit.

Il monta l'escalier, avec la résolution fiévreuse d'un craintif qui va se battre.

Quand il eut heurté la porte, Pierre répondit :

« Entrez. »

Il entra.

L'autre écrivait, penché sur sa table.

« Bonjour », dit Jean.

Pierre se leva :

« Bonjour. »

Et ils se tendirent la main comme si rien ne s'était passé.

« Tu ne descends pas déjeuner ?

— Mais... c'est que... j'ai beaucoup à travailler. »

La voix de l'aîné tremblait, et son œil anxieux demandait au cadet ce qu'il allait faire.

« On t'attend.

— Ah ! est-ce que... est-ce que notre mère est en bas ?...

— Oui, c'est même elle qui m'a envoyé te chercher.

— Ah, alors... je descends. »

Devant la porte de la salle il hésita à se montrer le premier ; puis il l'ouvrit d'un geste saccadé, et il aperçut son père et sa mère assis à table, face à face.

Il s'approcha d'elle d'abord sans lever les yeux, sans prononcer un mot, et s'étant penché il lui tendit son front à baiser comme il faisait depuis quelque temps,

au lieu de l'embrasser sur les joues comme jadis. Il devina qu'elle approchait sa bouche, mais il ne sentit point les lèvres sur sa peau, et il se redressa, le cœur battant, après ce simulacre de caresse.

Il se demandait : « Que se sont-ils dit, après mon départ ? »

Jean répétait avec tendresse « mère » et « chère maman », prenait soin d'elle, la servait et lui versait à boire. Pierre alors comprit qu'ils avaient pleuré ensemble, mais il ne put pénétrer leur pensée ! Jean croyait-il sa mère coupable ou son frère un misérable ?

Et tous les reproches qu'il s'était faits d'avoir dit l'horrible chose l'assaillirent de nouveau, lui serrant la gorge et lui fermant la bouche, l'empêchant de manger et de parler.

Il était envahi maintenant par un besoin de fuir intolérable, de quitter cette maison qui n'était plus sienne, ces gens qui ne tenaient plus à lui que par d'imperceptibles liens. Et il aurait voulu partir sur l'heure, n'importe où, sentant que c'était fini, qu'il ne pouvait plus rester près d'eux, qu'il les torturerait toujours malgré lui, rien que par sa présence, et qu'ils lui feraient souffrir sans cesse un insoutenable supplice.

Jean parlait, causait avec Roland. Pierre n'écoutant pas, n'entendait point. Il crut sentir cepedant une intention dans la voix de son frère et prit garde au sens des paroles.

Jean disait :

« Ce sera, paraît-il, le plus beau bâtiment de leur flotte. On parle de six mille cinq cents tonneaux. Il fera son premier voyage le mois prochain. »

Roland s'étonnait :

« Déjà ! Je croyais qu'il ne serait pas en état de prendre la mer cet été.

— Pardon ; on a poussé les travaux avec ardeur pour que la première traversée ait lieu avant l'automne. J'ai passé ce matin aux bureaux de la Compagnie et j'ai causé avec un des administrateurs.

— Ah ! ah ! lequel ?

— M. Marchand, l'ami particulier du président du conseil d'administration.

— Tiens, tu le connais ?

— Oui. Et puis j'avais un petit service à lui demander.

— Ah ! alors tu me feras visiter en grand détail la *Lorraine* dès qu'elle entrera dans le port, n'est-ce pas ?

— Certainement, c'est très facile ! »

Jean paraissait hésiter, chercher ses phrases, poursuivre une introuvable transition. Il reprit :

« En somme, c'est une vie très acceptable qu'on mène sur ces grands transatlantiques. On passe plus de la moitié des mois à terre dans deux villes superbes, New York et Le Havre, et le reste en mer avec des gens charmants. On peut même faire là des connaissances très agréables et très utiles pour plus tard, oui, très utiles, parmi les passagers. Songe que le capitaine, avec les économies sur le charbon, peut arriver à vingt-cinq mille francs par an, sinon plus... »

Roland fit un « bigre ! » suivi d'un sifflement qui témoignaient d'un profond respect pour la somme et pour le capitaine.

Jean reprit :

« Le commissaire de bord peut atteindre dix mille, et le médecin a cinq mille de traitement fixe, avec logement, nourriture, éclairage, chauffage, service, etc., etc. Ce qui équivaut à dix mille au moins, c'est très beau. »

Pierre, qui avait levé les yeux, rencontra ceux de son frère, et le comprit.

Alors, après une hésitation, il demanda :

« Est-ce très difficile à obtenir, les places de médecin sur un transatlantique ?

— Oui et non. Tout dépend des circonstances et des protections. »

Il y eut un long silence, puis le docteur reprit :

« C'est le mois prochain que part la *Lorraine* ?

— Oui, le sept. »

Et ils se turent.

Pierre songeait. Certes ce serait une solution s'il pouvait s'embarquer comme médecin sur ce paquebot. Plus tard on verrait ; il le quitterait peut-être. En attendant il y gagnerait sa vie sans demander rien à sa famille. Il avait dû, l'avant-veille, vendre sa montre, car maintenant il ne tendait plus la main devant sa mère ! Il n'avait donc aucune ressource, hors celle-là, aucun moyen de manger d'autre pain que le pain de la maison inhabitable, de dormir dans un autre lit, sous un autre toit. Il dit alors, en hésitant un peu :

« Si je pouvais, je partirais volontiers là-dessus, moi. »

Jean demanda :

« Pourquoi ne pourrais-tu pas ?

— Parce que je ne connais personne à la Compagnie transatlantique. »

Roland demeurait stupéfait :

« Et tous tes beaux projets de réussite, que deviennent-ils ? »

Pierre murmura :

« Il y a des jours où il faut savoir tout sacrifier, et renoncer aux meilleurs espoirs. D'ailleurs, ce n'est qu'un début, un moyen d'amasser quelques milliers de francs pour m'établir ensuite. »

Son père, aussitôt, fut convaincu :

« Ça, c'est vrai. En deux ans tu peux mettre de côté six ou sept mille francs, qui bien employés te mèneront loin. Qu'en penses-tu, Louise ? »

Elle répondit d'une voix basse, presque inintelligible :

« Je pense que Pierre a raison. »

Roland s'écria :

« Mais je vais en parler à M. Poulin, que je connais beaucoup ! Il est juge au tribunal de commerce et il s'occupe des affaires de la Compagnie. J'ai aussi M. Lenient, l'armateur, qui est intime avec un des vice-présidents. »

Jean demanda à son frère :

« Veux-tu que je tâte aujourd'hui même M. Marchand ?

— Oui, je veux bien »

Pierre reprit, après avoir songé quelques instants :

« Le meilleur moyen serait peut-être encore d'écrire à mes maîtres de l'École de médecine qui m'avaient en grande estime. On embarque souvent sur ces bateaux-là des sujets médiocres. Des lettres très chaudes des professeurs Mas-

Roussel, Rémusot, Flache et Borriquel enlèveraient la chose en une heure mieux que toutes les recommandations douteuses. Il suffirait de faire présenter ces lettres par ton ami M. Marchand au conseil d'administration. »

Jean approuvait tout à fait :

« Ton idée est excellente, excellente ! »

Et il souriait, rassuré, presque content, sûr du succès, étant incapable de s'affliger longtemps.

« Tu vas leur écrire aujourd'hui même, dit-il.

— Tout à l'heure, tout de suite. J'y vais. Je ne prendrai pas de café ce matin, je suis trop nerveux. »

Il se leva et sortit.

Alors Jean se tourna vers sa mère :

« Toi, maman, qu'est-ce que tu fais ?

— Rien... Je ne sais pas.

— Veux-tu venir avec moi jusque chez Mme Rosémilly ?

— Mais... oui... oui...

— Tu sais... il est indispensable que j'y aille aujourd'hui.

— Oui... oui... C'est vrai.

— Pourquoi ça, indispensable ? — demanda Roland, habitué d'ailleurs à ne jamais comprendre ce qu'on disait devant lui.

— Parce que je lui ai promis d'y aller.

— Ah ! très bien. C'est différent, alors. »

Et il se mit à bourrer sa pipe, tandis que la mère et le fils montaient l'escalier pour prendre leurs chapeaux.

Quand ils furent dans la rue, Jean lui demanda :

« Veux-tu mon bras, maman ? »

Il ne le lui offrait jamais, car ils avaient l'habitude de marcher côte à côte. Elle accepta et s'appuya sur lui.

Ils ne parlèrent point pendant quelque temps, puis il lui dit :

« Tu vois que Pierre consent parfaitement à s'en aller. »

Elle murmura :

« Le pauvre garçon !

— Pourquoi ça, le pauvre garçon ? Il ne sera pas malheureux du tout sur la *Lorraine*.

— Non... je sais bien, mais je pense à tant de choses. »

Longtemps elle songea, la tête baissée, marchant du même pas que son fils, puis avec cette voix bizarre qu'on prend par moments pour conclure une longue et secrète pensée :

« C'est vilain, la vie ! Si on y trouve une fois un peu de douceur, on est coupable de s'y abandonner et on le paie bien cher plus tard. »

Il dit, très bas :

« Ne parle plus de ça, maman.

— Est-ce possible ? J'y pense tout le temps.

— Tu oublieras. »

Elle se tut encore, puis, avec un regret profond :

« Ah ! comme j'aurais pu être heureuse en épousant un autre homme ! »

A présent, elle s'exaspérait contre Roland, rejetant sur sa laideur, sur sa bêtise, sur sa gaucherie, sur la pesanteur de son esprit et l'aspect commun de sa personne toute la responsabilité de sa faute et de son malheur. C'était à cela, à la vulgarité de cet homme, qu'elle devait de l'avoir trompé, d'avoir désespéré un de ses fils et fait à l'autre la plus douloureuse confession dont pût saigner le cœur d'une mère.

Elle murmura : « C'est si affreux pour une jeune fille d'épouser un mari comme le mien. » Jean ne répondait pas. Il pensait à celui dont il avait cru être jusqu'ici le fils, et peut-être la notion confuse qu'il portait depuis longtemps de la médiocrité paternelle, l'ironie constante de son frère, l'indifférence dédaigneuse des autres et jusqu'au mépris de la bonne pour Roland avaient-ils préparé son âme à l'aveu terrible de sa mère. Il lui en coûtait moins d'être le fils d'un autre ; et après la grande secousse d'émotion de la veille, s'il n'avait pas eu le contrecoup de révolte, d'indignation et de colère redouté par Mme Roland, c'est que depuis bien longtemps il souffrait inconsciemment de se sentir l'enfant de ce lourdaud bonasse.

Ils étaient arrivés devant la maison de Mme Rosémilly.

Elle habitait, sur la route de Sainte-Adresse, le deuxième étage d'une grande construction qui lui appartenait. De ses fenêtres on découvrait toute la rade du Havre.

En apercevant Mme Roland qui entrait la première, au lieu de lui tendre les mains comme toujours, elle ouvrit les bras et l'embrassa, car elle devinait l'intention de sa démarche.

Le mobilier du salon, en velours frappé, était toujours recouvert de housses. Les murs, tapissés de papiers à fleurs, portaient quatre gravures achetées par le premier mari, le capitaine. Elles représentaient des scènes maritimes et sentimentales. On voyait sur la première la femme d'un pêcheur agitant un mouchoir sur une côte, tandis que disparaît à l'horizon la voile qui emporte son homme. Sur la seconde, la même femme, à genoux sur la même côte, se tord les bras en regardant au loin, sous un ciel plein d'éclairs, sur une mer de vagues invraisemblables, la barque de l'époux qui va sombrer.

Les deux autres gravures représentaient des scènes analogues dans une classe supérieure de la société.

Une jeune femme blonde rêve, accoudée sur le bordage d'un grand paquebot qui s'en va. Elle regarde la côte déjà lointaine d'un œil mouillé de larmes et de regrets.

Qui a-t-elle laissé derrière elle ?

Puis, la même jeune femme assise près d'une fenêtre ouverte sur l'Océan est évanouie dans un fauteuil. Une lettre vient de tomber de ses genoux sur le tapis.

Il est donc mort, quel désespoir !

Les visiteurs, généralement, étaient émus et séduits par la tristesse banale de ces sujets tansparents et poétiques. On comprenait tout de suite, sans explication et sans recherche, et on plaignait les pauvres femmes, bien qu'on ne sût pas au juste la nature du chagrin de la plus distinguée. Mais ce doute même aidait à la rêverie. Elle avait dû perdre son fiancé ! L'œil, dès l'entrée, était attiré invinciblement vers ces quatre sujets et retenu comme par une fascination. Il ne s'en écartait que pour

y revenir toujours, et toujours contempler les quatre expressions des deux femmes qui se ressemblaient comme deux sœurs. Il se dégageait surtout du dessin net, bien fini, soigné, distingué à la façon d'une gravure de mode, ainsi que du cadre bien luisant, une sensation de propreté et de rectitude qu'accentuait encore le reste de l'ameublement.

Les sièges demeuraient rangés suivant un ordre invariable, les uns contre la muraille, les autres autour du guéridon. Les rideaux blancs, immaculés, avaient des plis si droits et si réguliers qu'on avait envie de les friper un peu ; et jamais un grain de poussière ne ternissait le globe où la pendule dorée, de style Empire, une mappemonde portée par un Atlas agenouillé, semblait mûrir comme un melon d'appartement.

Les deux femmes, en s'asseyant, modifièrent un peu la place normale de leurs chaises.

« Vous n'êtes pas sortie aujourd'hui ? demanda Mme Roland.

— Non. Je vous avoue que je suis un peu fatiguée. »

Et elle rappela, comme pour en remercier Jean et sa mère, tout le plaisir qu'elle avait pris à cette excursion et à cette pêche.

« Vous savez, disait-elle, que j'ai mangé ce matin mes salicoques. Elles étaient délicieuses. Si vous voulez, nous recommencerons un jour ou l'autre cette partie-là... »

Le jeune homme l'interrompit :

« Avant d'en commencer une seconde, si nous terminions la première ?

— Comment ça ? Mais il me semble qu'elle est finie.

— Oh ! Madame, j'ai fait, de mon côté, dans ce rocher de Saint-Jouin, une pêche que je veux aussi rapporter chez moi. »

Elle prit un air naïf et malin :

« Vous ? Quoi donc ? Qu'est-ce que vous avez trouvé ?

— Une femme ! Et nous venons, maman et moi, vous demander si elle n'a pas changé d'avis ce matin. »

Elle se mit à sourire :

« Non, Monsieur, je ne change jamais d'avis, moi. »

Ce fut lui qui lui tendit alors sa main toute grande, où elle fit tomber la sienne d'un geste vif et résolu. Et il demanda :

« Le plus tôt possible, n'est-ce pas ?

— Quand vous voudrez.

— Six semaines ?

— Je n'ai pas d'opinion. Qu'en pense ma future belle-mère ? »

Mme Roland répondit avec un sourire un peu mélancolique :

« Oh ! moi, je ne pense rien. Je vous remercie seulement d'avoir bien voulu Jean, car vous le rendrez très heureux.

— On fera ce qu'on pourra, maman. »

Un peu attendrie, pour la première fois, Mme Rosémilly se leva et, prenant à pleins bras Mme Roland, l'embrassa longtemps comme un enfant ; et sous cette caresse nouvelle une émotion puissante gonfla le cœur malade de la pauvre femme. Elle n'aurait pu dire ce qu'elle éprouvait. C'était triste et doux en même temps. Elle

avait perdu un fils, un grand fils, et on lui rendait à la place une fille, une grande fille.

Quand elles se retrouvèrent face à face, sur leurs sièges, elles se prirent les mains et restèrent ainsi, se regardant et se souriant, tandis que Jean semblait presque oublié d'elles.

Puis elles parlèrent d'un tas de choses auxquelles il fallait songer pour ce prochain mariage, et quand tout fut décidé, réglé, Mme Rosémilly parut soudain se souvenir d'un détail et demanda :

« Vous avez consulté M. Roland, n'est-ce pas ? »

La même rougeur couvrit soudain les joues de la mère et du fils. Ce fut la mère qui répondit :

« Oh ! non, c'est inutile ! »

Puis elle hésita, sentant qu'une explication était nécessaire, et elle reprit :

« Nous faisons tout sans rien lui dire. Il suffit de lui annoncer ce que nous avons décidé. »

Mme Rosémilly, nullement surprise, souriait, jugeant cela bien naturel, car le bonhomme comptait si peu.

Quand Mme Roland se retrouva dans la rue avec son fils :

« Si nous allions chez toi, dit-elle. Je voudrais bien me reposer. »

Elle se sentait sans abri, sans refuge, ayant l'épouvante de sa maison. Ils entrèrent chez Jean.

Dès qu'elle sentit la porte fermée derrière elle, elle poussa un gros soupir comme si cette serrure l'avait mise en sûreté ; puis, au lieu de se reposer, comme elle l'avait dit, elle commença à ouvrir les armoires, à vérifier les piles de linge, le nombre des mouchoirs et des chaussettes. Elle changeait l'ordre établi pour chercher des arrangements plus harmonieux, qui plaisaient davantage à son œil de ménagère ; et quand elle eut disposé les choses à son gré, aligné les serviettes, les caleçons et les chemises sur leurs tablettes spéciales, divisé tout le linge en trois classes principales, linge de corps, linge de maison et linge de table, elle se recula pour contempler son œuvre, et elle dit :

« Jean, viens donc voir comme c'est joli. »

Il se leva et admira pour lui faire plaisir.

Soudain, comme il s'était rassis, elle s'approcha de son fauteuil à pas légers, par derrière, et, lui enlaçant le cou de son bras droit, elle l'embrassa en posant sur la cheminée un petit objet enveloppé dans un papier blanc, qu'elle tenait de l'autre main.

Il demanda :

« Qu'est-ce que c'est ? »

Comme elle ne répondait pas, il comprit, en reconnaissant la forme du cadre:

« Donne ! » dit-il.

Mais elle feignit de ne pas entendre, et retourna vers ses armoires. Il se leva, prit vivement cette relique douloureuse et, traversant l'appartement, alla l'enfermer à double tour, dans le tiroir de son bureau. Alors elle essuya du bout de ses doigts une larme au bord de ses yeux, puis elle dit, d'une voix un peu chevrotante :

« Maintenant, je vais voir si ta nouvelle bonne tient bien ta cuisine. Comme

elle est sortie en ce moment, je pourrai tout inspecter pour me rendre compte. »

IX

Les lettres de recommandation des professeurs Mas-Roussel, Rémusot, Flache et Borriquel, écrites dans les termes les plus flatteurs pour le Dr Pierre Roland, leur élève, avaient été soumises par M. Marchand au conseil de la Compagnie transatlantique, appuyées par MM. Poulin, juge au tribunal de commerce, Lenient, gros armateur, et Marival, adjoint au maire du Havre, ami particulier du capitaine Beausire.

Il se trouvait que le médecin de la *Lorraine* n'était pas encore désigné, et Pierre eut la chance d'être nommé en quelques jours.

Le pli qui l'en prévenait lui fut remis par la bonne Joséphine, un matin, comme il finissait sa toilette.

Sa première émotion fut celle du condamné à mort à qui on annonce sa peine commuée ; et il sentit immédiatement sa souffrance adoucie un peu par la pensée de ce départ et de cette vie calme toujours bercée par l'eau qui roule, toujours errante, toujours fuyante.

Il vivait maintenant dans la maison paternelle en étranger muet et réservé. Depuis le soir où il avait laissé s'échapper devant son frère l'infâme secret découvert par lui, il sentait qu'il avait brisé les dernières attaches avec les siens. Un remords le harcelait d'avoir dit cette chose à Jean. Il se jugeait odieux, malpropre, méchant, et cependant il était soulagé d'avoir parlé.

Jamais il ne rencontrait plus le regard de sa mère ou le regard de son frère. Leurs yeux pour s'éviter avaient pris une mobilité surprenante et des ruses d'ennemis qui redoutent de se croiser. Toujours il se demandait : « Qu'a-t-elle pu dire à Jean ? A-t-elle avoué ou a-t-elle nié ? Que croit mon frère ? Que pense-t-il d'elle, que pense-t-il de moi ? » Il ne devinait pas et s'en exaspérait. Il ne leur parlait presque plus d'ailleurs, sauf devant Roland, afin d'éviter ses questions.

Quand il eut reçu la lettre lui annonçant sa nomination, il la présenta, le jour même, à sa famille. Son père, qui avait une grande tendance à se réjouir de tout, battit des mains. Jean répondit d'un ton sérieux, mais l'âme pleine de joie :

« Je te félicite de tout mon cœur, car je sais qu'il y avait beaucoup de concurrents. Tu dois cela certainement aux lettres de tes professeurs. »

Et sa mère baissa la tête en murmurant :

« Je suis bien heureuse que tu aies réussi. »

Il alla, après le déjeuner, aux bureaux de la Compagnie, afin de se renseigner sur mille choses ; et il demanda le nom du médecin de la *Picardie* qui devait partir le lendemain, pour s'informer près de lui de tous les détails de sa vie nouvelle et des particularités qu'il y devait rencontrer.

Le Dr Pirette étant à bord, il s'y rendit, et il fut reçu dans une petite chambre de paquebot par un jeune homme à barbe blonde qui ressemblait à son frère. Ils causèrent longtemps.

On entendait dans les profondeurs sonores de l'immense bâtiment une grande agitation confuse et continue, où la chute des marchandises entassées dans les cales se mêlait aux pas, aux voix, au mouvement des machines chargeant les caisses, aux sifflets des contremaîtres et à la rumeur des chaînes traînées ou enroulées sur les treuils par l'haleine rauque de la vapeur qui faisait vibrer un peu le corps entier du gros navire.

Mais lorsque Pierre eut quitté son collègue et se retrouva dans la rue, une tristesse nouvelle s'abattit sur lui, et l'enveloppa comme ces brumes qui courent sur la mer, venues du bout du monde et qui portent dans leur épaisseur insaisissable quelque chose de mystérieux et d'impur comme le souffle pestilentiel de terres malfaisantes et lointaines.

En ses heures de plus grande souffrance il ne s'était jamais senti plongé ainsi dans un cloaque de misère. C'est que la dernière déchirure était faite ; il ne tenait plus à rien. En arrachant de son cœur les racines de toutes ses tendresses, il n'avait pas éprouvé encore cette détresse de chien perdu qui venait soudain de le saisir.

Ce n'était plus une douleur morale et torturante, mais l'affolement d'une bête sans abri, une angoisse matérielle d'être errant qui n'a plus de toit et que la pluie, le vent, l'orage, toutes les forces brutales du monde vont assaillir. En mettant le pied sur ce paquebot, en entrant dans cette chambrette balancée sur les vagues, la chair de l'homme qui a toujours dormi dans un lit immobile et tranquille s'était révoltée contre l'insécurité de tous les lendemains futurs. Jusqu'alors elle s'était sentie protégée, cette chair, par le mur solide enfoncé dans la terre qui le tient, et par la certitude du repos à la même place, sous le toit qui résiste au vent. Maintenant, tout ce qu'on aime braver dans la chaleur du logis fermé deviendrait un danger et une constante souffrance.

Plus de sol sous les pas, mais la mer qui roule, qui gronde et engloutit. Plus d'espace autour de soi pour se promener, courir, se perdre par les chemins, mais quelques mètres de planches pour marcher comme un condamné au milieu d'autres prisonniers. Plus d'arbres, de jardins, de rues, de maisons, rien que de l'eau et des nuages. Et sans cesse il sentirait remuer ce navire sous ses pieds. Les jours d'orage il faudrait s'appuyer aux cloisons, s'accrocher aux portes, se cramponner aux bords de la couchette étroite pour ne point rouler par terre. Les jours de calme il entendrait la trépidation ronflante de l'hélice et sentirait fuir ce bateau qui le porte, d'une fuite continue, régulière, exaspérante.

Et il se trouvait condamné à cette vie de forçat vagabond, uniquement parce que sa mère s'était livrée aux caresses d'un homme.

Il allait devant lui, défaillant à présent sous la mélancolie désolée des gens qui vont s'expatrier.

Il ne se sentait plus au cœur ce mépris hautain, cette haine dédaigneuse pour les inconnus qui passent, mais une triste envie de leur parler, de leur dire qu'il allait quitter la France, d'être écouté et consolé. C'était, au fond de lui, un besoin honteux de pauvre qui va tendre la main, un besoin timide et fort de sentir quelqu'un souffrir de son départ.

Il songea à Marowsko. Seul le vieux Polonais l'aimait assez pour ressentir une vraie et poignante émotion ; et le docteur se décida tout de suite à l'aller voir.

Quand il entra dans la boutique, le pharmacien qui pilait des poudres au fond d'un mortier de marbre, eut un petit tressaillement et quitta sa besogne.

« Oh ne vous aperçoit plus jamais ? » dit-il.

Le jeune homme expliqua qu'il avait eu à entreprendre des démarches nombreuses, sans en dévoiler le motif, et il s'assit en demandant :

« Eh bien ! les affaires vont-elles ? »

Elles n'allaient pas, les affaires. La concurrence était terrible, le malade rare et pauvre dans ce quartier travailleur. On n'y pouvait vendre que des médicaments à bon marché ; et les médecins n'y ordonnaient point ces remèdes rares et compliqués sur lesquels on gagne cinq cents pour cent. Le bonhomme conclut :

« Si ça dure encore trois mois comme ça, il faudra fermer boutique. Si je ne comptais pas sur vous, mon bon docteur, je me serais déjà mis à cirer des bottes. »

Pierre sentit son cœur se serrer, et il se décida brusquement à porter le coup, puisqu'il le fallait :

« Oh ! moi... moi... je ne pourrai plus vous être d'aucun secours. Je quitte Le Havre au commencement du mois prochain. »

Marowsko ôta ses lunettes, tant son émotion fut vive :

« Vous... vous... qu'est-ce que vous dites là ?

— Je dis que je m'en vais, mon pauvre ami. »

Le vieux demeurait atterré, sentant crouler son dernier espoir, et il se révolta soudain contre cet homme qu'il avait suivi, qu'il aimait, en qui il avait eu tant de confiance, et qui l'abandonnait ainsi.

Il bredouilla :

« Mais vous n'allez pas me trahir à votre tour, vous ? »

Pierre se sentait tellement attendri qu'il avait envie de l'embrasser :

« Mais je ne vous trahis pas. Je n'ai point trouvé à me caser ici et je pars comme médecin sur un paquebot transatlantique.

— Oh ! monsieur Pierre ! Vous m'aviez si bien promis de m'aider à vivre !

— Que voulez-vous ! Il faut que je vive moi-même. Je n'ai pas un sou de fortune. »

Marowsko répétait :

« C'est mal, c'est mal, ce que vous faites. Je n'ai plus qu'à mourir de faim, moi. A mon âge, c'est fini. C'est mal. Vous abandonnez un pauvre vieux qui est venu pour vous suivre. C'est mal. »

Pierre voulait s'expliquer, protester, donner ses raisons, prouver qu'il n'avait pu faire autrement ; le Polonais n'écoutait point, révolté de cette désertion, et il finit par dire, faisant allusion sans doute à des événements politiques :

« Vous autres Français, vous ne tenez pas vos promesses. »

Alors Pierre se leva, froissé à son tour, et le prenant d'un peu haut :

« Vous êtes injuste, père Marowsko. Pour se décider à ce que j'ai fait, il faut de puissants motifs ; et vous devriez le comprendre. Au revoir. J'espère que je vous retrouverai plus raisonnable. »

Et il sortit.

« Allons, pensait-il, personne n'aura pour moi un regret sincère. »

Sa pensée cherchait, allant à tous ceux qu'il connaissait, ou qu'il avait connus,

et elle retrouva, au milieu de tous les visages défilant dans son souvenir, celui de la fille de brasserie qui lui avait fait soupçonner sa mère.

La hésita, gardant contre elle une rancune instinctive, puis soudain, se décidant, il pensa : « Elle avait raison, après tout. » Et il s'orienta pour retrouver sa rue.

La brasserie était, par hasard, remplie de monde et remplie aussi de fumée. Les consommateurs, bourgeois et ouvriers, car c'était un jour de fête, appelaient, riaient, criaient, et le patron lui-même servait, courant de table en table, emportant des bocks vides et les rapportant pleins de mousse.

Quand Pierre eut trouvé une place, non loin du comptoir, il attendit, espérant que la bonne le verrait et le reconnaîtrait.

Mais elle passait et repassait devant lui, sans un coup d'œil, trottant menu sous ses jupes avec un petit dandinement gentil.

Il finit par frapper la table d'une pièce d'argent. Elle accourut :

« Que désirez-vous, Monsieur ? »

Elle ne le regardait pas, l'esprit perdu dans le calcul des consommations servies.

« Eh bien ! fit-il, c'est comme ça qu'on dit bonjour à ses amis ? »

Elle fixa ses yeux sur lui, et d'une voix pressée :

« Ah ! c'est vous. Vous allez bien. Mais je n'ai pas le temps aujourd'hui. C'est un bock que vous voulez ?

— Oui, un bock. »

Quand elle l'apporta, il reprit :

« Je viens te faire mes adieux. Je pars. »

Elle répondit avec indifférence :

« Ah bah ! Où allez-vous ?

— En Amérique.

— On dit que c'est un beau pays. »

Et rien de plus. Vraiment il fallait être bien malavisé pour lui parler ce jour-là. Il y avait trop de monde au café !

Et Pierre s'en alla vers la mer. En arrivant sur la jetée, il vit la *Perle* qui rentrait portant son père et le capitaine Beausire. Le matelot Papagris ramait ; et les deux hommes, assis à l'arrière, fumaient leur pipe avec un air de parfait bonheur. Le docteur songea en les voyant passer : « Bienheureux les simples d'esprit. »

Et il s'assit sur un des bancs du brise-lames pour tâcher de s'engourdir dans une somnolence de brute.

Quand il rentra, le soir, à la maison, sa mère lui dit, sans oser lever les yeux sur lui :

« Il va te falloir un tas d'affaires pour partir, et je suis un peu embarrassée. Je t'ai commandé tantôt ton linge de corps et j'ai passé chez le tailleur pour les habits ; mais n'as-tu besoin de rien d'autre, de choses que je ne connais pas, peut-être ? »

Il ouvrit la bouche pour dire : « Non, de rien. » Mais il songea qu'il lui fallait au moins accepter de quoi se vêtir décemment, et ce fut d'un ton très calme qu'il répondit :

« Je ne sais pas encore, moi ; je m'informerai à la Compagnie. »

Il s'informa, et on lui remit la liste des objets indispensables. Sa mère, en la recevant de ses mains, le regarda pour la première fois depuis bien longtemps, et elle avait au fond des yeux l'expressions si humble, si douce, si triste, si suppliante des pauvres chiens battus qui demandent grâce.

Le 1^{er} octobre, la *Lorraine*, venant de Saint-Nazaire, entra au port du Havre, pour en repartir le 7 du même mois à destination de New York ; et Pierre Roland dut prendre possession de la petite cabine flottante où serait désormais emprisonnée sa vie.

Le lendemain, comme il sortait, il rencontra dans l'escalier sa mère qui l'attendait et qui murmura d'une voix à peine intelligible :

« Tu ne veux pas que je t'aide à t'installer sur ce bateau ?

— Non, merci, tout est fini. »

Elle murmura :

« Je désire tant voir ta chambrette.

— Ce n'est pas la peine. C'est très laid et très petit. »

Il passa, la laissant atterrée, appuyée au mur, et la face blême.

Or Roland, qui visita la *Lorraine* ce jour-là même, ne parla pendant le dîner que de ce magnifique navire et s'étonna beaucoup que sa femme n'eût aucune envie de le connaître puisque leur fils allait s'embarquer dessus.

Pierre ne vécut guère dans sa famille pendant les jours qui suivirent. Il était nerveux, irritable, dur, et sa parole brutale semblait fouetter tout le monde. Mais la veille de son départ il parut soudain très changé, très adouci. Il demanda, au moment d'embrasser ses parents avant d'aller coucher à bord pour la première fois :

« Vous viendrez me dire adieu, demain sur le bateau ? »

Roland s'écria :

« Mais oui, mais oui, parbleu. N'est-ce pas Louise ?

— Mais certainement », dit-elle tout bas.

Pierre reprit :

« Nous partons à onze heures juste. Il faut être là-bas à neuf heures et demie au plus tard.

— Tiens ! s'écria son père, une idée. En te quittant nous courrons bien vite nous embarquer sur la *Perle* afin de t'attendre hors des jetées et de te voir encore une fois. N'est-ce pas, Louise ?

— Oui, certainement. »

Roland reprit :

« De cette façon, tu ne nous confondras pas avec la foule qui encombre le môle quand partent les transatlantiques. On ne peut jamais reconnaître les siens dans le tas. Ça te va ?

— Mais oui, ça me va. C'est entendu. »

Une heure plus tard il était étendu dans son petit lit marin, étroit et long comme un cercueil. Il y resta longtemps, les yeux ouverts, songeant à tout ce qui s'était passé depuis deux mois dans sa vie, et surtout dans son âme. A force d'avoir souffert et fait souffrir les autres, sa douleur agressive et vengeresse s'était fatiguée, comme une lame émoussée. Il n'avait presque plus le courage d'en vouloir à quelqu'un et de quoi que ce fût, et il laissait aller sa révolte à vau-l'eau à la façon

de son existence. Il se sentait tellement las de lutter, las de frapper, las de détester, las de tout, qu'il n'en pouvait plus et tâchait d'engourdir son cœur dans l'oubli, comme on tombe dans le sommeil. Il entendait vaguement autour de lui les bruits nouveaux du navire, bruits légers, à peine perceptibles en cette nuit calme du port; et de sa blessure jusque-là si cruelle il ne sentait plus aussi que les tiraillements douloureux des plaies qui se cicatrisent.

Il avait dormi profondément quand le mouvement des matelots le tira de son repos. Il faisait jour, le train de marée arrivait au quai amenant les voyageurs de Paris.

Alors il erra sur le navire au milieu de ces gens affairés, inquiets, cherchant leurs cabines, s'appelant, se questionnant et se répondant au hasard, dans l'effarement du voyage commencé. Après qu'il eut salué le capitaine et serré la main de son compagnon le commissaire du bord, il entra dans le salon où quelques Anglais sommeillaient déjà dans les coins. La grande pièce aux murs de marbre blanc encadrés de filets d'or porlongeait indéfiniment dans les glaces la perspective de ses longues tables flanquées de deux lignes illimitées de sièges tournants, en velours grenat. C'était bien là le vaste hall flottant et cosmopolite où devaient manger en commun les gens riches de tous les continents. Son luxe opulent était celui des grands hôtels, des théâtres, des lieux publics, le luxe imposant et banal qui satisfait l'œil des millionnaires. Le docteur allait passer dans la partie du navire réservée à la seconde classe, quand il se souvint qu'on avait embarqué la veille au soir un grand troupeau d'émigrants, et il descendit dans l'entrepont. En y pénétrant, il fut saisi par une odeur nauséabonde d'humanité pauvre et malpropre, puanteur de chair nue plus écœurante que celle du poil ou de la laine des bêtes. Alors, dans une sorte de souterrain obscur et bas, pareil aux galeries des mines, Pierre aperçut des centaines d'hommes, de femmes et d'enfants étendus sur des planches superposées ou grouillant par tas sur le sol. Il ne distinguait point les visages mais voyait vaguement cette foule sordide en haillons, cette foule de misérables vaincus par la vie, épuisés, écrasés, partant avec une femme maigre et des enfants exténués pour une terre inconnue, où ils espéraient ne point mourir de faim, peut-être.

Et songeant au travail passé, au travail perdu, aux efforts stériles, à la lutte acharnée, reprise chaque jour en vain, à l'énergie dépensée par ces gueux, qui allaient recommencer encore, sans savoir où, cette existence d'abominable misère, le docteur eut envie de leur crier : « Mais foutez-vous donc à l'eau avec vos femelles et vos petits ! » Et son cœur fut tellement étreint par la pitié qu'il s'en alla, ne pouvant supporter leur vue.

Son père, sa mère, son frère et Mme Rosémilly l'attendaient déjà dans sa cabine.

« Si tôt, dit-il.

— Oui, répondit Mme Roland d'une voix tremblante, nous voulions avoir le temps de te voir un peu. »

Il la regarda. Elle était en noir, comme si elle eût portée un deuil, et il s'aperçut brusquement que ses cheveux, encore gris le mois dernier, devenaient tout blancs à présent.

Il eut grand-peine à faire asseoir les quatre personnes dans sa petite demeure,

et il sauta sur son lit. Par la porte restée ouverte on voyait passer une foule nombreuse comme celle d'une rue un jour de fête, car tous les amis des embarqués et une armée de simples curieux avaient envahi l'immense paquebot. On se promenait dans les couloirs, dans les salons, partout, et des têtes s'avançaient jusque dans la chambre tandis que des voix murmuraient au-dehors : « C'est l'appartement du docteur. »

Alors Pierre poussa la porte ; mais dès qu'il se sentit enfermé avec les siens, il eut envie de la rouvrir, car l'agitation du navire trompait leur gêne et leur silence.

Mme Rosémilly voulut enfin parler :

« Il vient bien peu d'air par ces petites fenêtres, dit-elle.

— C'est un hublot », répondit Pierre.

Il en montra l'épaisseur qui rendait le verre capable de résister aux chocs les plus violents, puis il expliqua longuement le système de fermeture. Roland à son tour demanda :

« Tu as ici même la pharmacie ? »

Le docteur ouvrit une armoire et fit voir une bibliothèque de fioles qui portaient des noms latins sur des carrés de papier blanc.

Il en prit une pour énumérer les propriétés de la matière qu'elle contenait, puis une seconde, puis une troisième, et il fit un vrai cours de thérapeutique qu'on semblait écouter avec une grande attention.

Roland répétait en remuant la tête :

« Est-ce intéressant, cela ! »

On frappa doucement contre la porte.

« Entrez ! » cria Pierre.

Et le capitaine Beausire parut.

Il dit, en tendant la main :

« Je viens tard parce que je n'ai pas voulu gêner vos épanchements. »

Il dut aussi s'asseoir sur le lit. Et le silence recommença.

Mais, tout à coup, le capitaine prêta l'oreille. Des commandements lui parvenaient à travers la cloison, et il annonça :

« Il est temps de nous en aller si nous voulons embarquer dans la *Perle* pour vous voir encore à la sortie, et vous dire adieu en pleine mer. »

Roland père y tenait beaucoup, afin d'impressionner les voyageurs de la *Lorraine* sans doute, et il se leva avec empressement :

« Allons, adieu, mon garçon. »

Il embrassa Pierre sur ses favoris, puis rouvrit la porte.

Mme Roland ne bougeait point et demeurait les yeux baissés, très pâle.

Son mari lui toucha le bras :

« Allons, dépêchons-nous, nous n'avons pas une minute à perdre. »

Elle se dressa, fit un pas vers son fils et lui tendit, l'une après l'autre, deux joues de cire blanche, qu'il baisa sans dire un mot. Puis il serra la main de Mme Rosémilly, et celle de son frère en lui demandant :

« A quand ton mariage ?

— Je ne sais pas encore au juste. Nous le ferons coïncider avec un de tes voyages. »

Tout le monde enfin sortit de la chambre et remonta sur le pont encombré de

public, de porteurs de paquets et de marins.

La vapeur ronflait dans le ventre énorme du navire qui semblait frémir d'impatience.

« Adieu, dit Roland toujours pressé.

— Adieu », répondit Pierre debout au bord d'un des petits ponts de bois qui faisaient communiquer la *Lorraine* avec le quai.

Il serra de nouveau toutes les mains et sa famille s'éloigna.

« Vite, vite, en voiture ! » criait le père.

Un fiacre les attendait qui les conduisit à l'avant-port où Papagris tenait la *Perle* toute prête à prendre le large.

Il n'y avait aucun souffle d'air ; c'était un de ces jours secs et calmes d'automne, où la mer polie semble froide et dure comme de l'acier.

Jean saisit un aviron, le matelot borda l'autre et ils se mirent à ramer. Sur le brise-lames, sur les jetées, jusque sur les parapets de granit, une foule innombrable, remuante et bruyante, attendait la *Lorraine*.

La *Perle* passa entre ces deux vagues humaines et fut bientôt hors du môle.

Le capitaine Beausire, assis entre les deux femmes, tenait la barre et il disait: « Vous allez voir que nous nous trouverons juste sur sa route, mais là, juste.»

Et les deux rameurs tiraient de toute leur force pour aller le plus loin possible. Tout à coup Roland s'écria :

« La voilà. J'aperçois sa mâture et ses deux cheminées. Elle sort du bassin.

— Hardi ! les enfants », répétait Beausire.

Mme Roland prit son mouchoir dans sa poche et le posa sur ses yeux.

Roland était debout, cramponné au mât ; il annonçait :

« En ce moment elle évolue dans l'avant-port... Elle ne bouge plus... Elle se remet en mouvement... Elle a dû prendre son remorqueur... Elle marche... bravo ! Elle s'engage dans les jetées !... Entendez-vous la foule qui crie... bravo !... c'est le *Neptune* qui la tire... je vois son avant maintenant... la voilà, la voilà... Nom de Dieu, quel bateau ! Nom de Dieu ! regardez donc !... »

Mme Rosémilly et Beausire se retournèrent ; les deux hommes cessèrent de ramer ; seule Mme Roland ne remua point.

L'immense paquebot, traîné par un puissant remorqueur qui avait l'air, devant lui, d'une chenille, sortait lentement et rayalement du port. Et le peuple havrais massé sur les môles, sur la plage, aux fenêtres, emporté soudain par un élan patriotique se mit à crier : « Vive la *Lorraine* ! » acclamant et applaudissant ce départ magnifique, cet enfantement d'une grande ville maritime qui donnait à la mer sa plus belle fille. Mais Elle, dès qu'elle eut franchi l'étroit passage enfermé entre deux murs de granit, se sentant libre enfin, abandonna son remorqueur, et elle partit toute seule comme un énorme monstre courant sur l'eau.

« La voilà... la voilà !... criait toujours Roland. Elle vient droit sur nous. »

Et Beausire, radieux, répétait :

« Qu'est-ce que je vous avais promis, hein ? Est-ce que je connais leur route ?»

Jean, tout bas, dit à sa mère :

« Regarde, maman, elle approche. »

Et Mme Roland découvrit ses yeux aveuglés par les larmes.

La *Lorraine* arrivait, lancée à toute vitesse dès sa sortie du port, par ce beau temps clair, calme. Beausire, la lunette braquée, annonça :

« Attention ! M. Pierre est à l'arrière, tout seul, bien en vue. Attention ! »

Haut comme une montagne et rapide comme un train, le navire, maintenant, passait presque à toucher la *Perle*. Et Mme Roland éperdue, affolée, tendit les bras vers lui, et elle vit son fils, son fils Pierre, coiffé de sa casquette galonnée, qui lui jetait à deux mains des baisers d'adieu. Mais il s'en allait, il fuyait, disparaissait, devenu déjà tout petit, effacé comme une tache imperceptible sur le gigantesque bâtiment. Elle s'efforçait de le reconnaître encore et ne le distinguait plus.

Jean lui avait pris la main.

« Tu as vu ? dit-il.

— Oui, j'ai vu. Comme il est bon ! »

Et on retourna vers la ville.

« Cristi ! ça va vite », déclarait Roland avec une conviction enthousiaste.

Le paquebot, en effet, diminuait de seconde en seconde comme s'il eût fondu dans l'Océan. Mme Roland tournée vers lui le regardait s'enfoncer à l'horizon vers une terre inconnue, à l'autre bout du monde. Sur ce bateau que rien ne pouvait arrêter, sur ce bateau qu'elle n'apercevrait plus tout à l'heure, était son fils, son pauvre fils. Et il lui semblait que la moitié de son cœur s'en allait avec lui, il lui semblait aussi que sa vie était finie, il lui semblait encore qu'elle ne reverrait jamais plus son enfant.

« Pourquoi pleures-tu, demanda son mari, puisqu'il sera de retour avant un mois ? »

Elle balbutia :

« Je ne sais pas. Je pleure parce que j'ai mal. »

Lorsqu'ils furent revenus à terre, Beausire les quitta tout de suite pour aller déjeuner chez un ami. Alors Jean partit en avant avec Mme Rosémilly, et Roland dit à sa femme :

« Il a une belle tournure, tout de même, notre Jean.

— Oui », répondit la mère.

Et comme elle avait l'âme trop troublée pour songer à ce qu'elle disait, elle ajouta :

« Je suis bien heureuse qu'il épouse Mme Rosémilly. »

Le bonhomme fut stupéfait :

« Ah bah ! Comment ? Il va épouser Mme Rosémilly ?

— Mais oui. Nous comptions te demander ton avis aujourd'hui même.

— Tiens ! Tiens ! Y a-t-il longtemps qu'il est question de cette affaire-là ?

— Oh ! non. Depuis quelques jours seulement. Jean voulait être sûr d'être agréé par elle avant de te consulter. »

Roland se frottait les mains :

« Très bien, très bien. C'est parfait. Moi je l'approuve absolument. »

Comme ils allaient quitter le quai et prendre le boulevard François-Ier, sa femme se retourna encore une fois pour jeter un dernier regard sur la haute mer ; mais elle ne vit plus rien qu'une petite fumée grise, si lointaine, si légère qu'elle avait l'air d'un peu de brume.

POETRY

Joachim Du Bellay

(1522-1560)

HEUREUX QUI, COMME ULYSSE,...

XXXI

Heureux qui, comme Ulysse, a fait un beau voyage,
Ou comme celui-là qui conquit la toison,
Et puis est retourné, plein d'usage et raison,
Vivre entre ses parents le reste de son âge !

Quand reverrai-je, hélas ! de mon petit village 5
Fumer la cheminée, et en quelle saison
Reverrai-je le clos de ma pauvre maison,
Qui m'est une province, et beaucoup davantage ?

Plus me plaît le séjour qu'ont bâti mes aïeux
Que des palais romains le front audacieux, 10
Plus que le marbre dur me plaît l'ardoise fine,

Plus mon Loire gaulois que le Tibre latin,
Plus mon petit Liré, que le mont Palatin,
Et plus que l'air marin la douceur angevine.

SI NOTRE VIE EST MOINS QU'UNE JOURNÉE

CXIII

Si notre vie est moins qu'une journée
En l'eternel, si l'an qui fait le tour
Chasse nos jours sans espoir de retour,
Si périssable est toute chose née, 5

Que songes-tu, mon âme emprisonnée ?
Pourquoi te plaît l'obscur de notre jour,
Si pour voler en un plus clair séjour,
Tu as au dos l'aile bien empanée ?

Là, est le bien que tout esprit desire, 10
Là, le repos où tout le monde aspire,
Là, est l'amour, là, le plaisir encore.

Là, ô mon âme au plus haut ciel guidée !
Tu y pourras reconnaître l'Idée
De la beauté, qu'en ce monde j'adore. 15

Louise Labé

(1524 ?-1566)

ON VOIT MOURIR TOUTE CHOSE ANIMÉE

VII

On voit mourir toute chose animée
Lors que du corps l'âme subtile part.
Je suis le corps, toi la meilleure part :
Où es-tu donc, ô âme bien-aimée ?

Ne me laissez par si long temps pâmée, 5
Pour me sauver après viendrais trop tard.
Las ! ne mets point ton corps en ce hasard :
Rends-lui sa part et moitié estimée.

Mais fais, Ami, que ne soit dangereuse
Cette rencontre et revue amoureuse, 10
L'accompagnant, non de sévérité,

Non de rigueur, mais de grâce amiable,
Qui doucement me rende ta beauté,
Jadis cruelle, à présent favorable.

JE VIS, JE MEURS ; JE ME BRÛLE ET ME NOIE

VIII

Je vis, je meurs ; je me brûle et me noie ;
J'ai chaud extrême en endurant froidure ;
La vie m'est et trop molle et trop dure ;
J'ai grands ennuis entremêlés de joie.

Tout à un coup je ris et je larmoie,　　　　　　　　　5
Et en plaisir maint grief tourment j'endure ;
Mon bien s'en va, et à jamais il dure ;
Tout en un coup je sèche et je verdoie.

Ainsi Amour inconstamment me mène ;
Et quand je pense avoir plus de douleur,　　　　　　10
Sans y penser je me trouve hors de peine.

Puis quand je crois ma joie être certaine
Et être au haut de mon désiré heur,
Il me remet en mon premier malheur.

Jean de La Fontaine

(1621-1695)

LES ANIMAUX MALADES DE LA PESTE

Un mal qui répand la terreur,
Mal que le ciel en sa fureur
Inventa pour punir les crimes de la terre,
La peste (puisqu'il faut l'appeler par son nom),
Capable d'enrichir en un jour l'Achéron, 5
Faisait aux animaux la guerre.
Ils ne mouraient pas tous, mais tous étaient frappés :
On n'en voyait point d'occupés
A chercher le soutien d'une mourante vie ;
Nul mets n'excitait leur envie 10
Ni loups ni renards n'épiaient
La douce et l'innocente proie ;
Les tourterelles se fuyaient :
Plus d'amour, partant plus de joie.
Le lion tint conseil, et dit : « Mes chers amis, 15
Je crois que le ciel a permis
Pour nos péchés cette infortune.
Que le plus coupable de nous
Se sacrifie aux traits du céleste courroux ;
Peut-être il obtiendra la guérison commune. 20
L'histoire nous apprend qu'en de tels accidents
On fait de pareils dévouements.
Ne nous flattons donc point ; voyons sans indulgence
L'état de notre conscience.
Pour moi, satisfaisant mes appétits gloutons, 25
J'ai dévoré force moutons.
Que m'avaient-ils fait ? nulle offense ;
Même il m'est arrivé quelquefois de manger
Le berger.
Je me dévouerai donc, s'il le faut : mais je pense 30

Qu'il est bon que chacun s'accuse ainsi que moi ;
Car on doit souhaiter, selon toute justice,
 Que le plus coupable périsse.
— Sire, dit le renard, vous êtes trop bon roi ;
Vos scrupules font voir trop de délicatesse. 35
Eh bien ! manger moutons, canaille, sotte espèce,
Est-ce un péché ? Non, non. Vous leur fîtes, seigneur,
 En les croquant, beaucoup d'honneur ;
 Et quant au berger, l'on peut dire
 Qu'il était digne de tous maux, 40
Étant de ces gens-là qui sur les animaux
 Se font un chimérique empire. »
Ainsi dit le renard ; et flatteurs d'applaudir.
 On n'osa trop approfondir
Du tigre, ni de l'ours, ni des autres puissances, 45
 Les moins pardonnables offenses :
Tous les gens querelleurs, jusqu'aux simples mâtins,
Au dire de chacun étaient de petits saints.
L'âne vint à son tour, et dit : « J'ai souvenance
 Qu'en en pré de moines passant, 50
La faim, l'occasion, l'herbe tendre, et, je pense,
 Quelque diable aussi me poussant,
Je tondis de ce pré la largeur de ma langue ;
Je n'en avais nul droit, puisqu'il faut parler net. »
A ces mots on cria haro sur le baudet. 55
Un loup, quelque peu clerc, prouva par sa harangue
Qu'il fallait dévouer ce maudit animal,
Ce pelé, ce galeux, d'où venait tout leur mal.
Sa peccadille fut jugée un cas pendable.
Manger l'herbe d'autrui ! quel crime abominable ! 60
 Rien que la mort n'était capable
D'expier son forfait. On le lui fit bien voir.

Selon que vous serez puissant ou misérable,
Les jugements de cour vous rendront blanc ou noir.

LE CHÊNE ET LE ROSEAU

Le chêne un jour dit au roseau : 8
« Vous avez bien sujet d'accuser la nature ; 12
Un roitelet pour vous est un pesant fardeau ; 12
 Le moindre vent qui d'aventure 8
 Fait rider la face de l'eau, 7 5
 Vous oblige à baisser la tête ; 8
Cependant que mon front, au Caucase pareil, 11
Non content d'arrêter les rayons du soleil, 12
 Brave l'effort de la tempête. 7
Tout vous est aquilon, tout me semble zéphyr. 10

Encor si vous naissiez à l'abri du feuillage
 Dont je couvre le voisinage,
 Vous n'auriez pas tant à souffrir ;
 Je vous défendrais de l'orage :
 Mais vous naissez le plus souvent 15
Sur les humides bords des royaumes du vent.
La nature envers vous me semble bien injuste.
— Votre compassion, lui répondit l'arbuste,
Part d'un bon naturel ; mais quittez ce souci :
 Les vents me sont moins qu'à vous redoutables ; 20
Je plie, et ne romps pas. Vous avez jusqu'ici
 Contre leurs coups épouvantables
 Résisté sans courber le dos ;
Mais attendons la fin. » Comme il disait ces mots,
Du bout de l'horizon accourt avec furie 25
 Le plus terrible des enfants
Que le nord eût portés jusque-là dans ses flancs.
 L'arbre tient bon ; le roseau plie.
 Le vent redouble ses efforts,
 Et fait si bien qu'il déracine 30
Celui de qui la tête au ciel était voisine,
Et dont les pieds touchaient à l'empire des morts.

LA MORT ET LE BÛCHERON

10 Un pauvre bûcheron, tout couvert de ramée,
12 Sous le faix du fagot aussi bien que des ans
12 Gémissant et courbé, marchait à pas pesants,
12 Et tâchait de gagner sa chaumine enfumée.
 Enfin, n'en pouvant plus d'effort et de douleur, 5
 Il met bas son fagot, il songe à son malheur.
 Quel plaisir a-t-il eu depuis qu'il est au monde ?
 En est-il un plus pauvre en la machine ronde ?
 Point de pain quelquefois, et jamais de repos :
 Sa femme, ses enfants, les soldats, les impôts, 10
 8 Le créancier et la corvée,
 Lui font d'un malheureux la peinture achevée.
personnification Il appelle la Mort. Elle vient sans tarder,
 Lui demande ce qu'il faut faire.
 « C'est, dit-il, afin de m'aider 15
 À recharger ce bois ; tu ne tarderas guère. »

 Le trépas vient tout guérir ;
 Mais ne bougeons d'où nous sommes.
morale Plutôt souffrir que mourir,
 C'est la devise des hommes. 20

Pas d'animaux dans ce poèmes.
Encore dans une forêt

LE LOUP ET L'AGNEAU

La raison du plus fort est toujours la meilleure, *?celui avec le pouvoir a toujours raison.*
 Nous l'allons montrer tout à l'heure.

 Un Agneau se désaltérait *buvait* *ruisseau*
 Dans le courant d'une onde pure.
Un Loup survient à jeun, qui cherchait aventure, 5
 Et que la faim en ces lieux attirait.
« Qui te rend si hardi de troubler mon breuvage ?
 Dit cet animal plein de rage.
Tu seras châtié de ta témérité.
— Sire, répond l'Agneau, que Votre Majesté 10
 Ne se mette pas en colère ; *Le loup est*
 Mais plutôt qu'elle considère *le roi.*
 Que je me vas désaltérant
 Dans le courant
 Plus de vingt pas au-dessous d'Elle, 15
Et que, par conséquent, en aucune façon,
 Je ne puis troubler sa boisson.
— Tu la troubles, reprit cette bête cruelle,
Et je sais que de moi tu médis l'an passé. *critiqué.*
— Comment l'aurais-je fait, si je n'étais pas né ? 20
 Reprit l'Agneau, je tette encor ma mère.
 — Si ce n'est toi, c'est donc ton frère.
— Je n'en ai point. — C'est donc quelqu'un des tiens :
 Car vous ne m'épargnez guère,
 Vous, vos bergers, et vos chiens. 25
 On me l'a dit : il faut que je me venge. »
 Là-dessus, au fond des forêts
 Le Loup l'emporte, et puis le mange,
 Sans autre forme de procès.

Charles Baudelaire

(1821-1867)

CORRESPONDANCES

La Nature est un temple où de vivants piliers
Laissent parfois sortir de confuses paroles ;
L'homme y passe à travers des forêts de symboles
Qui l'observent avec des regards familiers.

Comme de longs échos qui de loin se confondent 5
Dans une ténébreuse et profonde unité,
Vaste comme la nuit et comme la clarté, _Très claire sans interuption dans la nature._
Les parfums, les couleurs et les sons se répondent. _Plusieurs bruits/sons comme s'ils se répondent_

nature est bien frais Il est des parfums frais comme des chairs d'enfants,
Doux comme les hautbois, verts comme les prairies, 10
— Et d'autres, corrompus, riches et triomphants,

Ayant l'expansion des choses infinies, _forêt très vaste._
Comme l'ambre, le musc, le benjoin et l'encens,
Qui chantent les transports de l'esprit et des sens.

HYMNE À LA BEAUTÉ

Viens-tu du ciel profond ou sors-tu de l'abîme,
O Beauté ? Ton regard, infernal et divin,
Verse confusément le bienfait et le crime,
Et l'on peut pour cela te comparer au vin.

Tu contiens dans ton œil le couchant et l'aurore ;
Tu répands des parfums comme un soir orageux ;
Tes baisers sont un philtre et ta bouche une amphore
Qui font le héros lâche et l'enfant courageux.

Sors-tu du gouffre noir ou descends-tu des astres ?
Le Destin charmé suit tes jupons comme un chien ;
Tu sèmes au hasard la joie et les désastres,
Et tu gouvernes tout et ne réponds de rien.

Tu marches sur des morts, Beauté, dont tu te moques ;
De tes bijoux l'Horreur n'est pas le moins charmant,
Et le Meurtre, parmi tes plus chères breloques,
Sur ton ventre orgueilleux danse amoureusement.

L'éphémère ébloui vole vers toi, chandelle,
Crépite, flambe et dit : Bénissons ce flambeau !
L'amoureux pantelant incliné sur sa belle
A l'air d'un moribond caressant son tombeau.

Que tu viennes du ciel ou de l'enfer, qu'importe,
O Beauté! monstre énorme, effrayant, ingénu !
Si ton œil, ton souris, ton pied, m'ouvrent la porte
D'un infini que j'aime et n'ai jamais connu ?

De Satan ou de Dieu, qu'importe ? Ange ou Sirène,
Qu'importe, si tu rends, —fée aux yeux de velours,
Rythme, parfum, lueur, ô mon unique reine ! —
L'univers moins hideux et les instants moins lourds ?

L'INVITATION AU VOYAGE

Mon enfant, ma sœur,
Songe à la douceur
D'aller là-bas vivre ensemble !
Aimer à loisir,
Aimer et mourir 5
Au pays qui te ressemble !
Les soleils mouillés
De ces ciels brouillés
Pour mon esprit ont les charmes
Si mystérieux 10
De tes traîtres yeux,
Brillant à travers leurs larmes.

Là, tout n'est qu'ordre et beauté,
Luxe, calme et volupté.

Des meubles luisants, 15
Polis par les ans,
Décoreraient notre chambre ;
Les plus rares fleurs
Mêlant leurs odeurs
Aux vagues senteurs de l'ambre, 20
Les riches plafonds,
Les miroirs profonds,
La splendeur orientale,
Tout y parlerait
A l'âme en secret 25
Sa douce langue natale.

Là, tout n'est qu'ordre et beauté,
Luxe, calme et volupté.

Vois sur ces canaux
Dormir ces vaisseaux 30
Dont l'humeur est vagabonde ;

C'est pour assouvir
Ton moindre désir
Qu'ils viennent du bout de monde.
 — Les soleils couchants 35
 Revêtent les champs,
Les canaux, la ville entière,
 D'hyacinthe et d'or ;
 Le monde s'endort
Dans une chaude lumière. 40

Là, tout n'est qu'ordre et beauté,
Luxe, calme et volupté.

Il cherche une solution pour elle
Il l'aime beaucoup plus qu'elle l'aime.

CHANT D'AUTOMNE

I

Bientôt nous plongerons dans les froides ténèbres ;
Adieu, vive clarté de nos étés trop courts !
J'entends déjà tomber avec des chocs funèbres
Le bois retentissant sur le pavé des cours.

Tout l'hiver va rentrer dans mon être : colère, 5
Haine, frissons, horreur, labeur dur et forcé,
Et, comme le soleil dans son enfer polaire,
Mon cœur ne sera plus qu'un bloc rouge et glacé.

J'écoute en frémissant chaque bûche qui tombe ;
L'échafaud qu'on bâtit n'a pas d'écho plus sourd. 10
Mon esprit est pareil à la tour qui succombe
Sous les coups du bélier infatigable et lourd.

Il me semble, bercé par ce choc monotone,
Qu'on cloue en grande hâte un cercueil quelque part.
Pour qui ? — C'était hier l'été ; voici l'automne ! 15
Ce bruit mystérieux sonne comme un départ.

II

J'aime de vos longs yeux la lumière verdâtre,
Douce beauté, mais tout aujourd'hui m'est amer,
Et rien, ni votre amour, ni le boudoir, ni l'âtre,
Ne me vaut le soleil rayonnant sur la mer. 20

Et pourtant aimez-moi, tendre cœur ! soyez mère,
Même pour un ingrat, même pour un méchant ;
Amante ou sœur, soyez la douceur éphémère
D'un glorieux automne ou d'un soleil couchant.

Courte tâche ! La tombe attend ; elle est avide ! 25
Ah ! laissez-moi, mon front posé sur vos genoux,
Goûter, en regrettant l'été blanc et torride,
De l'arrière-saison le rayon jaune et doux !

SPLEEN

Quand le ciel bas et lourd pèse comme un couvercle
Sur l'esprit gémissant en proie aux longs ennuis,
Et que de l'horizon embrassant tout le cercle
Il nous verse un jour noir plus triste que les nuits ;

Quand la terre est changée en un cachot humide,　　5
Qù l'Espérance, comme une chauve-souris,
S'en va battant les murs de son aile timide
Et se cognant la tête à des plafonds pourris ;

Quand la pluie étalant ses immenses traînées
D'une vaste prison imite les barreaux,　　　　10
Et qu'un peuple muet d'infâmes araignées
Vient tendre ses filets au fond de nos cerveaux.

Des cloches tout à coup sautent avec furie
Et lancent vers le ciel un affreux hurlement,
Ainsi que des esprits errants et sans patrie　　15
Qui se mettent à geindre opiniâtrement.

— Et de longs corbillards, sans tambours ni musique,
Défilent lentement dans mon âme ; l'Espoir,
Vaincu, pleure, et l'Angoisse atroce, despotique,
Sur mon crâne incliné plante son drapeau noir.　　20

RECUEILLEMENT

Sois sage, ô ma Douleur, et tiens-toi plus tranquille,
Tu réclamais le Soir ; il descend ; le voici :
Une atmosphère obscure enveloppe la ville,
Aux uns portant la paix, aux autres le souci.

Pendant que des mortels la multitude vile, 5
Sous le fouet du Plaisir, ce bourreau sans merci,
Va cueillir des remords dans la fête servile,
Ma Douleur, donne-moi la main ; viens par ici,

Loin d'eux. Vois se pencher les défuntes Années,
Sur les balcons du ciel, en robes surannées ; 10
Surgir du fond des eaux le Regret souriant ;

Le Soleil moribond s'endormir sous une arche,
Et, comme un long linceul traînant à l'Orient,
Entends, ma chère, entends la douce Nuit qui marche.

[Handwritten annotations:]

forme tu intime quelqu'un douleur — personifié — plus fort que tristesse

Douleur est liée au soir.

obscurité est l'opposé de clarté.

personifié aussi — dégueulasse. Corrompu. Sale.

Fête de tristesse.

→ gens sont esclaves au Plaisir

pencher

soir arrive ainsi que le Regret souriant

meurt.

Soleil se couche

Strophe de Baudelaire
1) Identifie - personification.
2) Conteste d'action

maintenant
↑ ↓ nuit
personifié

Se qu'on travaille les morts.
Train Comme une robe de mariage
Il se marie avec la Douleur.

Guillaume Apollinaire

(1880-1918)

LE PONT MIRABEAU

Sous le pont Mirabeau coule la Seine
 Et nos amours
 Faut-il qu'il m'en souvienne
La joie venait toujours après la peine

 Vienne la nuit sonne l'heure 5
 Les jours s'en vont je demeure

Les mains dans le mains restons face à face
 Tandis que sous
 Le pont de nos bras passe
Des éternels regards l'onde si lasse 10

 Vienne la nuit sonne l'heure
 Les jours s'en vont je demeure

L'amour s'en va comme cette eau courante
 L'amour s'en va
 Comme la vie est lente 15
Et comme l'Espérance est violente

 Vienne la nuit sonne l'heure
 Les jour s'en vont je demeure

Passent les jours et passent les semaines
 Ni temps passé 20
 Ni les amours reviennent
Sous le pont Mirabeau coule la Seine

 Vienne la nuit sonne l'heure
 Les jours s'en vont je demeure

LES COLCHIQUES

Le pré est vénéneux mais joli en automne
Les vaches y paissant
Lentement s'empoisonnent
Le colchique couleur de cerne et de lilas
Y fleurit tes yeux sont comme cette fleur-là 5
Violâtres comme leur cerne et comme cet automne
Et ma vie pour tes yeux lentement s'empoisonne

Les enfants de l'école viennent avec fracas
Vêtus de hoquetons et jouant de l'harmonica
Ils cueillent les colchiques qui sont comme des mères 10
Filles de leurs filles et sont couleur de tes paupières
Qui battent comme les fleurs battent au vent dément

Le gardien du troupeau chante tout doucement
Tandis que lentes et meuglant les vaches abandonnent
Pour toujours ce grand pré mal fleuri par l'automne. 15

MAI

Le mai le joli mai en barque sur le Rhin
Des dames regardaient du haut de la montagne
Vous êtes si jolies mais la barque s'éloigne
Qui donc a fait pleurer les saules riverains

Or des vergers fleuris se figeaient en arrière 5
Les pétales tombés des cerisiers de mai
Sont les ongles de celle que j'ai tant aimée
Les pétales flétris sont comme ses paupières

Sur le chemin du bord du fleuve lentement
Un ours un singe un chien menés par des tziganes 10
Suivaient une roulotte traînée par un âne
Tandis que s'éloignait dans les vignes rhénanes
Sur un fifre lointain un air de régiment

Le mai le joli mai a paré les ruines
De lierre de vigne vierge et de rosiers 15
Le vent du Rhin secoue sur le bord les osiers
Et les roseaux jaseurs et les fleurs nues des vignes

AUTOMNE

Dans le brouillard s'en vont un paysan cagneux
Et son bœuf lentement dans le brouillard d'automne
Qui cache les hameaux pauvres et vergogneux

Et s'en allant là-bas le paysan chantonne
Une chanson d'amour et d'infidélité 5
Qui parle d'une bague et d'un cœur que l'on brise

Oh ! l'automne l'automne a fait mourir l'été
Dans le brouillard s'en vont deux silhouettes grises